AF525055

Uwe Danker · Melanie Richter-Oertel

HISTORISCHER LERNORT NEULANDHALLE

Husum

Umschlag: Collage, oberes Bild: der Historische Lernort Neulandhalle 2022 (U. Danker);
unteres Bild: die Neulandhalle 1936 (Zeitgenössische Postkarte, Dithmarscher Landesmuseum)

Bibliografische Information der Deutschen Nationalbibliothek
Die Deutsche Nationalbibliothek verzeichnet diese Publikation in der Deutschen Nationalbibliografie; detaillierte bibliografische Daten sind im Internet über http://dnb.dnb.de abrufbar

Forschungsstelle für regionale Zeitgeschichte und Public History

Dank an alle Mitwirkenden und Unterstützenden:
Inhaltliche und konzeptionelle Entwicklung der Ausstellung: Prof. Dr. Uwe Danker mit Sebastian Lotto-Kusche, Marie-Theres Marx, Elmar Moldenhauer, Melanie Richter-Oertel, Jan Waitzmann
Designkonzept der Ausstellung: Uwe Franzen, atelier hand-werk 2.0
Gestaltungskonzept Katalog: Frederik Birkemeyer
Korrekturen Katalog: Paula Lorenz, Laura Illgen

Literaturverweise und -empfehlungen:
www.lernort-neulandhalle.de/einfuehrung-und-literaturnachweise/

Gesamtherstellung: Husum Druck- und Verlagsgesellschaft
Postfach 1480, D-25804 Husum – www.verlagsgruppe.de
ISBN 978-3-96717-127-3

INHALTSVERZEICHNIS

Andreas Crystall: Zum Geleit 6

Uwe Danker, Melanie Richter-Oertel: Zur Einführung. 8

S – Willkommen! 10

Uwe Danker: Das Ausstellungskonzept des Historischen Lernortes 12

LEBEN – Der Kampf mit dem „Blanken Hans“ 22

NEBEL – Ideologisierte Landgewinnung in der NS-Zeit 44

GEMEINSCHAFT – Der Adolf-Hitler-Koog – ein nationalsozialistisches Propagandaprojekt 70

TFAHCSNIEMEG – Verheißungsort und Kirchenersatz: Die Neulandhalle 142

VOLK – Verheißungsvoll und wirkmächtig: Die NS-Volksgemeinschaft 212

KLOV – Radikal und vernichtend: Die NS-Volksgemeinschaft 236

RAUM – „Blut und Boden“ und große Pläne 264

MUAR – Landgewinner im Osten: Von Süderdithmarschen nach Riga 290

UND – Neubeginn und Vergangenheitsbewältigung nach 1945 324

DNU – Große Veränderungen und neue Perspektiven 356

S – Haben Sie es gemerkt? 374

Paula Lorenz mit Uwe Franzen Ausstellungsdesign:
Der Historische Lernort Neulandhalle – eine besondere Gestaltung 378

Melanie Richter-Oertel: Handreichung für Lehrkäfte: Den Lernort Neulandhalle mit Schulklassen erkunden – ein inklusives schuldidaktisches Nutzungskonzept 384

Martin Gietzelt, Karla Müller-Helfrich, Astrid Lahrsen-Loges: Bildungsarbeit: Bildungs- und Öffentlichkeitsarbeit für den Historischen Lernort Neulandhalle 394

ZUM GELEIT

– ANDREAS CRYSTALL –

Der „Adolf-Hitler-Koog", inzwischen umbenannt in Dieksanderkoog, war ein Experiment an Mensch, Milieu und Landschaft mit einstmals reichsweiter propagandistischer Wirkung. Er kam verheißend daher, redete verführend in bäuerlich verklärenden Bildern von Lebensraum und Volksgemeinschaft und sammelte die ausgewählten Siedler in einem quasi-sakralen Ersatz-Gebäude, dessen Grundstein mit großem Aufwand von Hitler persönlich gelegt wurde und dessen Mauern mit der Aura des Führers kultisch aufgeladen werden sollten. Ein Kraft-Ort des Nationalsozialismus, eine Vorbereitungs-Stätte, ein Tempel der Volksgemeinschafts-Ideologie, so sollte und wollte die „Neulandhalle" im kollektiven Bewusstsein ihre fatale Wirkung entfalten.
Allerdings, viele Besucherinnen und Besucher dieser Tage erleben anfangs eine gewisse Irritation, eine milde Enttäuschung eigener innerer Erwartungen: „Hab ich mir aber größer vorgestellt ..." Nein, die Halle ist gar kein Tempel und der Hauptversammlungsraum mit den Fresken und dem Blut-und-Boden-Altar war auch 1936 schon viel zu klein für größere Versammlungen, nur erleben wir möglicherweise hier noch eine Spätwirkung alter subtil wirksamer NS-Propaganda. Überhöhung ist ein Phänomen der ideologischen Verführung.

Die „Neulandhalle" ist nun seit dem 8. Mai 2019 Teil eines sehr besonderen „Historischen Lernortes". Sie wurde auf den Stand von 1936 zurückgebaut und weitgehend entkernt. Eine frei zugängliche Außenausstellung ist das Wesentliche dieses Historischen Lernortes, die jetzt das authentische historische Gebäude er-klärt und ent-klärt statt ver-klärt. Das geschichtliche Exponat wird mit einem geschichtsdidaktischen Hauptexponat umgeben, und das verändert den Ort entscheidend. Die Halle wird in einen entlarvenden Kontext gestellt, indem ihre Geschichte und Wirkungsgeschichte und Nachgeschichte erzählt und erfahrbar wird.
Gewollt plakativ und unübersehbar sind die Buchstabenstelen der Ausstellung quasi die neuen Wächter, die dafür sorgen, dass man nicht mehr geschichtsblind zur Halle durchkommt, sie brechen alte Wirkungen und laden ein zu einer etwa einstündigen Lernreise über Verheißung und Verführung, wie es nur an diesem authentischen Ort geschehen kann. Hier draußen kann man Entscheidendes lernen, mit dem Blick der Distanz auf die Halle!
In nüchterner, wissenschaftlicher Distanz und mit großem didaktischen Geschick benennen die Stelen über VOLKSGEMEINSCHAFT UND LEBENSRAUM implizite Ausgrenzungen damaliger Tage, sie entlarven ideologische Verführungsmuster, berichten von fürchterlichen geschichtlichen Folgewirkungen und zeigen letztlich auch, wie erschreckend aktuell die alten regressiv-archaischen und sehnsuchtsgetränkten Machtbilder von Volk und Gemeinschaft im gesellschaftlichen Kontext unserer Tage oft noch sind.

Ich danke Professor Uwe Danker und seinem Team der Forschungsstelle für regionale Zeitgeschichte und Public History nicht nur für die Konzeption und Realisierung der Außenausstellung, sondern ihm und Melanie Richter-Oertel auch für die Erstellung dieses sorgfältig gestalteten Kataloges, der den Stellenwert der Außenausstellung für den Lernort noch einmal betont und somit den distanziert-aufklärenden Blick auf die alte Halle ergänzt und komplett macht.

Oktober 2022, Dr. Andreas Crystall, Propst

ZUR EINFÜHRUNG

– UWE DANKER, MELANIE RICHTER-OERTEL –

Seit Eröffnung des „Historischen Lernortes Neulandhalle" im Jahr 2019 kommen jährlich circa 7.000 Besucher und Besucherinnen. Die Auseinandersetzung mit der Geschichte von Koog und Gebäude, von Landgewinnung und Propaganda, von Zusammenhängen und Fortsetzungen, von Kehrseiten und Folgen ist nicht nur vor Ort möglich. Sie kann auch aus dem heimischen Wohnzimmer oder aus Klassen- und Seminarräumen erfolgen, denn: Die Ausstellungsinhalte sind vollständig im Internet abrufbar. Wozu also noch ein Katalog?

Natürlich: Das Bücherregal schmückt er durchaus. Aber das ist keine Begründung. Der Katalog nutzt Vorzüge des Mediums Buch für die Arbeit des Historischen Lernortes. Er will ein Lesebuch, ein Studienbuch, eine transportable Ausstellung sein.

Der Katalog, ein Lesebuch, das mit einer für das Printmedium angepassten und vom Webauftritt abweichenden Darstellung die Ausstellungsinhalte durch Anordnung und Schwerpunktsetzung neu interpretiert: Großformatig abgedruckte Bildquellen laden zum Fragen, zum Nachdenken, zum genauen Hinsehen ein. Die Trennung zwischen Basis- und Vertiefungsangeboten sowie die neu erstellten einführenden Texte in jedes Kapitel ermöglichen sowohl ein Lesen, das die grundsätzlichen Inhalte schnell erfassen und verknüpfen lässt, als auch eine gezielte Tiefenbohrung. QR-Codes verhelfen zu einem gezielten Abrufen der Filme und Töne, die fortlaufende Kolumne der Seitenoberkanten bietet Orientierung: Schnell und problemlos kann zwischen Wörtern und Buchstaben navigiert werden.

Der Katalog, ein Studienbuch, das die Geschichte des Kooges und der Halle analytisch mit den beiden ideologischen Kernkonzepten des Nationalsozialismus „Lebensraum" und „Volksgemeinschaft" fasst und Fragen nach der gesellschaftlichen Verankerung der „NS-Zustimmungsdiktatur", nach dem Warum, stellt: Warum konnte diese so gewalttätige Diktatur sich der Zustimmung der übergroßen Mehrheit der Deutschen bis fast zuletzt so sicher sein?

Der Katalog, eine transportable Ausstellung, eingebettet in das (schul-)didaktische Nutzungskonzept des Lernortes – der mit seiner Wetterabhängigkeit schon so manche lang geplante (Schul-) Exkursion vor große Herausforderungen stellte. Wo Regen und Wind eine längere und genauere Betrachtung der Außenausstellung unterbrechen oder unmöglich machen, bietet der Katalog bereits vor Ort eine wichtige Ergänzung. Auch zur Vor- und Nachbereitung oder zur Vertiefung des Ausstellungsbesuches ist der Katalog in seiner übersichtlichen, gut handhabbaren Gestaltung ein Gewinn.

Wie in der Ausstellung auch werden die Verweise auf genutzte und empfohlene Literatur und Quellen inhaltlich geordnet gelistet. Der QR-Code auf die umfängliche Auswahl findet sich im Impressum auf Seite 4 dieses Katalogs.

Ermöglicht wurde dieser Katalog durch eine Vielzahl von Personen, denen wir an dieser Stelle danken möchten. Weder Ausstellung noch Katalog gäbe es ohne die Projektgruppe der FRZPH. Sie zeichnet für die inhaltliche und konzeptionelle Gestaltung der Ausstellung verantwortlich: Uwe Danker mit Sebastian Lotto-Kusche, Marie-Theres Marx, Elmar Moldenhauer, Melanie Richter-Oertel und Jan Waitzmann. Das großartige Designkonzept entwarf und realisierte Uwe Franzen, atelier hand-werk 2.0. Wir danken ferner den Mitautoren der einzelnen Beiträge des Kataloges: Andreas Crystall, Martin Gietzelt, Astrid Lahrsen-Loges, Paula Lorenz und Karla Müller-Helfrich sowie der beteiligten studentischen Hilfskraft Laura Illgen. Ein besonderer Dank gilt außerdem Frederik Birkemeyer für sein überzeugendes und richtungsweisendes Gestaltungskonzept.

Prof. Dr. Uwe Danker und Melanie Richter-Oertel
Schleswig im Dezember 2022

UND
RAUM
VOLK
S
GE
MEIN
SCH
AFT
LEBEN
Rundgang
S
Standort
Sitzbänke
Lahnungen
HLN
HISTORISCHER
LERNORT
NEULANDHALLE

Willkommen!

Neulandhalle

Sie stehen an der 1936 errichteten „Neulandhalle". Sie galt als spektakulärer Bau in einem ebenso aufsehenerregenden Koog, dem „Adolf-Hitler-Koog". Hier feierten sich Nationalsozialisten für eine „friedliche" Erweiterung deutschen Lebensraums und die Errichtung einer „Volksgemeinschaft im Kleinen".

Diese Verheißungen erschienen damals attraktiv und erzeugten Zustimmung zur nationalsozialistischen Herrschaft. Mit ihnen untrennbar verbunden waren aber Kehrseiten und Fortsetzungen: nämlich Ausgrenzung, Gewalt und Krieg.

... Historischer Lernort

Die Geschichte von Koog und Gebäude, von Landgewinnung und Propaganda, von Zusammenhängen und Fortsetzungen wird hier zum Thema gemacht. Dieses ist ein Historischer Lernort, kein Heimatmuseum und auch keine NS-Gedenkstätte.

Die historische Ausstellung steht vollständig im Freien.

Die Buchstaben dienen als Ausstellungsflächen. Vorder- und Rückseiten der Worte bilden einzelne Kapitel. An der Halle selbst finden sich Ergänzungen und Einblicke.

Wir bieten Ihnen Informationen und Deutungen. Sie selbst werden sich ein Urteil bilden.

... und mehr

Der Verein „Volkshochschulen in Dithmarschen" bietet Führungen auch in der Halle an. Informationen gibt es auf der Internetseite lernort-neulandhalle.de.

Dort findet sich auch die gesamte Ausstellung in einer Internet-Präsentation mit erweiterten Angeboten.

DAS AUSSTELLUNGS-KONZEPT DES HISTORISCHEN LERNORTES

– UWE DANKER –

1. Ein besonderer Ort: die Neulandhalle

Die Neulandhalle im Dieksanderkoog war 1936 als eine nationalsozialistische Ersatzkirche im kurz zuvor eingeweihten, damals nach dem „Führer" benannten Adolf-Hitler-Koog, „geweiht" worden. Als Ensemble bildeten Koog und Halle Mitte der 1930er Jahre das Modell einer klinisch rein und neu geschaffenen nationalsozialistischen „Volksgemeinschaft" im Kleinen, ja stellten ein Renommierprojekt zur Beschreibung der nationalsozialistischen Verheißung einer Zukunftsgemeinschaft der „Arier" dar.

Als Adolf Hitler am 29. August 1935 nach triumphaler Anreise in Süderdithmarschen den nach ihm benannten Koog (ein-)weihte, war der Reichsrundfunk dabei und berichteten reichsweit und ganzseitig Zeitungen wie der „Völkische Beobachter" von der „natürlichen Landeroberung durch Friedensarbeit". Von Herrschaftsbeginn an hatten die Nationalsozialisten Eindeichung und Besiedlung dieser circa 13 Quadratkilometer Neuland an der Elbmündung als Renommierprojekt betrieben. Das Projekt schien nämlich bestens geeignet für die NS-Selbstdarstellung. Die Schlagworte lauteten: Kampf gegen das Meer, Arbeitsbeschaffung, Freiwilliger und Reichsarbeitsdienst, Verbreiterung der Ernährungsgrundlagen, bäuerliche „Schollenbildung".
Insgesamt siedelten im Adolf-Hitler-Koog (nur) knapp 100 Familien. In der Berufsstruktur ständisch und sozial ungleich am vormodernen Dorf orientiert, aber weltanschaulich und rassisch homogen, würde der so konstruierte „Adolf-Hitler-Koog" die NS-Volksgemeinschaft als Mikrokosmos abbilden – förmlich als experimentelle Anordnung wie in einem Reagenzglas. Genau das war seine reichsweit vermarktete Funktion. Zur propagandistischen Verwertung gehörten Sondersendungen des Rundfunks, Postkarten und Publikationen, nationale wie internationale Journalisten- und Besuchergruppen, die durch den Koog geführt wurden oder auch touristisch reisten; bis zu vierzig Busse täglich zählte man hier.

Ein jeder Koog – der Nordsee abgetrotztes, neues Land – erhält traditionell einen Kirchbau. Geplant war das hier auch. Tatsächlich erfüllte ab 1936 die „Neulandhalle", deren Grundstein Hitler am Tag der „Koogweihe" legte, die Funktion einer Ersatzkirche, sinnbildlich unterstrichen durch den vom Reichsarbeitsdienst errichteten hölzernen Turm mit der vom Reichsnährstand geschenkten Glocke, die an NS-Feiertagen, bei Tod, Geburt und im Katastrophenfall läutete. Das Äußere der Halle erschien durchkomponiert: der weithin als „Hoheitsabzeichen" sichtbare Adler mit Hakenkreuz an der nördlichen Turmwand, zwei vier Meter große, die Dachrinne noch überragende „Wächter": ein Soldat mit Gewehr und, ausgestattet mit einem Spaten, ein Bauer, der auch als Arbeitsdienstmann gedeutet werden konnte. All das unterstrich Wehrhaftigkeit, Kampfbereitschaft und Herrschaftsausdruck – und mochte dem Betrachter zugleich schon als integrierendes Wir-Angebot erscheinen, Zugehörigkeit suggerieren.
Die eigentliche Halle im Erdgeschoss dominierte das Innere des Gebäudes: gepflastert mit braunen Ziegeln, die Decke mit schweren Balken versehen, im Zentrum der östlichen Stirnwand ein mächtiger, in Brauntönen gemauerter Kamin. Vier freskenartige Wandgemälde von Otto Thämer umrahmten ihn wandfüllend, „Deichbau", „Säemann", „Ernte" sowie „Hausbau": zeitgenössisch stilsichere Heroisierungen von Handarbeit und Landgewinnung, von Rolle und Aufgaben der Neusiedler. Wie Kirchenfenster mochten die jeweils vier farblich abgestimmten, mosaikartig gestalteten, aus großflächigen, schlanken Rechtecken konstruierten Fenster der Seitenwände anmuten. Auch fand sich eine geschnitzte Führerbüste im altarähnlich angelegten, fest installierten Bücherbord.
Die Neulandhalle bildete den Ort, an dem Koogbewohner das NS-Feierjahr zelebrierten: Am „Tag der Nationalen Arbeit", zur „Sonnenwende", am Jahrestag der Koogweihe, zum Erntedank usw. versammelte man sich hier zu choreografierten Kulthandlungen. Familienfeste, auch ausdrücklich kirchliche respektive religiöse Feiern der „Gottgläu-

bigen", auch von „Deutschchristen", konnten durchgeführt werden. Es gab weitere Nutzungen.

Was ist das Besondere an der Neulandhalle, was rechtfertigt Investitionen in diesen Historischen Lernort? Unsere Antwort ist klar: Hier lassen sich zwei sehr wichtige NS-Konzepte verdeutlichen: Volksgemeinschaft und Lebensraum.

Die „Volksgemeinschaft" war ein vermeintlich attraktives Angebot des Nationalsozialismus: Jenen, die rassisch, gesundheitlich, sozial und politisch-weltanschaulich der NS-Norm entsprachen – folglich der großen Mehrheit der deutschen Bevölkerung – versprach man die Erfahrung einer Gemeinschaft ohne wahrnehmbare soziale, politische oder kulturelle Konflikte. Kreiert war damit ein Projekt, das viele „Volksgenossen" als Verheißung begriffen, ja, es mobilisierte breite Zustimmung zur NS-Herrschaft. Allerdings: Nur deutsche Arier sollten der gefühlten Gemeinschaft angehören dürfen, insbesondere – rassisch definierte – „Juden" und „Zigeuner" nicht, auch „Asoziale" sowie im Strafrecht definierte sonstige „Volksschädlinge" und „Gemeinschaftsfremde" seien „auszusondern" oder „auszumerzen", ebenso geistig oder psychisch behinderte „Ballastexistenzen".
Nach diesen Prozessen von harmonischem Einschluss und gewaltsamem Ausschluss würde ein homogen arisches Volk auch mit äußeren Feinden, nämlich anderen Völkern und Rassen, erfolgreich den Kampf um Lebensraum führen können. So die absurde, aber wirkmächtige NS-Ideologie!

Das ist schon die Brücke zu einem weiteren Konzept, das im NS-Deutschland furchtbare Konsequenzen haben würde: der agrarromantische, zugleich kriegerische Reflex eines zu erweiternden Lebensraums für das deutsche Volk. Auch dieses Modell war mit Emotionen aufgeladen.
„Friedliche Landnahme" im Ringen mit dem „Blanken Hans", also Landgewinnung an der Nordsee, das ließ sich perfekt in das NS-Lebensraumkonzept integrieren. Hinter den Worthülsen aber verbarg sich am Ende gewaltsam-kriegerische Lebensraumeroberung als politisches Streben der NS-Spitze, damit sich „im Osten" ein arisches Wehrbauerntum etabliere, das nach millionenfachem Tod Einheimischer die Überlebenden versklaven würde.

Eingebettet in den ehemaligen Adolf-Hitler-Koog bildet die Neulandhalle also einen authentischen Ort der Manifestation der NS-Volksgemeinschaft und des NS-Lebensraumkonzeptes. Es ist kein weiterer Ort bekannt, der *beide* ideologischen Kernkonzepte des Nationalsozialismus so nachvollziehbar in einer baulichen Hinterlassenschaft und der sozialen Einbettung im Koog verkörpert.
Hier können Fragen nach der gesellschaftlichen Verankerung der NS-Diktatur, die von einer großen Bevölkerungsmehrheit getragen wurde, exemplarisch bearbeitet werden. Damit kann eine wichtige Vermittlungsaufgabe zum historischen Verständnis des Nationalsozialismus geleistet werden.
Leitgedanke ist, die doppelten Gesichter der Konzepte zu zeigen: die als traditionsverbunden vermarktete Landgewinnung fand – mit identischem Personal – folgerichtige Fortsetzung als Lebensraumkrieg und das harmonische Inklusionsversprechen der NS-Volksgemeinschaft basierte auch auf vielfältiger, steter und gewaltsamer Exklusion.

Das ist die aktuelle Rolle der Neulandhalle: Der „Historische Lernort Neulandhalle" bereichert die Geschichtslandschaft Schleswig-Holsteins. Denn er leistet eine zunehmend wichtige Vermittlungsrolle zum historischen Verständnis des Nationalsozialismus.

2. Projektchronik

Mit Auslaufen der kirchlichen Nutzung der Neulandhalle setzten 2010 Überlegungen für eine Nachnutzung ein. Von Beginn an engagierte sich unsere universitäre Einrichtung – die heutige „Forschungsstelle für regionale Zeitgeschichte und Public History" (frzph), damals noch als „Institut für Zeit- und Regionalgeschichte" (IZRG) – gemeinsam mit

dem Kirchenkreis Dithmarschen für eine Neunutzung als Historischer Lernort.
2012 legten wir eine im Auftrag des Kirchenkreises durchgeführte Machbarkeitsstudie[1] vor. Im Auftrag des Landes entwickelten wir einen – schließlich gescheiterten Förderantrag – der Bundesgedenkstättenförderung; es passte nicht zusammen. 2014 folgte eine Buchpublikation mit konzeptionellen Überlegungen, Umsetzungsideen, Einbettung in die bundesweite Vermittlungssituation zum Nationalsozialismus sowie der Projektgeschichte.[2] 2015 führten wir an der Europa-Universität Flensburg eine wissenschaftliche Konferenz zum Thema „Die NS-Volksgemeinschaft – Zeitgenössische Verheißung, analytisches Konzept und ein Schlüssel zum historischen Lernen" durch, die 2017 in eine geschichtsdidaktische Veröffentlichung mündete.[3]
2016 einigten sich Land und Kirchenkreis darauf, eine auf ein Drittel der Kosten verkleinerte Lösung des „Historischen Lernorts Neulandhalle" zu realisieren. Die völlig neue Aufgabe reizte uns sehr: eine für sich selbst sprechende, unbetreute Outdoor-Ausstellung neben dem – meist gar nicht zugänglichen – einzigen Exponat, der Halle selbst. Die Eröffnung des Historischen Lernortes fand schließlich am 8. Mai 2019 statt. – So verstehen wir Wissenschaft, vom ganz Abstrakten bis hin zum ganz Konkreten.

3. Das Konzept der Outdoor-Ausstellung

Im Rahmen eines sehr engen Finanzspielraums von 250.000 € gewährte man uns völlige Freiheit in der konkreten Realisation der Ausstellung. Die haben wir genutzt. Schritt für Schritt bildete sich eine Projektgruppe aus Mitarbeiter*innen unserer Forschungsstelle und aus hervorragenden Studierenden, die wir als studentische Hilfskräfte einstellten. Zwei Versuche, ausstellungserfahrene Kuratorinnen auf Zeit einzustellen, scheiterten an besseren Angeboten anderswo. Daraufhin entschieden wir uns Anfang 2018 für das Risiko, das Projekt komplett selbst durchzuführen. Der finanzielle Spielraum für die Hardware, insbesondere die Gestaltung, wurde dadurch größer.

Wir konnten so – auf der Basis unserer aktuellen fachwissenschaftlichen Archivrecherchen – eine rein geschichtsdidaktisch angelegte dokumentarische Ausstellung entwerfen. Denn: Wir haben keinerlei antiquarisches Interesse. Nichts, gar nichts an und in der Halle für sich betrachtet erscheint uns wertvoll, bewahrenswert. Für uns bilden Halle und Koog allein den Ausgangspunkt für historische Lernprozesse, die uns am Herzen liegen.
Unser Ziel lautet: Nicht stehenbleiben bei Erschütterung über überwältigende Leiden der Opfer, nicht stehenbleiben bei einfacher Distanzierung von Tätern angesichts ihrer furchtbaren Verbrechen, sondern Fragen stellen nach dem Warum: Warum konnte diese gewalttätige Diktatur sich der Zustimmung der übergroßen Mehrheit der Deutschen so sicher sein bis fast zuletzt?
Das sind Fragen nach der NS-Gesellschaft, nach der Funktionsweise der NS-Herrschaft. Antworten führen am Ende zu uns selbst, nämlich zu Mechanismen, die uns im Ansatz bekannt sind. Wir kennen die integrative Kraft der gemeinsamen Distanzierung von Anderen. Wir wissen um das damit einhergehende Nachlassen von Empathie. Eine bedrückende Erkenntnis, dass die NS-Volksgemeinschaft Derartiges eskalierend betrieb bis zum Völkermord – und es uns trotzdem nicht völlig fremd ist.
Dem wollen wir uns öffnen. Niemand von uns kann mit Gewissheit sagen, wie er sich 1935 oder 1943 verhalten hätte. Unsere Urgroßeltern, Großeltern

1 Uwe Danker mit Claudia Ruge: Die Neulandhalle. Machbarkeitsstudie zur Nutzung als „Historischer Lernort Neulandhalle", Malente 2012.
2 Uwe Danker: Volksgemeinschaft und Lebensraum. Die Neulandhalle als historischer Lernort, Neumünster 2014.
3 Uwe Danker, Astrid Schwabe (Hrsg.): Die NS-Volksgemeinschaft. Zeitgenössische Verheißung, analytisches Konzept und ein Schlüssel zum historischen Lernen (Beiheft zur Zeitschrift für Geschichtsdidaktik, Bd. 13), Göttingen 2017.

oder Eltern werden damit Teil der NS-Gesellschaft. Das Thema hat mit uns zu tun, es lässt sich nicht mehr einfach abwehren.
Genau das ist historisches Lernen: Fragen stellen und Antworten anstreben, nachdenken, informieren und darüber sprechen, Erkenntnisse finden, Auseinandersetzung suchen und neue Fragen finden. Angestrebt haben wir weder ein Heimatmuseum noch eine Gedenkstätte, sondern ausdrücklich und kompromisslos einen historischen Lernort!

Inhaltskonzept, Aufbau und Gliederung der Ausstellung standen bereits fest, als wir im Frühjahr 2018 einen Gestaltungswettbewerb durchführten. Drei der eingeladenen Agenturen legten Ideen vor. Gemeinsam mit den beteiligten Architekten trafen wir einhellig die Entscheidung für den Entwurf von Uwe Franzen, Lüneburg. Sein Konzept, typografisch vorzugehen, nämlich die beiden Begriffe VOLKSGEMEINSCHAFT und LEBENSRAUM, so wie in unserem Inhaltskonzept in den Vordergrund gerückt zum gestalterischen Mittelpunkt zu machen, überzeugte uns.
Dabei war uns klar, dass die Idee nicht direkt umsetzbar sein würde und der Weg unsere inhaltliche Arbeit erheblich erschweren würde: Nicht einfache Stelltafeln oder Stelen waren zu füllen, sondern – irgendwie – vorgegebene Worte und Buchstaben. Ein M und ein I sind außerordentlich unterschiedlich in der Möglichkeit, sie mit Inhalt zu belegen …
Unser Konzept und seine Kapitel auf Begriffe zu übertragen, bedurfte einiger Überlegung. Wir zerlegten die Basisworte in für die NS-Zeit sehr dynamische Begriffe wie RAUM, VOLK, GEMEINSCHAFT, LEBEN, aber die komplette Abbildung unserer Gliederung gelang erst, als die Idee eines ergänzenden UND kam.

Auch grundsätzliche Überlegungen und geschichtsdidaktische Ansprüche an die Ausstellung haben uns geleitet: Themeninseln, die Regionales mit Überregionalem verbinden, sollten kurze Basistexte und Vertiefungsangebote enthalten. Sie müssten selbsterklärend sein, denn sie würden sich im Außengelände befinden, das ohne Führung und Anmeldung zugänglich ist. Die Ausstellung, die fast keine „Exponate" aufweisen kann, möge trotzdem quellenorientiert sein und die Neulandhalle als Quelle selbst mit einbeziehen. Unterschiedliche Perspektiven sollten eingenommen werden, wir wollten fertige Deutungen weitgehend vermeiden, sondern immer wieder Fragen an die Besucher*innen formulieren, damit sie eigene Antworten finden könnten. Gegenwart und Lebenswelt der Besucher*innen wären zu berücksichtigen. Und wir wollten auch unsere eigene Ausstellungsarbeit reflektieren, dabei deutlich machen, dass wir nur eine denkbare Geschichte erzählen, andere vielleicht andere Schwerpunkte setzen würden.
Vieles also war im Entstehungsprozess zu bedenken, unser inhaltlicher und didaktischer Ansatz, die pragmatischen Bedingungen von Ausstellungen, die besondere Situation vor Ort. Und all das soll ästhetisch funktionieren. Eine historische NS-Ausstellung muss nicht hässlich sein, sie soll anregen, Fragen, Gedanken und Gespräche auslösen. Es war eine spannende Auseinandersetzung mit dem Gestalter Uwe Franzen. Manches war leistbar, anderes nicht. Jeder einzelne Buchstabe hat ein ganz eigenes und spannungsgeladenes Erscheinungsbild.

4. Ein Blick auf die Ausstellung

Ein kursorischer Blick auf die Ausstellung: Empfangen werden Besucher*innen von einem liegenden S: Es führt ein, zeigt den Rundweg und informiert über alle Beteiligten. Der Weg zur ersten Station führt vorbei an Lahnungen, die Auszubildende des Landesbetriebs für Küstenschutz, zukünftige Wasserbauer unter Anleitung ihrer kooperationsfreudigen Ausbilder angefertigt haben, kostenfrei und engagiert. Hier können Besuchergruppen Platz nehmen und über Vorhaben und Eindrücke sprechen.

Das erste Wort LEBEN trägt das Thema Landgewinnung: Marschland wird erklärt, die Tradition der

Landgewinnung geschildert, Deichbau und Entwicklung der Küstenlinie vorgestellt, das Ringen mit der Nordsee, dem „Blanken Hans", auch große Landgewinnungspläne. Auf der Rückseite zeigen wir, mit welch propagandistischem Gespür die regionale NS-Bewegung sich des Themas bemächtigte, aus Planungen der Deichverbände den „Lohse-Plan" generierte, benannt nach NSDAP-Gauleiter Hinrich Lohse. Die ideologische Aufladung und neue Akzente, nämlich Arbeitsbeschaffung und Schollengewinn, die darin einbeschriebene Erweiterung des deutschen „Lebensraums", zeigen nationalsozialistische Ambitionen der in den 1930er Jahren intensivierten Landgewinnungsarbeiten.

Unmittelbar mit Herrschaftsübernahme entschied man sich, hier in der Dieksanderbucht deichreifes, also viele Jahre vorbereitetes Vorland für ein Renommierprojekt, den zukünftigen Adolf-Hitler-Koog, zu nutzen. Der Ort schien passend, Dithmarschen war eine Kernregion des Nationalsozialismus. Damit beginnt die Vorderseite des langen Begriffs GEMEINSCHAFT. Die weiteren Buchstabenbelegungen stellen die Gestaltungsgeschichte des Koogs vor und schildern die Auswahl der Siedlerfamilien: Ihre große Chance erhielten nachgeborene verheiratete Dithmarscher Bauernsöhne, die nach dem NS-Erbreichshofgesetz keine Bauern hätten werden können, einen bis 1800 zurückgehenden Ariernachweis vorlegten und frühe Kämpfer der NS-Bewegung waren: Eine homogene Gruppe mit einem sehr hohen Anteil von SS-Angehörigen, übrigens eine teilweise wirklich problematische Auswahl, waren unter den Neusiedlern doch auch Beteiligte an grässlichen Gewalttaten des Jahres 1932. Weitere Themen sind die Einweihung und das dann gar nicht so widerspruchsfreie Leben in der Volksgemeinschaft im Kleinen, der Propagandatourismus hierher und die schließlich auch gebaute Fischersiedlung im Koog, die nie ganz dazugehören würde.

Die Rückseite des Begriffs Gemeinschaft gehört allein der Neulandhalle, die übrigens von dieser Perspektive aus immer auch deutlich sichtbar ist: Die Frage, warum auf einen ursprünglich geplanten Kirchbau verzichtet wurde, die Einweihung, fragende Blicke auf die Außenarchitektur, Hinweise zur durchkomponierten Gestaltung des Innern, die Halle als Ort der Vergemeinschaftung und als Kirche

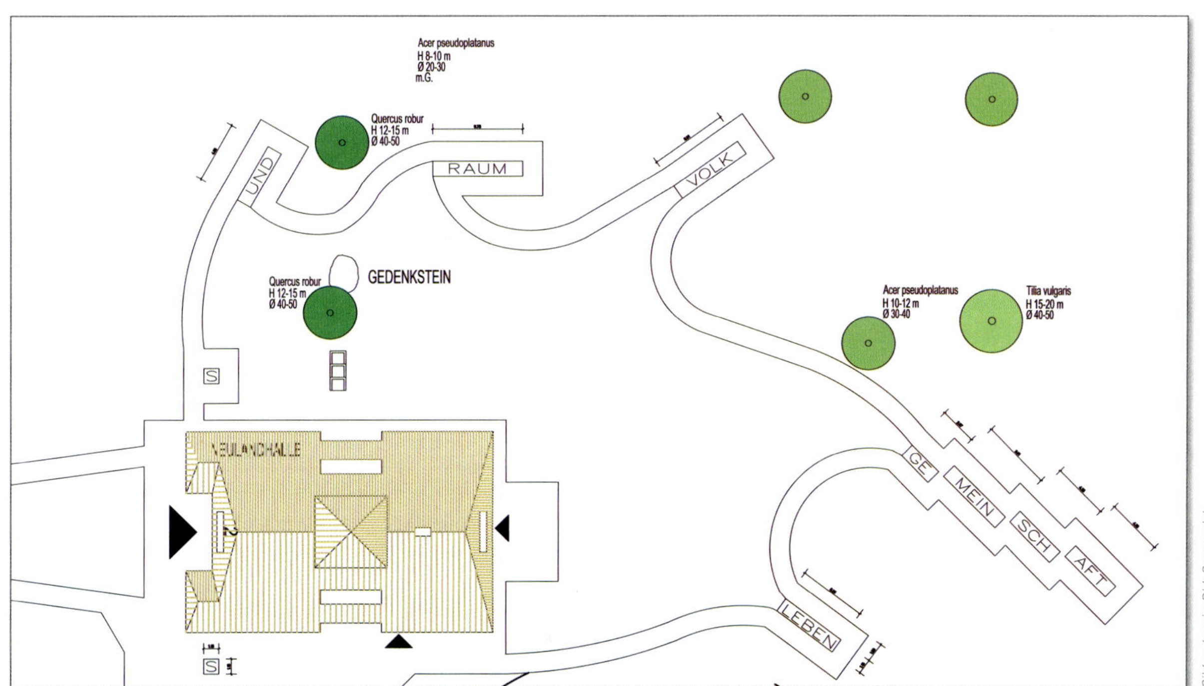

Die geplante Wegführung der Außenausstellung um die Neulandhalle

Bildnachweis: Dirk Oesterreich

respektive Kirchenersatz und schließlich als Brücke zu den großen Themen die Sammlungsnadel des NS-Winterhilfswerks 1936, das mit diesem Bau bereits Werbung betreiben konnte.

Mitten in diesem Kapitel werden Besucher*innen, unterstrichen durch eine andere Farbgebung, mit der Frage konfrontiert: „Ist das alles wahr?" Das ist einer der Momente in der Ausstellung, an denen wir Autor*innen einen Schritt zurücktreten, unsere eigene Arbeit relativieren, in blauer Schrift einordnen und erklären.
Das sind Orte, an denen unser geschichtsdidaktischer Ansatz radikal umgesetzt wird. Sie allein, die Besucher*innen sollen ihre historischen Urteile fällen, unserer transparenten Argumentation kritisch folgen, die Fragen als offen betrachten, auch unseren Begriff von Geschichte kennenlernen. Wir wollen niemanden belehren. Denn nur in einem solchen Rahmen kann, so wissen wir, historisches Lernen angebahnt werden.

Darum geht es auch im weiteren Verlauf des Ausstellungsrundgangs, und zwar in verschärfter Weise. Der Begriff VOLK beantwortet auf Vorder- und Rückseite die Frage, was die NS-Volksgemeinschaft ausmachte, für die der Adolf-Hitler-Koog als Musterbeispiel galt: Integrationsangebote wie feiernde Dorfgemeinschaften, die Hitlerjugend oder die „Deutsche Arbeitsfront", die gefühlte Gemeinschaft, die sich im Eintopfessen und Winterhilfswerk ausdrückte, aber auch der untrennbar damit verbundene Ausschluss all jener, die zu dieser Gemeinschaft nicht hinzugehören sollten: Politische Gegner, die immerhin theoretisch nach KZ-Aufenthalten in Gnade aufgenommen werden konnten; so genannte Erbkranke, die es auszumerzen galt, und die man schließlich ermordete; vor allem rassisch abgelehnte, in erster Linie Juden bzw. als Juden definierte Menschen, die Schritt für Schritt definiert, stigmatisiert, verfolgt, exkludiert und schließlich auch ermordet wurden. Wir zeigen Reaktionen der Mehrheitsbevölkerung bei Deportationen und Versteigerungen von geraubter Habe: bedrückende Bilder. Und schließlich die Zuspitzung in der Kriegsgemeinschaft, in der entgrenzten Gewalt, die sich in Schleswig-Holstein unter anderem in den KZ-Außenstellen von Neuengamme, Husum-Schwesing und Ladelund ausdrückte.
Die NS-Volksgemeinschaft, diese Form von Gemeinschaft, war ohne gewalttätige Aussonderung der anderen nicht zu haben. Das Zusammenspiel von harmonischen Angeboten der Inklusion mit der Gewalt der Exklusion bildete den Motor der NS-Volksgemeinschaft.

Die Station RAUM führt von der Landgewinnung an der Westküste bis hin zum gnadenlosen Lebensraumkrieg. Die Blut- und Bodenideologie, die Debatte um ein „Volk ohne Raum", Siedlungsexperten und Musterdörfer werden vorgestellt, bevor die gigantomanische Planung des Generalplans Ost und der reale Lebensraumkrieg sowie die eingangs zitierte völkermordende Besatzungsherrschaft im Osten dargestellt werden.
Wir zeigen die frappierende Nähe durch Sprache und auch dadurch, dass eine Reihe wichtiger Protagonisten des Adolf-Hitler-Koogs fünf Jahre später gemeinsam in Riga, an der Spitze der Besatzungsherrschaft des „Reichskommissariats Ostland", wieder zusammensaßen: NSDAP-Gauleiter Hinrich Lohse als „Reichskommissar", NSDAP-Kreisleiter Dithmarschen Matthiessen als Hauptabteilungsleiter Wirtschaft und Landwirtschaft, der Landgewinnungsingenieur Lorenzen als Hauptabteilungsleiter Technik und schließlich der Architekt Brodersen als Wiederaufbauer der historischen Altstadt von Riga. – Die Wege vom Adolf-Hitler-Koog nach Neuengamme und nach Riga waren furchtbar kurz.

Die Nachnutzung der Halle und Nachgeschichte des Koogs nach 1945 findet sich auf dem letzten Wort UND: Hinweise zum Neubeginn, die Entnazifizierung der Koogbewohner sowie deren kulturelle Reaktionen auf den Wandel, die Durchsetzung unseres neuen Blicks auf die Nordsee, die nicht mehr nur als Feind begriffen wird, die kirchliche Nutzung der Neulandhalle von 1971 bis 2010 sowie selbstreflexiv auch der Entstehungsprozess dieses Historischen Lernorts.

Ein zweites liegendes S – es sind die beiden Verbindungs-S der Wortkonstruktionen VOLKSGEMEINSCHAFT und LEBENSRAUM – beendet den Ausstellungsrundgang. Verraten wird, wie es zu den ohnehin spannungsgeladenen LEBEN, GEMEINSCHAFT, VOLK, RAUM und UND kam, erklärt wird auch, warum die S liegen. Vor allem aber werden Besucher*innen abschließend mit zwei Fragen konfrontiert: „Was hat das mit mir zu tun?" Und: „Wer sind heute die Anderen?"

In und an der Halle sind folgende Inszenierungen zu finden: Der Blick auf das einzig heile Wandbild Thamers ist durch ein Fenster, verbunden mit einer Licht- und Spiegelkonstruktion, von außen auch möglich. In der Halle selbst ist es möglich, per Knopfdruck auch die drei nicht mehr vorhandenen Bilder wieder sichtbar zu machen, allerdings bewusst nicht in Farbe, sondern entfremdendem Sepia. Drei kurze historische Dokumentarfilme, die wir auf der Basis von Material des Landesfilmarchiv geschnitten haben, können bei geführten Besuchen gezeigt und auch von der Homepage des Historischen Lernortes gestreamt werden.

Bildnachweis: frzph

Die Projektgruppe der frzph v. l. n. r.: Elmar Moldenhauer, Marie-Theres Marx, Gabriele Heinze, Ann-Kathrin Hoffmann, Prof. Dr. Uwe Danker, Jan Waitzmann, Sina Lisowski, Melanie Richter-Oertel, Sebastian Lotto-Kusche, Martin Fröhlich.

Idee, Konzept, Realisation und Projektleitung:
Prof. Dr. Uwe Danker
(frzph, Europa-Universität Flensburg)

Designkonzept und Gestaltung:
Uwe Franzen, atelier hand-werk 2.0.

Projektgruppe der Forschungsstelle für regionale Zeitgeschichte und Public History (frzph):

Entwicklung/Recherche:
Ines Beeck (Stud.)
Uwe Danker
Gabriele Heinze
Sebastian Lotto-Kusche (Dokt.)
Marie-Theres Marx (Stud.)
Elmar Moldenhauer (Stud.)
Melanie Oertel (Stud.)

Entwürfe:
Uwe Danker
Sebastian Lotto-Kusche (Dokt.)
Marie-Theres Marx (Stud.)
Elmar Moldenhauer (Stud.)
Melanie Oertel (Stud.)
Jan Waitzmann (Dokt.)

Lektorat:
Robert Bohn
Martin Fröhlich (Stud.)
Ann-Kathrin Hoffmann (Stud.)
Sina Lisowski (Stud.)

Redaktion:
Uwe Danker

Kommunikation:
Gabriele Heinze
Elmar Moldenhauer (Stud.)

Bild/Ton:
Uwe Danker
Elmar Moldenhauer (Stud.)
Melanie Oertel (Stud.)
Jan Waitzmann (Dokt.)

Rechteverwaltung:
Gabriele Heinze

Forschungsstelle für regionale Zeitgeschichte und Public History

frzph

Kirchenkreis Dithmarschen
Evangelisch-Lutherische
Kirche in Norddeutschland

Wir danken folgenden Personen und Einrichtungen für ihre Unterstützung:

Frühe Förderer des Projektes waren:
Bischof Gothart Magaard, Ministerin a.D. Anke Spoorendonk, Staatssekretär a.D. Dr. Eberhard Schmidt-Elsässer.

Externen Rat gewährten:
Dr. Detlef Garbe, Prof. Dr. Walter Hütter, Prof. Dr. Astrid Schwabe, Frank Trende, Dr. Martin Westphal.

Freundlich kooperierten:
Ev.-Luth. Kirchenkreis Dithmarschen, insbesondere Dr. Andreas Crystall, Nathalie Finke, Frank Zabel.

Dithmarscher Landesmuseum, insbesondere Dr. Jutta Müller, Karsten Schrum.

Landesbetrieb für Küstenschutz, Nationalpark und Meeresschutz: Fabian Lücht, Stephan Siegfriedt, Olaf Diekmann sowie die Auszubildenden Malte Dierks, Finn-Jonas Paulsen, Moritz Laube, René Hansen, Michel von Postel, Stefan Schoer, Hannes Kröger.

Volkshochschulen in Dithmarschen e.V., Martin Gietzelt, Astrid Lahrsen-Loges.

Weitere Unterstützung:
Vitali Bernhardt, Dr. Jens-Peter Biel, Dipl.- Ing. Claus Carstens, Dieter Kruse, Hans Peter Peters, Dr. Maria Röbbelen, Dr. Gerd Schübeler, Claus Vahle.

Landesarchiv Schleswig-Holstein, Gemeinschaftsarchiv Schleswig, Bundesarchiv Koblenz, WattWelten UNESCO Weltnaturerbe Wattenmeer Besucherzentrum Norderney.

Der Kampf mit dem „Blanken Hans“

Seit Jahrhunderten versuchen die Menschen an der Westküste, dem Meer neues Land abzuringen, Watt in Siedlungsraum zu verwandeln. Aber mit verheerenden Sturmfluten holt sich die Nordsee immer wieder Land zurück. Dieses beständige Ringen mit dem Meer schreibt sich in die Mentalität ein – das Meer wird als Feind begriffen und als „Blanker Hans“ personifiziert. Seit 1900 ist Landgewinnung eine öffentliche Aufgabe, in der Weimarer Republik soll sie aus der Krise führen.

„Trutz,
Blanke Hans“
Die größten Jahres-Sturmfluten

Große Pläne

Watt, Schlick und Land

Das Wattenmeer

Wattenmeer an der Nordseeküste bei „Ebbe", erste Pflanzen sind erkennbar. Aufnahme um 1935.

Seit etwa 5000 Jahren herrscht hier der Rhythmus von Ebbe und Flut: Zweimal am Tag überflutet die Nordsee das Wattenmeer, zweimal am Tag zieht sie sich zurück. Für kurze Zeit liegt das Schlickgebiet wieder trocken. Das schafft eine einzigartige Lebenswelt von Pflanzen und Tieren.

... schlickt auf

„Flut" an der Nordseeküste, das Watt ist überspült. Aufnahme um 1935.

Das Meerwasser führt Algen-, Muschel- und Schalenreste, Ton und Sand mit sich. Beim Zurückfließen sinken die Stoffe ab und verbleiben teilweise im Boden. Man sagt: Das Watt schlickt auf.

... zur Marsch.

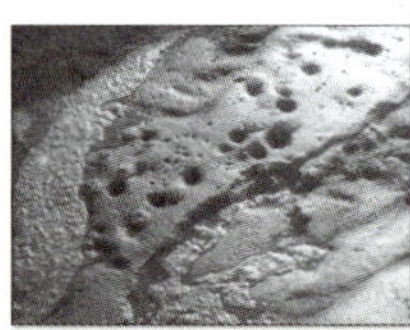

Das Watt schlickt auf, Sinkstoffe setzten sich durch die „Tiden" ab. Aufnahme um 1935.

Salzverträgliche Pflanzen wie der Queller verfestigen den Schlick. Andel und Salzbinsen folgen. Im Laufe vieler Jahre entsteht neues, plattes Land. Es wird Marsch oder Marschland genannt.

*Hintergrundbild:
Ein „Priel" durchzieht das Watt.*

Bildnachweis: LASH, Landesfilmarchiv Abt. 2002, Nr. 13

Wattenmeer an der Nordseeküste bei „Ebbe“, erste Pflanzen sind erkennbar. Aufnahme um 1935.

Das Wattenmeer

Seit etwa 5000 Jahren herrscht hier der Rhythmus von Ebbe und Flut: Zweimal am Tag überflutet die Nordsee das Wattenmeer, zweimal am Tag zieht sie sich zurück. Für kurze Zeit liegt das Schlickgebiet wieder trocken. Das schafft eine einzigartige Lebenswelt von Pflanzen und Tieren.

Bildnachweis: LASH, Landesfilmarchiv Abt. 2002, Nr. 13

„Flut“ an der Nordseeküste, das Watt ist überspült. Aufnahme um 1935.

… schlickt auf

Das Meerwasser führt Algen-, Muschel- und Schalenreste, Ton und Sand mit sich. Beim Zurückfließen sinken die Stoffe ab und verbleiben teilweise im Boden. Man sagt: Das Watt schlickt auf.

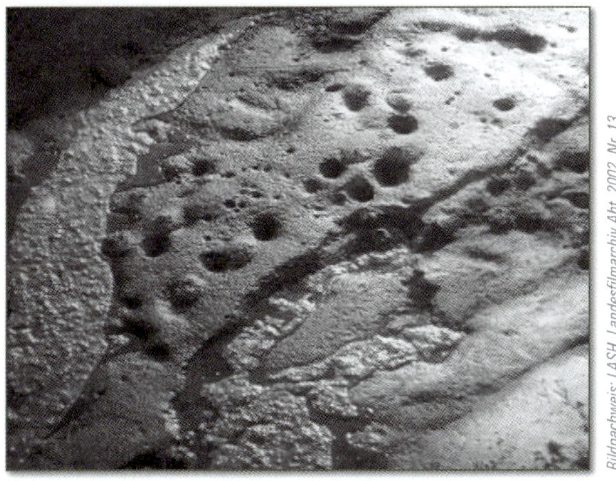

Bildnachweis: LASH, Landesfilmarchiv Abt. 2002, Nr. 13

Das Watt schlickt auf, Sinkstoffe setzten sich durch die „Tiden“ ab. Aufnahme um 1935.

… zur Marsch.

Salzverträgliche Pflanzen wie der Queller verfestigen den Schlick. Andel und Salzbinsen folgen. Im Laufe vieler Jahre entsteht neues, plattes Land. Es wird Marsch oder Marschland genannt.

Bildnachweis: Maria Röbbelen

Ein „Priel" durchzieht das Watt.

Landverluste:

An der Nordseeküste sind vor allem im Herbst und im Winter Stürme zu verzeichnen. Die Folge sind Sturmfluten, bei denen der Tidenwasserstand stark ansteigt. Ungeschützte natürliche Auflandungen werden vom Meer überspült und oft wieder mitgerissen.

Tiden:

Werden auch Gezeiten genannt und beschreiben die unterschiedlichen Wasserbewegungen des Meeres. Die Anziehungskräfte des Mondes und der Sonne setzen die Gezeitenkräfte, den Tidenhub, frei: Hoch- und Niedrigwasser treten ein.
Wir sprechen auch von Ebbe und Flut.

Auflanden:

Bezeichnet den Aufwuchs des Marschlandes. Durch die Gezeiten der Nordsee lagern sich Sinkstoffe ab. Die Folge ist ein allmähliches Aufschlicken. Neues Land, die Marsch, entsteht.

Der Mensch greift ein

Traditioneller Lahnungsbau

Seit Jahrhunderten greift der Mensch in die natürlichen Vorgänge im Wattenmeer ein.

Buschlahnungen beschleunigen die Entstehung von Land, das Auflanden: Mit dem Holzhammer schlagen Lahnungsbauer bis zu 2,5 m lange Holzpfähle in Doppelreihen ins Watt. Dazwischen packen sie Reisigbündel, „Faschinen" genannt. Ein von Pfahl zu Pfahl gespannter Draht sichert die Packung. Angeworfener Schlick macht die Lahnung robuster.

Holzpfähle werden 1935 mit dem Holzhammer in Doppelreihe in das Watt geschlagen.

Mit Draht sichern Lahnungsbauer die Packung einer Lahnung, aufgenommen um 1935.

Landgewinnung durch Lahnungen

Mit „Schuten", das sind Lastkähne mit geringem Tiefgang, bringen Lahnungsbauer das Material an die Baustellen im Wattenmeer. Sie bauen Quer- und Längslahnungen und schaffen Gebilde, die wie Waben aussehen. Diese Form drosselt die Fließgeschwindigkeit des Wassers, Sinkstoffe setzen sich so schneller ab.

Von Fachleuten angelegte Gräben durchziehen die aufschlickenden Flächen. Das Wasser läuft so gleichmäßiger ab und innerhalb von 15 bis 40 Jahren entsteht Marschland.

Lahnungsbauer packen 1935 „Faschinen" in die Doppelreihe aus Holzpfählen.

Bau von Entwässerungsgräben in aufgeschlickten Flächen um 1935.

Hintergrundbild: Buschlahnung mit bereits aufgelandeten Flächen.

Bildnachweis: Elmar Moldenhauer

Traditioneller Lahnungsbau

Seit Jahrhunderten greift der Mensch in die natürlichen Vorgänge im Wattenmeer ein.

Buschlahnungen beschleunigen die Entstehung von Land, das Auflanden: Mit dem Holzhammer schlagen Lahnungsbauer bis zu 2,5 m lange Holzpfähle in Doppelreihen ins Watt. Dazwischen packen sie Reisigbündel, „Faschinen" genannt. Ein von Pfahl zu Pfahl gespannter Draht sichert die Packung. Angeworfener Schlick macht die Lahnung robuster.

Bildnachweis: LASH, Landesfilmarchiv Abt. 2002, Nr.13

Holzpfähle werden 1935 mit dem Holzhammer in Doppelreihe in das Watt geschlagen.

Bildnachweis: LASH, Landesfilmarchiv Abt. 2002, Nr.13

Mit Draht sichern Lahnungsbauer die Packung einer Lahnung, aufgenommen um 1935.

Landgewinnung durch Lahnungen

Mit „Schuten", das sind Lastkähne mit geringem Tiefgang, bringen Lahnungsbauer das Material an die Baustellen im Wattenmeer. Sie bauen Quer- und Längslahnungen und schaffen Gebilde, die wie Waben aussehen. Diese Form drosselt die Fließgeschwindigkeit des Wassers, Sinkstoffe setzen sich so schneller ab.

Von Fachleuten angelegte Gräben durchziehen die aufschlickenden Flächen. Das Wasser läuft so gleichmäßiger ab und innerhalb von 15 bis 40 Jahren entsteht Marschland.

Bildnachweis: LASH, Landesfilmarchiv Abt. 2002, Nr.13

Lahnungsbauer packen 1935 „Faschinen" in die Doppelreihe aus Holzpfählen.

Bildnachweis: LASH, Landesfilmarchiv Abt. 2002, Nr.13

Bau von Entwässerungsgräben in aufgeschlickten Flächen um 1935.

„Deichen oder weichen“

Deichbau im Neufelderkoog 1924. Eisenbahn und Dampfmaschine werden als technische Hilfsmittel eingesetzt.

Deichreifes Land, aufgenommen 1935.

Ein neuer Koog um 1935: Junges Marschland ist eingedeicht und wird landwirtschaftlich genutzt.

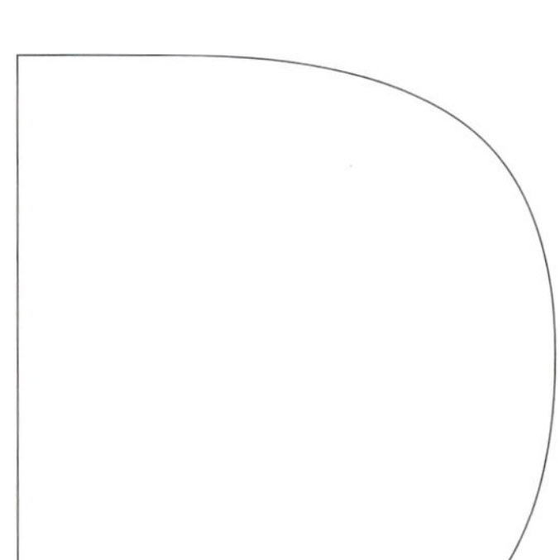

Entwicklungssache: Deiche und Küste.

Hintergrundbild: Deicharbeiter in Neufeld 1899.

Deichbau

Marschland liegt kaum höher als der Meeresspiegel. Ungesichert wird es immer wieder überflutet, bei Sturmflut droht Landverlust. Deiche schützen Land und Bewohner vor dem Meer. Der Leitspruch lautet: deichen oder weichen.

Deiche sind an der Küstenlinie erbaute Schutzwälle. Sie werden immer höher und breiter ausgelegt. Ein möglichst flacher Anstieg ermüdet die Meereswellen, damit sie den Deich nicht beschädigen oder unterspülen. Die Deichbedeckung, meist eine gepflegte Grasnarbe, sichert den Deichkern.

Ein Koog entsteht

Wenn neu gewonnenes „Vorland“ dauerhaft grün ist und nur selten überspült wird, gilt es als „deichreif“. Der nun erbaute Seedeich sichert das junge Marschland. Der Boden verliert den Salzgehalt. Er wird für Landwirtschaft nutzbar. Er kann besiedelt werden.

Das neue, durch einen Deich geschützte Land heißt „Koog“.

Deichbau im Neufelderkoog 1924. Eisenbahn und Dampfmaschine werden als technische Hilfsmittel eingesetzt.

Deichbau

Marschland liegt kaum höher als der Meeresspiegel. Ungesichert wird es immer wieder überflutet, bei Sturmflut droht Landverlust. Deiche schützen Land und Bewohner vor dem Meer. Der Leitspruch lautet: deichen oder weichen.

Deiche sind an der Küstenlinie erbaute Schutzwälle. Sie werden immer höher und breiter ausgelegt. Ein möglichst flacher Anstieg ermüdet die Meereswellen, damit sie den Deich nicht beschädigen oder unterspülen. Die Deichbedeckung, meist eine gepflegte Grasnarbe, sichert den Deichkern.

Deichreifes Land, aufgenommen 1935.

Ein Koog entsteht

Wenn neu gewonnenes „Vorland“ dauerhaft grün ist und nur selten überspült wird, gilt es als „deichreif“. Der nun erbaute Seedeich sichert das junge Marschland. Der Boden verliert den Salzgehalt. Er wird für Landwirtschaft nutzbar. Er kann besiedelt werden.

Das neue, durch einen Deich geschützte Land heißt „Koog“.

Ein neuer Koog um 1935: Junges Marschland ist eingedeicht und wird landwirtschaftlich genutzt.

Entwicklungssache: Deiche und Küste.

Deicharbeiter in Neufeld 1899.

Bildnachweis: Sammlung Backens, Dithmarscher Landesmuseum

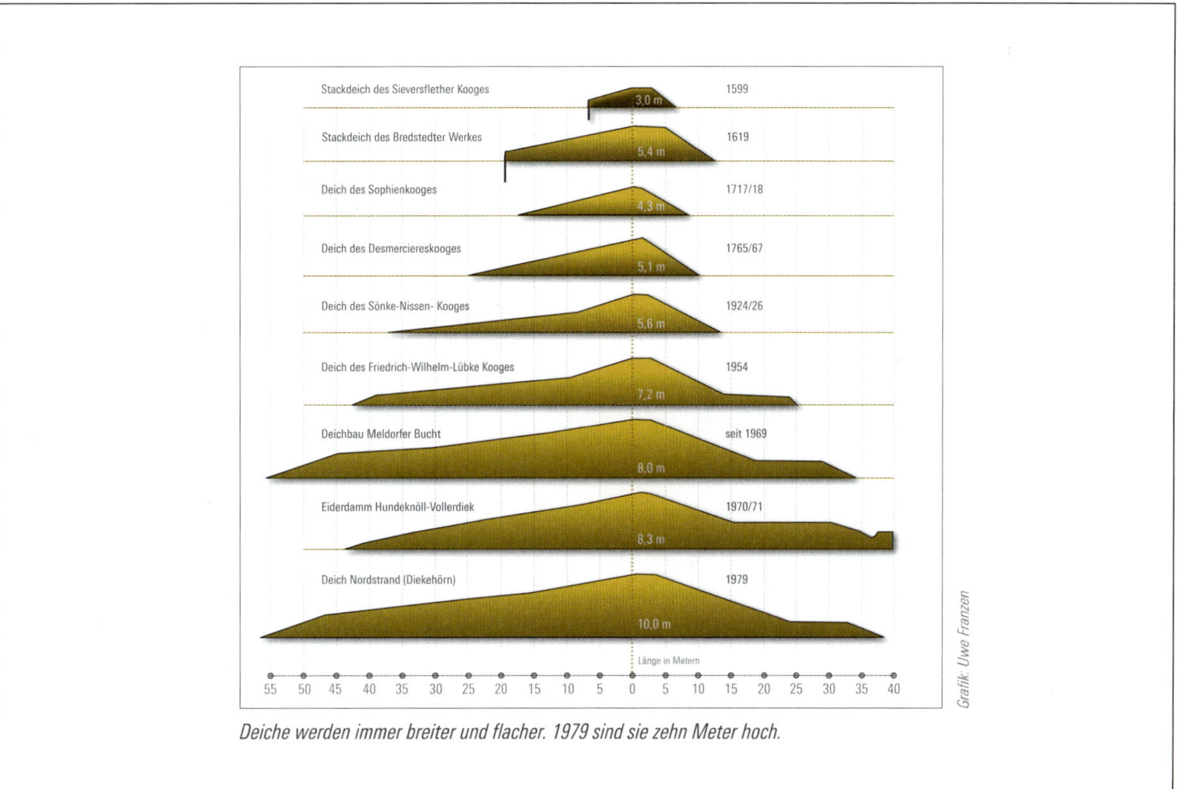

Grafik: Uwe Franzen

Deiche werden immer breiter und flacher. 1979 sind sie zehn Meter hoch.

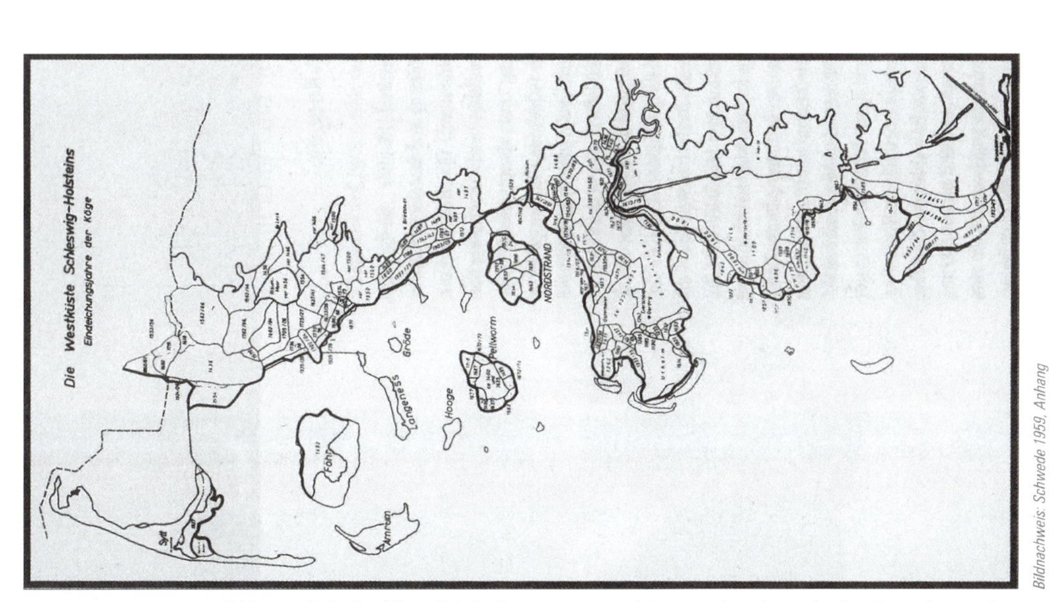

Bildnachweis: Schwede 1959, Anhang

Schleswig-Holsteins Küstenlinie ist im vergangenen Jahrtausend von Menschenhand gestaltet worden.

„Trutz, Blanke Hans“

Sturmfluten

Verheerende Sturmfluten wie die beiden „Mandränken“ 1362 und 1634 töten tausende Menschen und kosten viel Land. Zuletzt fordert die Februarflut von 1962 in Hamburg 315 Todesopfer. In Schleswig-Holstein zerstört oder beschädigt sie 150 km Deichlinie.

Traditionsreiches Ringen

Der älteste Schutzdeich ist fast 1000 Jahre alt. 1290 wird in Dithmarschen der erste Koog eingedeicht. Küstenschutz und Landgewinnung haben hier eine lange Tradition. 230 Köge entstehen an der schleswig-holsteinischen Westküste. Das Ringen mit der Nordsee prägt die Westküstenbewohner.

Kampf gegen das Meer

Unheimlich und unberechenbar, gefährlich – und doch so vertraut: So erlebten Küstenbewohner die Nordsee, den „Blanken Hans“. Über Jahrhunderte gilt „er“ als Feind des Menschen. Der Leitspruch „Trutz, Blanke Hans“ steht für den beherzten Kampf gegen das Meer.

Land unter: „Vorstellung einer Bracke oder Durch-Bruch eines Damms dadurch daß Land von innen überschwemmet wirdt“.

Das ist, zeitgenössisch nach der Sturmflut 1717 ausgedrückt, ein Deichbruch mit verheerenden Folgen im Hinterland.

Sturmflut auf Hallig Habel: Menschen und Tiere versuchen sich vor den Fluten in Sicherheit zu bringen. Radierung von Alex Eckener, 1936

Die größten Jahres-Sturmfluten

Jahr	Höchster Wasserstand + bezogen auf N. N. Tönning m	Datum	Husum m	Datum
1870	3,15	16. 9.	2,82	10. 9.
1871	2,44	21. 12.	2,39	21. 12.
[illegible]	[illegible]	10. 12.	2,88	7. 11.

Bildnachweis: Christiansen, Sammlung Danker
Tabelle: Hinrichs 1931, S. 100

Hintergrundbilder: Sturmflut an der Nordseeküste um 1935. Außerdem eine Tabelle der Wasserstände von Sturmfluten im 19. Jahrhundert.

Sturmfluten

Verheerende Sturmfluten wie die beiden „Mandränken" 1362 und 1634 töten tausende Menschen und kosten viel Land. Zuletzt fordert die Februarflut von 1962 in Hamburg 315 Todesopfer. In Schleswig-Holstein zerstört oder beschädigt sie 150 km Deichlinie.

Traditionsreiches Ringen

Der älteste Schutzdeich ist fast 1000 Jahre alt. 1290 wird in Dithmarschen der erste Koog eingedeicht. Küstenschutz und Landgewinnung haben hier eine lange Tradition. 230 Köge entstehen an der schleswig-holsteinischen Westküste. Das Ringen mit der Nordsee prägt die Westküstenbewohner.

Kampf gegen das Meer

Unheimlich und unberechenbar, gefährlich – und doch so vertraut: So erlebten Küstenbewohner die Nordsee, den „Blanken Hans". Über Jahrhunderte gilt „er" als Feind des Menschen. Der Leitspruch „Trutz, Blanke Hans" steht für den beherzten Kampf gegen das Meer.

Land unter: „Vorstellung einer Bracke oder Durch-Bruch eines Damms dadurch daß Land von innen überschwemmt wirdt". *Das ist, zeitgenössisch nach der Sturmflut 1717 ausgedrückt, ein Deichbruch mit verheerenden Folgen im Hinterland.*

Bildnachweis: Fleischauer/Turkowski 2006, S. 34

Bildnachweis: Museumsberg Flensburg

Sturmflut auf Hallig Habel: Menschen und Tiere versuchen sich vor den Fluten in Sicherheit zu bringen. Radierung von Alex Eckener, 1936.

Trutz, Blanke Hans
Heut bin ich über Rungholt gefahren,
Die Stadt ging unter vor sechshundert Jahren.
Noch schlagen die Wellen da wild und empört,
Wie damals, als sie die Marschen zerstört.
Die Maschine des Dampfers schütterte, stöhnte,
Aus den Wassern rief es unheimlich und höhnte,
Trutz, Blanke Hans.

Von der Nordsee, der Mordsee, vom Festland geschieden,
Liegen die friesischen Inseln im Frieden.
Und Zeugen weltenvernichtender Wut,
Taucht Hallig auf Hallig aus fliehender Flut.
Die Möwe zankt schon auf wachsenden Watten,
Der Seehund sonnt sich auf sandigen Platten.
Trutz, Blanke Hans.

Mitten im Ozean schläft bis zur Stunde
Ein Ungeheuer, tief auf dem Grunde.
Sein Haupt ruht dicht vor Englands Strand,
Die Schwanzflosse spielt bei Brasiliens Sand.
Es zieht, sechs Stunden, den Atem nach innen
Und treibt ihn, sechs Stunden, wieder von hinnen.
Trutz, Blanke Hans.

Doch einmal in jedem Jahrhundert entlassen
Die Kiemen gewaltige Wassermassen.
Dann holt das Untier tiefer Atem ein,
Und peitscht die Wellen und schläft wieder ein.
Viel tausend Menschen im Nordland ertrinken,
Viel reiche Länder und Städte versinken.
Trutz, Blanke Hans.

Detlev von Liliencron zeichnet 1882/83 in seiner Ballade über den ‚Blanken Hans' ein bedrohliches Bild der Nordsee.

Rungholt ist reich und wird immer reicher,
Kein Korn mehr faßt selbst der größeste Speicher.
Wie zur Blütezeit im alten Rom,
Staut hier täglich der Menschenstrom.
Die Sänften tragen Syrer und Mohren.
Mit Goldblech und Flitter in Nasen und Ohren.
Trutz, Blanke Hans.

Auf allen Märkten, auf allen Gassen
Lärmende Leute, betrunkene Massen.
Sie ziehen am Abend hinauf auf den Deich:
Wir trotzen dir, Blanker Hans, Nordseeteich!
Und wie sie drohend die Fäuste ballen
Zieht leis aus dem Schlamm der Krake die Krallen.
Trutz, Blanke Hans.

Die Wasser ebben, die Vögel ruhen,
Der liebe Gott geht auf leisesten Schuhen.
Der Mond zieht am Himmel gelassen die Bahn,
Belächelt der protzigen Rungholter Wahn.

Von Brasilien glänzt bis zu Norwegens Riffen
Das Meer wie schlafender Stahl, der geschliffen.
Trutz, Blanke Hans.

Und überall Friede, im Meer, in den Landen.
Plötzlich wie Ruf eines Raubtiers in Banden:
Das Scheusal wälzt sich, atmete tief,
Und schloß die Augen wieder und schlief.
Und rauschende, schwarze, langmähnige Wogen
kommen wie rasende Rosse geflogen.
Trutz, Blanke Hans.

Ein einziger Schrei – die Stadt ist versunken
Und Hunderttausende sind ertrunken.
Wo gestern noch Lärm und lustiger Tisch,
Schwamm andern Tags der stumme Fisch.
Heut bin ich über Rungholt gefahren,
Die Stadt ging unter vor sechshundert Jahren.
Trutz, Blanke Hans?

Große Pläne

Öffentliche Aufgabe

Private und genossenschaftliche Koog-Pläne scheitern oft an hohen Kosten. Deshalb wird Landgewinnung um 1900 zur öffentlichen Aufgabe: Das „Domänenrent- und Bauamt Husum", später „Marschenbauamt", verkauft Land an Siedler, das mithilfe öffentlicher Gelder erschlossen worden ist.

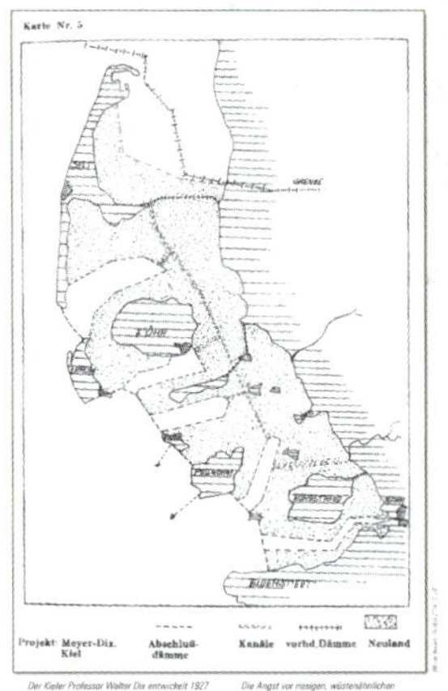

Der Kieler Professor Walter Dix entwickelt 1927 den Plan, das gesamte nordfriesische Wattenmeer auf einer Linie von Sylt, Amrum, Hooge, Pellworm und Eiderstedt einzudeichen. Die Angst vor riesigen, wüstenähnlichen Dünenflächen lässt ihn scheitern.

Neue Schwerpunkte

Während der wirtschaftlich schwierigen letzten Jahre der Weimarer Republik (1918-1933) soll Landgewinnung im großen Stil aus der Krise führen.

Eine „Denkschrift der Arbeitsgemeinschaft der Deichverbände" tritt 1931 für verstärkte Landgewinnung ein. Ihr Autor, Ingenieur Dr. Johann M. Lorenzen, fasst darin Küstenschutz und Landgewinnung, Arbeitsbeschaffung und landwirtschaftliche Nutzung sowie Besiedlung in einem Plan zusammen. Wirtschaftlichkeit spielt im „Lorenzen-Plan" kaum eine Rolle, der Abbau von Arbeitslosigkeit rückt jetzt in den Vordergrund.

Das Titelblatt des „Lorenzen-Plans" aus dem Jahr 1931.

Weiße Gebäude mit grünen Kupferdächern stehen für den nordfriesischen Sönke-Nissen-Koog. Noch privatwirtschaftlich geschaffen, wird er 1925 besiedelt.

Der vermögende Ingenieur Sönke Nissen hatte Anregungen aus der Kolonie Deutsch-Südwestafrika (heute: Namibia) mitgebracht.

Hintergrundbild:
Wattlandschaft an der Nordseeküste.

Öffentliche Aufgabe

Private und genossenschaftliche Koog-Pläne scheitern oft an hohen Kosten. Deshalb wird Landgewinnung um 1900 zur öffentlichen Aufgabe: Das „Domänenrent- und Bauamt Husum", später „Marschenbauamt", verkauft Land an Siedler, das mithilfe öffentlicher Gelder erschlossen worden ist.

Der Kieler Professor Walter Dix entwickelt 1927 den Plan, das gesamte nordfriesische Wattenmeer auf einer Linie von Sylt, Amrum, Hooge, Pellworm und Eiderstedt einzudeichen. Die Angst vor riesigen, wüstenähnlichen Dünenflächen lässt ihn scheitern.

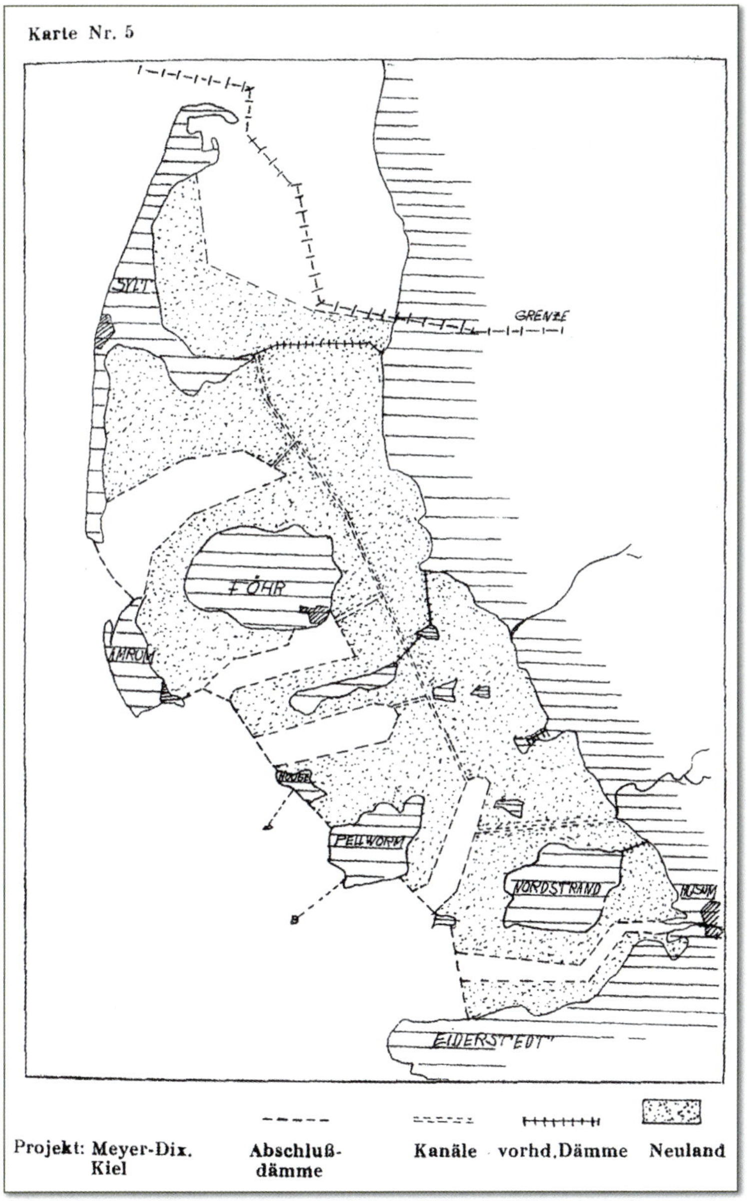

Bildnachweis: Danker 2014, S. 20

Neue Schwerpunkte

Während der wirtschaftlich schwierigen letzten Jahre der Weimarer Republik (1918-1933) soll Landgewinnung im großen Stil aus der Krise führen. Eine „Denkschrift der Arbeitsgemeinschaft der Deichverbände" tritt 1931 für verstärkte Landgewinnung ein. Ihr Autor, Ingenieur Dr. Johann M. Lorenzen, fasst darin Küstenschutz und Landgewinnung, Arbeitsbeschaffung und landwirtschaftliche Nutzung sowie Besiedlung in einem Plan zusammen. Wirtschaftlichkeit spielt im „Lorenzen-Plan" kaum eine Rolle, der Abbau von Arbeitslosigkeit rückt jetzt in den Vordergrund.

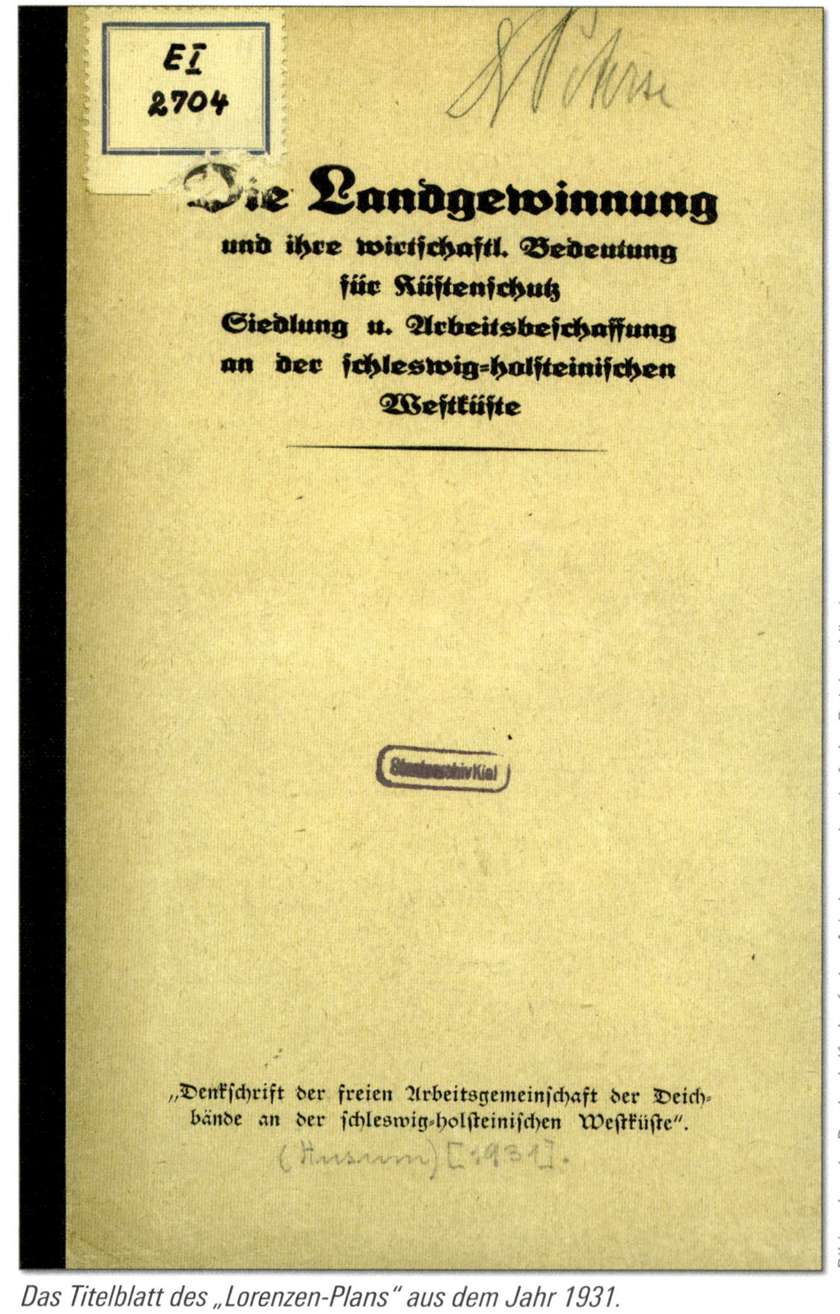

Die Landgewinnung
und ihre wirtschaftl. Bedeutung
für Küstenschutz
Siedlung u. Arbeitsbeschaffung
an der schleswig-holsteinischen
Westküste

„Denkschrift der freien Arbeitsgemeinschaft der Deichbände an der schleswig-holsteinischen Westküste“.
(Husum) [1931].

Das Titelblatt des „Lorenzen-Plans“ aus dem Jahr 1931.

Bildnachweis: Denkschrift der freien Arbeitsgemeinschaft der Deichverbände an der schleswig-holsteinischen Westküste, Husum 1931

„Meine Lebensarbeit als Ingenieur und gebürtiger Friese habe ich meiner Heimat, der Schleswig-Holsteinischen Westküste und ihrem Schutz gegen die Nordsee gewidmet."

Zitat: Johann M. Lorenzen, Schreiben an den Entnazifizierungsausschuss bei der Landesverwaltung *Schleswig-Holstein 1947*

Johann M. Lorenzen (1900–1972)

Am 17. November 1900 auf der Insel Pellworm geboren, studiert Johann Matthias Lorenzen von 1920 bis 1924 Bauingenieurwesen an der Technischen Hochschule Hannover.
Lorenzen spezialisiert sich auf Wasser- und Schleusenbau und macht 1928 in Berlin die Staatsprüfung zum „Regierungsbaumeister".

1931 ist er Hauptverfasser der „Denkschrift der Arbeitsgemeinschaft der Deichverbände" für ein Maßnahmenprogramm für Küstenschutz und Landgewinnung an der schleswig-holsteinischen Westküste.

Der nationalsozialistische Gauleiter und Oberpräsident Lohse macht den Plan zum eigenen Projekt; Lorenzen wird 1934 Referent für Planung und Forschung im Oberpräsidium und Leiter der Wasserwirtschaftsstelle Schleswig-Holstein.

1933 tritt Lorenzen der SA bei, mit Aufhebung der Aufnahmesperre wird er 1937 auch Mitglied der NSDAP.

1945 zunächst aus dem öffentlichen Dienst entlassen, wird Lorenzen 1947 von der Landesregierung gezielt wieder eingestellt.

Von 1950 bis 1965 wirkt er als Präsident der Wasser- und Schifffahrtsdirektion Kiel. Johann M. Lorenzen stirbt am 16. Oktober 1972 in Kiel.

Blick durch ein Guckloch in das Innere des Buchstabens

Weiße Gebäude mit grünen Kupferdächern stehen für den nordfriesischen Sönke-Nissen-Koog. Noch privatwirtschaftlich geschaffen, wird er 1925 besiedelt.

Der vermögende Ingenieur Sönke Nissen hatte Anregungen aus der Kolonie Deutsch-Südwestafrika (heute: Namibia) mitgebracht.

Bildnachweis: Elmar Moldenhauer

Bildnachweis: Martin Stock

Wattlandschaft an der Nordseeküste.

Ideologisierte Landgewinnung in der NS-Zeit

Nationalsozialisten laden die Idee einer „friedlichen Landnahme" mit Rückgriffen auf antimoderne Bilder von „Volk und Raum" sowie „Blut und Boden" ideologisch auf. Landgewinnung wird zur Propaganda. „Arische" Bevölkerung soll auf neu gewonnenem Boden siedeln. Der Küstenschutz tritt in den Hintergrund, entgegen jeder Wirtschaftlichkeit werden Maschinen durch menschliche Arbeitskraft ersetzt.

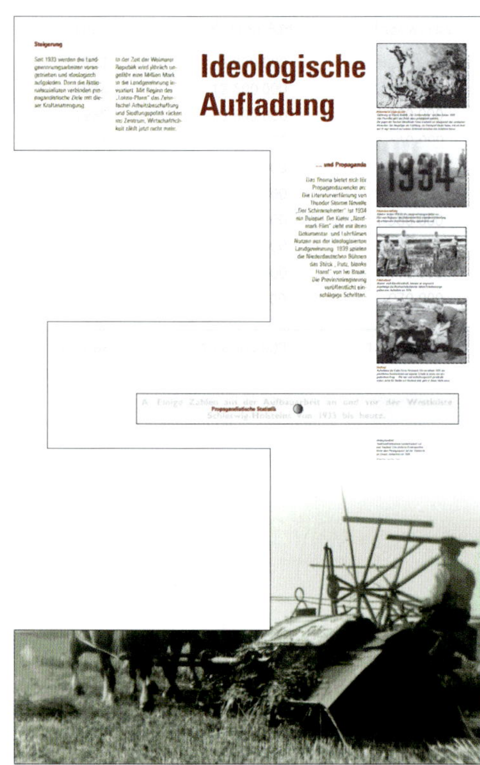

ropaganda
„In der Gewinnung und Besied-
lung der dem Meere abgerun-
genen Neulandflächen wird der
Nachwelt ein bleibendes Symbol
nationalsozialistischer Taten über-
mittelt, deren Geist für alle Zeiten
durch die Siedler im neuen Koog
vom Vater auf die Nachkommen
vererbt, weiter leben wird.“
„Die Koogsgemeinschaft ist mehr
als eine Dorfgemeinschaft im
Binnenlande. Sie ist zugleich
eine Wehrgemeinschaft, die in
vorderster Linie zur Verteidigung
des Deiches gegen den ‚blanken
Hans' verpflichtet ist.“

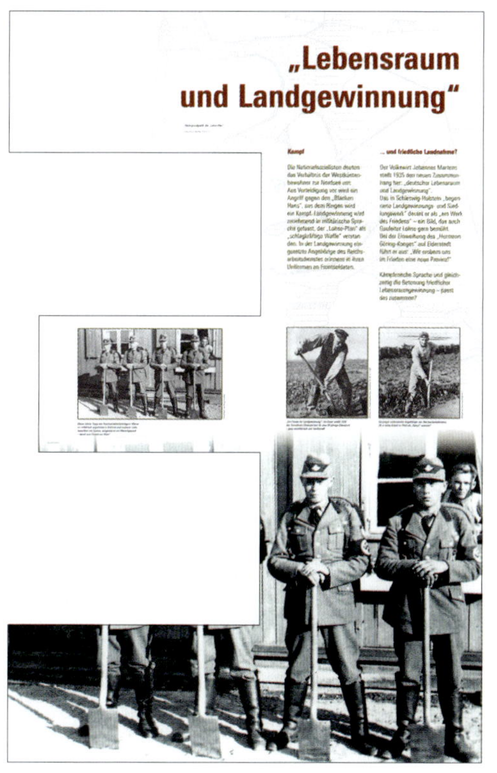
„Lebensraum
und Landgewinnung“

Leistung oder
Etiketten-
schwindel?

1933

Mit der Machtübernahme der Nationalsozialisten 1933 werden die Landgewinnungsarbeiten verstärkt. Schleswig-Holsteins NSDAP-Gauleiter Hinrich Lohse bemächtigt sich des beliebten Themas:

Mit Gespür für erfolgreiche Propaganda verbindet er die Westküstentradition mit der Lösung von Gegenwartsproblemen – und dem Nationalsozialismus.

Hinrich Lohse (1896-1964), hier circa 1934.

Hinrich Lohse (1896 – 1964):

NSDAP-Gauleiter und Oberpräsident der preußischen Provinz Schleswig-Holstein

Landgewinnung als NS-Projekt

Plan-Übernahme

Die Vorarbeiten der „Arbeitsgemeinschaft der Deichverbände" unter Johann Lorenzen eignen sich gut für die Pläne der Nationalsozialisten: Lohse übernimmt Ideen und Personal. Sein „Generalplan für die Landgewinnung in Schleswig-Holstein" wird bald nur noch „Lohse-Plan" genannt.

Der „Lohse-Plan" als gekacheltes Wandbild in der Jugendherberge Husum.

Visionär oder großmäulig?

Die Idee: Im Zeitraum von 100 bis 150 Jahren soll die landnächste Inselreihe des nordfriesischen Wattenmeeres verlanden. 30.000 Hektar Neuland und 2.000 neue Siedlerstellen würden ein Auskommen für etwa 10.000 deutsche „Volksgenossen" bieten. – Ein visionärer Plan oder großmäulige Ankündigung?

„Trutz blanke Hans": Titelblatt einer Publikation des Oberpräsidenten der Provinz Schleswig-Holstein zur Landgewinnung an der Westküste aus dem Jahr 1937. Seit Jahren dient das Thema auch der massiven Propaganda in eigener Sache.

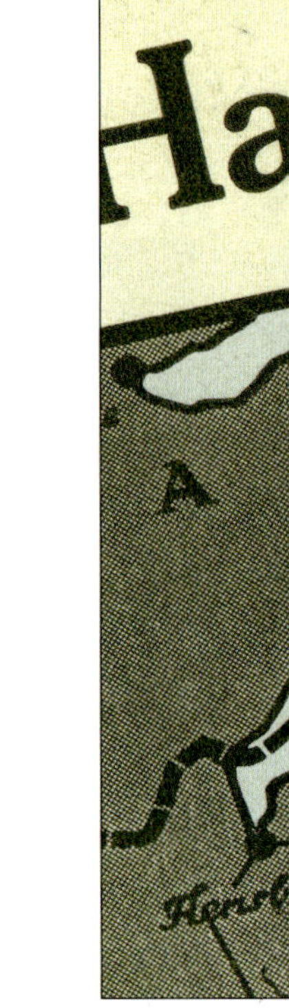

1933

Mit der Machtübernahme der Nationalsozialisten 1933 werden die Landgewinnungsarbeiten verstärkt. Schleswig-Holsteins NSDAP-Gauleiter Hinrich Lohse bemächtigt sich des beliebten Themas:

Mit Gespür für erfolgreiche Propaganda verbindet er die Westküstentradition mit der Lösung von Gegenwartsproblemen – und dem Nationalsozialismus.

Plan-Übernahme

Die Vorarbeiten der „Arbeitsgemeinschaft der Deichverbände" unter Johann Lorenzen eignen sich gut für die Pläne der Nationalsozialisten: Lohse übernimmt Ideen und Personal. Sein „Generalplan für die Landgewinnung in Schleswig-Holstein" wird bald nur noch „Lohse-Plan" genannt.

«Trutz blanke Hans»

Herausgegeben vom Oberpräsidenten der Provinz Schleswig-Holstein

Bildnachweis: Oberpräsident 1937, Titel

„Trutz blanke Hans": Titelblatt einer Publikation des Oberpräsidenten der Provinz Schleswig-Holstein zur Landgewinnung an der Westküste aus dem Jahr 1937. Seit Jahren dient das Thema auch der massiven Propaganda in eigener Sache.

Visionär oder großmäulig?

Die Idee: Im Zeitraum von 100 bis 150 Jahren soll die landnächste Inselreihe des nordfriesischen Wattenmeeres verlanden. 30.000 Hektar Neuland und 2.000 neue Siedlerstellen würden ein Auskommen für etwa 10.000 deutsche „Volksgenossen" bieten. – Ein visionärer Plan oder großmäulige Ankündigung?

Bildnachweis: LASH Abt. 2003, Nr. 1558

Hinrich Lohse (1896-1964), hier circa 1934.

Hinrich Lohse (1896–1964):

NSDAP-Gauleiter und Oberpräsident der preußischen Provinz Schleswig-Holstein

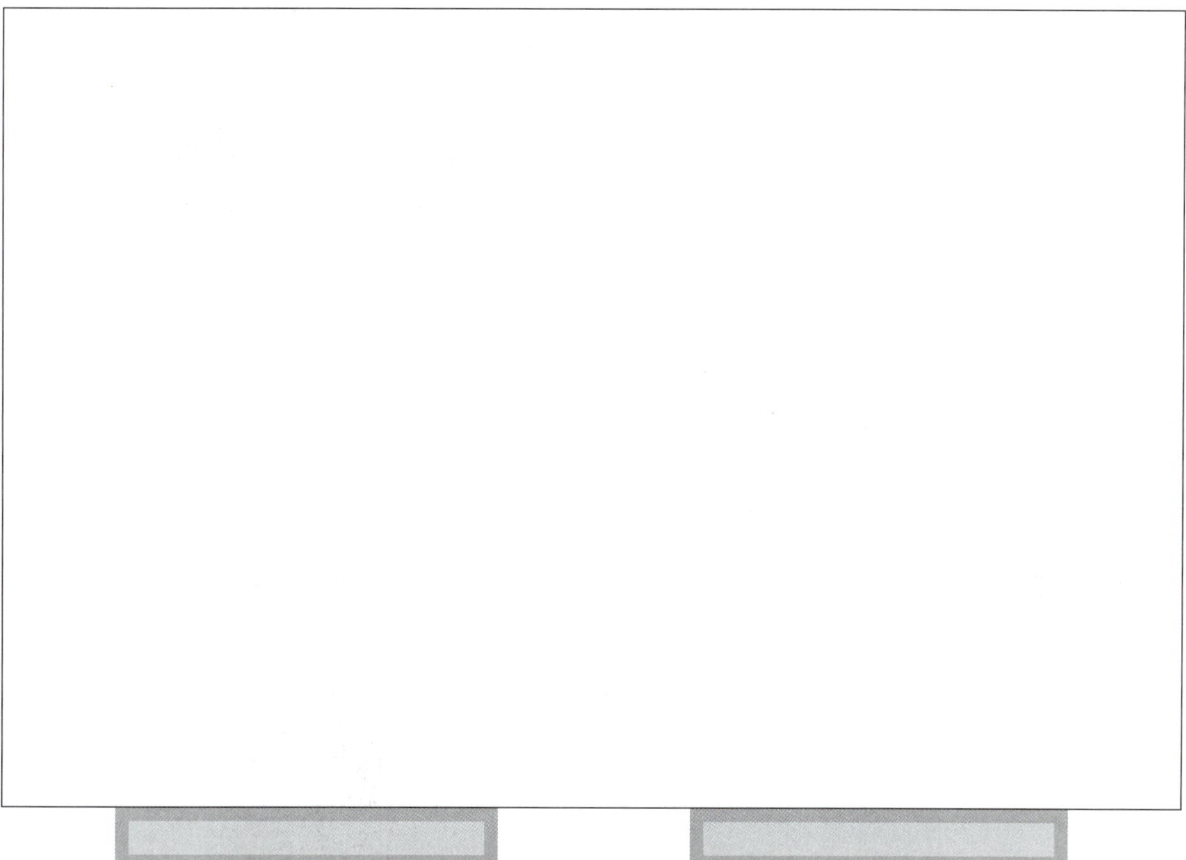

Hinrich Lohse (1896–1964):

NSDAP-Gauleiter und Oberpräsident der preußischen Provinz Schleswig-Holstein

Geboren 1896 als Sohn eines Kleinbauern in Mühlenbarbek, nimmt Hinrich Lohse bis zur Verwundung 1916 als Soldat am Ersten Weltkrieg teil und wird danach zunächst Bankangestellter. Er zählt schon 1923 zu den wenigen Mitgliedern der schleswig-holsteinischen NSDAP. Ab 1924 lebt er als Berufspolitiker: Von 1924 bis 1929 ist er Stadtverordneter in Altona, von 1928 bis 1933 Mitglied des Preußischen Landtags.

Beim Neuaufbau der NSDAP 1925 wird Lohse zum schleswig-holsteinischen Gauleiter ernannt und bleibt bis 1945 ein treuer Gefolgsmann Adolf Hitlers. Mit Sinn für regional populäre Themen leitet er die nationalsozialistische „Landagitation" ein. Er ist erfolgreich: Schleswig-Holstein gilt als „Mustergau" – sowohl früh als auch mit den reichsweit besten Wahlergebnissen gelingt der NS-Bewegung hier der Aufstieg.

Im März 1933 wird Gauleiter Lohse auch als Oberpräsident der Provinz Schleswig-Holstein eingesetzt. Beide Ämter hält er bis zur Kapitulation am 8. Mai 1945 inne und repräsentiert damit im höchsten Staats- und Parteiamt der Provinz die schleswig-holsteinische NSDAP.

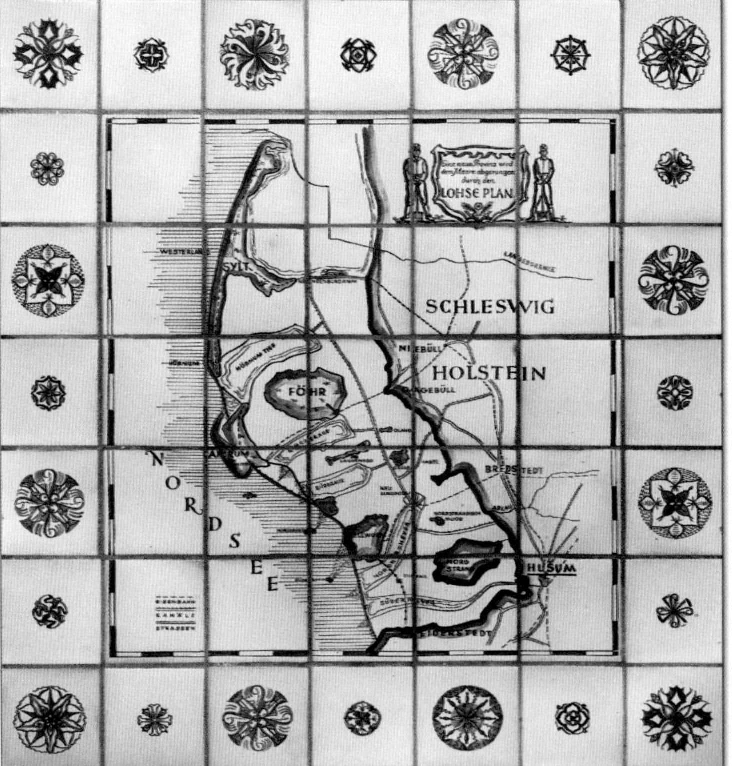

Der „Lohse-Plan" als gekacheltes Wandbild in der Jugendherberge Husum.

Bildnachweis: Elmar Moldenhauer (mit freundlicher Genehmigung des DJH-Landesverbands Nordmark / K. Studier)

Werner Lange und seine Frau Lore aus Kiel/Heikendorf entwerfen 1938 die Übertragung des Lohse-Plans auf das gekachelte Wandbild. Lange ist überregional bekannt, hat 1919 die „Expressionistische Arbeitsgemeinschaft Kiel" mitgegründet, unterrichtet an der „Handwerker- und Kunstgewerbeschule" in Kiel. Ausführung und Brand der handgemalten Kacheln übernimmt 1939 die „Hansische Bau- und Kunsttöpferei Klippel und Gieth" in Lübeck.

Dieses einmalige Wandbild wird in der Theodor-Storm-Jugendherberge in Husum angebracht. Dort sind auch weitere Wandgestaltungen mit handgefertigten Fliesen zu finden. Das soll friesisches Brauchtum signalisieren.
Seit 2013 stehen Bau, Innenausstattung und Möblierung der Jugendherberge unter Denkmalschutz.

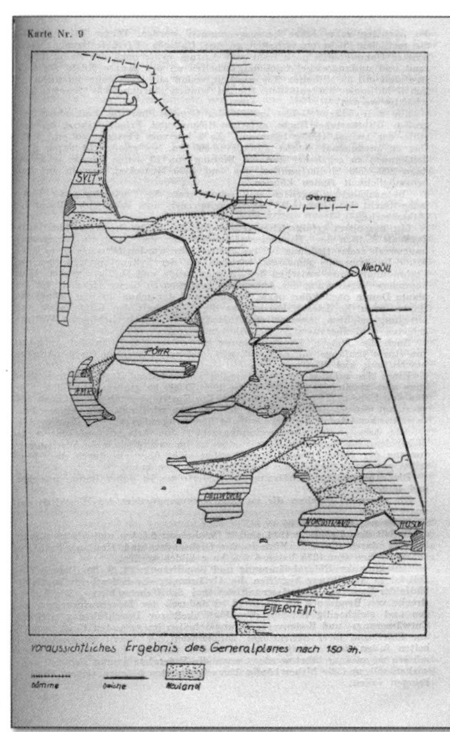

Bildnachweis: Martens 1935, S. 37

Der „Lohse-Plan": Erwarteter Zustand nach 150 Jahren Landgewinnungsarbeiten an der Küste Schleswig-Holsteins.

Steigerung

Seit 1933 werden die Landgewinnungsarbeiten vorangetrieben und ideologisch aufgeladen. Denn die Nationalsozialisten verbinden propagandistische Ziele mit dieser Kraftanstrengung.

In der Zeit der Weimarer Republik wird jährlich ungefähr eine Million Mark in die Landgewinnung investiert. Mit Beginn des „Lohse-Plans" das Zehnfache! Arbeitsbeschaffung und Siedlungspolitik rücken ins Zentrum, Wirtschaftlichkeit zählt jetzt nicht mehr.

Ideologische Aufladung

Heldenhafter Küstenschutz
Radierung zu Storms Novelle „Der Schimmelreiter" von Alex Eckner 1939: Eine Sturmflut naht, der Deich muss geschlossen werden. Der gegen die Nordsee kämpfende Friese erscheint als Idealgestalt des nordischen Menschen. Die Hauptfigur der Erzählung, der Deichgraf Hauke Haien, tritt als Held auf: Er ragt heroisch auf seinem Schimmel zwischen den Arbeitern hervor.

.... und Propaganda

Das Thema bietet sich für Propagandazwecke an: Die Literaturverfilmung von Theodor Storms Novelle „Der Schimmelreiter" ist 1934 ein Beispiel. Die Kieler „Nordmark-Film" zieht mit ihren Dokumentar- und Lehrfilmen Nutzen aus der ideologisierten Landgewinnung. 1939 spielen die Niederdeutschen Bühnen das Stück „Trutz, blanke Hans!" von Ivo Braak. Die Provinzialregierung veröffentlicht einschlägige Schriften.

Arbeitsbeschaffung
Arbeiter rücken 1934 für die Landgewinnungsarbeiten an. Eine vom Regisseur des Dokumentarfilms inszenierte Einstellung, die erfolgreiche Arbeitsbeschaffung signalisieren soll.

Arbeitsdienst
Muskel- statt Maschinenkraft, bewusst so eingesetzt: Angehörige des Reichsarbeitsdienstes heben Entwässerungsgräben aus. Aufnahme um 1934.

Siedlung
Aufnahmen der Kieler Firma Nordmark-Film vermitteln 1935 ein glückliches Familienleben auf eigener Scholle in einem neu eingedeichten Koog. – Wie hart und entbehrungsreich gerade die ersten Jahre für Siedler auf Neuland sind, geht in dieser Idylle unter.

Propagandistische Statistik

A. Einige Zahlen aus der Aufbauarbeit an und vor der Westküste Schleswig-Holsteins von 1933 bis heute.

Hintergrundbild:
Traditionell betriebene Landwirtschaft auf dem Neuland: Eine einfache Erntemaschine hinter dem Pferdegespann bei der Stroherrnte im Einsatz. Aufnahme um 1934.

Steigerung

Seit 1933 werden die Landgewinnungsarbeiten vorangetrieben und ideologisch aufgeladen. Denn die Nationalsozialisten verbinden propagandistische Ziele mit dieser Kraftanstrengung.

In der Zeit der Weimarer Republik wird jährlich ungefähr eine Million Mark in die Landgewinnung investiert. Mit Beginn des „Lohse-Plans" das Zehnfache! Arbeitsbeschaffung und Siedlungspolitik rücken ins Zentrum, Wirtschaftlichkeit zählt jetzt nicht mehr.

Bildnachweis: Sammlung Trende

Traditionell betriebene Landwirtschaft auf dem Neuland: Eine einfache Erntemaschine hinter dem Pferdegespann bei der Strohernte im Einsatz. Aufnahme um 1934.

… und Propaganda

Das Thema bietet sich für Propagandazwecke an: Die Literaturverfilmung von Theodor Storms Novelle „Der Schimmelreiter" ist 1934 ein Beispiel. Die Kieler „Nordmark-Film" zieht mit ihren Dokumentar- und Lehrfilmen Nutzen aus der ideologisierten Landgewinnung. 1939 spielen die Niederdeutschen Bühnen das Stück „Trutz, blanke Hans!" von Ivo Braak. Die Provinzialregierung veröffentlicht einschlägige Schriften.

Bildnachweis: LASH, Landesfilmarchiv Abt. 2002, Nr.13

Arbeitsbeschaffung
Arbeiter rücken 1934 für die Landgewinnungsarbeiten an. Eine vom Regisseur des Dokumentarfilms inszenierte Einstellung, die erfolgreiche Arbeitsbeschaffung signalisieren soll.

Bildnachweis: LASH, Landesfilmarchiv Abt. 2002, Nr.13

Siedlung
Aufnahmen der Kieler Firma Nordmark-Film vermitteln 1935 ein glückliches Familienleben auf eigener Scholle in einem neu eingedeichten Koog. – Wie hart und entbehrungsreich gerade die ersten Jahre für Siedler auf Neuland sind, geht in dieser Idylle unter.

Bildnachweis: „Flensburger Illustrierte Nachrichten" Nr. 26 vom 28. Juni 1939

Heldenhafter Küstenschutz

Radierung zu Storms Novelle „Der Schimmelreiter" von Alex Eckner 1939:
Eine Sturmflut naht, der Deich muss geschlossen werden.
Der gegen die Nordsee kämpfende Friese erscheint als Idealgestalt des nordischen Menschen. Die Hauptfigur der Erzählung, der Deichgraf Hauke Haien, tritt als Held auf: Er ragt heroisch auf seinem Schimmel zwischen den Arbeitern hervor.

Bildnachweis: Sammlung Schübeler

Arbeitsdienst

Muskel- statt Maschinenkraft, bewusst so eingesetzt: Angehörige des Reichsarbeitsdienstes heben Entwässerungsgräben aus. Aufnahme um 1934.

Schublade 1

Propagandistische Statistik

Die beiden ausgewählten Auszüge stammen aus der Propagandaschrift des Oberpräsidiums „Trutz blanke Hans“ 1937.

Präsentiert werden hier Zahlen zu den Landgewinnungsarbeiten an der Westküste von 1933 bis 1937, darunter die Gesamtausgaben und Arbeitsstunden.

In überlieferter Form wird in (Mann-)Tagwerken gerechnet. Um die Zahlen größer erscheinen zu lassen, wird in der kleinen Maßeinheit Morgen gerechnet und nicht in der damals bereits üblicheren Maßeinheit der größeren Hektar: Vier Morgen entsprechen (seit 1869 im Norddeutschen Bund) einem Hektar.

Das Ziel: Die Leistungen auf dem Gebiet der Landgewinnung seit 1933 als großartig erscheinen lassen.

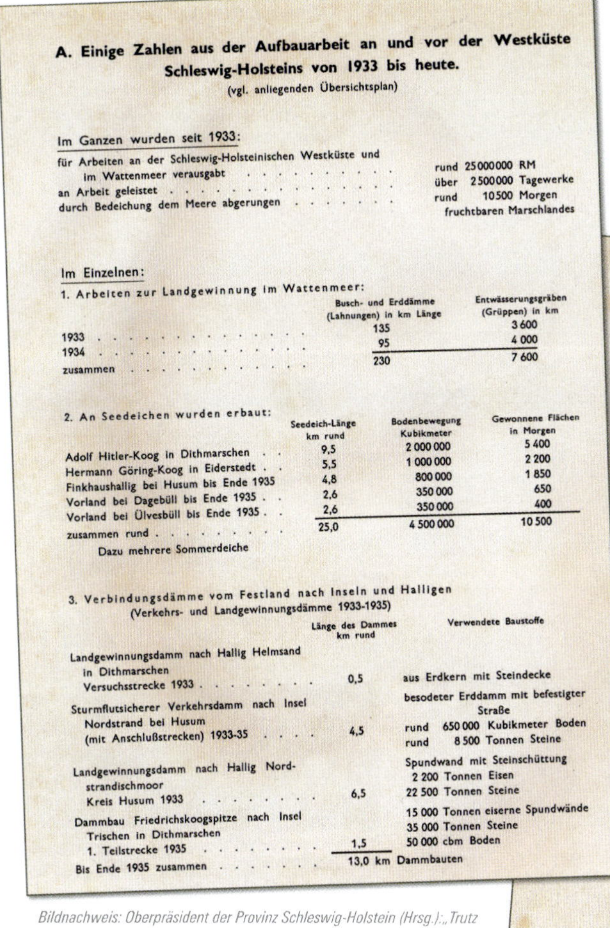

A. Einige Zahlen aus der Aufbauarbeit an und vor der Westküste Schleswig-Holsteins von 1933 bis heute.

(vgl. anliegenden Übersichtsplan)

Im Ganzen wurden seit 1933:

für Arbeiten an der Schleswig-Holsteinischen Westküste und im Wattenmeer verausgabt	rund 25000000 RM
an Arbeit geleistet	über 2500000 Tagewerke
durch Bedeichung dem Meere abgerungen	rund 10500 Morgen fruchtbaren Marschlandes

Im Einzelnen:

1. Arbeiten zur Landgewinnung im Wattenmeer:

	Busch- und Erddämme (Lahnungen) in km Länge	Entwässerungsgräben (Grüppen) in km
1933	135	3 600
1934	95	4 000
zusammen	230	7 600

2. An Seedeichen wurden erbaut:

	Seedeich-Länge km rund	Bodenbewegung Kubikmeter	Gewonnene Flächen in Morgen
Adolf Hitler-Koog in Dithmarschen . .	9,5	2 000 000	5 400
Hermann Göring-Koog in Eiderstedt . .	5,5	1 000 000	2 200
Finkhaushallig bei Husum bis Ende 1935	4,8	800 000	1 850
Vorland bei Dagebüll bis Ende 1935 . .	2,6	350 000	650
Vorland bei Ülvesbüll bis Ende 1935 . .	2,6	350 000	400
zusammen rund	25,0	4 500 000	10 500

Dazu mehrere Sommerdeiche

3. Verbindungsdämme vom Festland nach Inseln und Halligen (Verkehrs- und Landgewinnungsdämme 1933-1935)

	Länge des Dammes km rund	Verwendete Baustoffe
Landgewinnungsdamm nach Hallig Helmsand in Dithmarschen Versuchsstrecke 1933	0,5	aus Erdkern mit Steindecke
Sturmflutsicherer Verkehrsdamm nach Insel Nordstrand bei Husum (mit Anschlußstrecken) 1933-35	4,5	besodeter Erddamm mit befestigter Straße rund 650 000 Kubikmeter Boden rund 8 500 Tonnen Steine
Landgewinnungsdamm nach Hallig Nordstrandischmoor Kreis Husum 1933	6,5	Spundwand mit Steinschüttung 2 200 Tonnen Eisen 22 500 Tonnen Steine
Dammbau Friedrichskoogspitze nach Insel Trischen in Dithmarschen 1. Teilstrecke 1935	1,5	15 000 Tonnen eiserne Spundwände 35 000 Tonnen Steine 50 000 cbm Boden
Bis Ende 1935 zusammen	13,0 km Dammbauten	

Bildnachweis: Oberpräsident der Provinz Schleswig-Holstein (Hrsg.):„Trutz blanke Hans“, Kiel 1937, S. 31f.

B. Der Arbeitsplan für die Zeit von 1933-1942 (10-Jahresplan):

(vgl. anliegenden Übersichtsplan)

Umfang der geplanten Arbeiten:

Jahr	Kosten RM	Tagewerke
1933	6 000 000	560 000
1934	12 500 000	1 280 000
1935	18 600 000	1 800 000
1936	17 200 000	1 610 000
1937	16 900 000	1 520 000
1938	17 000 000	1 500 000
1939	18 900 000	1 580 000
1940	17 600 000	1 490 000
1941	13 300 000	1 190 000
1942	12 000 000	970 000
Gesamt	149 000 000	13 500 000

Bei Durchführung des 10-Jahresplanes

werden:

an Wattflächen der Auflandung zugeführt .	rd.	64 000	Morgen
außerdem werden begrünt, d. h. bedeichungsreif an bereits in Auflandung befindlichen Wattflächen	„	20 000	„
außerdem an deichreifem Land eingedeicht .	„	45 000	„
an vorhandenem Marschland entwässert und dadurch in vollwertigen Kulturzustand gebracht	„	200 000	„

Koog-Propaganda

Begleitend zur Umsetzung des „Lohse-Plans" veröffentlicht die Regierung der Provinz Schleswig-Holstein mehrere Schriften zur Landgewinnung an der Westküste.

Die Broschüren verbinden Leistungsbilanzen mit Propaganda: Oberpräsident und Gauleiter Lohse feiert sich selbst.

„Wir sahen hier nach der Machtübernahme neben der Arbeitsbeschaffung für die arbeitslosen Volksgenossen den jungfräulichen und besten Boden für eine bäuerliche Siedlungspolitik, die in hohem Maße der Erweiterung der Ernährungsgrundlage unseres Volkes dient."

Geschickte Propaganda: Arbeitsbeschaffung für ‚Volksgenossen', bäuerliche Siedlung und Nahrung für die Bevölkerung – drei populäre Themen bündelt Hinrich Lohse in einem Satz seiner Broschüre von 1935.

„In der Gewinnung und Besiedlung der dem Meere abgerungenen Neulandflächen wird der Nachwelt ein bleibendes Symbol nationalsozialistischer Taten übermittelt, deren Geist für alle Zeiten durch die Siedler im neuen Koog vom Vater auf die Nachkommen vererbt, weiter leben wird."

Seit Jahrhunderten geschätzt, jetzt vorangetrieben. Landgewinnung soll dem Nationalsozialismus ein ewiges Denkmal setzen.
– Sieht Gauleiter Hinrich Lohse sich selbst schon in Stein gemeißelt für seinen „Lohse-Plan"?

Standbilder aus dem Film „Trutz Blanke Hans"

Hintergrundbild: Deichbau von Hand. Arbeiter schaufeln Erde auf das Transportband. Aufnahme um 1934.

„Die Koogsgemeinschaft ist mehr als eine Dorfgemeinschaft im Binnenlande. Sie ist zugleich eine Wehrgemeinschaft, die in vorderster Linie zur Verteidigung des Deiches gegen den ‚blanken Hans' verpflichtet ist."

Der Kampf gegen die Nordsee schweißt die Koogbewohner zur „Wehrgemeinschaft" zusammen. Werden aus bäuerlichen Siedlern ‚Wehrbauern'?

Begleitend zur Umsetzung des „Lohse-Plans" veröffentlicht die Regierung der Provinz Schleswig-Holstein mehrere Schriften zur Landgewinnung an der Westküste. Die Broschüren verbinden Leistungsbilanzen mit Propaganda: Oberpräsident und Gauleiter Lohse feiert sich selbst.

Deichbau von Hand:
Arbeiter schaufeln Erde auf das Transportband. Aufnahme um 1934.

„In der Gewinnung und Besiedlung der dem Meere abgerungenen Neulandflächen wird der Nachwelt ein bleibendes Symbol nationalsozialistischer Taten übermittelt, deren Geist für alle Zeiten durch die Siedler im neuen Koog vom Vater auf die Nachkommen vererbt, weiter leben wird."

Seit Jahrhunderten geschätzt, jetzt vorangetrieben: Landgewinnung soll dem Nationalsozialismus ein ewiges Denkmal setzen... – Sieht Gauleiter Hinrich Lohse sich selbst schon in Stein gemeißelt für seinen „Lohse-Plan"?

Quellennachweis: Oberpräsident der Provinz Schleswig-Holstein (Hrsg.): „Trutz blanke Hans", Kiel 1937, S. 24

„Die Koogsgemeinschaft ist mehr als eine Dorfgemeinschaft im Binnenlande. Sie ist zugleich eine Wehrgemeinschaft, die in vorderster Linie zur Verteidigung des Deiches gegen den ‚blanken Hans' verpflichtet ist."

Der Kampf gegen die Nordsee schweißt die Koogbewohner zur „Wehrgemeinschaft" zusammen.
Werden aus bäuerlichen Siedlern ‚Wehrbauern'?

Quellennachweis: Oberpräsident der Provinz Schleswig-Holstein (Hrsg.): Denkschrift zur Einweihung des Adolf Hitler-Kooges im Kreise Süderdithmarschen in der Provinz Schleswig-Holstein, Kiel 1935, S. 16

Blick durch ein Guckloch in das Innere des Buchstabens

Standbilder aus dem Film „Trutz Blanke Hans“

Bildnachweise: Richard Garms, LASH, Landesfilmarchiv Abt. 2002, Nr. 13

„Lebensraum und Landgewinnung"

Hintergrundgrafik: Der „Lohse-Plan".

Kampf

Die Nationalsozialisten deuten das Verhältnis der Westküstenbewohner zur Nordsee um: Aus Verteidigung vor wird ein Angriff gegen den „Blanken Hans", aus dem Ringen wird ein Kampf. Landgewinnung wird zunehmend in militärische Sprache gefasst, der „Lohse-Plan" als „schlagkräftige Waffe" verstanden. In der Landgewinnung eingesetzte Angehörige des Reichsarbeitsdienstes erinnern in ihren Uniformen an Frontsoldaten.

… und friedliche Landnahme?

Der Volkswirt Johannes Martens stellt 1935 den neuen Zusammenhang her: „deutscher Lebensraum und Landgewinnung".
Das in Schleswig-Holstein „begonnene Landgewinnungs- und Siedlungswerk" deutet er als „ein Werk des Friedens" – ein Bild, das auch Gauleiter Lohse gern bemüht.
Bei der Einweihung des „Hermann-Göring-Kooges" auf Eiderstedt führt er aus: „Wir erobern uns im Frieden eine neue Provinz!"

Kämpferische Sprache und gleichzeitig die Betonung friedlicher Lebensraumgewinnung – passt das zusammen?

Dieser kleine Trupp des Reichsarbeitsdienstlagers Marne ist militärisch angetreten in Uniform und sauberer Linie, bewaffnet mit Spaten, ausgestattet mit Marschgepäck – bereit zum Einsatz am Meer!

„Ein Pionier der Landgewinnung": Nis Geyer erhält 1938 das Treuedienst-Ehrenzeichen für eine 50-jährige Dienstzeit – ganz unmilitärisch und traditionell.

Ein junger uniformierter Angehöriger des Reichsarbeitsdienstes. Ob er seine Arbeit im Watt als „Kampf" versteht?

Kampf

Die Nationalsozialisten deuten das Verhältnis der Westküstenbewohner zur Nordsee um: Aus Verteidigung vor wird ein Angriff gegen den „Blanken Hans", aus dem Ringen wird ein Kampf. Landgewinnung wird zunehmend in militärische Sprache gefasst, der „Lohse-Plan" als „schlagkräftige Waffe" verstanden. In der Landgewinnung eingesetzte Angehörige des Reichsarbeitsdienstes erinnern in ihren Uniformen an Frontsoldaten.

… und friedliche Landnahme

Der Volkswirt Johannes Martens stellt 1935 den neuen Zusammenhang her: „deutscher Lebensraum und Landgewinnung". Das in Schleswig-Holstein „begonnene Landgewinnungs- und Siedlungswerk" deutet er als „ein Werk des Friedens" – ein Bild, das auch Gauleiter Lohse gern bemüht.
Bei der Einweihung des „Hermann-Göring-Kooges" auf Eiderstedt führt er aus: „Wir erobern uns im Frieden eine neue Provinz!"

Kämpferische Sprache und gleichzeitig die Betonung friedlicher Lebensraumgewinnung – passt das zusammen?

Bildnachweis: Sammlung Schübeler

Dieser kleine Trupp des Reichsarbeitsdienstlagers Marne ist militärisch angetreten in Uniform und sauberer Linie, bewaffnet mit Spaten, ausgestattet mit Marschgepäck – bereit zum Einsatz am Meer!

Bildnachweis: „Flensburger Illustrierte Nachrichten“ Nr. 48, 30.11.1938

„Ein Pionier der Landgewinnung“: Nis Geyer erhält 1938 das Treuedienst-Ehrenzeichen für eine 50-jährige Dienstzeit – ganz unmilitärisch und traditionell.

Bildnachweis: Sammlung Schübeler

Ein junger uniformierter Angehöriger des Reichsarbeitsdienstes. Ob er seine Arbeit im Watt als „Kampf" versteht?

Leistung oder Etiketten-schwindel?

Neubeginn?

Das Jahr 1933 markiert einen Einschnitt für die Landgewinnung: Arbeitsbeschaffung und Siedlungspolitik erscheinen als zentrales Anliegen, Wirtschaftlichkeit ist nachrangig. Das Vorhaben darf richtig kosten: Die öffentlichen Ausgaben verzehnfachen sich!

Aber: Landgewinnung ist ein langwieriges Unterfangen. Um 1935 erste Köge einweihen zu können, werden 1933 nahezu deichreife Flächen übernommen, eingedeicht und besiedelt. Die nationalsozialistischen Vorzeigeköge schließen Arbeiten aus der Zeit der Weimarer Republik ab. Auch der „Generalplan" liegt als Vorschlag der Deichverbände seit 1931 auf dem Tisch.

Lebensraumgewinn?

In 150 Jahren soll ein Raumgewinn von 30.000 Hektar eintreten. Das klingt nach einem Großvorhaben!

30.000 Hektar sind 300 Quadratkilometer. Das Deutsche Reich umfasst 1935 über 630.000 Quadratkilometer. Der Zugewinn wird demnach weniger als 0,05 Prozent betragen.

Arbeitsbeschaffung?

Um das Jahr 2085 herum soll das Neuland ein Auskommen für 10.000 Menschen liefern. Sie werden, so die Planer, dann immer noch traditionell bäuerlich wirtschaften wie 1935.

Die Volkszählung des Deutschen Reichs ergibt 1939 mehr als 79 Millionen Einwohner – 10.000 entsprechen 0,01 Prozent!

Neubeginn?

Das Jahr 1933 markiert einen Einschnitt für die Landgewinnung: Arbeitsbeschaffung und Siedlungspolitik erscheinen als zentrales Anliegen, Wirtschaftlichkeit ist nachrangig. Das Vorhaben darf richtig kosten: Die öffentlichen Ausgaben verzehnfachen sich!

Aber: Landgewinnung ist ein langwieriges Unterfangen. Um 1935 erste Köge einweihen zu können, werden 1933 nahezu deichreife Flächen übernommen, eingedeicht und besiedelt. Die nationalsozialistischen Vorzeigeköge schließen Arbeiten aus der Zeit der Weimarer Republik ab. Auch der „Generalplan" liegt als Vorschlag der Deichverbände seit 1931 auf dem Tisch.

Lebensraumgewinn?

In 150 Jahren soll ein Raumgewinn von 30.000 Hektar eintreten. Das klingt nach einem Großvorhaben!

30.000 Hektar sind 300 Quadratkilometer.
Das Deutsche Reich umfasst 1935 über 630.000 Quadratkilometer. Der Zugewinn wird demnach weniger als 0,05 Prozent betragen.

Arbeitsbeschaffung?

Um das Jahr 2085 herum soll das Neuland ein Auskommen für 10.000 Menschen liefern. Sie werden, so die Planer, dann immer noch traditionell bäuerlich wirtschaften wie 1935.

Die Volkszählung des Deutschen Reichs ergibt 1939 mehr als 79 Millionen Einwohner – 10.000 entsprechen 0,01 Prozent!

Postkarte mit drei Motiven aus dem Adolf-Hitler-Koog, ca. 1936.

Bildnachweis: Zeitgenössische Postkarte, Dithmarscher Landesmuseum

Film: „Trutz Blanke Hans“

Historisches Filmmaterial: Richard Garms/Nordmark-Film (1935/1936)
Herkunft: Landesarchiv Schleswig-Holstein/Landesfilmarchiv
LASH Abt. 2002, Nr. 13 „Trutz Blanke Hans“ (Auszüge)

(Spieldauer etwa 8 Minuten)

Film: „Neuland am Meer“

Historisches Filmmaterial: Richard Garms/Nordmark-Film (1935/1936)
Herkunft: Landesarchiv Schleswig-Holstein/Landesfilmarchiv
LASH Abt. 2002, Nr. 47 „Neuland am Meer“ (Auszüge)
LASH Abt. 2002, Nr. 154 „Neubauten im Koog“ (Auszüge)

(Spieldauer etwa 6 Minuten)

Der Adolf-Hitler-Koog – ein nationalsozialistisches Propagandaprojekt

1935 wird der „Adolf-Hitler Koog" eingeweiht. Die Vergabe des Namens soll die besondere Rolle Dithmarschens beim Aufstieg der Nationalsozialisten „ehren". Gestaltet und reichsweit vermarktet wird ein Musterkoog. Hier soll eine ideal zusammengesetzte „Volksgemeinschaft" im Kleinen die Verheißung des Nationalsozialismus realisieren. Jedoch: Die gefühlte Gleichheit in der Gemeinschaft beruht auf sozialer Ungleichheit. Und es gibt weitere Probleme.

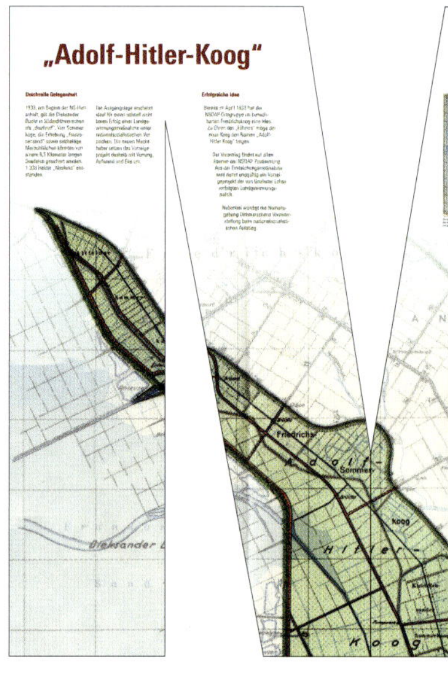

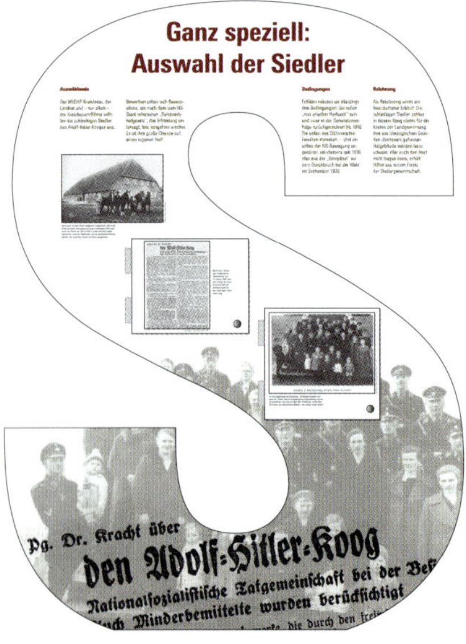

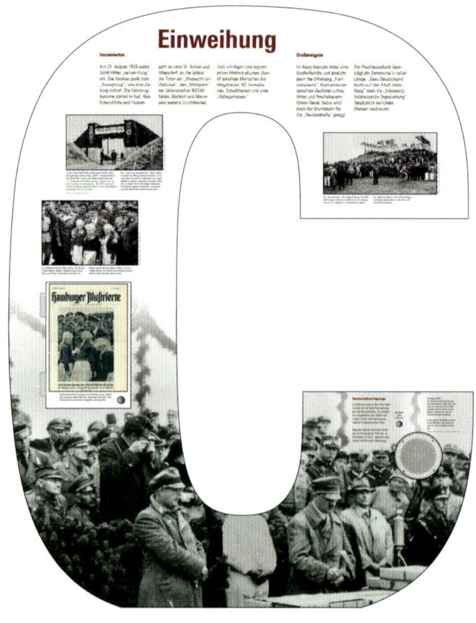

Mensch
statt Maschine
„Der Deichbau ist dadurch, wie kaum ein anderes Bauvorhaben, eine Arbeitsbeschaffungsmaßnahme großen Ausmaßes geworden."
Die Landgewinnungsarbeiten in Schleswig-Holstein

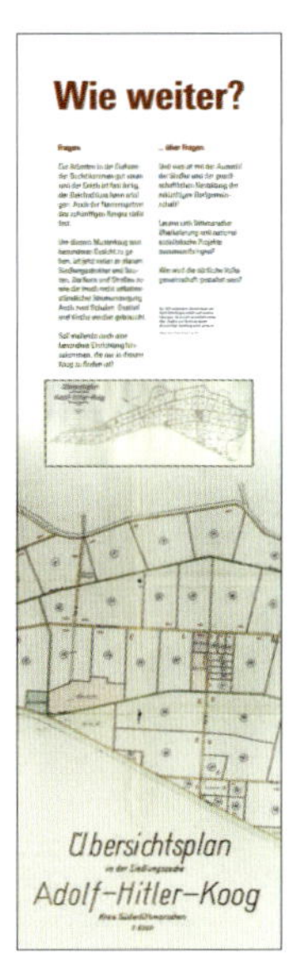

Wie weiter?
Übersichtsplan
Adolf-Hitler-Koog

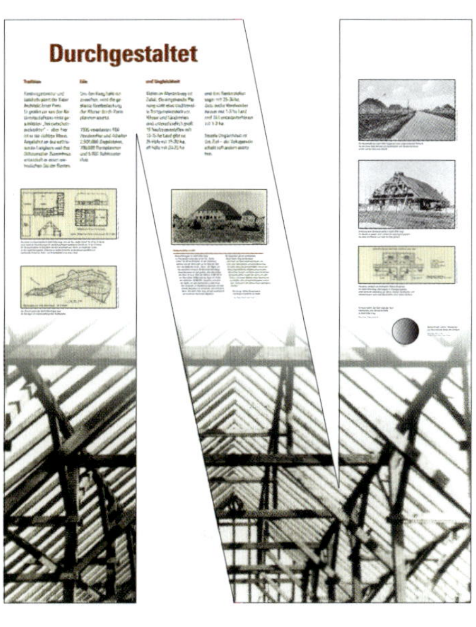

Durchgestaltet

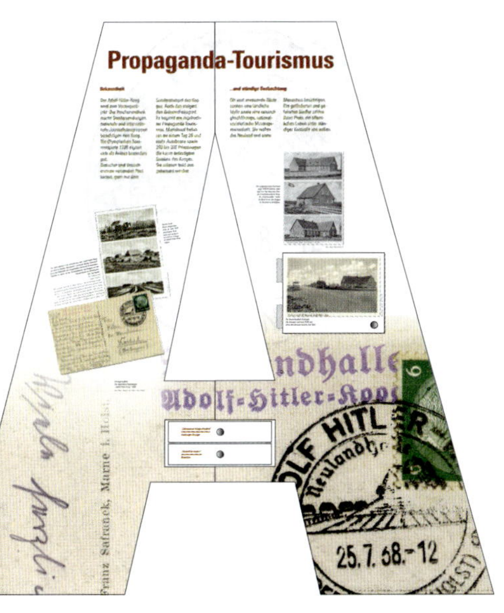

Propaganda-Tourismus
Adolf-Hitler-Koog
25.7.38.-12

Störungen
unerwünscht

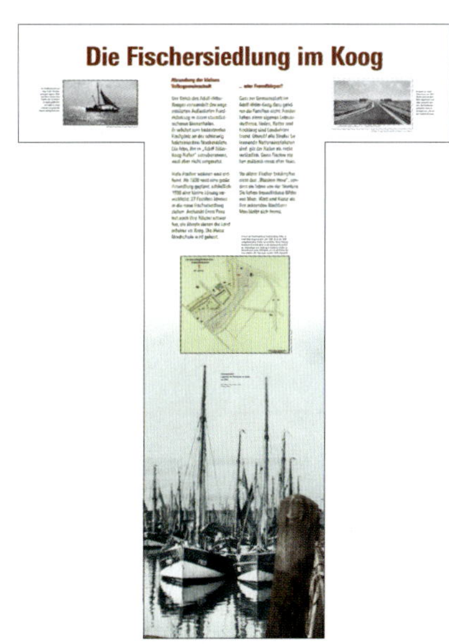

Die Fischersiedlung im Koog

Dithmarschen – eine Kernregion des Nationalsozialismus

„Landagitation"

Die schleswig-holsteinische NSDAP erlebt ab 1928 einen rasanten Aufstieg. Ihre Werbung spricht gezielt die Landbevölkerung an: Eine Absatzkrise hat bei Bauern Nöte ausgelöst, viele fühlen sich von Verbänden und Staat im Stich gelassen.

In der radikalen „Landvolkbewegung" sind nationalistische, judenfeindliche, rassistische und völkische Ideen verbreitet. Die ideologisch gleich gesinnten Nationalsozialisten treten das politische Erbe an.

Wahlerfolge

In beiden Teilen Dithmarschens fassen die Nationalsozialisten früh Fuß. Als sich auch Lehrer, Pastoren und andere angesehene Personen zur „Bewegung" bekennen, ist der Durchbruch zur Mehrheit geschafft. Im Juli 1932 wählen auf Reichsebene 37 Prozent die NSDAP, in Schleswig-Holstein erreicht sie mit 51 Prozent eine Mehrheit, in Dithmarschen mit circa 65 Prozent eine Zweidrittelmehrheit.

und Gewalt

Überfälle, Straßen- und Saalschlachten sind fester Bestandteil des politischen Kampfes der NS-Bewegung: In Wöhrden sterben im März 1929 bei Kämpfen mit Kommunisten drei Menschen, im Juli 1932 ermorden Nationalsozialisten in Marne und Friedrichskoog politische Gegner.

Ausgerechnet jene, von denen Gewalt ausgeht, sollen für „Ruhe und Ordnung" sorgen?

Auch das ist Propaganda: NSDAP-Treffen im Watt vor Büsum am 25 Juli 1930.

Fotografie aus der Propagandabroschüre „Die Blutnacht von Wöhrden". Hitler reist 1929 zu den Beerdigungen der Opfer an, um sie massenwirksam zu „Märtyrern der Bewegung" zu erheben.

Landvolkversammlung in Heide am 28. Januar 1928.

Landvolkbewegung

Vergleichende Wahlstatistik

Die „Blutnacht von Wöhrden"

Der Kreisleiter und der Landrat

„Landagitation"

Die schleswig-holsteinische NSDAP erlebt ab 1928 einen rasanten Aufstieg.
Ihre Werbung spricht gezielt die Landbevölkerung an: Eine Absatzkrise hat bei Bauern Nöte ausgelöst, viele fühlen sich von Verbänden und Staat im Stich gelassen.

In der radikalen „Landvolkbewegung" sind nationalistische, judenfeindliche, rassistische und völkische Ideen verbreitet. Die ideologisch gleich gesinnten Nationalsozialisten treten das politische Erbe an.

Bildnachweis: Ortsarchiv der Kirchspielslandgemeinde Büsum

Auch das ist Propaganda: NSDAP-Treffen im Watt vor Büsum am 25. Juli 1930.

Wahlerfolge

In beiden Teilen Dithmarschens fassen die Nationalsozialisten früh Fuß. Als sich auch Lehrer, Pastoren und andere angesehene Personen zur „Bewegung" bekennen, ist der Durchbruch zur Mehrheit geschafft. Im Juli 1932 wählen auf Reichsebene 37 Prozent die NSDAP, in Schleswig-Holstein erreicht sie mit 51 Prozent eine Mehrheit, in Dithmarschen mit circa 65 Prozent eine Zweidrittelmehrheit.

Bildnachweis: Sammlung Danker

Fotografie aus der Propagandabroschüre „Die Blutnacht von Wöhrden". Hitler reist 1929 zu den Beerdigungen der Opfer an, um sie massenwirksam zu „Märtyrern der Bewegung" zu erheben.

und Gewalt

Überfälle, Straßen- und Saalschlachten sind fester Bestandteil des politischen Kampfes der NS-Bewegung: In Wöhrden sterben im März 1929 bei Kämpfen mit Kommunisten drei Menschen, im Juli 1932 ermorden Nationalsozialisten in Marne und Friedrichskoog politische Gegner.

Ausgerechnet jene, von denen Gewalt ausgeht, sollen für „Ruhe und Ordnung" sorgen?

Bildnachweis: Museum f. Dithmarscher Vorgeschichte und Heider Heimatmuseum

Landvolkversammlung in Heide am 28. Januar 1928.

Landvolkbewegung

Landvolkbewegung

Bäuerliche Betriebe, vor allem an der Westküste und den Elbmarschen, wo sich viele spezialisiert haben und abhängig von Marktlagen sind, sehen sich Mitte der 1920er Jahre mit einer weltweiten Absatzkrise konfrontiert. Viele Landwirte gelten als überschuldet, während ein Preisverfall bei Fleisch, Milch und auch Getreide eintritt. Mancher kann Rechnungen und – leicht gestiegene – Steuern nicht mehr bezahlen, Zwangsversteigerungen drohen: 1926 finden in Schleswig-Holstein 45 davon statt, 1928 sind es 95.

Das sind keine bedrohlichen Zahlen, aber diese „Vertreibung von der Scholle" ist ein starkes Symbol für eine ländliche Bevölkerung, die sich seit der Industrialisierung wirtschaftlich an den Rand gedrängt fühlt, den „guten alten Zeiten" nachtrauert und deutschnational, also republikfeindlich denkt.

Neu ist, dass Protest sich jetzt außerhalb der Verbände in der spontanen „Landvolkbewegung" formiert.

Die Bewegung behauptet ein „Recht auf Widerstand": Am 28. Januar 1928 demonstrierten in der Provinz insgesamt 140.000 Menschen, ein Kampfmittel wird der Steuerboykott, und am 19. November 1928 verhindern aufgebrachte Bauern in Beidenfleth die Beschlagnahme von zwei Ochsen als Steuerschuld.

An einigen Orten greift der radikale Flügel der Protestbewegung zur Gewalt. Einer der Bombenleger: Claus Heim (1884-1968) aus St. Annen/ Dithmarschen. Nur glückliche Zufälle verhindern, dass Todesopfer zu beklagen sind.

Die Mehrheit der Bauern bleibt zwar beim gewaltfreien Protest, aber sie lehnt die Demokratie ab und ist meist nationalistisch, völkisch und antisemitisch gesinnt.

Im „Großen Bombenlegerprozess" gegen Heim und elf Komplizen werden hohe Strafen ausgesprochen. Der Massenprotest verläuft sich. – Aber die Nationalsozialisten finden in diesem Milieu viele Anhänger und sehr viele Wähler.

Schublade 1
Vergleichende Wahlstatistik

Vergleichende Wahlstatistik

Ab 1926 gründet die regionale NSDAP gezielt Ortsgruppen in Dithmarschen, zunächst ohne besondere Wirkung. 1928 ändert sich das: Die ausdrückliche „Landagitation" erreicht die Bevölkerung, anfangs noch vor allem in den Geestgebieten. Während im Mai 1928 im Reichsdurchschnitt nur 2,6 Prozent der Wählerstimmen auf die NSDAP entfallen, sind es in Dithmarschen um die 18 Prozent!

Die Reichstagswahl 1930 gilt allgemein als Durchbruch der Nationalsozialisten: Auf Reichsebene erlangen sie aus dem Stand 18 Prozent der Stimmen, in Schleswig-Holstein sogar 27 Prozent. In Norderdithmarschen stimmt mit 50,3 Prozent bereits die Bevölkerungsmehrheit für die NSDAP. Das mit ‚nur' 36 Prozent im Vergleich schlechte Ergebnis in Süderdithmarschen hat mit einem internen Konflikt zu tun:

Der Albersdorfer SA-Standartenführer und bekannte Tierarzt Emil Grantz streitet mit Gauleiter Hinrich Lohse um den Weg zur Macht: Lohse (und Hitler) setzen auf den „legalen Weg" über Wahlen, Grantz will seine SA kämpfen lassen. Er gründet eine eigene NS-Bewegung. Zwei Tage vor der Septemberwahl sprengen SA- und SS-Trupps aus ganz Schleswig-Holstein eine Veranstaltung in Albersdorf sehr gewalttätig. – Grantz ist gescheitert, aber dieser Zwist kostet die Nationalsozialisten Stimmen!

Im Juli 1932 entfallen im Reichsdurchschnitt etwas mehr als ein Drittel der Wählerstimmen auf die NSDAP, in Schleswig-Holstein die Hälfte und in Dithmarschen (fast) zwei Drittel: Schleswig-Holstein gilt als „Mustergau" und Dithmarschen als eine Kernregion der Nationalsozialisten.

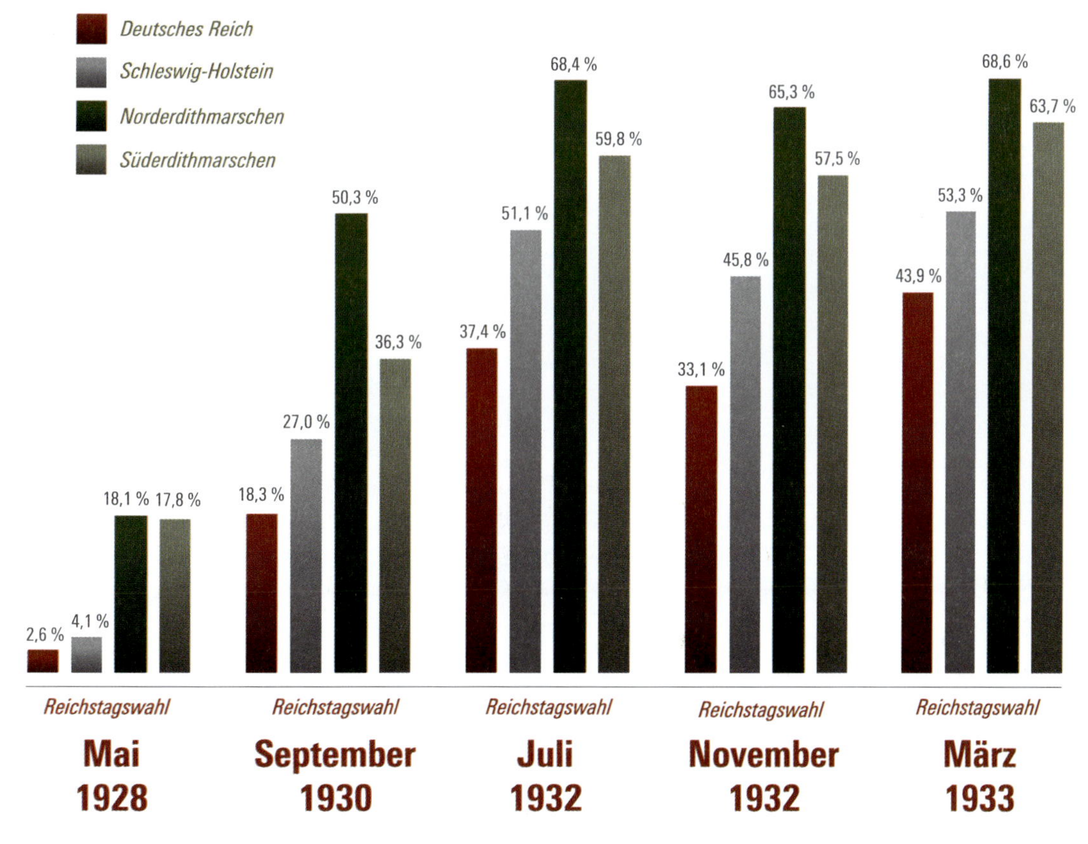

Schublade 2

Die „Blutnacht von Wöhrden“

Die „Blutnacht von Wöhrden"

Für den 7. März 1929 lädt die NSDAP-Ortsgruppe Heide zu einem öffentlichen Vortrag in die kleine Gemeinde Wöhrden/Dithmarschen. SA-Oberführer Karl Dincklage aus Hannover will von „Deutschlands Untergang oder Aufstieg" sprechen. Süderdithmarschens Landrat Pauly verbietet die NS-Kundgebung, da er Ausschreitungen befürchtet. Trotz des Verbotes treffen etwa 300 Nationalsozialisten im Ort ein – angeblich seien sie nicht rechtzeitig informiert worden. Kurzerhand wandeln sie ihre Kundgebung in eine geschlossene Mitgliederversammlung um. Am Abend kommen etwa 100 Kommunisten zu einer Gegendemonstration. Mehrmals ziehen sie am Versammlungsort der Nationalsozialisten vorbei. SA-Standartenführer Grantz lässt daraufhin zu einem Gegenmarsch antreten. Gegen 21.30 Uhr stoßen KPD-Anhänger und Nationalsozialisten zusammen. Mit Kohlmessern und Totschlägern bewaffnet, gehen die Kontrahenten im Halbdunkel aufeinander los. Zwei SA-Männer und ein Kommunist sterben, 31 Personen werden verletzt.

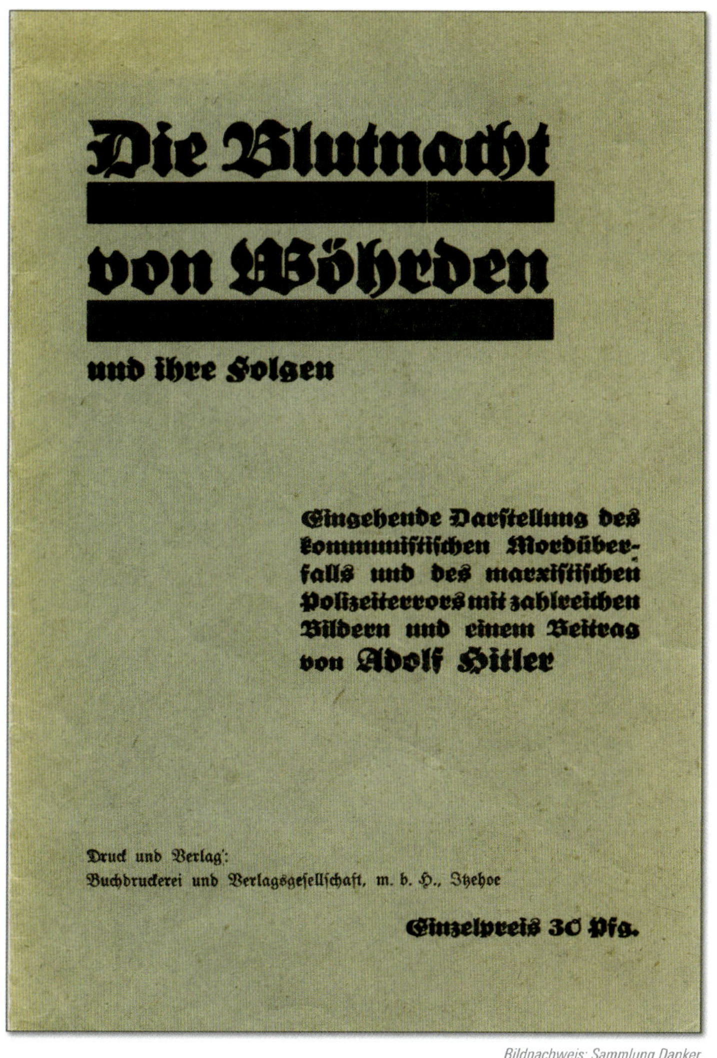

Bildnachweis: Sammlung Danker

Unter großer Anteilnahme der Bevölkerung, jeweils etwa 5.000 Personen, werden die beiden getöteten SA-Männer als „Märtyrer der Bewegung" am 12. und 13. März in St. Annen und Albersdorf beigesetzt. Als Redner kommt Adolf Hitler persönlich.
Die NSDAP bringt noch im März 1929 die Propagandaschrift „Die Blutnacht von Wöhrden" heraus. – Ein Mythos ist geschaffen. Er wird fortan propagandistisch genutzt.

Im „Wöhrden-Prozess" werden 1930 elf Kommunisten zu Gefängnisstrafen verurteilt. Nur ein Nationalsozialist wird angeklagt, er wird mit zwei Monaten Haft bestraft. – Die Justiz der Weimarer Republik ist auf dem rechten Auge blind.

Titelseite der namensbildenden Propagandabroschüre „Die Blutnacht von Wöhrden" aus dem Jahr 1929.

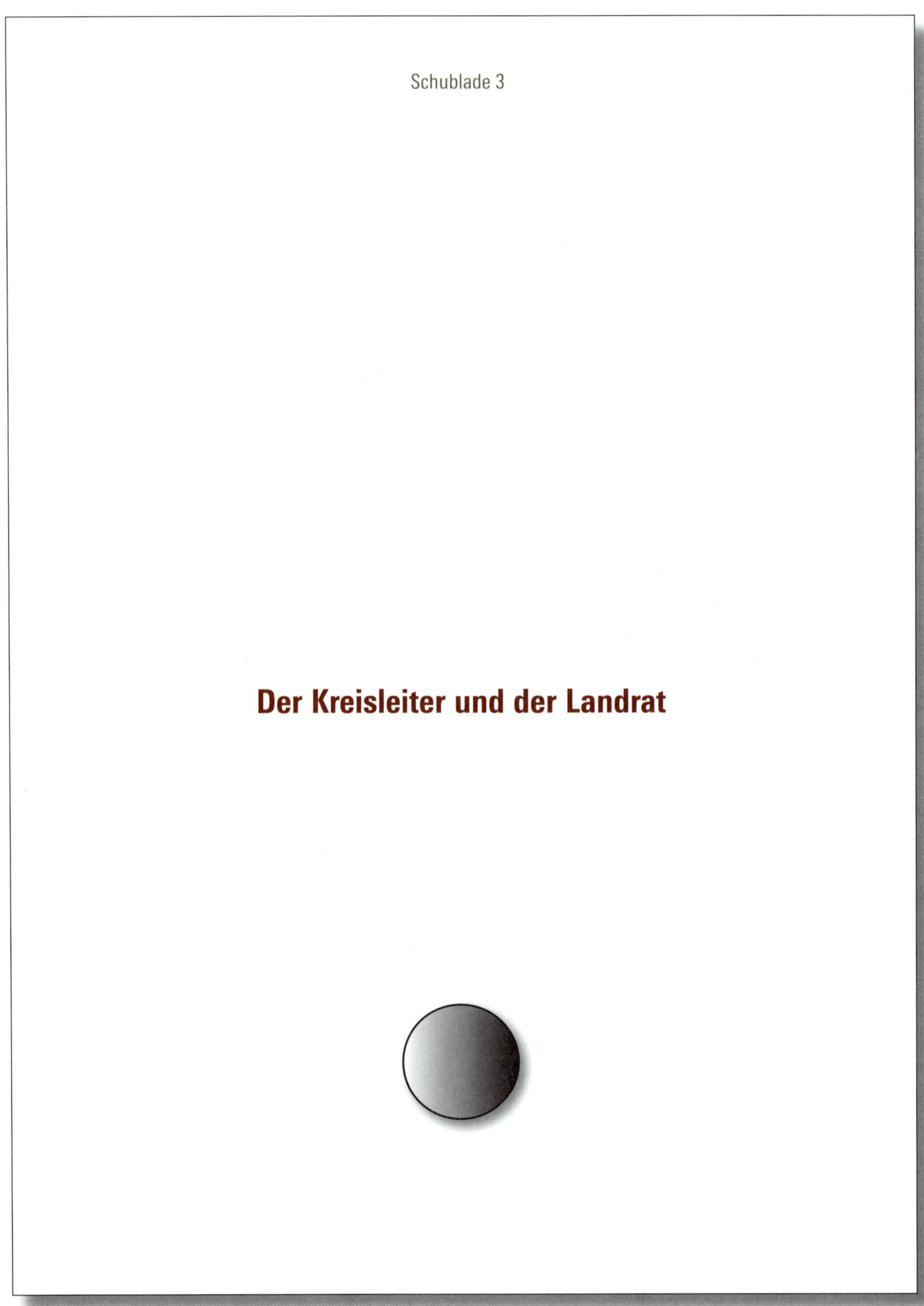

Schublade 3

Der Kreisleiter und der Landrat

Der Kreisleiter und der Landrat

Der Kreisleiter:

Martin Matthiessen (1901–1990) ist Bauer, stammt aus einer alteingessenen Dithmarscher Familie. Er ist ein „alter Kämpfer" der NSDAP, nämlich Parteigenosse seit 1928. Kreisleiter der NSDAP in Süderdithmarschen wird er 1929, nach der preußischen Kreisreform 1932 für ganz Dithmarschen. Auch nach der Rücknahme der Reform bleibt er NSDAP-Kreisleiter in beiden Teilen Dithmarschens.

Matthiessen ist einer der Initiatoren des Adolf-Hitler-Koogs. Zusammen mit Kreisbauernführer Hans Beeck und Landrat Ernst Kracht wählt er die Siedler für den Musterkoog aus. 1937 wird Matthiessen Landesobmann der Landesbauernschaft Schleswig-Holstein. Ab 1938 ist er Landesbauernführer in Westfalen; Kreisleiter von Süderdithmarschen bleibt er jedoch bis 1941. Matthiessen ist Mitglied der SS, 1943 wird er zum SS-Brigadeführer befördert. Reichskommissar Hinrich Lohse holt Matthiessen 1941 nach Riga, ernennt ihn zum Leiter der wichtigen Hauptabteilung III der Zivilbesatzungsherrschaft „Reichskommissariat Ostland".

Matthiessen wird im Mai 1945 verhaftet. Ein Spruchgericht verurteilt ihn schließlich zu zweieinhalb Jahren Haft. 1948 kommt er frei. Ohne seinen Lebensweg selbstkritisch betrachtet zu haben, stirbt er 1990 in Meldorf.

Bildnachweis: Hans-Bernhard Henning

NSDAP-Kreisleiter
Martin Matthiessen, um 1930.

Der Landrat:

Der junge Jurist Ernst Kracht (1890-1983) geht 1916 nach Heide und heiratet Erna Matthiessen, die aus einer traditionsreichen Dithmarscher Bauernfamilie stammt. Sie ist eine Cousine zweiten Grades von Martin Matthiessen, dem späteren Kreisleiter.

Der monarchisch gesinnte Kracht wird 1919 zum Landrat von Norderdithmarschen gewählt. Er arbeitet in der Weimarer Republik staatstreu. Gegenüber rechtsextremen Bewegungen bleibt er auf Distanz, unterhält aber persönliche Kontakte in das Milieu hinein.
Als Anfang 1933 die Regierung Hitler ihre Arbeit aufnimmt, tritt Kracht der SA und NSDAP bei und arbeitet zur vollen Zufriedenheit der neuen Machthaber weiter, jetzt als Landrat von Süderdithmarschen. 1936 wird er Oberbürgermeister Flensburgs und bleibt bis Mai 1945 im Amt.

Von 1945 bis 1948 ist Kracht in britischer Internierungshaft. 1950 holt ihn sein Schulfreund, Ministerpräsident Walter Bartram (CDU), als Chef der Landeskanzlei in die Landesregierung. Auch unter zwei weiteren Regierungschefs bleibt er bis 1958 in dieser wichtigen Rolle. Der exzellente Verwaltungsfachmann ist in drei deutschen Staatsordnungen erfolgreich.

Bildnachweis: Museum f. Dithmarscher Vorgeschichte und Heider Heimatmuseum (Fotonachlass Schölermann)

Landrat Ernst Kracht,
Mitte der 1920er Jahre.

Dithmarscher Sonderbewusstsein – updatet ...

„Wor di Gar, de Bur de kümmt!“

Eigentümliche Verbindung

In den 1920er Jahren vertreten viele Dithmarscher ein eigentümliches Gedankengut: Einerseits beziehen sie sich auf die ländliche Kultur und Freiheitstraditionen – wie etwa die „Dithmarscher Bauernrepublik“ und ihre legendäre Verteidigung in der „Schlacht von Hemmingstedt“ von 1500. Andererseits verbinden sie diese Erinnerung mit judenfeindlichen und völkischen, rückwärtsgewandten und antidemokratischen Ansichten. Schlagworte sind bereits „Blut und Boden“ und „Volksgemeinschaft“.

„Die Dithmarscher“: Titel des „historischen Romans“ von Adolf Bartels in einer Ausgabe aus den 1940er Jahren. Zuerst 1898 erschienen, erlebt der Roman bis 1945 zahlreiche Neuauflagen. Er ist ein Longseller. Zu sehen sind bewaffnete freie Bauern, im Hintergrund der Meldorfer Dom. Die entschlossen dreinblickenden Männer stehen auf einem von der Nordsee umflossenen Dithmarschen, das sie verteidigen wollen.

gut organisiert

Verschiedene Organisationen vermitteln dieses Gebräu: In den Anfangsjahren der Weimarer Republik ist es die „Schleswig-Holsteinische Landespartei“, in der sich der spätere NSDAP-Gauleiter Lohse und Dithmarschens Landrat Kracht treffen. Auch die 1920 gegründete „Arbeitsgemeinschaft Dithmarschen“ gilt als Vorläuferin der regionalen NSDAP. Sie hat etwa 10.000 Anhänger! Der nationalkonservative Frontsoldatenbund „Stahlhelm“ ist in Dithmarschen besonders radikal, spaltet sich als „Stahlhelm Westküste“ ab.

und einfach übernommen

Die NSDAP knüpft in den Jahren ihres Aufstiegs unmittelbar daran an und zieht eine Linie von Dithmarschens Geschichte zur Gegenwart, in der man sich – jetzt gegen das „Weimarer System“, die „Judenknechtschaft“ usw. – auflehnen müsse. Sie verspricht die Rückkehr zu „Blut und Boden“ und „Volksgemeinschaft“. – Das kommt gut an.

Dithmarscher Dichter

Schlacht bei Hemmingstedt am 17. Februar 1500: Auf diesem knapp 100 Jahre nach dem Ereignis entstandenen Holzschnitt ist zu sehen, wie das auf der rechten Seite aufgestellte, gut gerüstete Aufgebot der Dithmarscher Bauern das überlegene Ritter- und Landsknechteheer des Königs von Dänemark und des Herzogs von Gottorf in der aufgewichten Marsch niederringt. Im Hintergrund ist das gebrandschatzte Meldorf abgebildet.

Eigentümliche Verbindung

In den 1920er Jahren vertreten viele Dithmarscher ein eigentümliches Gedankengut: Einerseits beziehen sie sich auf die ländliche Kultur und Freiheitstraditionen – wie etwa die „Dithmarscher Bauernrepublik" und ihre legendäre Verteidigung in der „Schlacht von Hemmingstedt" von 1500. Andererseits verbinden sie diese Erinnerung mit judenfeindlichen und völkischen, rückwärtsgewandten und antidemokratischen Ansichten. Schlagworte sind bereits „Blut und Boden" und „Volksgemeinschaft".

gut organisiert

Verschiedene Organisationen vermitteln dieses Gebräu: In den Anfangsjahren der Weimarer Republik ist es die „Schleswig-Holsteinische Landespartei", in der sich der spätere NSDAP-Gauleiter Lohse und Dithmarschens Landrat Kracht treffen. Auch die 1920 gegründete „Arbeitsgemeinschaft Dithmarschen" gilt als Vorläuferin der regionalen NSDAP. Sie hat etwa 10.000 Anhänger! Der nationalkonservative Frontsoldatenbund „Stahlhelm" ist in Dithmarschen besonders radikal, spaltet sich als „Stahlhelm Westküste" ab.

Bildnachweis: Hanseatische Verlagsanstalt Hamburg

„Die Dithmarscher": Titel des „historischen Romans" von Adolf Bartels in einer Ausgabe aus den 1940er Jahren. Zuerst 1898 erschienen, erlebt der Roman bis 1945 zahlreiche Neuauflagen. Er ist ein Longseller. Zu sehen sind bewaffnete freie Bauern, im Hintergrund der Meldorfer Dom. Die entschlossen dreinblickenden Männer stehen auf einem von der Nordsee umflossenen Dithmarschen, das sie verteidigen wollen.

und einfach übernommen

Die NSDAP knüpft in den Jahren ihres Aufstiegs unmittelbar daran an und zieht eine Linie von Dithmarschens Geschichte zur Gegenwart, in der man sich – jetzt gegen das „Weimarer System", die „Judenknechtschaft" usw. – auflehnen müsse. Sie verspricht die Rückkehr zu „Blut und Boden" und „Volksgemeinschaft". – Das kommt gut an.

„Wor di Gar, de Bur de kümmt!"

Bildnachweis: Hermannus Hamelmanns Oldenburgische Chronik von 1599

Schlacht bei Hemmingstedt am 17. Februar 1500: Auf diesem knapp 100 Jahre nach dem Ereignis entstandenen Holzschnitt ist zu sehen, wie das auf der rechten Seite aufgestellte, gut gerüstete Aufgebot der Dithmarscher Bauern das überlegene Ritter- und Landsknechteheer des Königs von Dänemark und des Herzogs von Gottorf in der aufgeweichten Marsch niederringt. Im Hintergrund ist das gebrandschatzte Meldorf abgebildet.

Dithmarscher Dichter

Adolf Bartels

Der Kritiker und Dichter Bartels zählt zur „Heimatkunstbewegung", deren Kennzeichen Bauernromantik, Heimatliebe und ein fanatischer Antisemitismus bilden. In seinen Schriften wirbt er für den völkischen Rassismus. Literarische Qualität leitet sich für ihn allein von der „Rassezugehörigkeit" des Verfassers ab. Bartels' Roman „Die Dithmarscher" (1898) betont ein Sonderbewusstsein dieses ‚Stammes'. Er spielt im 16. Jahrhundert und trägt die antimoderne Botschaft, Heimat sei ein enger Raum, der mit allen Mitteln gegen Eindringlinge verteidigt werden müsse.

Das Resultat: Engstirnige, aggressive Abgrenzung gegen alles Fremde!

> Die Dithmarscher Dichter Adolf Bartels (1862–1945) und Gustav Frenssen (1863–1945) sind Wegbereiter des Nationalsozialismus.

Gustav Frenssen

Auch in Frenssens Bestseller „Jörn Uhl" (1901), in dem ein junger Bauer um seine Unabhängigkeit kämpft, konnten sich heimatverbundene Leser wiederfinden:

„Es gibt Bauernhöfe im Land, welche tot sind. Geiz oder Überschuldung, oder öffentliche Schande oder böses Gewissen, oder langwierige, unheilbare Krankheit haben alles Leben, das im Hause war, getötet, und sperren aus, was von draußen hereinkommen will. Die Erde dreht sich, die Kultur geht weiter, Sitten und Gebräuche ändern sich, das Volk führt Kriege, die wirtschaftlichen Verhältnisse des Volkes werden besser und wieder schlechter: der Hof da im einsamen Felde, unter den hohen, dunklen Bäumen, hinter den dichten Büschen, rührt sich nicht. … Endlich eines Tages, wird ein Sarg vom Hof getragen … Der Hof aber kommt in andere Hände. Fenster und Türen werden ausgerissen. Maler und Tischler singen in allen Stuben. Bald lacht eine junge Frau. Bald stolpern hellhaarige Kinder im Sonnenschein über die Hofstelle."

Zitat: Frenssen (Prachtausgabe 1913), S. 283f.

Gustav Frenssen, Pastor in Barlt/Süderdithmarschen und bald außerordentlich erfolgreicher Autor, entwickelt sich ab Mitte der 1920er Jahre zum offenen Antisemiten und schließlich zum entschiedenen Anhänger des Nationalsozialismus. 1940 veröffentlicht er eine Rechtfertigung der Judenverfolgung.

„Adolf-Hitler-Koog“

Deichreife Gelegenheit

1933, am Beginn der NS-Herrschaft, gilt die Dieksander Bucht in Süderdithmarschen als „deichreif“. Vier Sommerköge, die Erhebung „Franzosensand“ sowie salzhaltige Marschflächen könnten von einem 9,3 Kilometer langen Seedeich gesichert werden. 1.333 Hektar „Neuland“ entständen.

Die Ausgangslage erscheint ideal für einen schnell sichtbaren Erfolg einer Landgewinnungsmaßnahme unter nationalsozialistischen Vorzeichen. Die neuen Machthaber setzen das Vorzeigeprojekt deshalb mit Vorrang, Aufwand und Eile um.

Erfolgreiche Idee

Bereits im April 1933 hat die NSDAP-Ortsgruppe im benachbarten Friedrichskoog eine Idee: Zu Ehren des „Führers“ möge der neue Koog den Namen „Adolf-Hitler-Koog“ tragen.

Der Vorschlag findet auf allen Ebenen der NSDAP Zustimmung. Aus der Eindeichungsmaßnahme wird damit endgültig ein Vorzeigeprojekt der von Gauleiter Lohse verfolgten Landgewinnungspolitik.

Nebenbei würdigt die Namensgebung Dithmarschens Vorreiterstellung beim nationalsozialistischen Aufstieg.

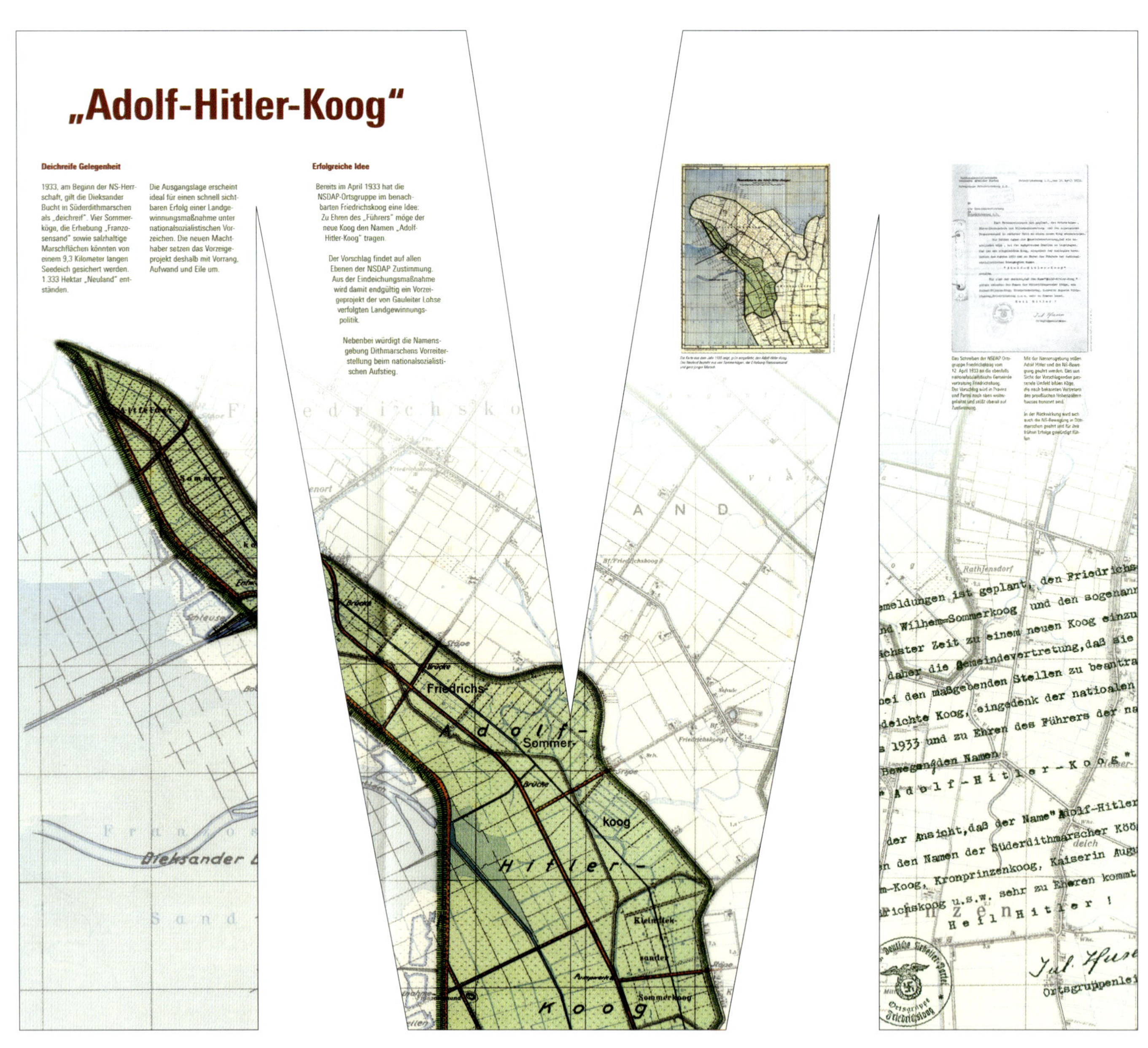

Die Karte aus dem Jahr 1935 zeigt, grün eingefärbt, den Adolf-Hitler-Koog. Das Neuland besteht aus vier Sommerkögen, der Erhebung Franzosensand und ganz junger Marsch.

Das Schreiben der NSDAP-Ortsgruppe Friedrichskoog vom 12. April 1933 an die ebenfalls nationalsozialistische Gemeindevertretung Friedrichskoog. Der Vorschlag wird in Provinz und Partei nach oben weitergeleitet und stößt überall auf Zustimmung.

Mit der Namensgebung sollen Adolf Hitler und die NS-Bewegung geehrt werden. Das aus Sicht der Vorschlagenden passende Umfeld bilden Köge, die nach bekannten Vertretern des preußischen Hohenzollernhauses benannt sind.

In der Rückwirkung wird sich auch die NS-Bewegung in Dithmarschen geehrt und für ihre frühen Erfolge gewürdigt fühlen.

Deichreife Gelegenheit

1933, am Beginn der NS-Herrschaft, gilt die Dieksander Bucht in Süderdithmarschen als „deichreif". Vier Sommerköge, die Erhebung „Franzosensand" sowie salzhaltige Marschflächen könnten von einem 9,3 Kilometer langen Seedeich gesichert werden. 1.333 Hektar „Neuland" entständen.

Die Ausgangslage erscheint ideal für einen schnell sichtbaren Erfolg einer Landgewinnungsmaßnahme unter nationalsozialistischen Vorzeichen. Die neuen Machthaber setzen das Vorzeigeprojekt deshalb mit Vorrang, Aufwand und Eile um.

Erfolgreiche Idee

Bereits im April 1933 hat die NSDAP-Ortsgruppe im benachbarten Friedrichskoog eine Idee: Zu Ehren des „Führers" möge der neue Koog den Namen „Adolf-Hitler-Koog" tragen.

Der Vorschlag findet auf allen Ebenen der NSDAP Zustimmung. Aus der Eindeichungsmaßnahme wird damit endgültig ein Vorzeigeprojekt der von Gauleiter Lohse verfolgten Landgewinnungspolitik.

Nebenbei würdigt die Namensgebung Dithmarschens Vorreiterstellung beim nationalsozialistischen Aufstieg.

Bildnachweis: Denkschrift 1935, Anhang

Die Karte aus dem Jahr 1935 zeigt, grün eingefärbt, den Adolf-Hitler-Koog. Das Neuland besteht aus vier Sommerkögen, der Erhebung Franzosensand und ganz junger Marsch.

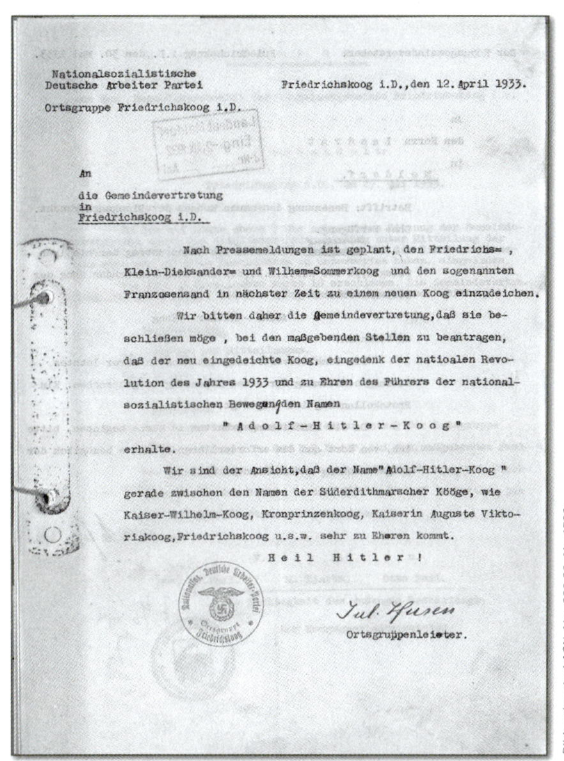

Nationalsozialistische
Deutsche Arbeiter Partei

Friedrichskoog i.D., den 12. April 1933.

Ortsgruppe Friedrichskoog i.D.

An

die Gemeindevertretung
in
Friedrichskoog i.D.

Nach Pressemeldungen ist geplant, den Friedrichs= , Klein-Dieksander= und Wilhem=Sommerkoog und den sogenannten Franzosensand in nächster Zeit zu einem neuen Koog einzudeichen.

Wir bitten daher die Gemeindevertretung, daß sie beschließen möge , bei den maßgebenden Stellen zu beantragen, daß der neu eingedeichte Koog, eingedenk der natioalen Revolution des Jahres 1933 und zu Ehren des Führers der nationalsozialistischen Bewegung den Namen

" A d o l f - H i t l e r - K o o g "

erhalte.

Wir sind der Ansicht, daß der Name "Adolf-Hitler-Koog " gerade zwischen den Namen der Süderdithmarscher Kööge, wie Kaiser-Wilhelm-Koog, Kronprinzenkoog, Kaiserin Auguste Viktoriakoog, Friedrichskoog u.s.w. sehr zu Ehren kommt.

H e i l H i t l e r !

Jul. Ifusen

Ortsgruppenleieter.

Bildnachweis: LASH Abt. 320.20, Nr. 4523

Das Schreiben der NSDAP-Ortsgruppe Friedrichskoog vom 12. April 1933 an die ebenfalls nationalsozialistische Gemeindevertretung Friedrichskoog. Der Vorschlag wird in Provinz und Partei nach oben weitergeleitet und stößt überall auf Zustimmung.

Mit der Namensgebung sollen Adolf Hitler und die NS-Bewegung geehrt werden. Das aus Sicht der Vorschlagenden passende Umfeld bilden Köge, die nach bekannten Vertretern des preußischen Hohenzollernhauses benannt sind.

In der Rückwirkung wird sich auch die NS-Bewegung in Dithmarschen geehrt und für ihre frühen Erfolge gewürdigt fühlen.

Mensch statt Maschine

Arbeitsbeschaffung

Die Dieksander Bucht gilt 1933 als deichreif. Bis zum Deichschluss des zukünftigen Adolf-Hitler-Koogs entstehen Kosten von 4 Millionen RM. Das Deutsche Reich, Preußen, die Provinz Schleswig-Holstein und der Kreis tragen sie vollständig.
Allein 2,8 Millionen RM fallen für Löhne an. – Das sind mehr als zwei Drittel der Gesamtkosten! 1933 werden durchschnittlich 600 Mann beschäftigt, bis Sommer 1934 steigt die Zahl auf 1.700 an. Insgesamt verrichten sie 400.000 „Tagewerke".

... als Propaganda

Viele „Volksgenossen" sollen Arbeit finden. Auf den Einsatz von Technik verzichtet man. Nur eine von Pferden gezogene Lorenbahn sowie ein maschinenbetriebenes Förderband unterstützen die Handarbeit. Zahlenmäßig handelt es sich um beachtliche Arbeitsbeschaffung für Lohnarbeiter und allein 1.800 „Notstandsarbeiter".
Der Anteil des (freiwilligen) Arbeitsdienstes ist mit 20.000 „Tagewerken" oder fünf Prozent sehr gering. Doch Propaganda gleicht das aus.

Barackenlager des (freiwilligen) Reichsarbeitsdienstes in Marne im Jahr 1934.

Eingangstor zum Lager des Reichsarbeitsdienstes in Marne 1934. Die „Abteilung 5/74 Marne" hat sich nach Otto Streibel benannt. Dieser ist eines der beiden nationalsozialistischen Todesopfer der „Blutnacht von Wöhrden", dem gewalttätigen Aufeinandertreffen von Kommunisten und SA-Männern am 7. März 1929.

Der Deich des Adolf-Hitler-Kooges wird fast nur mit Menschenkraft gebaut. Einzige Ausnahme bilden eine Lorenbahn und das Förderband zum Abtransport des Erdbodens.

„Der Deichbau ist dadurch, wie kaum ein anderes Bauvorhaben, eine Arbeitsbeschaffungsmaßnahme großen Ausmaßes geworden."

Eine „Denkschrift zur Einweihung des Adolf-Hitler-Kooges", 1935 herausgegeben vom Oberpräsidenten der Provinz Schleswig-Holstein, verbindet die Baumaßnahme mit der NS-Arbeitsmarktpolitik.

Hintergrundbild: Das ‚Schiffchen' des uniformierten Arbeiters ist einer militärischen Kopfbedeckung entlehnt. Vorn ist das Abzeichen des Reichsarbeitsdienstes zu erkennen. Das Symbol zeigt mittig einen Spaten, der von Kornähren eingerahmt wird.

Die Landgewinnungsarbeiten in Schleswig-Holstein

Eine Unterredung des „Völkischen Beobachters" mit dem Oberpräsidenten Lohse

Arbeitsbeschaffung

Die Dieksander Bucht gilt 1933 als deichreif. Bis zum Deichschluss des zukünftigen Adolf-Hitler-Koogs entstehen Kosten von 4 Millionen RM. Das Deutsche Reich, Preußen, die Provinz Schleswig-Holstein und der Kreis tragen sie vollständig.
Allein 2,8 Millionen RM fallen für Löhne an. – Das sind mehr als zwei Drittel der Gesamtkosten! 1933 werden durchschnittlich 600 Mann beschäftigt, bis Sommer 1934 steigt die Zahl auf 1.700 an. Insgesamt verrichten sie 400.000 „Tagewerke".

… als Propaganda

Viele „Volksgenossen" sollen Arbeit finden. Auf den Einsatz von Technik verzichtet man. Nur eine von Pferden gezogene Lorenbahn sowie ein maschinenbetriebenes Förderband unterstützen die Handarbeit. Zahlenmäßig handelt es sich um beachtliche Arbeitsbeschaffung für Lohnarbeiter und allein 1.800 „Notstandsarbeiter".
Der Anteil des (freiwilligen) Arbeitsdienstes ist mit 20.000 „Tagewerken" oder fünf Prozent sehr gering. Doch Propaganda gleicht das aus.

Bildnachweis: Heimatmuseum Marner Skatclub von 1873

Barackenlager des (freiwilligen) Reichsarbeitsdienstes in Marne im Jahr 1934.

Bildnachweis: Sammlung Claus Vahle (Alfred Gaedtke) Schleswig

Eingangstor zum Lager des Reichsarbeitsdienstes in Marne 1934. Die „Abteilung 5/74 Marne" hat sich nach Otto Streibel benannt. Dieser ist eines der beiden nationalsozialistischen Todesopfer der „Blutnacht von Wöhrden", dem gewalttätigen Aufeinandertreffen von Kommunisten und SA-Männern am 7. März 1929.

Bildnachweis: Denkschrift 1935, S. 10

Der Deich des Adolf-Hitler-Kooges wird fast nur mit Menschenkraft gebaut. Einzige Ausnahme bilden eine Lorenbahn und das Förderband zum Abtransport des Erdbodens.

„Der Deichbau ist dadurch, wie kaum ein anderes Bauvorhaben, eine Arbeitsbeschaffungsmaßnahme großen Ausmaßes geworden."

Eine „Denkschrift zur Einweihung des Adolf-Hitler-Kooges", 1935 herausgegeben vom Oberpräsidenten der Provinz Schleswig-Holstein, verbindet die Baumaßnahme mit der NS-Arbeitsmarktpolitik.

Zitatnachweis: Denkschrift 1935, S. 12

Bildnachweis: Sammlung Schübeler

Das ‚Schiffchen' des uniformierten Arbeiters ist einer militärischen Kopfbedeckung entlehnt. Vorn ist das Abzeichen des Reichsarbeitsdienstes zu erkennen: Das Symbol zeigt mittig einen Spaten, der von Kornähren eingerahmt wird.

Die Landgewinnungsarbeiten in Schleswig-Holstein

Eine Unterredung des „Völkischen Beobachters" mit dem Oberpräsidenten Lohse

1. April 1934 wird der Generalplan eingesetzt werden

Die Landgewinnungsarbeiten

Regierungsbaumeister Lorenzen (Domänenverwaltung Schleswig) das Wort zu einer Erläuterung des technischen Standes der Eindeichung.

Dieser legte u. a. folgendes dar: Der neueingedeichte Koog befindet sich im südlichen Teil der Dieksander Bucht, zwischen dem Friedrichskoog und dem Kaiser Wilhelm-Koog. Die Eindeichung umfaßt rund 1100 Hektar, wovon 1000 Hektar als nutzungsfähig anzusehen sind.

Bei den Deichbauten wurde im Interesse der Arbeitsbeschaffung vorwiegend Menschenkraft zur Anwendung gebracht. Fast ein Drittel des Deiches ist bereits fertiggestellt. Im Herbst des kommenden Jahres wird man das neugewonnene Land der Besiedlung zuführen. Es handelt sich jetzt darum, den Binnenausbau, Entwässerung und Wegenetz in Angriff zu nehmen. Die Beantwortung der daraus sich ergebenden Fragen kann nur im Anschluß an die Lösung der Besiedelungsfrage erfolgen.

Es ist dabei zu berücksichtigen, daß man für die Beschäftigung der Arbeitskräfte zur Winterszeit Vorsorge treffen muß. Bis Weihnachten müssen die Arbeiten vergeben werden.

Der Redner verbreitete sich dann näher über die technische Lösung der Entwässerungsfrage, die günstig liege. Es ist beabsichtigt, die Entwässerung an wenigen Punkten zusammenzufassen und zwei Entwässerungszüge anzulegen.

Die Wegeplanung sieht einen großen Hauptweg von Wilhelmskoog zum Friedrichskoog vor, sowie einen zweiten fast parallelen Hauptweg vor, ferner Zuführungswege und Verbindungswege.

Redner erläuterte diese Ausführungen an Hand von Kartenmaterial in instruktiver Weise.

Bildnachweis: „Marner Zeitung" vom 8.12.1933
LASH Abt. 320.20, Nr. 4523

„Im Kampf gegen die Arbeitslosigkeit sind die Erfolge in der Nordmark ganz besonders hoch einzuschätzen in Anbetracht der Tatsache, daß wir hier mehrere große Hafenstädte haben. Ist es beabsichtigt, in größerem Maße bei den Arbeiten Arbeiter aus diesen Städten unterzubringen und, womöglich, anzusiedeln?"

Schleswig-Holstein gesprochen. Das ist nur bedingt richtig. Kiel und Altona mit 460 000 Einwohnern, Flensburg mit 70 000 Einwohnern, Neumünster und Wandsbek mit 85 000 Einwohnern, und rechnet man dazu die Bevölkerung der Kreisstädte mit über 10 000 Einwohnern, so erkennt man, daß etwa die Hälfte der 1½ Millionen Einwohner zählenden Provinz in Städten wohnt. Wir glauben, daß wir eine vorwichtige Teilung der Arbeit vornehmen müssen, in freie Arbeit, Notstandsarbeiten und solche, die der Arbeitsdienst leistet. Die Arbeit der freien Arbeiter soll den Vorzug erhalten, und in ihr werden vor allen Dingen stellungslose Landarbeiter beschäftigt. Die Notstandsarbeiten werden vor allen Dingen Stadtarbeiter sehen. Wieweit der Arbeitsdienst eingeschaltet werden wird, ist noch nicht zu übersehen."

Bildnachweis: „Völkischer Beobachter", München vom 27.1.1934
LASH Abt. 333, Nr. 360

Die Eindeichung des Adolf-Hitler-Kooges wurde im Rahmen des im Jahre 1933 einsetzenden Arbeitsbeschaffungsprogramms der Reichs- und Preußischen Staatsregierung mit einem Kostenaufwand von rund 4 Millionen RM einschließlich Hafenausbau, Wegebauten usw. durchgeführt. Insgesamt wurden 2 Millionen Kubikmeter Boden bewegt. Soweit als irgend möglich, wurde diese Leistung auf Handarbeit abgestellt.

Der Deichbau wurde wie kein anderes Bauvorhaben als eine Arbeitsbeschaffungsmaßnahme großen Ausmaßes durchgeführt. Etwa 70 v. H. der aufzuwendenden Baukosten entfallen allein auf Arbeitslöhne. Für die Deichbauarbeiten sind etwa 2 800 000 RM an Löhnen für Arbeitsleistungen auf der Baustelle ausgezahlt, was einer Abgeltung von rund 400 000 Tagewerken gleichkommt. Von diesen entfallen 380 000 auf Lohnarbeiter und 20 000 auf den Arbeitsdienst. Der Arbeitsdienst hatte insbesondere beim Innenausbau des Adolf-Hitler-Kooges wertvolle Hilfe zu leisten. Außerdem kommen noch hinzu diejenigen Tagewerke, die für die Lieferindustrien für Bereitung der Baustoffe, Baugeräte usw. aufgewandt werden mußten.

Der Deichbau wirkte sich entscheidend auf den Arbeitsmarkt in Süder- und Norderdithmarschen aus. Die Gefolgschaft entstammte zu Zweidrittel diesen beiden Kreisen. Aber auch die Großstädte Kiel und Hamburg waren maßgeblich beteiligt. Durchschnittlich waren allgemein am Deichbau während der sommerlichen Bauzeit im Jahre 1933 täglich etwa 600 Mann, im Baujahr 1934 etwa 1100 Mann und im Baujahr 1935 200 Mann beschäftigt. Der Höchststand wurde im August 1934 mit etwa 1700 Mann erreicht. Eingerechnet sind in diesen Zahlen nicht die Arbeiter und Arbeitsdienstmänner des Arbeitsdienstlagers Marne in wechselnder Stärke.

Bildnachweis: Beilage zur „Marner Zeitung" am 30.8. oder 31.8.1935
LASH Abt. 399.19 Höhnk, Nr. 560

Zeitungsausrisse aus drei Tageszeitungen 1933, 1934 und 1935: Alle rücken in ihren Berichten über Deichbauarbeiten für den Adolf-Hitler-Koog die Arbeitsbeschaffungsmaßnahmen in den Vordergrund.

Wie weiter?

Fragen

Die Arbeiten in der Dieksander Bucht kommen gut voran und der Deich ist fast fertig, der Deichschluss kann erfolgen. Auch der Namenspatron des zukünftigen Kooges steht fest.

Um diesem Musterkoog sein besonderes Gesicht zu geben, ist jetzt vieles zu planen: Siedlungsstruktur und Bauten, Dorfkern und Straßen sowie die (noch nicht selbstverständliche) Stromversorgung. Auch zwei Schulen, Gasthof und Kirche werden gebraucht.

Soll vielleicht noch eine besondere Einrichtung hinzukommen, die nur in diesem Koog zu finden ist?

... über Fragen

Und was ist mit der Auswahl der Siedler und der gesellschaftlichen Gestaltung der zukünftigen Dorfgemeinschaft?

Lassen sich Dithmarscher Überlieferung und nationalsozialistische Projekte zusammenbringen?

Wie wird die dörfliche Volksgemeinschaft gestaltet sein?

Der 1934 entstandene Übersichtsplan des Adolf-Hitler-Kooges enthält noch einzelne Planungen, die so nicht verwirklicht werden. Aber: Straßen und Flurstücke deuten die zukünftige Gestaltung schon genau an.

Fragen

Die Arbeiten in der Dieksander Bucht kommen gut voran und der Deich ist fast fertig, der Deichschluss kann erfolgen. Auch der Namenspatron des zukünftigen Kooges steht fest.

Um diesem Musterkoog sein besonderes Gesicht zu geben, ist jetzt vieles zu planen: Siedlungsstruktur und Bauten, Dorfkern und Straßen sowie die (noch nicht selbstverständliche) Stromversorgung. Auch zwei Schulen, Gasthof und Kirche werden gebraucht.

Soll vielleicht noch eine besondere Einrichtung hinzukommen, die nur in diesem Koog zu finden ist?

… über Fragen

Und was ist mit der Auswahl der Siedler und der gesellschaftlichen Gestaltung der zukünftigen Dorfgemeinschaft?

Lassen sich Dithmarscher Überlieferung und nationalsozialistische Projekte zusammenbringen?

Wie wird die dörfliche Volksgemeinschaft gestaltet sein?

Bildnachweis: LASH Abt. 402.A 047, Nr. 158

Der 1934 entstandene Übersichtsplan des Adolf-Hitler-Kooges enthält noch einzelne Planungen, die so nicht verwirklicht werden. Aber: Straßen und Flurstücke deuten die zukünftige Gestaltung schon genau an.

Durchgestaltet

Tradition

Siedlungsstruktur und Gebäude plant der Kieler Architekt Ernst Prinz. Er gehört zur von den Nationalsozialisten nicht geschätzten „Heimatschutzarchitektur" – aber hier ist er der richtige Mann. Angelehnt an das ostfriesische Langhaus und das Dithmarscher Bauernhaus entwickelt er einen einheitlichen Stil der Bauten.

Eile

Um den Koog bald einzuweihen, wird die geplante Reetbedeckung der Häuser durch Dachpfannen ersetzt.

1935 verarbeiten 600 Handwerker und Arbeiter 2.500.000 Ziegelsteine, 700.000 Dachpfannen und 5.000 Kubikmeter Holz.

und Ungleichheit

Nichts im Musterkoog ist Zufall, die eingehende Planung sieht eine traditionelle Dorfgemeinschaft vor. Häuser und Ländereien sind unterschiedlich groß: 16 Neubauernstellen mit 10-15 ha Land gibt es, 25 Höfe mit 15-20 ha, elf Höfe mit 20-25 ha und drei Siedlerstellen sogar mit 25-30 ha, dazu sechs Handwerkerhäuser mit 1-3 ha Land und 16 Landarbeiterhäuser mit 1-3 ha.

Soziale Ungleichheit ist das Ziel – die Volksgemeinschaft soll anders entstehen.

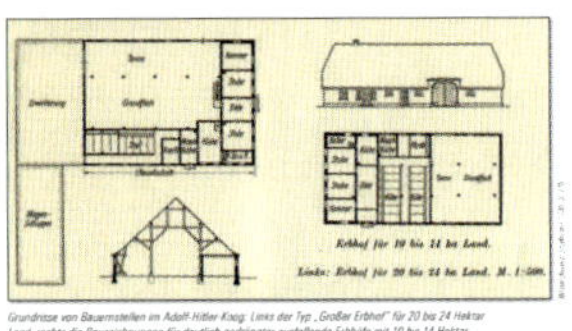

Grundrisse von Bauernstellen im Adolf-Hitler-Koog: Links der Typ „Großer Erbhof" für 20 bis 24 Hektar Land, rechts die Bauzeichnungen für deutlich gedrängter ausfallende Erbhöfe mit 10 bis 14 Hektar. Die Neubauernstellen im Koog fallen deutlich verschieden aus. Bis hin zur Anzahl der Stuben ist die Ungleichheit geplant. Erkennbar an beiden Entwürfen ist die bewusst gewählte und traditionelle Einheit von Wohn- und Wirtschaftsteil unter einem Dach.

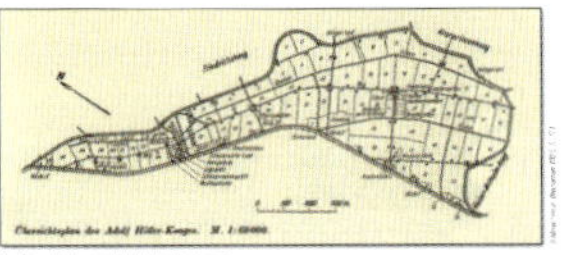

Der Übersichtsplan des Adolf-Hitler-Kooges zeigt die Streulage mit unterschiedlich großen Siedlerstellen.

Neubauernstellen im AHK

Bauausführungen im Adolf-Hitler-Koog: Im Foto deutlich erkennbar ist der Typ „Großer Erbhof" für 20 bis 24 Hektar. An der Vorderfront befindet sich der Wohntrakt, an der Seite der Stall. Kern des Gebäudes ist die „Tenne", die Wagen und Heu aufnimmt und auch die Werkstatt beherbergt. Diese Bauweise mit dem großen, alles überwölbenden Dach ist teuer. Statt der üblichen 8.500 RM für ein Haus dieser Größenordnung liegen die Kosten bei stattlichen 16.000 RM. Vergeblich versuchen die Siedler, mit dem Architekten zu diskutieren. Sein Anspruch, im Musterkoog regionale und traditionelle Bauweisen zu verwenden, setzt sich durch. Denn: Der Adolf-Hitler-Koog soll sich ausdrücklich von modernen Bauweisen abgrenzen.

Als Gegenstück gilt der nordfriesische Sönke-Nissen-Koog bei Bredstedt: „Mit Blech und Pappe entstanden Bauten, die mehr einer Fabrik glichen, als einem Bauernhaus. Sie stören heute das Landschaftsbild, nehmen dem Bauern das Gefühl des Selbstbewußtseins seiner bäuerlichen Eigenart und fördern somit die Verstädterung des platten Landes. Nun gilt es, aus alten Formen und neuem Material wieder Bauernhäuser zu schaffen, die in die Landschaft passen und mit dem ‚Formensinn' des überwundenen Liberalismus brechen."

Die Lösung: Höhere Bezuschussung und bessere Kredite für die Siedler.

Die Hauptstraße des Adolf-Hitler-Kooges auf einer zeitgenössischen Postkarte. Auf der linken Seite befinden sich Landarbeiter- und Handwerkerhäuser, auf der rechten Seite zwei Erbhöfe.

Errichtung einer Neubauernstelle im Adolf-Hitler-Koog: Um Bauzeit zu sparen, wird – anders als ursprünglich geplant – das Dach mit Pfannen und nicht mit Reet gedeckt.

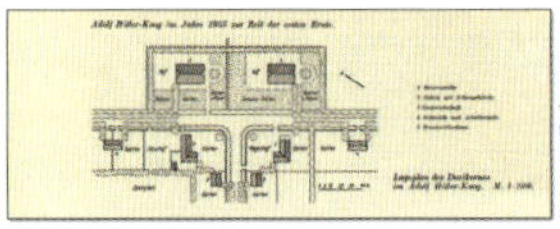

Planskizze, verfasst vom Architekten Richard Brodersen: Der Adolf-Hitler-Koog, überwiegend in Streulage angelegt, erhält durch die Verbindung von Schule, Gasthof, Handwerker- und Arbeiterhäusern sowie zwei Bauernhöfen einen kleinen Dorfkern.

Hintergrundbild: Das Dach trägt das Haus: Konstruktion einer Neubauernstelle im Adolf-Hitler-Koog.

Gastwirtschaft, Schule, Handwerker und Bauernhäuser bilden den Dorfkern.

Hintergrundbild: Das Dach trägt das Haus: Konstruktion einer Neubauernstelle im Adolf-Hitler-Koog.

Bildnachweis: Sammlung Schübeler

Tradition

Siedlungsstruktur und Gebäude plant der Kieler Architekt Ernst Prinz. Er gehört zur von den Nationalsozialisten nicht geschätzten „Heimatschutzarchitektur" – aber hier ist er der richtige Mann. Angelehnt an das ostfriesische Langhaus und das Dithmarscher Bauernhaus entwickelt er einen einheitlichen Stil der Bauten.

Eile

Um den Koog bald einzuweihen, wird die geplante Reetbedeckung der Häuser durch Dachpfannen ersetzt.

1935 verarbeiten 600 Handwerker und Arbeiter 2.500.000 Ziegelsteine, 700.000 Dachpfannen und 5.000 Kubikmeter Holz.

und Ungleichheit

Nichts im Musterkoog ist Zufall, die eingehende Planung sieht eine traditionelle Dorfgemeinschaft vor. Häuser und Ländereien sind unterschiedlich groß: 16 Neubauernstellen mit 10–15 ha Land gibt es, 25 Höfe mit 15–20 ha, elf Höfe mit 20–25 ha und drei Siedlerstellen sogar mit 25–30 ha, dazu sechs Handwerkerhäuser mit 1–3 ha Land und 16 Landarbeiterhäuser mit 1–3 ha.

Soziale Ungleichheit ist das Ziel – die Volksgemeinschaft soll anders entstehen.

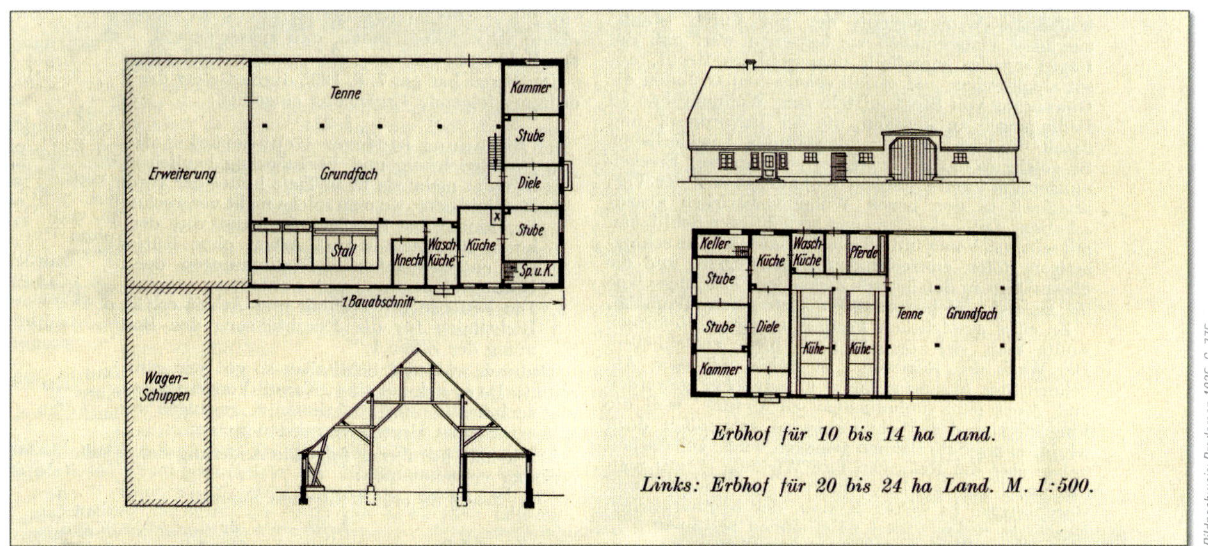

Grundrisse von Bauernstellen im Adolf-Hitler-Koog: Links der Typ „Großer Erbhof" für 20 bis 24 Hektar Land, rechts die Bauzeichnungen für deutlich gedrängter ausfallende Erbhöfe mit 10 bis 14 Hektar. Die Neubauernstellen im Koog fallen deutlich verschieden aus. Bis hin zur Anzahl der Stuben ist die Ungleichheit geplant. Erkennbar an beiden Entwürfen ist die bewusst gewählte und traditionelle Einheit von Wohn- und Wirtschaftsteil unter einem Dach.

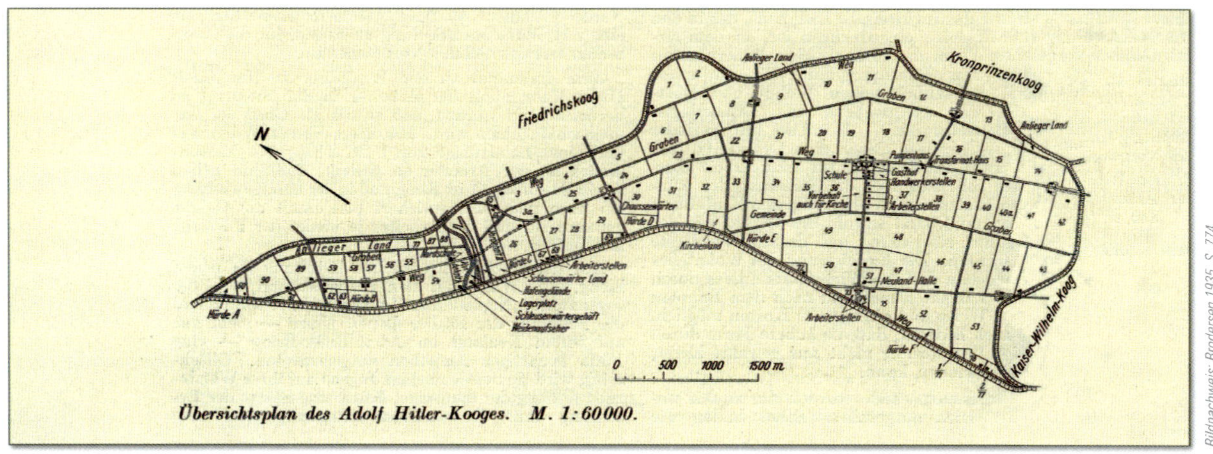

Bildnachweis: Brodersen 1935, S. 774

Der Übersichtsplan des Adolf-Hitler-Kooges zeigt die Streulage mit unterschiedlich großen Siedlerstellen.

Bildnachweis: Brodersen 1935, S. 775

Neubauernstellen im AHK

Bauausführungen im Adolf-Hitler-Koog:
Im Foto deutlich erkennbar ist der Typ „Großer Erbhof" für 20 bis 24 Hektar. An der Vorderfront befindet sich der Wohntrakt, an der Seite der Stall. Kern des Gebäudes ist die „Tenne", die Wagen und Heu aufnimmt und auch die Werkstatt beherbergt. Diese Bauweise mit dem großen, alles überwölbenden Dach ist teuer. Statt der üblichen 8.500 RM für ein Haus dieser Größenordnung liegen die Kosten bei stattlichen 16.000 RM. Vergeblich versuchen die Siedler, mit dem Architekten zu diskutieren.
Sein Anspruch, im Musterkoog regionale und traditionelle Bauweisen zu verwenden, setzt sich durch. Denn: Der Adolf-Hitler-Koog soll sich ausdrücklich von modernen Bauweisen abgrenzen.

Als Gegenstück gilt der nordfriesische Sönke-Nissen-Koog bei Bredstedt:
„Mit Blech und Pappe entstanden Bauten, die mehr einer Fabrik glichen, als einem Bauernhaus. Sie stören heute das Landschaftsbild, nehmen dem Bauern das Gefühl des Selbstbewußtseins seiner bäuerlichen Eigenart und fördern somit die Verstädterung des platten Landes. Nun gilt es, aus alten Formen und neuem Material wieder Bauernhäuser zu schaffen, die in die Landschaft passen und mit dem ‚Formensinn' des überwundenen Liberalismus brechen."

Die Lösung: Höhere Bezuschussung und bessere Kredite für die Siedler.

Zitat: Oberpräsident Denkschrift 1935, S. 21

Bildnachweis: Postkarte, Dithmarscher Landesmuseum

Die Hauptstraße des Adolf-Hitler-Kooges auf einer zeitgenössischen Postkarte. Auf der linken Seite befinden sich Landarbeiter- und Handwerkerhäuser, auf der rechten Seite zwei Erbhöfe.

Bildnachweis: Sammlung Schübeler

Errichtung einer Neubauernstelle im Adolf-Hitler-Koog:
Um Bauzeit zu sparen, wird – anders als ursprünglich geplant – das Dach mit Pfannen und nicht mit Reet gedeckt.

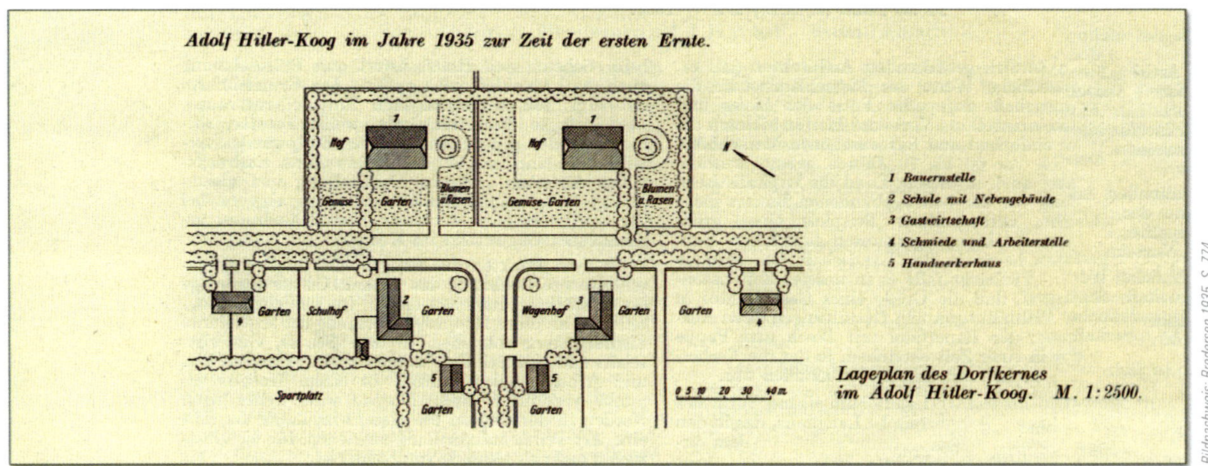

Bildnachweis: Brodersen 1935, S. 774

Planskizze, verfasst vom Architekten Richard Brodersen:
Der Adolf-Hitler-Koog, überwiegend in Streulage angelegt, erhält durch die Verbindung von Schule, Gasthof, Handwerker- und Arbeiterhäusern sowie zwei Bauernhöfen einen kleinen Dorfkern.

Blick durch ein Guckloch in das Innere des Buchstabens

Gastwirtschaft, Schule, Handwerker- und Bauernhäuser bilden den Dorfkern.

Bildnachweis: Uwe Franzen, Koogmodell Dithmarscher Landesmuseum

Ganz speziell: Auswahl der Siedler

Auswählende

Der NSDAP-Kreisleiter, der Landrat und – vor allem – der Kreisbauernführer wählen die zukünftigen Siedler des Adolf-Hitler-Kooges aus.

Bewerben sollen sich Bauernsöhne, die nach dem vom NS-Staat erlassenen „Reichserbhofgesetz", das Erbteilung untersagt, leer ausgehen werden. Es ist ihre große Chance auf einen eigenen Hof!

Bedingungen

Erfüllen müssen sie allerdings drei Bedingungen: Sie sollen „rein arischer Herkunft" sein, und zwar in der Generationenfolge zurückgerechnet bis 1800. Sie sollen aus Dithmarscher Familien stammen. – Und sie sollen der NS-Bewegung angehören, mindestens seit 1930, also aus der „Kampfzeit" vor dem Durchbruch bei der Wahl im September 1930.

Belohnung

Als Belohnung winkt ein finanzierbarer Erbhof: Die zukünftigen Siedler zahlen in diesem Koog nichts für die Kosten der Landgewinnung. Ihre aus ideologischen Gründen überteuert gebauten Hofgebäude werden bezuschusst. Wer auch den Rest nicht tragen kann, erhält Hilfen aus einem Fonds der Siedlergemeinschaft.

Neubauern vor dem frisch bezogenen Hofgebäude: Das in der Mitte stehende herausgeputzte junge Siedlerpaar führt stolz seine vier Pferde vor. Mit im Bild zu sehen sind die beiden Kleinkinder, wohl die Großmutter und ein landwirtschaftlicher Gehilfe. Der zukünftige Garten ist frisch umgegraben.

Landrat Pg. Dr. Kracht über
den Adolf-Hitler-Koog
Nationalsozialistische Tatgemeinschaft bei der Besiedlung /
Auch Minderbemittelte wurden berücksichtigt

Bericht der „Schleswig-Holsteinischen Tageszeitung" am 10. Januar 1935 über den Vortrag von Landrat Kracht über die Siedlerauswahl für den zukünftigen Adolf-Hitler-Koog

SS-Siedler im Adolf-Hitler-Koog mit ihren Frauen und Kindern

Für die zeitgenössische Broschüre „Schleswig-Holstein und seine SS" lassen sich die Koogbewohner fotografieren, die der SS angehören: Das sind auf dem Bild 16 Männer, mithin fast 20 Prozent der (männlichen) Siedler – ein extrem hoher Anteil!

Auswählende

Der NSDAP-Kreisleiter, der Landrat und – vor allem – der Kreisbauernführer wählen die zukünftigen Siedler des Adolf-Hitler-Kooges aus.
Bewerben sollen sich Bauernsöhne, die nach dem vom NS-Staat erlassenen „Reichserbhofgesetz", das Erbteilung untersagt, leer ausgehen werden. Es ist ihre große Chance auf einen eigenen Hof!

Bedingungen

Erfüllen müssen sie allerdings drei Bedingungen: Sie sollen „rein arischer Herkunft" sein, und zwar in der Generationenfolge zurückgerechnet bis 1800. Sie sollen aus Dithmarscher Familien stammen. – Und sie sollen der NS-Bewegung angehören, mindestens seit 1930, also aus der „Kampfzeit" vor dem Durchbruch bei der Wahl im September 1930.

Belohnung

Als Belohnung winkt ein finanzierbarer Erbhof: Die zukünftigen Siedler zahlen in diesem Koog nichts für die Kosten der Landgewinnung. Ihre aus ideologischen Gründen überteuert gebauten Hofgebäude werden bezuschusst. Wer auch den Rest nicht tragen kann, erhält Hilfen aus einem Fonds der Siedlergemeinschaft.

Bildnachweis: Sammlung Schübeler

Neubauern vor dem frisch bezogenen Hofgebäude: Das in der Mitte stehende herausgeputzte junge Siedlerpaar führt stolz seine vier Pferde vor. Mit im Bild zu sehen sind die beiden Kleinkinder, wohl die Großmutter und ein landwirtschaftlicher Gehilfe. Der zukünftige Garten ist frisch umgegraben.

Landrat Pg. Dr. Kracht über

den Adolf-Hitler-Koog

Nationalsozialistische Tatgemeinschaft bei der Besiedlung / Auch Minderbemittelte wurden berücksichtigt

m. Die erste Versammlung der NS.-Hago sowie der Reichsbetriebsgemeinschaft 17 und 18, welche sehr gut besucht war, fand am Dienstag bei Glismann statt Der Ortsgruppenamtsleiter Pg. Merkel konnte diesmal u. a. auch den Ortsgruppenleiter Pg. Röhlk begrüßen. Eingangs gab Pg. Merkel einen kurzen Rückblick über das Jahr 1934, insbesondere die großen Erlebnisse von Mainz und Nürnberg rief er der Versammlung ins Gedächtnis zurück und appellierte an die Zuhörer, aus solchen großen Erlebnissen immer wieder neue Kräfte für neue Taten zu schöpfen. In ernsten Worten gedachte er der Saarabstimmung, die auch wir mit heißen, leidenschaftlichen Herzen verfolgen.

Landrat Dr. Kracht sprach sodann in äußerst interessanten Ausführungen über den Adolf-Hitler-Koog. Der Vortrag wurde durch Kartenmaterial und Bilder lebhafter gestaltet.

Der Vortragende leitete seine Ausführungen mit einer kurzen Umreißung des Problems der Arbeitsbeschaffung unter besonderer Betonung des Gesichtspunktes der Produktivität der von öffentlicher Hand eingeleiteten Maßnahmen ein. Im Rahmen des Arbeitsbeschaffungsprogramms nimmt die Landgewinnung einen besonderen Platz ein, insbesondere nach dem durch den

10-Jahresplan des Oberpräsidenten Pg. Lohse

eine planmäßige Arbeit auf lange Sicht sichergestellt ist. Nach kurzer Darstellung der geschichtlichen Entwicklung der Landgewinnung im Süden des Kreises, vor allem der Entstehung des Friedrichskooges, des Kaiser-Wilhelm-Kooges und des Neufelder Kooges leitete der Referent über zur Darlegung der mit der Besiedlung des Adolf-Hitler-Kogges zusammenhängenden mannigfachen Fragen öffentlich-rechtlicher Art.

Der neue Koog umfaßt 1333 Hektar, von denen für Deich, Wege, Wasserläufe usw. etwa 133 Hektar der Nutzung verloren gehen, so daß 1200 Hektar für Besiedlungszwecke verbleiben. Der Koog ist als sogenannter Kornkoog anzusprechen, wird also überwiegend ackerbaumäßig bewirtschaftet werden.

Der Deich des Kooges ist rd. 9 Kilometer lang, wogegen die bisherigen Winterdeiche in Länge von rd. 13 Kilometer in Zukunft als Mitteldeiche nur geringe Unterhaltung erforderlich machen werden.

Die Zahl der Tagewerke beim Deichbau ist auf 330 000 zu veranschlagen ausschließlich der Tagewerke, die durch den freiwilligen Arbeitsdienst bei der Abtragung der Sommerdeiche abgeleistet werden. Bis zu 1200 Arbeitskräften haben zeitweise beim Deichbau Beschäftigung gefunden. Mit der endgültigen Fertigstellung der ganzen Winterbedeichung des Kooges ist zum 1. Juni d. Js. zu rechnen.

Die wirtschaftliche Erschließung erfolgt durch einen von Norden nach Süden sich hinziehenden Hauptweg, der vom Kreise ausgebaut wird unter Beteiligung von Provinz und Koogsgemeinde, der seinen Anschluß im Norden nach der Hafenchaussee im Friedrichskoog und im Süden an das Wegenetz im Kaiser-Wilhelm-Koog finden soll.

Wegen des Ausbaues des Zufahrtsweges von Kronprinzenkoog-Mitte in den Adolf-Hitler-Koog hinein schweben noch Erwägungen.

Für etwa 90 Schulkinder werden zwei Schulen, eine in der Nähe des Hafens, eine im Süden des Kooges, errichtet. Der Adolf-Hitler-Koog soll eine selbständige Koogsgemeinde bilden. Die büromäßige Erledigung der Gemeindegeschäfte wird voraussichtlich in einer der benachbarten Koogsschreibereien erfolgen. Die Siedlungsträgerin ist die Höfebank in Kiel unter Mitwirkung der Landeskulturbehörde; die Durchführung des Siedlungs- und Rentengutsverfahrens liegt in Händen des Kulturamtes in Itzehoe.

Während früher das neu gewonnene Land im Wege einer sogenannten öffentlichen Lizitation zum Verkauf gestellt wurde — hinsichtlich des Friedrichskooges erfolgte eine solche Versteigerung vor rd. 80 Jahren am 28. 11. 1854 in Meldorf in der früheren Brandt'schen Wirtschaft — erfolgt jetzt die Besiedlung nach den Grundsätzen der Wirtschaftlichkeit, also zu Bedingungen, die von vornherein als für den Siedler erträglich vom Reichsnährstand anerkannt werden. Die Auswahl der Siedler selbst erfolgt durch den Landesobmann und den Kreisbauernführer, im Adolf-Hitler-Koog in gleicher Weise für Siedler aus Norderdithmarschen wie aus Süderdithmarschen. Berücksichtigung haben lediglich alte Kämpfer der Bewegung gefunden. Es ist in Aussicht genommen, daß der weibliche Arbeitsdienst im neuen Koog eine Siedlung erhält, damit die Siedlerfrauen in den ersten Jahren eine notwendige Entlastung durch die freiwilligen Arbeitskräfte erhalten können.

Anwärtern, die aus eigenen Mitteln auch die unbedingt notwendige Anzahlung nicht aufbringen konnten, ist durch andere Anwärter in besseren

Bildnachweis: LASH Abt. 320, Nr. 5720

Bericht der „Schleswig-Holsteinischen Tageszeitung" am 10. Januar 1935 über den Vortrag von Landrat Kracht über die Siedlerauswahl für den zukünftigen Adolf-Hitler-Koog.

Der Auswähler: Kreisbauernführer Hans Beeck (1896–1983)

Mehrere hundert Bewerbungen auf eine Siedlerstelle im neuen Koog gehen ein. Die Auswahl verantworten NSDAP-Kreisleiter und stellvertretender Landesbauernführer Martin Matthiessen, Landrat Ernst Kracht und in erster Linie Kreisbauernführer Hans Beeck – sie ist politisch bestimmt und persönlich beeinflusst. Ausgerechnet Beecks Schwager erwirbt den zweitgrößten Hof.

Kreisbauernführer Hans Beeck schreibt in einer schwülstigen Niederschrift zum Adolf-Hitler-Koog über seine Prioritätensetzung:

„Nun konnte die Auswahl der Siedler vor sich gehen. Nur in Kampf und Beruf bewährte Männer aus beiden Kreisen des Dithmarscher Landes wurden auserwählt. Sie mußten selbstverständlich, ebenso wie ihre Frauen, erbgesund sein. Nur dadurch ist eine Bindung des Blutes mit dem Boden über mehrere Generationen hinweg möglich."

Zitat: LASH Abt. 399.4, Nr. 7

Hans Beeck ist sehr früh Mitglied der NSDAP, schon seit der Wiedergründung 1925. Er wird „Gauredner", also Wahlkämpfer für die Landagitation der aufstrebenden NSDAP. Er gilt als ein Vertrauter von Gauleiter Hinrich Lohse.

Ab 1934 bis zum Ende der NS-Herrschaft ist er Stellvertreter von Kreisleiter Matthiessen, vor allem aber amtiert er als Kreisbauernführer. Darin findet er seine Rolle!

Als Kreisbauernführer genießt er ein gewisses Ansehen in Teilen der Dithmarscher Bevölkerung. Insbesondere die Siedler und die späteren Chronisten des Adolf-Hitler-Kooges lassen nichts auf ihn kommen. Andere unterstellen ihm die Bevorzugung „alter Kämpfer", eine diktatorische Haltung und auch, dass er – über 1945 hinaus – ein überzeugter Nationalsozialist bleibt.

Der Entnazifizierungsausschuss Meldorf wird ihn als „minderbelastet" in die mittlere Kategorie III einstufen. Mit 1.200,- DM muss er aber eine vergleichsweise hohe Geldstrafe zahlen.

Er hält sich und seine Rolle weiter für sehr bedeutend. Den umfänglichen Nachlass übergibt er Schritt für Schritt von 1967 bis 1982 dem Landesarchiv.

SS-Siedler im Adolf-Hitler-Koog mit ihren Frauen und Kindern

Bildnachweis: Schleswig-Holstein und seine SS o.J., S. 24

Für die zeitgenössische Broschüre „Schleswig-Holstein und seine SS" lassen sich die Koogbewohner fotografieren, die der SS angehören: Das sind auf dem Bild 16 Männer, mithin fast 20 Prozent der (männlichen) Siedler – ein extrem hoher Anteil!

Die auserwählten Siedler

Am 10. Januar 1935 berichtet die „Schleswig-Holsteinische Tageszeitung" von einem Vortrag von Landrat Ernst Kracht über den zukünftigen Adolf-Hitler-Koog. Darin heißt es kurz und knapp über seine Ausführungen zur Siedlerauswahl: *„Berücksichtigung haben lediglich alte Kämpfer der Bewegung gefunden".*

Der amtlich mit der Besiedlung befasste preußische Regierungsrat Volkert Volquardsen aus Itzehoe hält im selben Jahr fest: *„Bei der Auswahl der Neubauern wurde auf solche Bewerber zurückgegriffen, die die Ansiedlungsbedingungen voll erfüllen und sich nicht zuletzt Verdienste um die nationalsozialistische Erhebung erworben hatten. Wo es sich um besonders wertvolle Volksgenossen handelte, traten die finanziellen Anforderungen in den Hintergrund."* Schließlich gehe es um ganz Großes: *„Neue Kräfte können künftig aus der Verbindung wertvollsten Arbeiter- und Bauernblutes mit deutschem, dem Meere abgerungenen Boden geschöpft werden."*

Erkennbar macht man also keinen Hehl daraus, dass im Adolf-Hitler-Koog verdiente Vertreter der NS-Bewegung versorgt werden. 91 von 92 Siedlern erfüllen die Bedingung einer frühen Mitgliedschaft bis 1930. Nr. 92 ist Träger des „Eisernen Kreuzes", des Kriegsordens aus dem Ersten Weltkrieg, und hat sechs Kinder, entspricht also – irgendwie – auch dem NS-Ideal.

Zitate: „Schleswig-Holsteinische Tageszeitung" 10.1.1935 sowie LASH Abt. 734.1, Nr. 1833

… eine problematische Gruppe

Quasi alle sind Mitglied der NSDAP, viele in der SA und ebenfalls ein sehr hoher Anteil in der SS. Die Gruppe der Siedler des Adolf-Hitler-Kooges ist fraglos homogen nationalsozialistisch – man wird aus heutiger Perspektive sagen: sehr problematisch – zusammengesetzt. Und mancher Bewohner ist vorbelastet, oder auch „kampferprobt", wie man zeitgenössisch sagt:

Im Sommer 1932 findet der gewalttätigste Wahlkampf der Weimarer Republik statt. Auch in Dithmarschen kommt es zu politischen Morden. So spüren regionale SS-Angehörige den bekannten Marner Kommunisten Adolf Bauer auf, der am 9. Juli 1932 nachts mit dem Fahrrad auf der Chaussee zwischen St. Michaelisdonn und Marne unterwegs ist. Sie fallen ihn an, schlagen ihn und drücken schließlich sein Gesicht so lange in einen Graben, bis er stirbt.

Kurz darauf, am 25. Juli 1932, wird der 17-jährige Schiffsjunge Hermann Jäger nach einer Veranstaltung der SPD in Friedrichskoog misshandelt und schließlich erstochen. – Beide Morde spielen sich in der Nähe des zukünftigen Adolf-Hitler-Kooges ab, in beiden Fällen sind spätere Siedler dabei.

Der Bauer W. B. gesteht viele Jahre später, in einem Strafprozess 1948, seine Beteiligung an der Ermordung Bauers. Zunächst zu vier Jahren Zuchthaus verurteilt, spricht ihn die Revisionsinstanz frei: Obwohl es fraglos ein nächtlicher Überfall auf eine Person war, wertet dieses Gericht die Auseinandersetzung zwischen Kommunisten und Nationalsozialisten neu – als Konflikt zwischen politischen Gegnern und nicht als heimtückischen Überfall.

Einweihung

Inszeniertes

Am 29. August 1935 weiht Adolf Hitler „seinen Koog“ ein. Die Anreise gerät zum „Triumphzug“, wie eine Zeitung notiert. Die Fahrzeugkolonne startet in Kiel, über Eckernförde und Husum geht es nach St. Annen und Albersdorf, an die Gräber der Toten der „Blutnacht von Wöhrden“, den „Märtyrern“ der Dithmarscher NSDAP. Heide, Meldorf und Marne sind weitere Durchfahrten.

Trotz windigen und regnerischen Wetters säumen überall jubelnde Menschen die Wegstrecke: NS-Formationen, Schulklassen und viele „Volksgenossen“.

Großereignis

Im Koog besucht Hitler eine Siedlerfamilie und erreicht dann die Erhebung „Franzosensand“. Nacheinander sprechen Gauleiter Lohse, Hitler und Reichsbauernführer Darré. Dabei wird auch der Grundstein für die „Neulandhalle“ gelegt.

Der Reichsrundfunk überträgt die Zeremonie in voller Länge. „Ganz Deutschland blickt auf den Adolf-Hitler-Koog“ titelt die „Schleswig-Holsteinische Tageszeitung“. Tatsächlich berichten Medien reichsweit.

Für die Anreise Adolf Hitlers festlich geschmückte „Stöpe“. SS-Angehörige warten auf den „Führer“. Kreisbauernführer Hans Beeck hält in seiner schwülstigen Darstellung fest: „An der geschmückten Stöpe des neuen Kooges stand die erste Kompanie der Leibstandarte ... Der Führer schritt die Front ab und betrat darauf den Deich. In breiter Behäbigkeit lag das neue Land da, sein Koog.“

Die – noch heute einsatzbereite – Stöpe schließt im Notfall die Öffnung dieses Innendeichs: Sollte durch eine Sturmflut der Außendeich des Kooges brechen, so sichert wenigstens die nächste Deichlinie, in diesem Fall der ehemalige Außendeich, das dahinter liegende Marschland. So behalten auch alte Deiche eine Küstenschutzfunktion.

Der „Franzosensand“, die einzige Erhebung des Adolf-Hitler-Kooges, bildet die Festtribüne der Einweihung. Hier wird im Folgejahr die „Neulandhalle“ gebaut.

Nur Hakenkreuzfahnen, keine Nationalflagge, schmücken das Geschehen. Hier feiern sich die Nationalsozialisten.

Ein beliebtes Fotomotiv: Hitler wird von drei blonden Siedlermädchen begrüßt. Möglicherweise sind es Grete und Elfriede Wisch (links und rechts), die Töchter des SS-Obersturmführers Wisch, und Lene Thießen (Mitte), eine Tochter des Ortsbauernführers. Rechts im Bild: Gauleiter Hinrich Lohse.

Hamburger Illustrierte

Die Einweihung des Adolf-Hitler-Kooges
Dithmarscher Jugend begrüßt den Führer

Reichsweit berichten Zeitungen und Illustrierte von der „Weihe“ des Koogs durch Adolf Hitler. Die „Hamburger Illustrierte“ setzt mediengerecht auf markante Fotografien und wenig Text.

Reichsrundfunk-Reportage

22 Minuten dauert die historische Aufnahme der Berichterstattung des Reichsrundfunks. Sie enthält die Originaltöne der Reden von Lohse, Hitler und Darré sowie weitere Grußworte und Töne.

Reporter Ferdinand Krantz führt durch die Sendung. Die hier zu hörenden „O-Töne“ stammen aus seiner einleitenden Reportage.

Spieldauer etwa 2 Minuten.

Hintergrundbild:
Die feierliche Grundsteinlegung der Neulandhalle: Hitler führt den Hammer. Links von ihm im Bild: Gauleiter Hinrich Lohse und ein Maurer. Rechts steht mit Hut Architekt Richard Brodersen.

In der rechten Bildhälfte zu sehen ist ein Mikrofon. Die Zeremonie wird im Reichsrundfunk übertragen.

Inszeniertes

Am 29. August 1935 weiht Adolf Hitler „seinen Koog" ein. Die Anreise gerät zum „Triumphzug", wie eine Zeitung notiert. Die Fahrzeugkolonne startet in Kiel, über Eckernförde und Husum geht es nach St. Annen und Albersdorf, an die Gräber der Toten der „Blutnacht von Wöhrden", den „Märtyrern" der Dithmarscher NSDAP. Heide, Meldorf und Marne sind weitere Durchfahrten.

Trotz windigen und regnerischen Wetters säumen überall jubelnde Menschen die Wegstrecke: NS-Formationen, Schulklassen und viele „Volksgenossen".

Großereignis

Im Koog besucht Hitler eine Siedlerfamilie und erreicht dann die Erhebung „Franzosensand". Nacheinander sprechen Gauleiter Lohse, Hitler und Reichsbauernführer Darré. Dabei wird auch der Grundstein für die „Neulandhalle" gelegt.

Der Reichsrundfunk überträgt die Zeremonie in voller Länge. „Ganz Deutschland blickt auf den Adolf-Hitler-Koog" titelt die „Schleswig-Holsteinische Tageszeitung".
Tatsächlich berichten Medien reichsweit.

Bildnachweis: Richard Garms, LASH Abt. 2003.2, Nr. 4153

Für die Anreise Adolf Hitlers festlich geschmückte „Stöpe". SS-Angehörige warten auf den „Führer". Kreisbauernführer Hans Beeck hält in seiner schwülstigen Darstellung fest:
„An der geschmückten Stöpe des neuen Kooges stand die erste Kompanie der Leibstandarte … Der Führer schritt die Front ab und bestieg darauf den Deich. In breiter Behäbigkeit lag das neue Land da, sein Koog."
Zitat: Beeck 1935, LASH Abt. 399.4, Nr. 7a

Die – noch heute einsatzbereite – Stöpe schließt im Notfall die Öffnung dieses Innendeichs: Sollte durch eine Sturmflut der Außendeich des Kooges brechen, so sichert wenigstens die nächste Deichlinie, in diesem Fall der ehemalige Außendeich, das dahinter liegende Marschland. So behalten auch alte Deiche eine Küstenschutzfunktion.

Ein beliebtes Fotomotiv: Hitler wird von drei blonden Siedlermädchen begrüßt. Möglicherweise sind es Grete und Elfriede Wisch (links und rechts), die Töchter des SS-Obersturmführers Wisch, und Lene Thießen (Mitte), eine Tochter des Ortsbauernführers. Rechts im Bild: Gauleiter Hinrich Lohse.

Bildnachweis: Richard Garms, LASH Abt. 2003.2, Nr. 4160

Bildnachweis: Richard Garms, LASH Abt. 2003.2, Nr. 4160

Der „Franzosensand", die einzige Erhebung des Adolf-Hitler-Kooges, bildet die Festtribüne der Einweihung. Hier wird im Folgejahr die „Neulandhalle" gebaut. Nur Hakenkreuzfahnen, keine Nationalflagge, schmücken das Geschehen. Hier feiern sich die Nationalsozialisten.

Nr. 36 2. September

Preis 20 Pf.

Hamburger Illustrierte

17. JAHRGANG 1935 · VERLAG BROSCHEK, HAMBURG

Aufnahme Schütze

Die Einweihung des Adolf=Hitler=Koogs

Dithmarscher Jugend begrüßt den Führer

(Siehe Seite 2 und 3)

Bildnachweis: LASH Abt. 333, Nr. 360

Reichsweit berichten Zeitungen und Illustrierte von der „Weihe" des Koogs durch Adolf Hitler. Die „Hamburger Illustrierte" setzt mediengerecht auf markante Fotografien und wenig Text.

SEITE 2 NUMMER 36 Hamburger Illustrierte

Kleinbauernstellen im neuen Koog

Weihe des Adolf-Hitler-Koogs

Der Führer, begleitet von Oberpräsident Gauleiter Lohse (rechts) begibt sich auf die Festtribüne

Bildnachweis: LASH Abt. 333, Nr. 360

Sie erzählt eine Bildergeschichte: Der „Führer" drückt drei blonde Siedlermädchen, fährt durch den Koog, besteigt die Festtribüne, ...

Hamburger Illustrierte NUMMER 36 SEITE 3

Der Führer vollzieht die feierlichen drei Hammerschläge bei der Grundsteinlegung zur „Neulandhalle" auf dem „Franzosensand" im neuen Koog, die auch eine Jugendherberge erhalten soll

Nach der Weihe des Koogs stattete der Führer dem durch Reichsbauernführer Darré eingesetzten Ortsbauernführer Thiessen einen Besuch ab. Der Führer verabschiedet sich von Frau Thiessen

Aufnahmen Casion (3), Schütze (1)

Bildnachweis: LASH Abt. 333, Nr. 360

… mauert den Grundstein der „Neulandhalle" und besucht abschließend die Familie des frisch ernannten Ortsbauernführers Thießen.

Bildnachweis: Richard Garms, LASH Abt. 2003.2, Nr. 4154

Die feierliche Grundsteinlegung der Neulandhalle: Hitler führt den Hammer. Links von ihm im Bild: Gauleiter Hinrich Lohse und ein Maurer. Rechts steht mit Hut Architekt Richard Brodersen.

In der rechten Bildhälfte zu sehen ist ein Mikrofon. Die Zeremonie wird im Reichsrundfunk übertragen.

Reichsrundfunk-Reportage

22 Minuten dauert die historische Aufnahme der Berichterstattung des Reichsrundfunks. Sie enthält die Originaltöne der Reden von Lohse, Hitler und Darré sowie weitere Grußworte und Töne. Reporter Ferdinand Krantz führt durch die Sendung. Die hier zu hörenden „O-Töne“ stammen aus seiner einleitenden Reportage.

(Spieldauer etwa 2 Minuten)

Volksgemeinschaft im Kleinen

„Wie der kleinste Koog an der schleswig-holsteinischen Westküste, so ist auch das ganze Reich ein Koog."

– Mit diesem eigentlich völlig unsinnigen Ausspruch stellt die Regierungsbroschüre „Neuland am Meer" 1936 Bezüge zwischen ganz klein und ganz groß her. Nur: Was genau ist gemeint? Ein Neuanfang? Die Volksgemeinschaft?

Versuchsanordnung

Die regierungsamtliche Schrift „Neuland am Meer" feiert 1936 den Adolf-Hitler-Koog als ersten Koog, der „von der Eindeichung bis zur fertigen Besiedlung im nationalsozialistischen Staat nach einem einheitlichen Plan entstanden ist."

Wie in einem Reagenzglas hat man eine neue Gemeinschaft entworfen. Das Ziel der nationalsozialistischen Planer lautet, eine perfekte Volksgemeinschaft im Kleinen zu verwirklichen.

Ergebnis

Wie ist dieses Ideal beschaffen?

Völlig übereinstimmend sind in der Gemeinschaft des Adolf-Hitler-Kooges die „arische" und Dithmarscher Herkunft sowie die politischen Ansichten. Dafür hat die Auswahl der Siedler gesorgt.

Aber der gesellschaftliche Aufbau beruht ausdrücklich auf sozialer Ungleichheit: Im Koog leben Bauernfamilien mit stark unterschiedlichen Hofgrößen, Handwerker und Landarbeiter. Das soziale Vorbild liefert das vorindustrielle Dorf.

Wird hier Gemeinschaft vor allem durch Herkommen und Gesinnung gestiftet?

Hohe Erwartungen

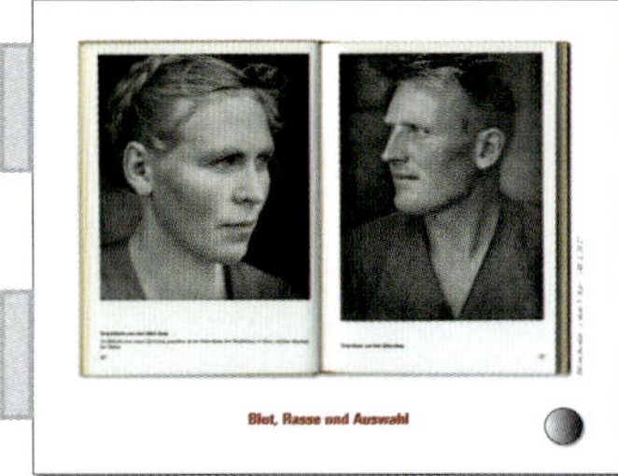

Blut, Rasse und Auswahl

Eventuell gestellte Aufnahme mit vermeintlichen Angehörigen des weiblichen Arbeitsdienstes im Zusammenhang mit der Einweihung der Neulandhalle 1936. Der Historiker Biel schließt nicht aus, dass es sich um Führerinnen des (noch) freiwilligen weiblichen Arbeitsdienstes handelt, die zum Schein angetreten sind.

Weiblicher Arbeitsdienst im Adolf-Hitler-Koog

Vorzeigefamilie?

Hintergrundbild: Die Broschüre des weiblichen Arbeitsdienstes wirbt mit fröhlichen jungen Menschen bei der Kohlernte im Adolf-Hitler-Koog. Sie ist – der Uniform nach – Mitglied des Arbeitsdienstes, er wahrscheinlich ein Bauernsohn.

Hintergrundbild: Eine Lagerführerin des weiblichen Arbeitsdienstes spricht mit dem NSDAP-Ortgruppenleiter des Adolf-Hitler-Koogs. Eine für den Fotografen gestellte Idealsituation, die Gemeinschaft, Unterstützung und politische Abstimmung signalisiert.

Versuchsanordnung

Die regierungsamtliche Schrift „Neuland am Meer" feiert 1936 den Adolf-Hitler-Koog als ersten Koog, der „von der Eindeichung bis zur fertigen Besiedlung im nationalsozialistischen Staat nach einem einheitlichen Plan entstanden ist."

Wie in einem Reagenzglas hat man eine neue Gemeinschaft entworfen. Das Ziel der nationalsozialistischen Planer lautet, eine perfekte Volksgemeinschaft im Kleinen zu verwirklichen.

Ergebnis

Wie ist dieses Ideal beschaffen?

Völlig übereinstimmend sind in der Gemeinschaft des Adolf-Hitler-Kooges die „arische" und Dithmarscher Herkunft sowie die politischen Ansichten. Dafür hat die Auswahl der Siedler gesorgt.

Aber der gesellschaftliche Aufbau beruht ausdrücklich auf sozialer Ungleichheit: Im Koog leben Bauernfamilien mit stark unterschiedlichen Hofgrößen, Handwerker und Landarbeiter. Das soziale Vorbild liefert das vorindustrielle Dorf.

Wird hier Gemeinschaft vor allem durch Herkommen und Gesinnung gestiftet?

„Wie der kleinste Koog an der schleswig-holsteinischen Westküste, so ist auch das ganze Reich ein Koog."

– Mit diesem eigentlich völlig unsinnigen Ausspruch stellt die Regierungsbroschüre „Neuland am Meer" 1936 Bezüge zwischen ganz klein und ganz groß her. Nur: Was genau ist gemeint? Ein Neuanfang? Die Volksgemeinschaft?

Zitat: Neuland 1936, S. 31

Bildnachweis: Sammlung Trende

Die Broschüre des weiblichen Arbeitsdienstes wirbt mit fröhlichen jungen Menschen bei der Kohlernte im Adolf-Hitler-Koog. Sie ist – der Uniform nach – Mitglied des Arbeitsdienstes, er wahrscheinlich ein Bauernsohn.

Bildnachweis: Sammlung Trende

Eine Lagerführerin des weiblichen Arbeitsdienstes spricht mit dem NSDAP-Ortsgruppenleiter des Adolf-Hitler-Koogs. Eine für den Fotografen gestellte Idealsituation, die Gemeinschaft, Unterstützung und politische Abstimmung signalisiert.

Bildnachweis: Christiansen um 1938, Sammlung Danker

Hohe Erwartungen

Hohe Erwartungen

Auf der neu zusammengestellten, privilegierten Mustergemeinschaft und ihrer schönen heilen Welt des Adolf-Hitler-Kooges lasten hohe Erwartungen.

Zwei sehr unterschiedliche Beispiele zeigen das deutlich:

„dem Führer besonders verpflichtet"
Oberpräsident Hinrich Lohse schreibt im Vorwort der „Denkschrift zur Einweihung des Adolf Hitler-Kooges":
„Hier im Adolf Hitler-Koog werden nun nationalsozialistische Bauern und Arbeiter eine neue und schöne Heimat finden. Sie haben diese neue Scholle erworben, sie werden schaffen, säen und ernten müssen, um sie zu besitzen. Sie sind dem Dritten Reich und seinem Führer besonders verpflichtet, da sie nicht nur Kämpfer und Träger seiner Bewegung sind, sondern ihre neue Heimat auch seinen Namen trägt."

„neues, besonders nationalpolitisches Brauchtum entwickeln"
Die Lehramtskandidatin Ingeborg Christiansen verfasst um 1938 ihre wissenschaftliche Staatsexamensarbeit über den Adolf-Hitler-Koog. Sie führt zahlreiche Gespräche mit Planern und Siedlern. Ihre fleißig recherchierte Studie ist stark tendenziös.

Sie vermisst Dithmarscher Traditionspflege. Aus diesem leicht kritischen Blickwinkel heraus formuliert sie ihre Erwartung an zukünftige Kulturleistungen der Bewohner des Adolf-Hitler-Kooges:

„Männer dieses Volkes sind nun Siedler im Adolf Hitler-Koog. Sie bringen kaum etwas mit an altem Gut, an Sitte und Brauch. Das sah und hörte ich auch bei meinen Besuchen im Koog. Wohl verbindet engste Volksgemeinschaft diese Menschen. Gemeinsam ist ihnen der Feind vor dem Deich, gemeinsam ist ihnen die große Aufgabe, gemeinsam ist ihnen altes Kämpfertum unter der Fahne Adolf Hitlers, gemeinsam die Arbeit auf neugewonnenem Land. All das Gemeinsame ist bester Untergrund für neue Sitten, für neues Brauchtum einer lebendigen völkischen und nationalen Gemeinschaft. …
Alles das ist ja im Koog einheitlich gerichtet durch die gleiche Arbeit, durch das gleiche Wollen, durch das gleiche Ziel: freier Mensch zu sein auf freier Scholle und Kraftquelle des Volkes zu werden.
Sicher wird sein, dass sich da draussen im Adolf Hitler-Koog aus all dem Vorhergesagten ein neues, besonders nationalpolitisches Brauchtum entwickeln wird, das noch gefördert wird durch Schule und Gliederung der Partei."

Zitate: Denkschrift 1935, S. 2; Christiansen um 1938, S. 114f.

Bildnachweis: Christiansen um 1938, Sammlung Danker

Eventuell gestellte Aufnahme mit vermeintlichen Angehörigen des weiblichen Arbeitsdienstes im Zusammenhang mit der Einweihung der Neulandhalle 1936. Der Historiker Biel schließt nicht aus, dass es sich um Führerinnen des (noch) freiwilligen weiblichen Arbeitsdienstes handelt, die zum Schein angetreten sind.

Weiblicher Arbeitsdienst im Adolf-Hitler-Koog

Weiblicher Arbeitsdienst im Adolf-Hitler-Koog

Zur Idee einer gelebten „Volksgemeinschaft“ zählt für die Nationalsozialisten der alle Standesunterschiede einebnende Arbeitsdienst für junge Leute.

Eigentlich bereits ab 1935 für alle Männer und Frauen im Alter zwischen 18 und 35 Jahren verpflichtend, tritt diese Dienstpflicht aus organisatorischen Gründen für junge Frauen erst 1939 in Kraft. Wegen der hohen Symbolkraft als Gemeinschaftssignal wird jedoch das Arbeitsdienstheim für den (noch freiwilligen) weiblichen Arbeitsdienst im Adolf-Hitler-Koog pünktlich zur Koogeinweihung fertiggestellt.

Auf ersten Fotografien treten eventuell sogar aus Arbeitsdienstführerinnen zusammengestellte Gruppen zum Schein auf, wie der Historiker Jens-Peter Biel für denkbar hält. Denn Arbeitsdienstleistende für den Koog mussten erst gewonnen werden.

Bis 1945 unterstützen „Arbeitsmaiden“ in erster Linie die Bäuerinnen bei ihrer Arbeit. Für die einen ist das vergleichsweise freie Leben in Gruppe und Heim eine Befreiung aus dem vielleicht strengen oder einengenden Elternhaus, für die anderen eine erzwungene und eher bedrückende Gemeinschaftserfahrung.

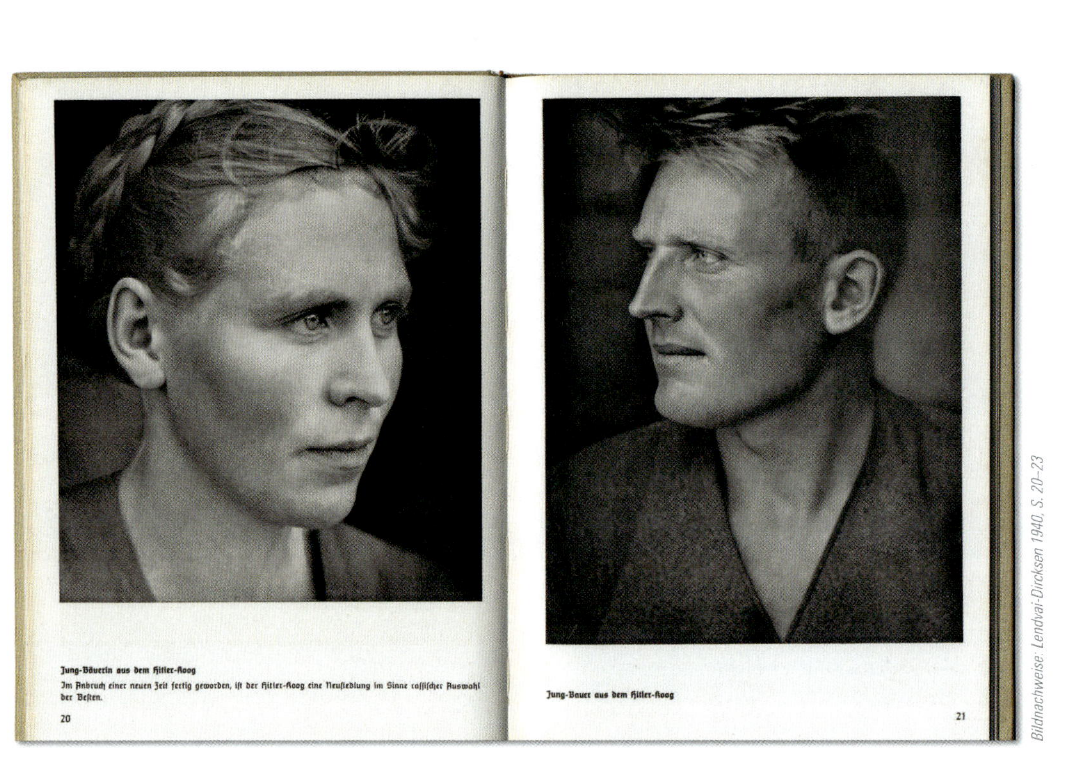
Jung-Bäuerin aus dem Hitler-Koog

Im Anbruch einer neuen Zeit fertig geworden, ist der Hitler-Koog eine Neusiedlung im Sinne rassischer Auswahl der Besten.

20

Jung-Bauer aus dem Hitler-Koog

21

Bildnachweise: Lendvai-Dircksen 1940, S. 20–23

Blut, Rasse und Auswahl

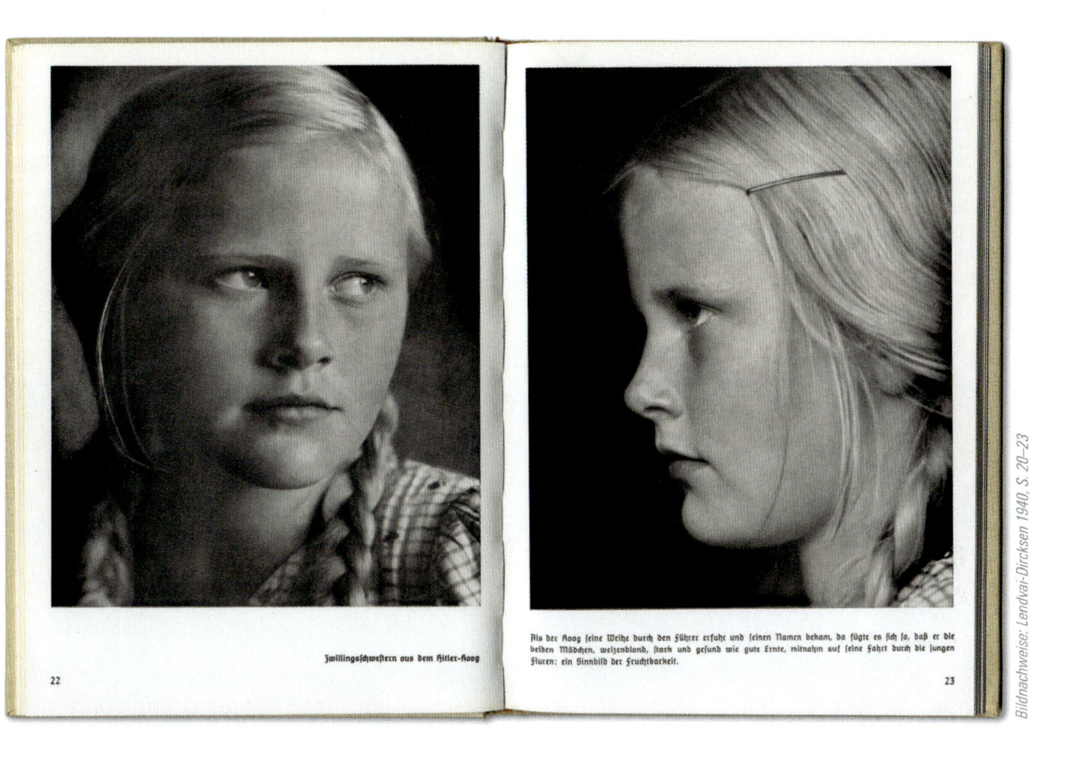

Bildnachweise: Lendvai-Dircksen 1940, S. 20–23

Blut, Rasse und Auswahl

Ingeborg Christiansen schreibt in ihrer Staatsexamensarbeit um 1938:
„Dagegen setzt der nationalsozialistische Staat weit über Kapital und Zins das Blut und die Eignung. So erfolgte die Auswahl der Siedler im Adolf-Hitler-Koog ohne Rücksicht auf ihre finanziellen Verhältnisse. … Der beste deutsche Volksgenosse ist heute gut genug, Siedler auf dem neuen Boden zu werden."

Blut und Rasse gelten Nationalsozialisten als Ausweise besonderen Wertes eines Menschen.

In einen Band der Porträtreihe „Das deutsche Volksgesicht", die Idealbilder beinhaltet, schaffen es gleich vier Angehörige des Adolf-Hitler-Kooges: eine Bäuerin und ein Bauer sowie die beiden oft abgebildeten Zwillingsschwestern.

In nahezu biblischer Sprache heißt es in dem Band: *„Als der Koog seine Weihe durch den Führer erfuhr und seinen Namen bekam, da fügte es sich so, daß er die beiden Mädchen, weizenblond, stark und gesund wie gute Ernte, mitnahm auf seine Fahrt durch die jungen Fluren: ein Sinnbild der Fruchtbarkeit."*

Zitate: Christiansen um 1938, S. 75; Lendvai-Dircksen 1940, S. 23

Bildnachweis: Sammlung Trende

Vorzeigefamilie?

Vorzeigefamilie?

Am Rande der Einweihung des Kooges besucht Adolf Hitler am 29. August 1935 auch Haus und Familie des an diesem Tag zum „Ortsbauernführer“ ernannten Otto Thießen.

Die Fotografie wird bei der Verabschiedung aufgenommen. Von Hitler weitgehend verdeckt werden der Ortsbauernführer mit Armbinde und dessen kleine Tochter. Frau Thießen schüttelt die Hand des „Führers“, keineswegs unterwürfig, sondern selbstbewusst, als Gastgeberin.

Die meisten Anwesenden, links, rechts und in der Mitte des Bildes, blicken ehrfürchtig und hingerissen, ein Junge zeigt den Hitlergruß. Doch die hinter der Bäuerin stehende junge Frau scheint von der Aufregung kaum berührt, sondern blickt Hitler regelrecht skeptisch an.

– Ist die Wirklichkeit im Koog komplexer, als die homogene Siedlerauswahl vermuten lässt?

Propaganda-Tourismus

Bekanntheit

Der Adolf-Hitler-Koog wird zum Vorzeigeobjekt: Der Reichsrundfunk macht Sondersendungen, nationale und internationale Journalistengruppen besichtigen den Koog. Die Olympischen Sommerspiele 1936 eignen sich als Anlass besonders gut.
Besucher und Besucherinnen versenden Postkarten, gern mit dem Sonderstempel des Kooges. Auch das steigert den Bekanntheitsgrad. Es beginnt ein regelrechter Propaganda-Tourismus. Manchmal befahren an einem Tag 20 und mehr Autobusse sowie 200 bis 300 Privatwagen die kaum befestigten Straßen des Kooges. Sie müssen bald ausgebessert werden.

...und ständige Beobachtung

Oft weit anreisende Gäste suchen eine ländliche Idylle sowie eine rassisch gleichförmige, nationalsozialistische Mustergemeinschaft. Sie wollen das Neuland und seine Menschen besichtigen. Die geförderten und gefeierten Siedler zahlen ihren Preis: ein öffentliches Leben unter ständiger Kontrolle von außen.

Die zeitgenössische Postkarte zeigt 1935/36 Schule, Gasthaus und das Haus des Frauen-Arbeitsdienstes im Koog. 30 „Arbeitsmaiden" sollen die Bäuerinnen des Kooges im Haushalt unterstützen.

Reiche Ernte. Diese zeitgenössische, im Jahr 1938 erworbene, Postkarte soll landwirtschaftliche Erfolge im Adolf-Hitler-Koog zeigen.

Ein Sohn namens Fritz schreibt aus dem Adolf-Hitler-Koog an seine in Kochel, Oberbayern weilende Mutter Helene B. Es ist die Rückseite der dreigeteilten Karte mit Erntebildern. Deutlich zu sehen ist der Sonderstempel des Kooges mit der Neulandhalle im Mittelpunkt. Der Text lautet:

Die Gastwirtschaft Andresen. Die Insassen mehrerer PKW und eines Omnibusses machen hier Rast.

Hintergrundbild: Der besondere Poststempel „Adolf-Hitler-Koog" 1936

„Zehntausend Morgen Neuland"
Hamburger Anzeiger

„Neuland im Norden"
Broschüre

Bekanntheit

Der Adolf-Hitler-Koog wird zum Vorzeigeobjekt: Der Reichsrundfunk macht Sondersendungen, nationale und internationale Journalistengruppen besichtigen den Koog. Die Olympischen Sommerspiele 1936 eignen sich als Anlass besonders gut. Besucher und Besucherinnen versenden Postkarten, gern mit dem Sonderstempel des Kooges. Auch das steigert den Bekanntheitsgrad.

Es beginnt ein regelrechter Propaganda-Tourismus. Manchmal befahren an einem Tag 20 und mehr Autobusse sowie 200 bis 300 Privatwagen die kaum befestigten Straßen des Kooges. Sie müssen bald ausgebessert werden.

… und ständige Beobachtung

Oft weit anreisende Gäste suchen eine ländliche Idylle sowie eine rassisch gleichförmige, nationalsozialistische Mustergemeinschaft. Sie wollen das Neuland und seine Menschen besichtigen. Die geförderten und gefeierten Siedler zahlen ihren Preis: ein öffentliches Leben unter ständiger Kontrolle von außen.

Bildnachweis: Dithmarscher Landesmuseum

Reiche Ernte. Diese zeitgenössische, im Jahr 1938 erworbene, Postkarte soll landwirtschaftliche Erfolge im Adolf-Hitler-Koog zeigen.

Ein Sohn namens Fritz schreibt aus dem Adolf-Hitler-Koog an seine in Kochel, Oberbayern weilende Mutter Helene B. Es ist die Rückseite der dreigeteilten Karte mit Erntebildern. Deutlich zu sehen ist der Sonderstempel des Kooges mit der Neulandhalle im Mittelpunkt. Der Text lautet:

„25.7.38 abends
Liebe Mutter!
Mit bestem Dank für D. liebe Karte u. die neuerdings ausgesprochenen guten Wünsche sende ich hier eine Ansicht aus dem z. Z. in schönstem Saatenstand stehenden Ad. H.-Koog, den wir von Tag zu Tag mehr erleben dürfen. Alle sind begeistert von den vielen gewonnenen neuen Eindrücken. Indem ich auch Dir für den weiteren Aufenthalt in K. recht gute Erholung wünsche bin ich mit herzl. Grüßen Dein tr. Sohn Fritz"

Bildnachweis: Sammlung Trende

Die zeitgenössische Postkarte zeigt 1935/36 Schule, Gasthaus und das Haus des Frauen-Arbeitsdienstes im Koog. 30 „Arbeitsmaiden" sollen die Bäuerinnen des Kooges im Haushalt unterstützen.

Der besondere Poststempel „Adolf-Hitler-Koog" 1938.

Bildnachweis: Postkarte, Dithmarscher Landesmuseum

Bildnachweis: LASH Abt. 2003.1, Nr. 1513

Die Gastwirtschaft Andresen. Die Insassen mehrerer PKW und eines Omnibusses machen hier Rast.

Begeisterung und Überdruss

„Eine Fahrt durch den Adolf-Hitler-Koog" – Gastautorin Helene Höhnk beschreibt am 29. November 1935 in der „Marner Zeitung" ihre Eindrücke:

„Vor ca. zwei Jahren hatte ich den Anfang der Bedeichung gesehen und war nun überrascht, in so verhältnismäßig kurzer Zeit diese, ich möchte sagen, sauberen und gepflegten menschlichen Wohnstätten des neuen Kooges wahrzunehmen.

Bei oberflächlicher Übersicht, wie man sie beim Durchfahren gewinnt, merkt man nichts mehr von neugewonnenem jungfräulichen Boden. Man meint altes Kulturland vor sich zu haben.
...

Und die in gleicher Bauart gehaltenen Häuser, die den sozialen Charakter unserer Zeit tragen, passen gut in die Landschaft und machten mir auch nicht den oft geschmähten Eindruck der Einförmigkeit."

Am 20. Juni 1939 vertraut Kreisbauernführer Hans Beeck seinem Tagebuch an:

„Am letzten Sonnabend weilten 25 Nordschleswiger aus der Patenstadt des Kreises Süderdithmarschen Lügumkloster in Meldorf zu Besuch. Wir fuhren mit ihnen nach dem Adolf-Hitler-Koog, wo ich in der Neulandhalle einen Vortrag über Dithmarschen und die Besiedlung des Kooges hielt.
...

Ich mag mich einfach selbst nicht mehr hören in Fragen des Adolf-Hitler-Kooges."

Zitat: LASH Abt. 399.4, Nr. 7, S.44

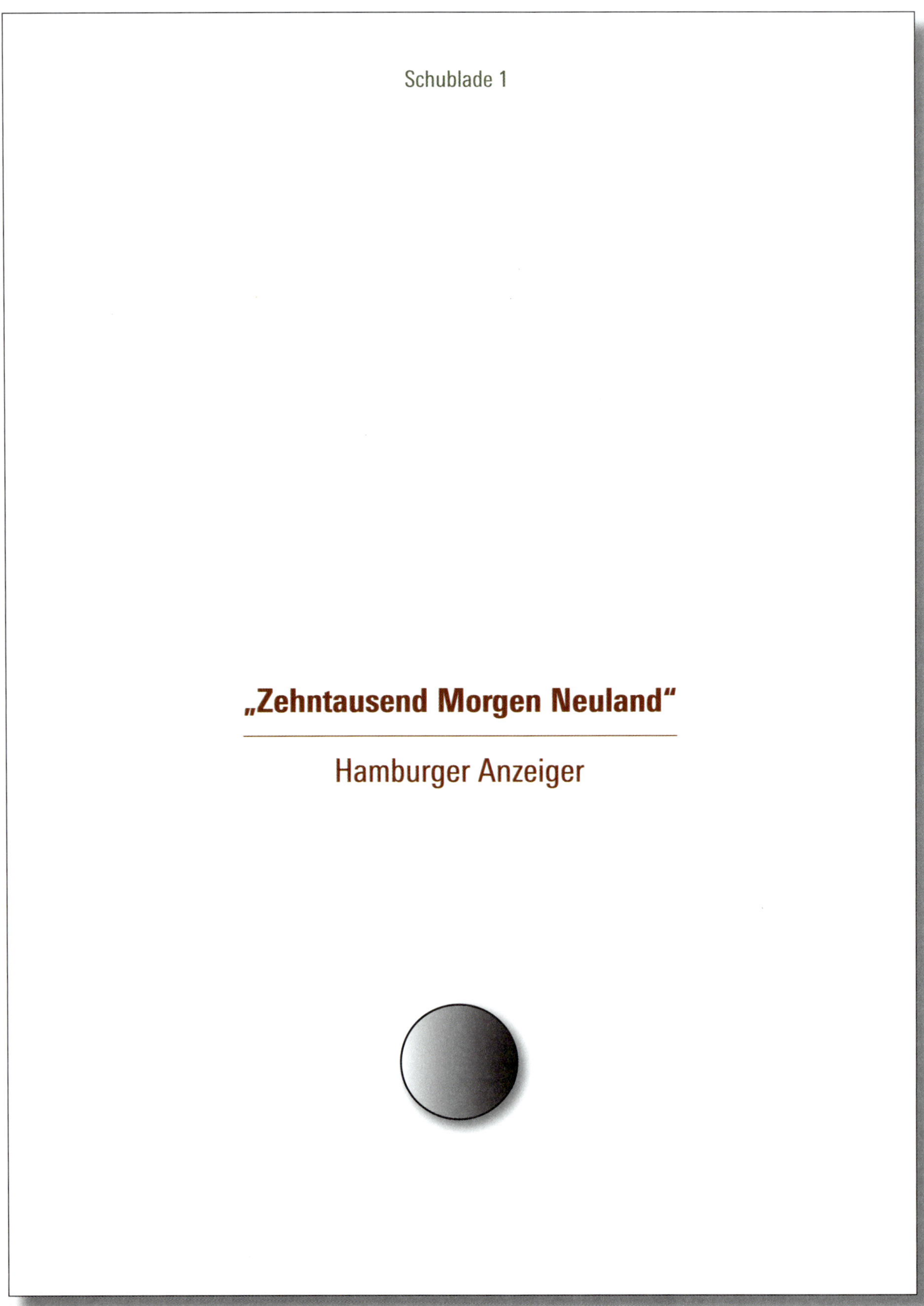

Schublade 1

„Zehntausend Morgen Neuland“

Hamburger Anzeiger

Zehntausend Morgen Neuland!

Besuch beim Koogbauer Thiessen

Der volkswirtschaftliche Erfolg:

Bildnachweis: LASH Abt. 333, Nr. 360

Die Doppelseite aus dem „Hamburger Anzeiger" am 28. März 1936 mit dem Titel „Zehntausend Morgen Neuland" zeigt im Stil einer Collage ländliches Idyll und NS-Präsenz im Adolf-Hitler-Koog.

Schublade 2

„Neuland im Norden“

Broschüre

Neuland im Norden

Bauernland für 70 Siedler im Adolf-Hitler-Koog

Rechts: Der Deich ist durch ein großes Schleusentor unterbrochen. So kann durch den Kanal, der sich hinter der Schleuse den Deich entlangzieht, Wasser zur Be- und Entwässerung ein- und abgelassen werden

In harter Arbeit haben deutsche Hände der Nordsee an der Schleswig-Holsteinischen Küste wertvolles Bauernland abgerungen. Adolf-Hitler-Koog und Hermann-Göring-Koog heißen die neuen Landschaften. Allein im Adolf-Hitler-Koog sollen etwa 70 kinderreiche Siedlerfamilien eine neue Heimat finden. Die erste Ernte auf den neugewonnenen 6000 Morgen brachte bereits sehr guten Hafer, der bald die neuen Scheunen füllen wird.

Die Viehzucht wird vorerst in den Hintergrund treten dafür aber die Getreidegewinnung sehr groß werden. Hunderte von Schafen, die vor dem Deich genügend Weideland finden, stellen die Grundlage späterer Zucht und Wollproduktion. Täglich kommen aus Marne Arbeitsdienstabteilungen, um das Werk zu Ende zu führen. Im Koog wächst das Gebäude der Schule, ersteht die neue Kirche. Hartes, aber frohes Schaffen formt aus den erst seit kurzer Zeit hier tätigen Menschen, die beim Aufbau ihrer neuen Heimat selbst mit Hand anlegen, den Typ des Neubauern unserer Zeit, dem Freude am Schaffen und klare Sicht, „Kloar Kimming", wie man hier oben sagt, wichtigstes Rüstzeug für die Zukunft sind.

Alle Wohnhäuser werden mit Rohr gedeckt, denn Rohr hält die Räume im Winter warm und im Sommer kühl

Rechts: Die letzten Bauarbeiten an der neuen Schule. Durch den ganzen Koog führt eine Autostraße, die dicht an dem Schulhaus vorbeiführt

Ein riesiger Saugbagger saugt Erdmassen vom Hafengrund auf den Koog, um die Hafenanlage höherzulegen

Rechts: Ein Siedlerpaar vor der Notwohnung. Sie hilft ihm auf dem Feld und er greift auch bei der Küchenarbeit zu

4

Die Kinder und die Haustiere sind gute Freunde

Rechts: Das neue Wirtschaftshaus ist beinahe fertig. Die Siedlersfrau freut sich, denn unter diesem Dach findet schon die diesjährige Ernte ihren Platz

Unten: Bis dicht an die Nordsee heran werden die Erdbewegungen durchgeführt, die den Siedlern neues Land erschließen

Aufn. Bittner (Krack)

5

Bildnachweis: LASH Abt. 399.19, Nr. 560

Dieses im Glanzdruck erstellte Blatt ist ein Ausriss aus einer unbekannten Broschüre vom Frühjahr 1935. Wohl für eine Zielgruppe außerhalb Schleswig-Holsteins verfasst, soll „Neuland im Norden" für die nach Adolf Hitler und Hermann Göring benannten Musterköge in Dithmarschen und auf Eiderstedt werben.

Störungen unerwünscht

Heile Welt

Für die propagandistische Außenwirkung des Adolf-Hitler-Kooges erscheint eine perfekt funktionierende Kooggemeinschaft als unentbehrlich.

Den Siedlerfamilien im Musterkoog fällt eine klare Rolle zu: Sie haben eine heile Welt vorzuleben.

keine Konflikte

Konflikte gehen Außenstehende nichts an, notfalls unterdrückt man sie von ‚oben'. Ein Beispiel dafür entwickelt sich ganz am Anfang durch die Mitwirkung der angesiedelten Landarbeiter an der schnellen Fertigstellung der zu präsentierenden Erbhöfe. Im Gegenzug bewirtschaften die Bauern deren kleine Parzellen mit und sollen die Erträge an die Landarbeiter abliefern. Darüber entbrennt Streit, den Kreisbauernführer Hans Beeck durch ein Machtwort ‚löst'.

oder Ausschluss

1936 verweist Beeck drei Siedler des Kooges. Denn: Ein verschuldeter Handwerker, ein trinkender Wirt und ein koffeinsüchtiger Bauer widersprechen seinen Ansprüchen an *„absolute Sauberkeit innerhalb der neuen Kooggemeinschaft"*, wie noch 1960 ein Chronist ganz unverkrampft notiert.

Die Familie im Haferfeld im Adolf-Hitler-Koog wird oft fotografiert: Mit fünf Kindern – die wohl gerade schlafende Jüngste fehlt auf dieser Aufnahme – entspricht sie dem NS-Fortpflanzungsideal.

Von der Haferernte verschnaufend, wird der Vater (gleich) etwas essen und trinken, während der Wohntrakt des Hauses mit offenen Fenstern und Türen lüftet. Es ist Sommer, die Ernte ist ertragreich – das bäuerliche Familienidyll scheint perfekt.

Heile Welt

Für die propagandistische Außenwirkung des Adolf-Hitler-Kooges erscheint eine perfekt funktionierende Kooggemeinschaft als unentbehrlich.

Den Siedlerfamilien im Musterkoog fällt eine klare Rolle zu: Sie haben eine heile Welt vorzuleben.

keine Konflikte

Konflikte gehen Außenstehende nichts an, notfalls unterdrückt man sie von ‚oben'. Ein Beispiel dafür entwickelt sich ganz am Anfang durch die Mitwirkung der angesiedelten Landarbeiter an der schnellen Fertigstellung der zu präsentierenden Erbhöfe. Im Gegenzug bewirtschaften die Bauern deren kleine Parzellen mit und sollen die Erträge an die Landarbeiter abliefern. Darüber entbrennt Streit, den Kreisbauernführer Hans Beeck durch ein Machtwort ‚löst'.

oder Ausschluss

1936 verweist Beeck drei Siedler des Kooges. Denn: Ein verschuldeter Handwerker, ein trinkender Wirt und ein koffeinsüchtiger Bauer widersprechen seinen Ansprüchen an *„absolute Sauberkeit innerhalb der neuen Kooggemeinschaft"*, wie noch 1960 ein Chronist ganz unverkrampft notiert.

Zitat: Volquardsen 1960, S. 43

Bildnachweis: Sammlung Schübeler

Die Familie im Haferfeld im Adolf-Hitler-Koog wird oft fotografiert: Mit fünf Kindern – die wohl gerade schlafende Jüngste fehlt auf dieser Aufnahme – entspricht sie dem NS-Fortpflanzungsideal. Von der Hafererernte verschnaufend, wird der Vater (gleich) etwas essen und trinken, während der Wohntrakt des Hauses mit offenen Fenstern und Türen lüftet. Es ist Sommer, die Ernte ist ertragreich – das bäuerliche Familienidyll scheint perfekt.

Ds. 119/41 Ausfertigung

Im Namen des Deutschen Volkes !

-.-

Strafsache

gegen die Ehefrau M[redacted] R[redacted], geb. [redacted], in Adolf-Hitler-Koog, Fischersiedlung, geboren am 13. [redacted] in Friedrichskoog, D.R., evgl., verh., nicht vorbestraft,

wegen falscher Anschuldigung.

Das Amtsgericht in Jtzehoe hat in der Sitzung am 9. März 1942, an der teilgenommen haben :

Amtsgerichtsrat R a l o f f
als Richter,

Gerichtsassessor John
als Beamter der Staatsanwaltschaft,

Justizangestellter Dyrssen
als Urkundsbeamter der Geschäftsstelle,

für Recht erkannt :

Die Angeklagte wird wegen falscher Anschuldigung zu einer Gefängnisstrafe von 2 - zwei - Monaten und in die Kosten des Verfahrens verurteilt.

An das Strafgefängnis in Kiel

-.-.-.-.-.-.-.-

Bildnachweis: LASH Abt. 357.3, Nr. 5799

Doch auch hier gibt es alles ...

Doch auch hier gibt es alles ...

Verleumdung

Im September 1941 richtet die im Adolf-Hitler-Koog ansässige M. R. ein anonymes Schreiben an mehrere Polizeibehörden. Sie bezichtigt ihre Nachbarin E. H. der Abtreibung. Beide leben in der Fischersiedlung des Kooges. Die Polizei ordnet das Schreiben der R. zu, die Anschuldigung erweist sich als haltlos.

Auslöser ist ein schwerwiegender Konflikt zwischen beiden Familien. Schließlich verurteilt das Amtsgericht Itzehoe Frau R. wegen Verleumdung zu zweimonatiger Haft.

Die Geschädigte erhält zudem die Möglichkeit, diese Verurteilung in der „Schleswig-Holsteinischen Tageszeitung" bekannt zu machen. – Den Richter kümmert offenbar nicht, dass beide aus dem Vorzeige-Koog kommen und diese Öffentlichkeit eigentlich nicht erwünscht ist.

Gefährdeter Behinderter

Von Januar bis August 1942 befindet sich der Landarbeiter H. H. in der Landesheil- und Pflegeanstalt Schleswig-Stadtfeld.

Aus anderen Gründen in die Kieler Universitätsklinik überwiesen, entwickelt sich bei ihm laut Diagnose eine Schizophrenie. Nicht das erste Mal ist er damit akut gefährdet, in den NS-Behindertenmord zu geraten, vor allem als zum Juni die Krankenkasse die Zahlung der Pflegekostenerstattung einstellt.

Die Mutter des H. kämpft seit Monaten um seine – lebensrettende – Entlassung. In den Akten ist auch ein vom Bürgermeister der Gemeinde Adolf-Hitler-Koog auf Anfrage ausgefüllter Fragebogen über den Landarbeiter. Im Juni beantragt der Bauer H. W. die Entlassung des H., er wolle ihn auf seinem Hof beschäftigen.

Im August 1942 wird H. tatsächlich entlassen. – Seine Rettung!

KZ-Aufenthalt

Der Koogbewohner F. H., Mitglied der NSDAP seit 1931 und der Waffen-SS seit 1939, wird 1940 aus Partei und Gliederungen ausgestoßen. In einem Strafprozess, in dem der Siedler J. K. eine Aussage macht, wird H. strafrechtlich zu 18 Monaten Gefängnis verurteilt. Anschließend überstellt man ihn sogar in ein Konzentrationslager.

Quellen: LASH Abt. 357.3, Nr. 5799; LASH Abt. 64.1, Nr. 23295; LASH Abt. 460.16, Nr. 222

Die Fischersiedlung im Koog

Ein Krabbenkutter auf Fang in der Nordsee: eine ganz eigene Welt. Das Meer sichert dem Fischer den Unterhalt. Es bleibt gefährlich, wird aber in erster Linie als ein gebender Freund wahrgenommen.

Abrundung der kleinen Volksgemeinschaft

Der Deich des Adolf-Hitler-Kooges verwandelt den ungeschützten Außenhafen Friedrichskoog in einen sturmflutsicheren Binnenhafen.
Er wächst zum bedeutenden Fischplatz an der schleswig-holsteinischen Nordseeküste. Die Idee, ihn in „Adolf-Hitler-Koog-Hafen" umzubenennen, wird aber nicht umgesetzt.

Viele Fischer wohnen weit entfernt. Ab 1936 wird eine große Ansiedlung geplant, schließlich 1938 eine kleine Lösung verwirklicht: 27 Familien können in die neue Fischersiedlung ziehen. Architekt Ernst Prinz hat auch ihre Häuser entworfen, sie ähneln denen der Landarbeiter im Koog. Die kleine Nordschule wird gebaut.

... oder Fremdkörper?

Ganz zur Gemeinschaft im Adolf-Hitler-Koog dazu gehören die Familien nicht: Fischer haben einen eigenen Lebensrhythmus. Hafen, Kutter und Fischfang sind Landwirten fremd. Obwohl alle Siedler bekennende Nationalsozialisten sind, gilt der Hafen als nicht verlässlich. Denn Fischer stehen politisch meist eher links.

Vor allem: Fischer bekämpfen nicht den „Blanken Hans", sondern sie leben von der Nordsee. Sie haben freundlichere Bilder von Meer, Watt und Küste als ihre ackernden Nachbarn. Man bleibt sich fremd.

Erntezeit im Adolf-Hitler-Koog um 1937. Dieses Land ist dem Meer abgetrotzt und urbar gemacht worden. Die Postkartenaufnahme steht im Kontrast zum „Ernten" des Krabbenfischers.

Entwurf der Fischersiedlung Friedrichskoog-Hafen im Adolf-Hitler-Koog aus dem Jahr 1936. Es ist die 1938 weitgehend (ohne Kirche) verwirklichte kleine Planung. Erweiterte Entwürfe sahen in der Ausbaustufe südlich der Hafenanlage eine Siedlung in dreifacher Größe vor. Sie sollte auch einen Marktplatz und ein dörfliches Zentrum erhalten. Die Planungen wurden 1938 eingestellt.

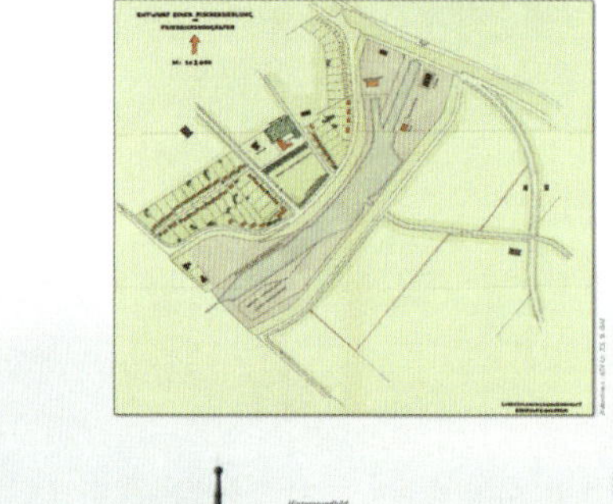

Hintergrundbild:
Liegeplatz der Fischkutter im Hafen, um 1938.

Hintergrundbild des Buchstabens: Liegeplatz der Fischkutter im Hafen, um 1938.

Bildnachweis: Christiansen um 1938, Sammlung Danker

Abrundung der kleinen Volksgemeinschaft

Der Deich des Adolf-Hitler-Kooges verwandelt den ungeschützten Außenhafen Friedrichskoog in einen sturmflutsicheren Binnenhafen.
Er wächst zum bedeutenden Fischplatz an der schleswig- holsteinischen Nordseeküste. Die Idee, ihn in „Adolf-Hitler-Koog-Hafen" umzubenennen, wird aber nicht umgesetzt.

Viele Fischer wohnen weit entfernt. Ab 1936 wird eine große Ansiedlung geplant, schließlich 1938 eine kleine Lösung verwirklicht: 27 Familien können in die neue Fischersiedlung ziehen. Architekt Ernst Prinz hat auch ihre Häuser entworfen, sie ähneln denen der Landarbeiter im Koog. Die kleine Nordschule wird gebaut.

Ein Krabbenkutter auf Fang in der Nordsee um 1938: eine ganz eigene Welt. Das Meer sichert dem Fischer den Unterhalt. Es bleibt gefährlich, wird aber in erster Linie als ein gebender Freund wahrgenommen.

Bildnachweis: Christiansen um 1938, Sammlung Danker

… oder Fremdkörper?

Ganz zur Gemeinschaft im Adolf-Hitler-Koog dazu gehören die Familien nicht: Fischer haben einen eigenen Lebensrhythmus. Hafen, Kutter und Fischfang sind Landwirten fremd. Obwohl alle Siedler bekennende Nationalsozialisten sind, gilt der Hafen als nicht verlässlich. Denn Fischer stehen politisch meist eher links.

Erntezeit im Adolf-Hitler-Koog um 1937. Dieses Land ist dem Meer abgetrotzt und urbar gemacht worden. Die Postkartenaufnahme steht im Kontrast zum „Ernten" des Krabbenfischers.

Bildnachweis: Zeitgenössische Postkarte, Dithmarscher Landesmuseum

Vor allem: Fischer bekämpfen nicht den „Blanken Hans", sondern sie leben von der Nordsee. Sie haben freundlichere Bilder von Meer, Watt und Küste als ihre ackernden Nachbarn.
Man bleibt sich fremd.

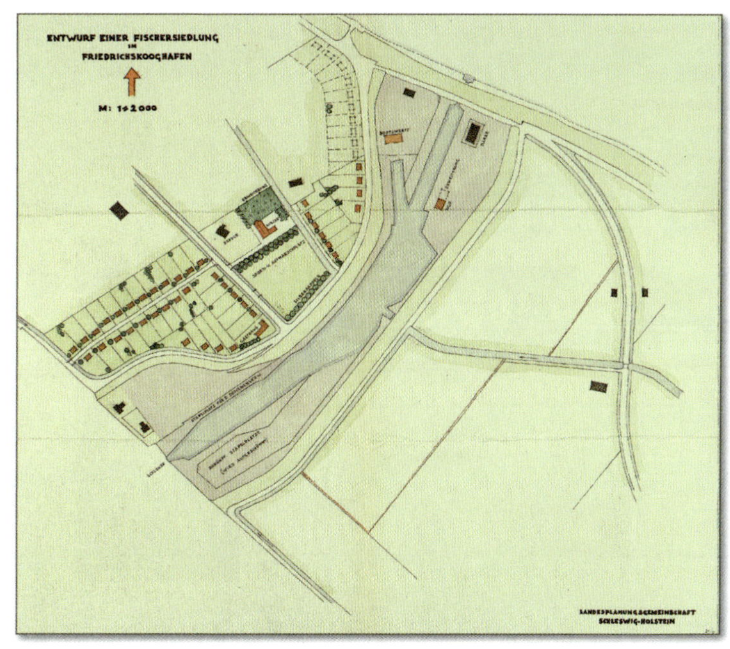

Entwurf der Fischersiedlung Friedrichskoog-Hafen im Adolf-Hitler-Koog aus dem Jahr 1936. Es ist die 1938 weitgehend (ohne Kirche) verwirklichte kleine Planung. Erweiterte Entwürfe sahen in der Ausbaustufe südlich der Hafenanlage eine Siedlung in dreifacher Größe vor. Sie sollte auch einen Marktplatz und ein dörfliches Zentrum erhalten. Die Planungen wurden 1938 eingestellt.

Bildnachweis: LASH, Landesfilmarchiv Abt. 2002, Nr. 13

Verheißungsort und Kirchenersatz: Die Neulandhalle

1936 erfolgt die wieder propagandistisch inszenierte Einweihung der „Neulandhalle". Sie stellt ein NS-Monument dar für das erfolgreiche Ringen um Neuland aus dem Meer. Und sie soll Gemeinschaftsort für die Siedler sein. Ausgestattet mit Insignien einer religiösen Einrichtung wird die Halle auch ein sakraler Ort der Volksgemeinschaftsideologie. Als Mehrzweckhalle nach völkisch militanter Kunstauffassung errichtet, ersetzt sie schließlich den üblichen Kirchenbau im neuen Koog.

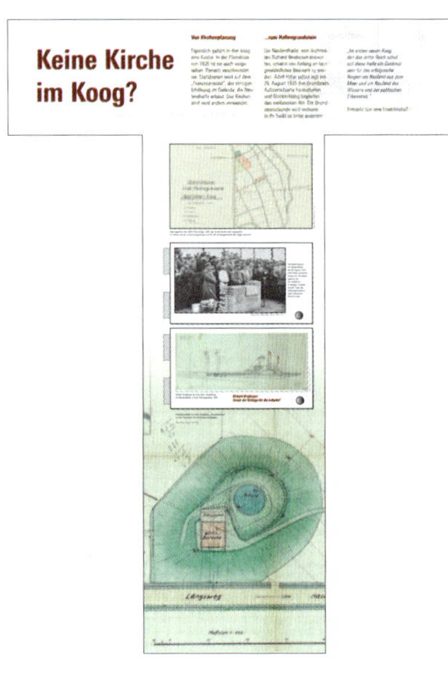

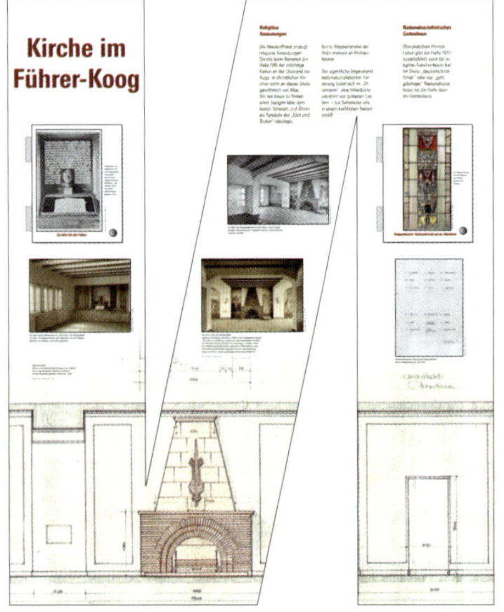

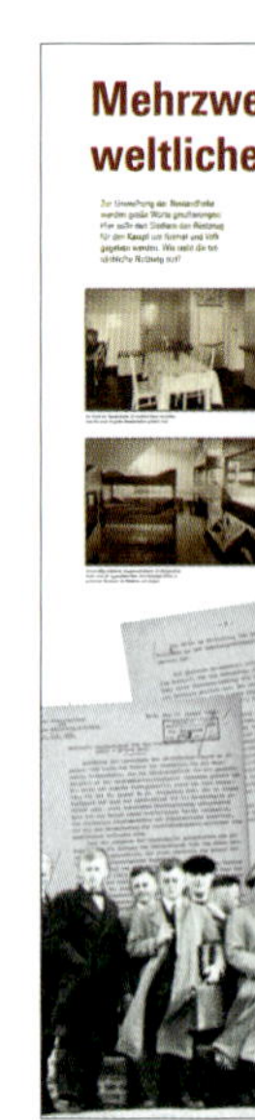

ckfang
Ostwand

Dunkelbraune
Behaglichkeit

Gemeinschaft
stiften

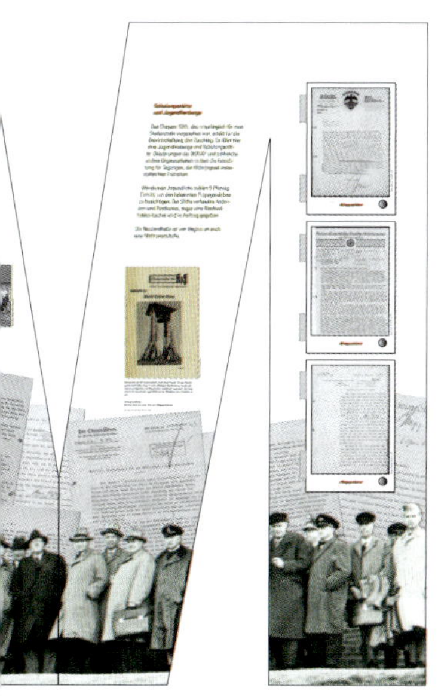

Nationalsozialistischer
Festkalender

Überörtliche
Ausstrahlung?

Keine Kirche im Koog?

Von Kirchenplanung

Eigentlich gehört in den Koog eine Kirche. In der Planskizze von 1935 ist sie auch vorgesehen. Danach verschwindet sie. Stattdessen wird auf dem „Franzosensand", der einzigen Erhöhung im Gelände, die Neulandhalle erbaut. Das Kirchenland wird anders verwendet.

...zum Hallengrundstein

Die Neulandhalle, vom Architekten Richard Brodersen entworfen, scheint von Anfang an kein gewöhnliches Bauwerk zu werden. Adolf Hitler selbst legt am 29. August 1935 den Grundstein. Aufmarschierte Formationen und Glockenklang begleiten den weihevollen Akt. Die Grundsteinurkunde wird verlesen. In ihr heißt es unter anderem:

„Im ersten neuen Koog, den das dritte Reich schuf, soll diese Halle ein Denkmal sein für das erfolgreiche Ringen um Neuland aus dem Meer und um Neuland des Wissens und der politischen Erkenntnis."

Entsteht hier eine Ersatzkirche?

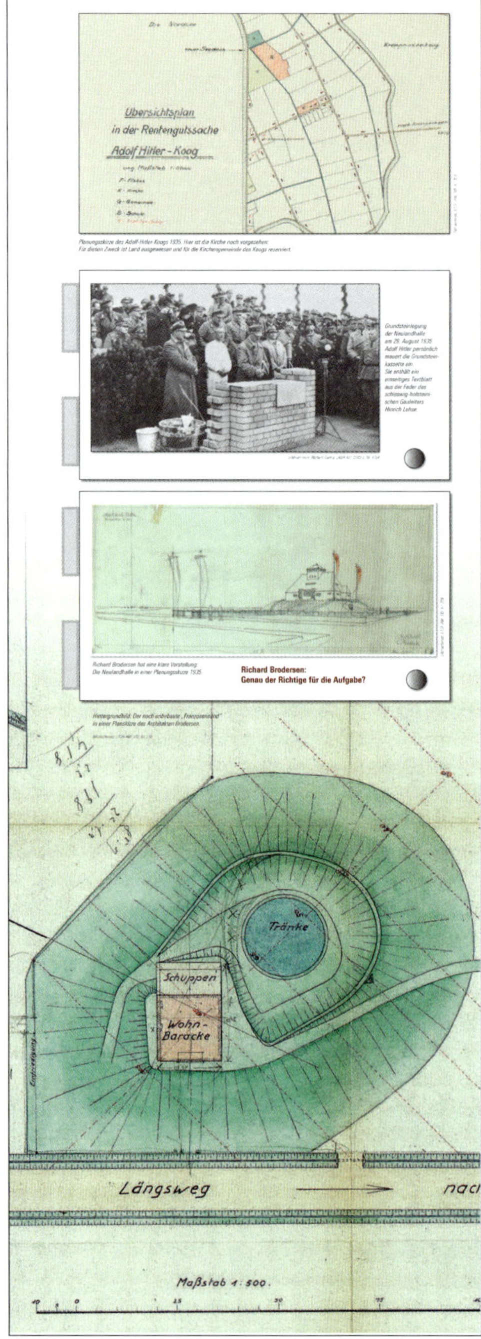

Von Kirchenplanung

Eigentlich gehört in den Koog eine Kirche. In der Planskizze von 1935 ist sie auch vorgesehen. Danach verschwindet sie. Stattdessen wird auf dem „Franzosensand", der einzigen Erhöhung im Gelände, die Neulandhalle erbaut. Das Kirchenland wird anders verwendet.

… zum Hallengrundstein

Die Neulandhalle, vom Architekten Richard Brodersen entworfen, scheint von Anfang an kein gewöhnliches Bauwerk zu werden. Adolf Hitler selbst legt am 29. August 1935 den Grundstein. Aufmarschierte Formationen und Glockenklang begleiten den weihevollen Akt. Die Grundsteinurkunde wird verlesen.
In ihr heißt es unter anderem:

„Im ersten neuen Koog, den das dritte Reich schuf, soll diese Halle ein Denkmal sein für das erfolgreiche Ringen um Neuland aus dem Meer und um Neuland des Wissens und der politischen Erkenntnis."

Entsteht hier eine Ersatzkirche?

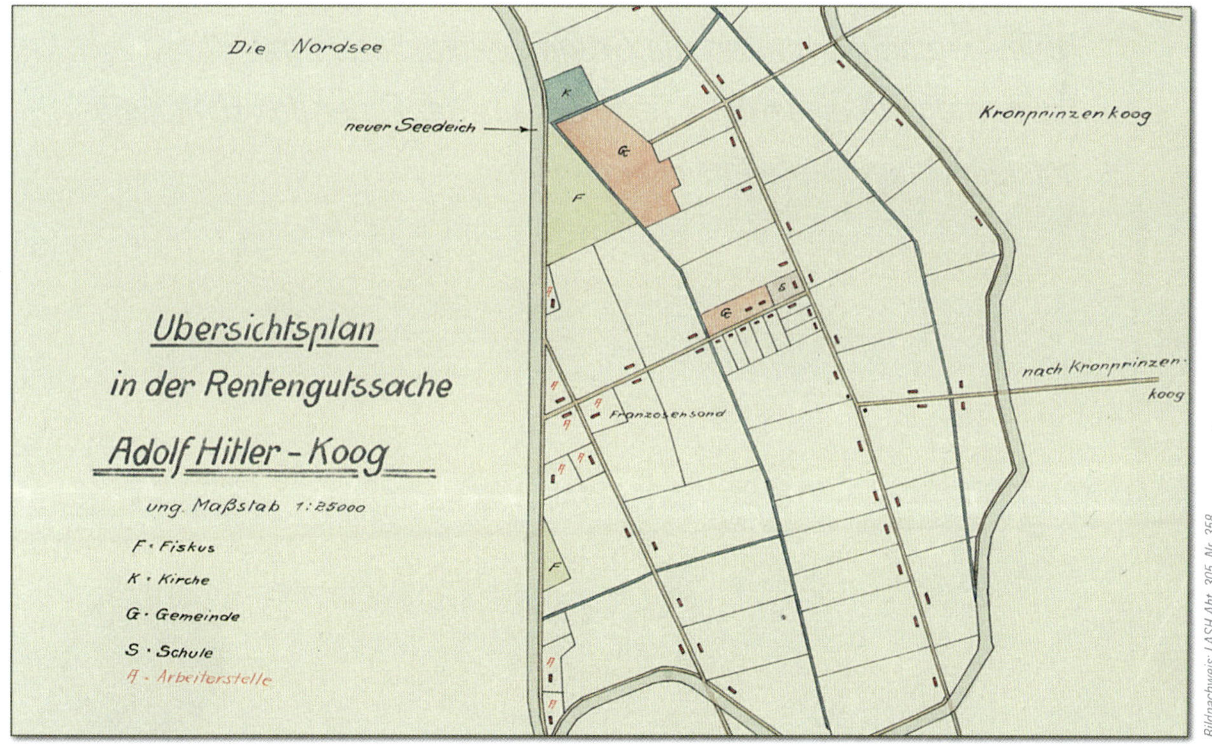

Bildnachweis: LASH Abt. 305, Nr. 358

Planungsskizze des Adolf-Hitler-Koogs 1935. Hier ist die Kirche noch vorgesehen: Für diesen Zweck ist Land ausgewiesen und für die Kirchengemeinde des Koogs reserviert.

Bildnachweis: Richard Garms, LASH Abt. 2003.2, Nr. 4154

Grundsteinlegung der Neulandhalle am 29. August 1935. Adolf Hitler persönlich mauert die Grundsteinkassette ein. Sie enthält ein einseitiges Textblatt aus der Feder des schleswig-holsteinischen Gauleiters Hinrich Lohse.

Auszüge aus der Rede von Hinrich Lohse bei der Grundsteinlegung:

Er redet über die Siedler, Kämpfe gegen politische Gegner und die Nordsee und von Landgewinnung. Schließlich läutet die Glocke der zukünftigen Neulandhalle.

(Spieldauer etwa 2 Minuten)

Bildnachweis: LASH Abt. 333, Nr. 359

Richard Brodersen hat eine klare Vorstellung: Die Neulandhalle in einer Planungsskizze 1935.

Richard Brodersen: Genau der Richtige für die Aufgabe?

Bildnachweis: LASH Abt. 2003.2, Nr. 4162

Architekt Richard Brodersen (1880-1968), Aufnahme von 1936.

Richard Brodersen: Genau der Richtige für die Aufgabe?

„Auch für Schleswig-Holstein ist die Frage der Baukultur nicht nur eine Frage des Hausbaues, nicht eine Frage der Landschaft, sondern auch eine Rassen- und Stammesfrage."

Zitat: Brodersen 1942/43, S. 78

Richard Brodersen, 1939

Für den Bau der Neulandhalle wird ein Architekt gewählt, der ideologisch passt: Richard Brodersen. 1880 in Kiel-Gaarden geboren und in Berlin lebend, arbeitet er seit 1929 als architektonischer Berater der Deichverbände.

Das Zitat zeigt: Für Brodersen ist Baukultur nicht nur eine Frage der Zweckmäßigkeit und der Orientierung an Landschaft und Geschichte, sondern auch eine „Rassen- und Stammesfrage". In einer architektonischen Fachzeitschrift gibt der Architekt im September 1935 eine selbstbewusstmarkige Vorschau auf sein Bauvorhaben:

„Die Neulandhalle wird … zu einem würdigen Denkmal für den Durchbruch einer neuen Anschauung auf dem Gebiet der Siedlung auf Neuland."

Zitat: Brodersen 1935, S. 775f.

Nach Fertigstellung der Neulandhalle erfolgt 1937 die Ernennung Brodersens zum Landesbaurat der Provinz Schleswig-Holstein. Er leitet fortan die Landeshochbauverwaltung und die „Landesstelle für Baukultur und Heimatschutz". Brodersen bleibt über das Kriegsende hinaus im Amt, geht 1948 mit 68 Jahren in den Ruhestand. Hochbetagt stirbt er 1968.

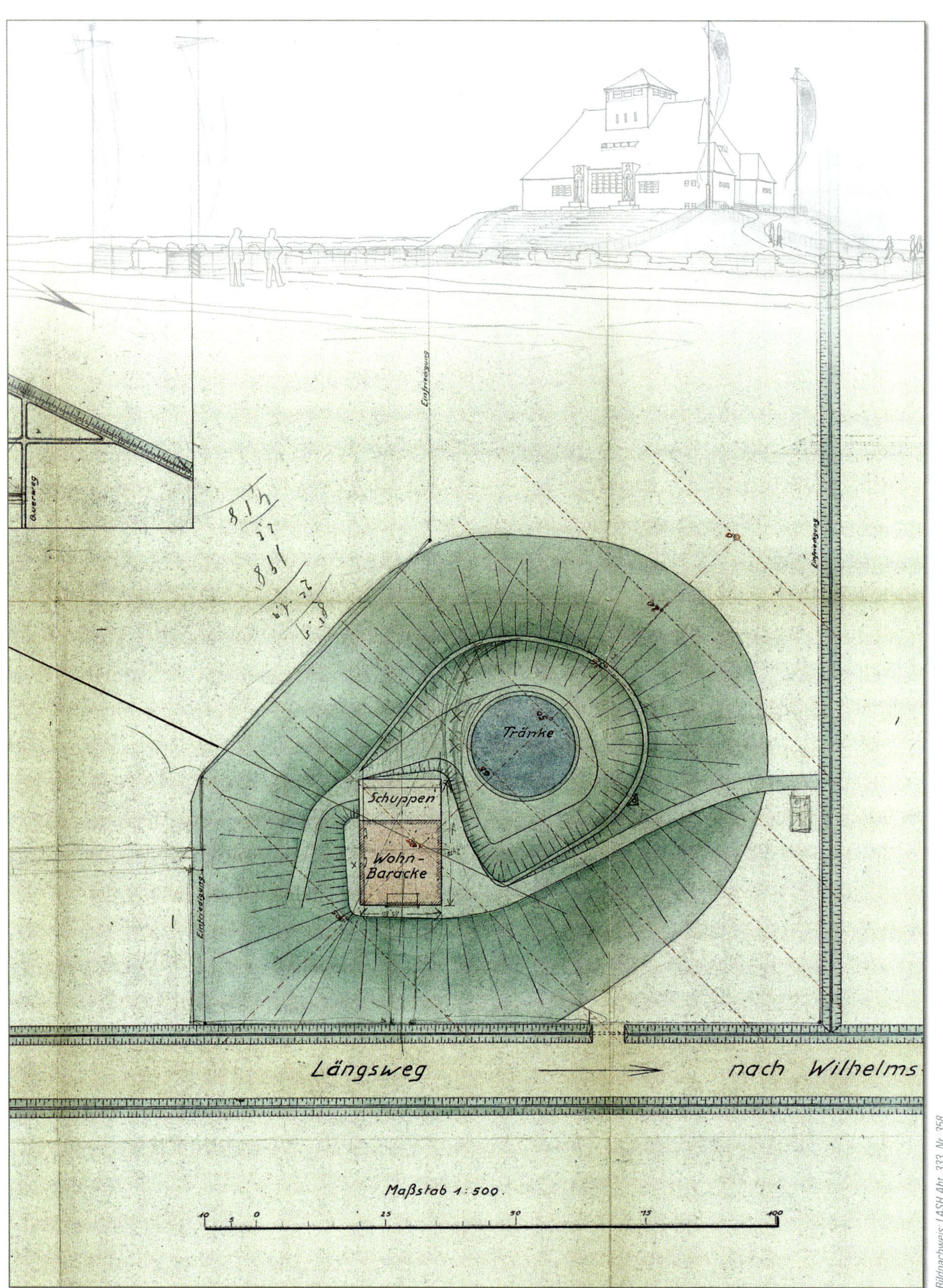

Hintergrundbild (Collage): Der noch unbebaute „Franzosensand" in einer Planskizze des Architekten Brodersen

Bildnachweis: LASH Abt. 333, Nr. 358

Film: „Die Neulandhalle“

Historisches Filmmaterial: Richard Garms/Nordmark-Film (1935/1936)
Herkunft: Landesarchiv Schleswig-Holstein/Landesfilmarchiv LASH Abt. 2002, Nr. 493 „Die Neulandhalle“ (Auszüge)

(Spieldauer etwa 3 Minuten)

(Ein-)Weihung

Angetretene Formationen aus NSDAP, SA und SS zelebrieren am 30. August 1936 die Eröffnung der Neulandhalle.

Reichswirtschaftsminister Hjalmar Schacht trägt sich als erster ins goldene Gästebuch der Neulandhalle ein. In der Mitte Gauleiter und Oberpräsident Hinrich Lohse, rechts Architekt Richard Brodersen.

Halle mit Glockenturm im Adolf-Hitler-Koog: Diese Postkarte stilisiert die Neulandhalle zum Kirchenersatz.

Die Sturmglocke, vom Reichsnährstand gestiftet, trägt die Aufschrift „Blut und Boden sind die Grundlagen des Deutschen Staates".

Halle

Am 30. August 1936 wird die Neulandhalle eingeweiht. Der Koog feiert das Spektakel mit Marschmusik und kämpferischen Tönen. Formationen von NSDAP, SA, SS und des Arbeitsdienstes, Abgesandte der Provinzialverwaltung und weitere Offizielle kommen.

Neben Gauleiter und Oberpräsident Hinrich Lohse redet Reichswirtschaftsminister Hjalmar Schacht. Pathetisch sieht er die Halle als „Wacht deutscher Sitte" und „Sinnbild neuentstanden Kampfeswillens".

Erscheint das übertrieben für das abgelegene Bauwerk oder angemessen für die Kulthalle am neuen Außendeich?

... mit Glocke

Neben der Halle steht der Glockenturm. Die Glocke ruft zusammen, warnt und verkündet Tode oder Geburten – wie eine Kirchenglocke.

Die Kirche ist nun aus den Koogplanungen gestrichen, aber ein Glockenturm neben der Neulandhalle errichtet. Ob das eine läutende Botschaft sein soll?

Montag, 31. August 1936

Einweihung der Neulandhalle

Gauleiter Lohse in einem Telegramm an Hitler, das Lohse weihevoll am 30.8.1936 vorträgt:

„Mein Führer! ... Die Halle soll zu einem gemeinschaftlichen Mittelpunkt für das große Aufbauwerk an der Schleswig-Holsteinischen Westküste werden, für das Sie durch die Vereinigung des deutschen Volkes den Weg freigemacht haben."

Bildnachweis: LASH Abt. 2003.2, Nr. 4155

Angetretene Formationen aus NSDAP, SA und SS zelebrieren am 30. August 1936 die Eröffnung der Neulandhalle.

Bildnachweis: LASH Abt. 2003.2, Nr. 4162

Reichswirtschaftsminister Hjalmar Schacht trägt sich als erster ins goldene Gästebuch der Neulandhalle ein. In der Mitte Gauleiter und Oberpräsident Hinrich Lohse, rechts Architekt Richard Brodersen.

Bildnachweis: Postkarte, Dithmarscher Landesmuseum

Halle mit Glockenturm im Adolf-Hitler-Koog: Diese Postkarte stilisiert die Neulandhalle zum Kirchenersatz.

Halle

Am 30. August 1936 wird die Neulandhalle eingeweiht. Der Koog feiert das Spektakel mit Marschmusik und kämpferischen Tönen. Formationen von NSDAP, SA, SS und des Arbeitsdienstes, Abgesandte der Provinzialverwaltung und weitere Offizielle kommen.

Neben Gauleiter und Oberpräsident Hinrich Lohse redet Reichswirtschaftsminister Hjalmar Schacht. Pathetisch sieht er die Halle als „Wacht deutscher Sitte" und „Sinnbild neuentstandenen Kampfeswillens".

Erscheint das übertrieben für das abgelegene Bauwerk oder angemessen für die Kulthalle am neuen Außendeich?

Die Sturmglocke, vom Reichsnährstand gestiftet, trägt die Aufschrift: „Blut und Boden sind die Grundlagen des Deutschen Staates".

Bildnachweis: LASH Abt. 2003.2, Nr. 4155

... mit Glocke

Neben der Halle steht der Glockenturm. Die Glocke ruft zusammen, warnt und verkündet Tode oder Geburten – wie eine Kirchenglocke.

Die Kirche ist nun aus den Koogplanungen gestrichen, aber ein Glockenturm neben der Neulandhalle errichtet. Ob das eine läutende Botschaft sein soll?

Bildnachweis: LASH Abt. 2003.2, Nr. 4156

Gauleiter und Oberpräsident Hinrich Lohse, umrahmt von den ,Wächtern' und Parteiformationen, weiht die Neulandhalle mit pathetischen Worten ein.

Schublade 1

Gauleiter Lohse in einem Telegramm an Hitler, das Lohse weihevoll am 30.8.1936 vorträgt:

„Mein Führer! ... Die Halle soll zu einem gemeinschaftlichen Mittelpunkt für das große Aufbauwerk an der Schleswig-Holsteinischen Westküste werden, für das Sie durch die Vereinigung des deutschen Volkes den Weg freigemacht haben."

Nachweis: „Schleswig-Holsteinische Tageszeitung", 31.08.1936, S. 5

Heider Anzeiger

und Zeitung

Das dithmarscher Heimatblatt

Der „Heider Anzeiger" erscheint an allen Werktagen. Monatlicher Bezugspreis durch die Post Ausgabe A 1,65 RM., Ausgabe B (mit illustr. Beilage) 1,75 RM. zuzügl. Bestellgeld. Bei direkter Zustellung Ausgabe A 1,90 RM., Ausgabe B (mit illustr. Beilage) 2,10 RM., einschl. Bestellgeld. Fernsprecher: Sammelnummer 2815.

Anzeigenpreis für die 6 gespaltene Millimeterzeile 12 Rpf., Millimeterzeile im Text je 80 Rpf. Nachlässe und nähere Bedingungen laut Preisliste. Erfüllungsort Heide in Holstein. Postscheckkonto: Hamburg Nr. 219. Bankkonten: Westholsteinische Bank, Heider Volksbank, Dithmarscher Kommunalbank, Beamtenbank zu Kiel, Heide, Spar- und Darlehnskasse, Heide

Ständige Beilagen:

Ratgeber in Land-, Garten- und Hauswirtschaft / Wöchentliches Unterhaltungsblatt / Illustriertes Sonntagsblatt / Wöchentliche Beilage „Unseren Hausfrauen" Deutsche Jugend, Beilage für die dithmarscher Jungen und Mädel / Der Soldat im neuen Deutschland / Der schaffende Mensch in der Deutschen Arbeitsfront

Nummer 203 — Montag, 31. August 1936 — 68. Jahrgang

Ein Festtag für den Adolf Hitler-Koog

Einweihung der Neulandhalle

Reichswirtschaftsminister Dr. Schacht überbrachte die Grüße der Reichsregierung

Adolf Hitler-Koog, 30. Aug.

29. August 1935: Regenschwer hingen die Wolken über dithmarscher Land, nur selten ließ sich die Sonne sehen, dafür aber fegte ein Sturm über die kahlen Stoppeln der abgeernteten Felder, so daß es wirklich kein Vergnügen schien, sich im Freien aufzuhalten. Dennoch aber war die ganze dithmarscher Bevölkerung auf den Beinen; Städte und Dörfer hatten ihr festliches Kleid angelegt und die Menschen, die zu Zehntausenden Wege, Häuser und Straßen besetzt hielten, hatte eine Begeisterung erfaßt, die sich von Stunde zu Stunde steigerte.

Diese Begeisterung aber, dieser Jubel galt nur einem Mann: **dem großen Führer des Volkes, Adolf Hitler.**

An diesem Spätsommertag des letzten Jahres zog der Führer in den Koog ein, der fortan den Namen eines der größten deutschen Staatsmänner aller Zeiten tragen sollte.

Wer diesen Tag da draußen an der Küste des Meeres erlebte, wird ihn nie vergessen. Es war einer der größten Tage für das ganze holsteinische Land. An diesem Tage legte der Führer den Grundstein zur Neulandhalle.

*

Ein Jahr ist verflossen. Nun steht der Adolf Hitler-Koog in seiner ganzen Größe da. Soweit das Auge schweift reiht sich Bauernhaus an Bauernhaus. Schon ist die Ernte von den Feldern und der Dreschkasten steht auf den meisten Höfen. Wieder war die Ernte gut, wieder haben Siedler und Neuland mit dazu beigetragen, die Ernährungsgrundlage des deutschen Volkes zu sichern.

*

30. August 1936: Wieder ist für den neuen Koog ein Festtag angebrochen. Von allen Bauerngehöften wehen die Hakenkreuzfahnen! in den Häusern selbst aber ist es still und ruhig geworden. Jeder Siedler ist heute mit seiner Familie hinaufgezogen zum neuen Deich, zur Neulandhalle, die heute ihre Weihe erhalten soll.

Es ist kein Festtag mit großem Pomp. Ernst, aber feierlich ist die Stimmung, die alle Menschen an diesem Tage erfaßt hat. Wieder ist der Himmel grau, wieder pfeift wie im Vorjahre ein heftiger Wind über den Koog, daß einem der Sand der neuen Chausseen nur so ins Gesicht wirbelt.

Draußen am Deich aber, dort, wo das Wahrzeichen des Kooges, die Neulandhalle, steht, hat sich eine ansehnliche Menschenmenge eingefunden, die Zeuge der Weihe dieses stolzen Bauwerks sein will.

Auf der einzigen Erhebung im weiten Koog erhebt sich dieser wuchtige Bau, der schon von weitem auf den Besucher einen großen Eindruck macht.

Abordnungen aller NS.-Formationen haben drunten auf der Wiese vor der Halle Aufstellung genommen. Angehörige des Landjahrlagers, des Reichsarbeitsdienstes, der HJ., des BDM. usw. sind vertreten.

Vor einer Rednertribüne sind inzwischen Standarten und Sturmfahnen aufmarschiert und haben den Ehrenplatz eingenommen. Immer größer wird die Zahl der Zuschauer, immer zahlreicher treffen die geladenen Gäste ein.

Man sieht u. a. Reichswirtschaftsminister Dr. Schacht, Oberpräsident Gauleiter Lohse, den persönlichen Referenten des Reichsernährungsministers, Frh. Dr. v. Aufsee, Regierungspräsident Dr. Wallroth, SA.-Gruppenführer Meyer-Quade, Gauarbeitsführer Triebel, Landesbauernführer Struve und Gebietsführer Kohlmeyer. Ferner sind fast alle Führer der NS-Fomationen aus Dithmarschen zur Stelle.

Nachdem Gauleiter Lohse die Front der angetretenen Abordnungen und Ehrenformationen in Begleitung des SS-Sturmbannführers Pauly, Rendsburg, abgeschritten hatte, begann die Feierstunde.

Zunächst sang der Arbeitsdienst zwei Lieder: „Wir tragen das Vaterland in unseren Herzen" und „Unsere Spaten sind Waffen des Friedens".

Architekt Brodersen, Berlin,

der geniale Schöpfer der Neulandhalle, trat sodann an das Rednerpult und meldete dem Gauleiter, daß die Neulandhalle vollendet sei und nun ihrem Zweck übergeben werden könnte. Darauf überreichte Architekt Brodersen dem Gauleiter den Schlüssel zur Neulandhalle.

Gauleiter Lohse spricht

Mit der Fertigstellung der Neulandhalle haben die Arbeiten zur Schaffung des Adolf Hitler-Kooges ihre Vollendung gefunden. Wir sehen ein Werk vor uns, das nationalsozialistischen Geist atmet, ein Werk, das nur geboren werden konnte aus der Initiative und der Schöpferkraft des neuen Reiches und seines Führers. Der Führer hat uns im vorigen Jahr gesagt, als er hier den Grundstein legte: Ganz Deutschland ist ein einziger Koog und für diesen Koog müssen wir kämpfen und arbeiten.

Wir Nationalsozialisten sind davon überzeugt, daß unsere Arbeit an der Westküste erst am Anfang steht und daß noch weit größere Taten, als wie sie bisher vollbracht wurden, an der Küste in Jahren und Jahrzehnten folgen müssen. Wir sehen hier nicht die Aufgaben für wenige Jahre oder Jahrzehnte, ja nicht einmal für eine Generation, sondern für mehrere. Wir haben hier eine Halle, ein Heim bekommen, das ein Wahrzeichen dieser Arbeit an der Küste und des Kampfes mit dem Meere sein soll. Es soll hier der neue Siedler, der im neuen Koog und auf dem Neuland angesetzt wird, seine Schulung bekommen. Wir haben hier eine Stätte, wie wir sie in anderen Kögen nicht bauen können. Sie, meine Volksgenossen aus dem Adolf Hitler-Koog, sind daher verpflichtet, Vorbild zu sein für nationalsozialistischen Geist und nationalsozialistische Arbeit, damit Sie dieses Land, das Ihre Heimat geworden ist, erhalten, denn es trägt den Namen unseres Führers. Ich werde den Schlüssel der Neulandhalle dem Hausverwalter überreichen und übergebe nunmehr die Neulandhalle ihrer Bestimmung.

Nach dem Oberpräsidenten nahm

Reichsminister Dr. Schacht

das Wort: „Ich bin außerordentlich erfreut, daß es mir vergönnt ist, Ihnen heute die Grüße der Reichsregierung zu übermitteln. Und zwar als Ihr Landsmann und als jemand, der sich mit seiner schleswig-holsteinischen Heimat so eng verbunden fühlt. Seit vielen Jahrhunderten ist meine Familie, sind meine Vorfahren hier in den Marschen ansässig gewesen, von der Elbmarsch sind sie hier nach der Wilstermarsch gezogen und von dort nach der Eider-Marsch. Der Name Schacht ist noch heute auf einer ganzen Reihe von Höfen zu finden. Meine Jugend habe ich hier verbracht, und wenn ich je Heimatempfindungen habe, so erinnere ich mich immer an den frischen Wind, der hier von den Deichen weht, an das grüne Land, über das das Auge hinwegschweift, sowie an den Blick über die weite See. Was uns, dem deutschen Volke, nottut, ist Raum und Land, und glücklich sind wir heute, und besonders Sie im Adolf Hitler-Koog, daß wir unseren Führer preisen können, als einen Mehrer und des Dritten Reiches friedlichster Arbeiter.

Ich wünsche, daß dieses Haus Ihnen allen eine Stätte der Freude und Erholung sein möge, an der zu allen Zeiten über deutsche Sitte hohe Wacht gehalten wird.

Mädel des weiblichen Arbeitsdienstes sangen darauf drei Lieder in plattdeutscher und hochdeutscher Mundart, zuletzt eine liedhafte Vertonung des alten Friesenschwurs: Lewer duad as Slav.

Landesbauernführer Struve

der in Vertretung des Reichsbauernführers sprach, erinnerte an die Arbeit auf Neuland. Die Ernte des Kooges ist nun fast geborgen, nur durch zähe Arbeit war es möglich, dieses hohe Ziel zu erreichen. Nur was man selbst schafft, das hat man fest in Händen. Deshalb halten wir die Ernte als heiliges Volksgut, das uns unser täglich Brot gibt.

Gauleiter Lohse nahm dann noch einmal das Wort und gab den Inhalt eines Telegramms bekannt, das an den Führer gesandt werden sollte.

Der Gauleiter schloß: Darüber hinaus habe ich die Pflicht, allen, an der Spitze aber unserem Führer, zu danken für die Mittel, die uns die Schaffung dieses Hauses ermöglicht haben. Es sind nicht geringe Mittel gegeben worden, und wir danken für die Großzügigkeit und für das Verständnis, die Regierung, Behörden und Organisationen in der Bereitstellung der Mittel bewiesen.

In das Sieg-Heil auf Führer und Vaterland stimmten alle Teilnehmer der Weihefeier begeistert ein. Der gemeinsame Gesang der Nationallieder beschloß die Feierstunde.

Während vor der Halle der Gaumusikzug des Reichsarbeitsdienstes flotte Märsche spielte, begaben sich die geladenen Gäste zur Besichtigung in die Neulandhalle und trugen sich in das Gästebuch ein. Später wurde das Haus auch für die allgemeine Besichtigung freigegeben.

E. E.

Foto: Horst Frege.

Reichswirtschaftsminister Dr. Schacht bei seiner Ansprache

Montag, 31. August 1936 Heider Anzeiger und Zeitung Nummer 203 68. Jahrgang

Die Aufgaben der Neulandhalle für die Westküste

Für den Adolf Hitler-Koog soll die Neulandhalle der Mittelpunkt des Gemeinschaftslebens seiner Bewohner sein. An den Feiertagen der Nation, am Tag der Nationalen Arbeit, zum Erntedankfest und zur Feier des Tages, an dem der Führer ihrer neuen Heimat die Weihe gab, werden sich die Siedler in der Halle zusammenfinden.

Für die gesamte Westküste soll die Halle im Adolf Hitler-Koog eine Stätte ernster Arbeit an den Aufgaben werden, die im Kampf mit dem Meer zu lösen sind. So wie es erforderlich ist, die Einzelaufgaben an der Westküste unter straffer Führung zu einem einheitlichen Plan zusammenzufassen, so muß auch die Arbeit an den Menschen nach einheitlichen Gesichtspunkten angepackt werden. Besonders wichtig ist es, die junge Generation an die vorliegenden Aufgaben heranzuführen und ihr die nötigen Sachkenntnisse zu vermitteln. Partei und Staat errichten für den Neubau des Reiches auf allen Gebieten die Grundpfeiler, auf denen das deutsche Volk in allen seinen Gliedern weiterbauen soll. Das trifft auch für das Aufbauwerk an der schleswig-holsteinischen Westküste zu.

Die Erweiterung der Ernährungsgrundlage des deutschen Volkes und die Schaffung neuer Lebensmöglichkeiten für den ländlichen Nachwuchs sind die großen Aufgaben, denen — wie unsere gesamte Agrarpolitik — so auch das Aufbauwerk an der Westküste zu dienen bestimmt ist. In ihrer Bedeutung für dieses große Ziel sind die Einzelmaßnahmen

Foto: Horst Freg

Oberpräsident L o h s e beim Abschreiten der Front der Ehrenformation

Ein Telegramm an den Führer

Gauleiter Lohse gab während der Weihestunde ein Telegramm an den Führer bekannt, das folgenden Wortlaut hat:

Mein Führer!

Die Neulandhalle des Adolf Hitler-Kooges, zu der Sie am Tage der Einweihung des Kooges den Grundstein legten, ist heute ihrer Bestimmung übergeben worden. Die Halle soll zu einem geistigen Mittelpunkt für das große Aufbauwerk an der schleswig-holsteinischen Westküste werden, für das Sie durch die Einigung des deutschen Volkes den Weg freigemacht haben.

Hinrich Lohse,
Gauleiter und Oberpräsident.

Sämtliche 4 Fotos: Dransfeld

Die große Halle mit dem Kaminfeuer und den herrlichen Wandmalereien

Zwei Räume für kleinere Zusamenkünfte der Siedler

an der ganzen Küste zu würdigen. Dabei wird die Erkenntnis immer stärker werden, daß die Herauslösung von Einzelaufgaben aus dem Gesamtplan nicht möglich ist. Küstenschutz, Gewinnung von Neuland aus dem Meer, Eindeichungen, Wegebauten, Entwässerungsmaßnahmen in der alten Marsch, Bodenverbesserungsarbeiten und schließlich die Ansiedlung von Familien auf dem neu gewonnenen oder erschlossenen Land gehören zusammen. Allein die Tatsache, daß alle Arbeiten an der Küste dem Einfluß der Gezeiten, der Ebbe und Flut, ausgesetzt sind, fordert einheitliches Handeln in Planung, Ausführung und Verwaltung.

Diese Zusammenhänge schweißen die Bevölkerung der Marsch zwangsläufig zu einer Einheit zusammen, die in der Gemeinschaftsarbeit in der Neulandhalle vertieft werden wird.

Ganz besonders wird man auch die künftigen Siedler auf Neuland und in der alten Marsch in ihre Aufgaben einführen müssen. Die Marsch gibt eine Fülle von betriebswirtschaftlichen Fragen auf, die in gemeinsamer Arbeit von Wissenschaftlern und Praktikern zu lösen sind.

Wer, wie es an der Küste geschieht, auf lange Sicht arbeitet, muß Meer und Marsch in ihrer wechselseitigen Beziehung und Entwicklung durch die Jahrhunderte hindurch verfolgen und fest im Auge behalten.

Aus dieser Erkenntnis heraus ist die enge Zusammenarbeit zwischen Wissenschaft und Praxis erwachsen. Hier findet die Forderung, die Wissenschaft unmittelbar in den Dienst der Gegenwartsaufgaben zu stellen, bereits ihre Erfüllung und wird durch gemeinsame Beratungen in der Neulandhalle noch weiter ausgebaut werden.

Die Halle wird weiterhin die Stätte sein, von der die lebendige Neugestaltung der altüberlieferten Selbstverwaltung im Deich- und Sielwesen gefördert und bis in den kleinsten Koog als Erkenntnis und Werkzeug hineingetragen werden wird.

Die Neulandhalle

Die wuchtigen Figuren „Arbeiter und Soldat" vor dem Bauwerk

Für die großen berufsständischen Verbände, deren Arbeit unmittelbar mit den Maßnahmen an der Westküste zusammenhängt, wird die Halle ebenfalls zur Verfügung stehen. Bauern, Handwerker und Arbeiter werden hier zu beruflicher und volklicher Schulung zusammengefaßt. Der deutschen Jugend wird durch die Neulandhalle der Weg an die schleswig-holsteinische Westküste erschlossen. Auf ihrer Wanderung an der Küste entlang soll sie den Koog kennenlernen, der den Namen des Führers trägt und in ihre künftigen Aufgaben hineinwachsen.

So soll sich die Neulandhalle zu einem Mittelpunkt für alle Bestrebungen entwickeln, die mit der Marsch und der Westküste zusammenhängen. Von hier aus wird ein belebender Strom in das ganze Land hinausgehen, durch den die Fortführung des begonnenen Werkes in der Geschlechterfolge gesichert werden soll. Schleswig-Holstein hat die Verpflichtung, alle Kräfte zur Entfaltung zu bringen, um als ein starkes Glied im deutschen Reichs- und Volksgefüge am nationalsozialistischen Aufbau teilzunehmen. Der Erfüllung dieser Aufgabe dient das Werk an der Westküste und damit auch die Neulandhalle in der ihr gegebenen Bestimmung.

Die Neulandhalle gibt damit über ihre gegenwärtige ideelle und praktische Bedeutung hinaus eine tiefe Verpflichtung an die kommenden Geschlechter weiter: die gemeinschaftliche Tat stets über das Einzelinteresse zu stellen.

Die Räumeder Halle

Das Erdgeschoß nimmt die große Halle mit offenem Kaminfeuer auf. Von der Halle lassen sich zwei Räume für kleine Zusammenkünfte abtrennen. Weiter ist im Erdgeschoß eine Wohnung für den Wirtschafter eingerichtet. Im Kellergeschoß sind außer reichlich bemessenen Lagerräumen der Heizkeller und Baderäume vorhanden. Das Obergeschoß ist für die Uebernachtung von etwa 50 Personen ausgebaut und eingerichtet. Von hier aus gelangt man in den Turm

Bildnachweis: LASH Abt. 320.10, Nr. 2659

Alles friedlich?

Gemeinschaft

„In der Halle werden sich an den Feiertagen der Nation, am Tag der Nationalen Arbeit, zum Erntedankfest und zur Feier des Tages, an dem der Führer dem Land die Weihe gab, die Siedler zusammenfinden."

So beschaulich drückt Architekt Richard Brodersen 1936 den Zweck der Neulandhalle aus. Das raumgreifende, an einen Eiderstedter Haubarg erinnernde, Dach mag auch Geborgenheit und Zusammenrücken andeuten.

„Herrschaft und Gefolgschaft" – die Neulandhalle im Verhältnis zu den übrigen Koogbauten.

Die Neulandhalle im Jahr 1936, erhaben und herrschaftlich errichtet auf dem Franzosensand.

Herrschaft

Insgesamt weist der äußere Eindruck der Halle aber in eine andere Richtung: Auf der einzigen Erhebung des Kooges errichtet, überragt sie alle Bauten. Auch Umrisse, Turm und Fenster bekunden Macht und Geltung. Der Kunsthistoriker Hans-Günther Andresen erkennt im Wechselspiel von Halle und Koog das „NS-Prinzip von Herrschaft und Gefolgschaft".

Gewalt

Bei der Anfahrt beeindruckt vor allem die Nordseite: Unter Hakenkreuz und den breiten Schwingen des Reichsadlers stehen zwei mächtige, bewaffnete „Wächter": Bauer mit Spaten und Soldat mit Gewehr. Architekt Brodersen weiß um die Wirkungen: Architektur, Standort, Inneneinrichtung – alles ist genau durchdacht!

Die mächtige Nordansicht der Neulandhalle.

Wächter und Hoheitszeichen auf einer zeitgenössischen Postkarte zeigen die NS-Prinzipien von Kampf und Arbeit, Herrschaft und Gefolgschaft.

Gemeinschaft

„In der Halle werden sich an den Feiertagen der Nation, am Tag der Nationalen Arbeit, zum Erntedankfest und zur Feier des Tages, an dem der Führer dem Land die Weihe gab, die Siedler zusammenfinden."

So beschaulich drückt Architekt Richard Brodersen 1936 den Zweck der Neulandhalle aus. Das raumgreifende, an einen Eiderstedter Haubarg erinnernde, Dach mag auch Geborgenheit und Zusammenrücken andeuten.

Herrschaft

Insgesamt weist der äußere Eindruck der Halle aber in eine andere Richtung: Auf der einzigen Erhebung des Kooges errichtet, überragt sie alle Bauten.
Auch Umrisse, Turm und Fenster bekunden Macht und Geltung. Der Kunsthistoriker Hans-Günther Andresen erkennt im Wechselspiel von Halle und Koog das „NS-Prinzip von Herrschaft und Gefolgschaft".

„Herrschaft und Gefolgschaft" – die Neulandhalle im Verhältnis zu den übrigen Koogbauten.

Bildnachweis: Zeitgenössische Postkarte, Dithmarscher Landesmuseum
Zitat: Andresen 1993, S. 190

Die Neulandhalle im Jahr 1936, erhaben und herrschaftlich errichtet auf dem Franzosensand.

Bildnachweis: Zeitgenössische Postkarte, Dithmarscher Landesmuseum

Gewalt

Bei der Anfahrt beeindruckt vor allem die Nordseite: Unter Hakenkreuz und den breiten Schwingen des Reichsadlers stehen zwei mächtige, bewaffnete „Wächter": Bauer mit Spaten und Soldat mit Gewehr. Architekt Brodersen weiß um die Wirkungen: Architektur, Standort, Inneneinrichtung – alles ist genau durchdacht!

Bildnachweis: Zeitgenössische Postkarte, Dithmarscher Landesmuseum

Die mächtige Nordansicht der Neulandhalle.

Bildnachweis: Zeitgenössische Postkarte (Ausschnitt), Dithmarscher Landesmuseum

Hakenkreuz und Reichsadler: Das Hoheitszeichen

Schon von Weitem wird klar, unter wessen Herrschaft die Halle steht: Zentral an der nördlichen Turmwand erhebt sich das Hoheitszeichen des NS-Staates. Ein eineinhalb Meter hoher Adler breitet seine Flügel in einer Spannweite von drei Metern aus.
Halt findet er mit seinen Krallen auf einem gewaltigen, von einem Eichenkranz umfassten Hakenkreuz.

Das Hoheitszeichen hat der Flensburger Bildhauer Hermann Sörensen entworfen. Es besteht aus massivem Kupfer. Der Flensburger Schlossermeister Johannes Gries verantwortet die kunsthandwerkliche Umsetzung. Er schmiedet die schweren Teile, andere treibt er aus Kupferblech und setzt das Objekt zusammen. 1945 wird diese NS-Symbolik entfernt.

Wächter und Hoheitszeichen auf einer zeitgenössischen Postkarte zeigen die NS-Prinzipien von Kampf und Arbeit, Herrschaft und Gefolgschaft.

Bildnachweis: Zeitgenössische Postkarte, Dithmarscher Landesmuseum

Wehrhaft und kampfbereit: Die Wächter der Neulandhalle

Zwei gewaltige, vier Meter hohe, zudem auf Sockeln stehende „Wächter" an der Nordseite der Neulandhalle empfangen Besucher und Besucherinnen in eindeutiger Pose: Militärisch aufgestellt, mit Spaten und Gewehr bewaffnet, signalisieren sie zugleich Schutz für das Gebäude und Kampfeswillen nach außen.

Auf den Podesten stehend und in Untersicht fotografiert: Soldat und Bauer/Arbeitsmann wirken gewaltig. Sie vermitteln Wehrhaftigkeit und Kampfbereitschaft.

Bildnachweis: Christiansen, Sammlung Danker

Der Bildhauer Ludolf Albrecht aus Schenefeld/ Altona hat die Figuren in je vier Teilen aus Ton modelliert und in der Wandsbeker Fachwerkstatt Meimerstorf in Klinkerkeramik gebrannt.

Ausgerüstet mit Stahlhelm, Seitengewehr und Patronengürtel wirkt der Soldat kampfbereit und entschlossen. Die zweite Figur wird zeitgenössisch durchweg als Bauer vorgestellt: Der Siedler schaut wachend über den Deich. Man kann die Figur auch als Arbeitsdienstmann interpretieren, wie Frank Trende, der Spaten und Kleidung entsprechend deutet.

Als „Sinnbild neuentstandenen Kampfeswillens" soll die Halle gelten. So ruft es Reichswirtschaftsminister Hjalmar Schacht bei der Einweihung aus. Doch gegen welchen Feind soll hier ins Feld gezogen werden? Der Spaten mag es mit dem „Blanken Hans" aufnehmen können. Das Gewehr ist gegen die Nordsee sinnlos. Es wartet auf andere Aufgaben.

1948 werden die Wächter abgebaut und dabei wohl zerstört.

Blickfang

Künstlerischer Mittelpunkt

Beim Betreten der Neulandhalle fällt der Blick auf ihre durchgestaltete Ostwand:
Im Zentrum steht ein wuchtiger brauner Kamin, umrahmt von einem vierteiligen Wandbild, das perfekt die verfügbaren Flächen aufgreift und nutzt.

Überlebensgroß gemalt erzählen die Teilbilder eine Geschichte des Kooges: Deichbau trotzt dem Meer das Land ab, Saat und Ernte stehen für die Urbarmachung des Neulandes, schließlich wird mit dem Hausbau die eigene „Scholle" besiedelt.

...ein durchgestaltetes NS-Idealbild

Der Maler Otto Thämer zeichnet ein nationalsozialistisches Idealbild. Hier arbeitet der heldenhafte, arische Vorzeigearbeiter – ganz ohne Maschinen, fernab der modernen Welt. Blond, athletisch und schwer arbeitend – so stellt der Künstler typische Deichbauer, Siedler und Handwerker vor. Mühen und Erschöpfung werden ausgeblendet, auch die Persönlichkeiten der Einzelnen. Denn: Nur die Gemeinschaft zählt.

Ein Denkmal der Arbeit für die Volksgemeinschaft?

Die Gesamtansicht der Ostwand der Neulandhalle: Kamin mit Wandbildern, perfekt komponiert die Gebäudestrukturen aufnehmend

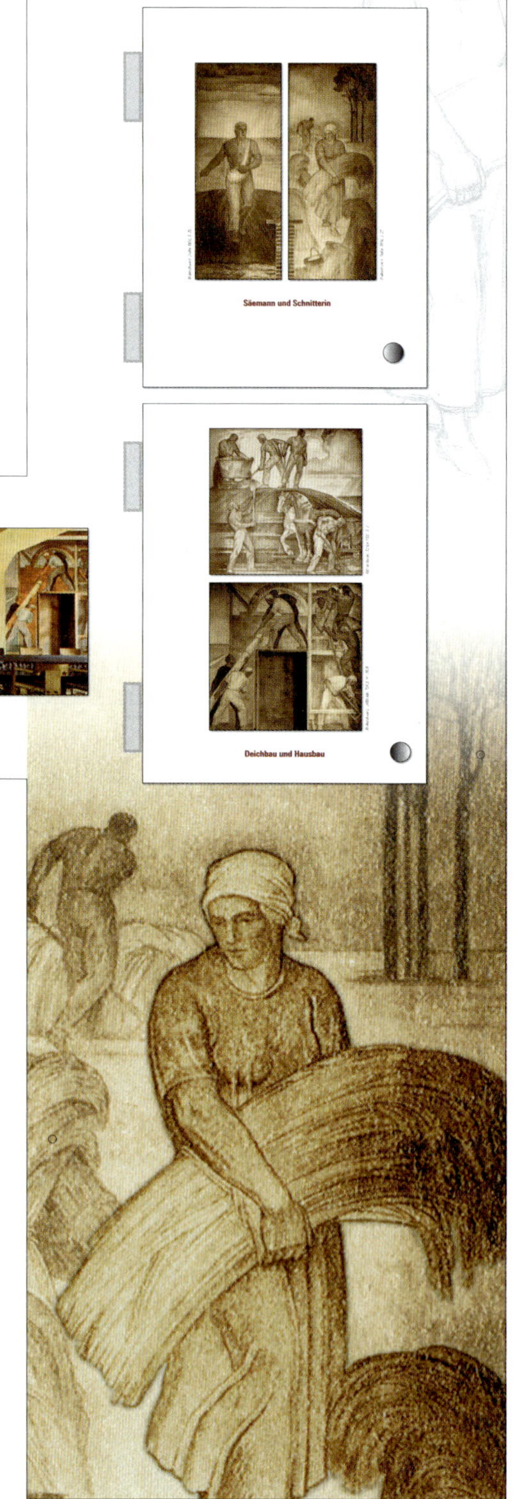

Künstlerischer Mittelpunkt

Beim Betreten der Neulandhalle fällt der Blick auf ihre durchgestaltete Ostwand:
Im Zentrum steht ein wuchtiger brauner Kamin, umrahmt von einem vierteiligen Wandbild, das perfekt die verfügbaren Flächen aufgreift und nutzt.

Überlebensgroß gemalt erzählen die Teilbilder eine Geschichte des Kooges: Deichbau trotzt dem Meer das Land ab, Saat und Ernte stehen für die Urbarmachung des Neulandes, schließlich wird mit dem Hausbau die eigene „Scholle" besiedelt.

... ein durchgestaltetes NS-Idealbild

Der Maler Otto Thämer zeichnet ein nationalsozialistisches Idealbild. Hier arbeitet der heldenhafte, arische Vorzeigearbeiter – ganz ohne Maschinen, fernab der modernen Welt. Blond, athletisch und schwer arbeitend – so stellt der Künstler typische Deichbauer, Siedler und Handwerker vor. Mühen und Erschöpfung werden ausgeblendet, auch die Persönlichkeiten der Einzelnen. Denn: Nur die Gemeinschaft zählt.

Ein Denkmal der Arbeit für die Volksgemeinschaft?

Bildnachweis: Stolze 1936, S. 19

Die Gesamtansicht der Ostwand der Neulandhalle: Kamin mit Wandbildern, perfekt komponiert die Gebäudestrukturen aufnehmend.

Bildnachweis: Stolze 1936, S. 25

Bildnachweis: Stolze 1936, S. 25

Säemann und Schnitterin

Säemann und Schnitterin

Verwachsen mit Arbeit und Land, stehen „Säemann" und „Schnitterin" für Saat und Ernte. Ein blonder Siedler geht mit umgebundenem Tuch über ein Feld und verteilt das Saatgut mit der Hand – eine Verherrlichung des traditionellen deutschen Bauerntums. Wirklich schweißtreibende Handarbeit gilt als Männersache.

Die Schnitterin ist denn auch die einzige Frauenfigur im Bild. Sie hilft dem sensenden Mann, indem sie die Ähren bündelt.
Beide Motive bilden die Mitte der flächenfüllenden Wandmalerei und umrahmen den mächtigen Kamin. So bilden sie thematische und farbliche Brücken zu den Großtaten „Deichbau" und „Hausbau". Sie stehen für das rückwärtsgewandte nationalsozialistische Ideal einer ‚heilen' Welt ohne Industrialisierung.

Zwischen den Bildern von Saat und Ernte fügt sich das Relief von Schwert und Ähre ein, das Symbol der „Blut-und-Boden"-Ideologie.

Für den Kieler Kulturredakteur Reinhold Stolze, der 1936 die Wandmalerei in der Neulandhalle vorstellt, erfüllt Otto Thämers Arbeit seine Vorstellung von Kunst:

„Wir verlangen von der Malerei, daß sie die Idee und Zweckbestimmung des Raumes eindeutig symbolisiert, daß sie durch die Motive und die Art ihrer Gestaltung geistig und seelisch mit ihrer Umwelt verschmolzen ist. Es wird heute von unserer Regierung immer wieder und mit Recht betont, daß die Kunst im edelsten Sinne volkstümlich, einfach und gemeinverständlich sein soll."

Zitat: Stolze in Nordelbingen 1936, S. 22

Bildnachweis: Stolze 1936, S. 21

Bildnachweis: LASH Abt. 734.3, Nr. 2900

Deichbau und Hausbau

Deichbau und Hausbau

Mit den Themen „Deichbau" und „Hausbau" feiert Otto Thämer eine gemeinschaftliche Landgewinnung und Besiedlung des neuen Lebensraums. Deicharbeiter nutzen Spaten und Schaufel, unterstützt nur von starken Pferden, die auf Schienen kleine Wagen voller Erde ziehen. Auch die Bauhandwerker arbeiten traditionell und mit einfachem Werkzeug.

Der „Deichbau" links ist in Tönen von hellem Ocker bis dunklem Braun-Violett gehalten. Der „Hausbau" rechts wird von den roten Ziegeln der Kooghäuser dominiert.

Die abgebildeten Handarbeiter sind überwiegend blondschöpfig, stilisiert als ‚rasserein arisch'. Selbst die Pferde erscheinen ‚nordisch' und kräftig gebaut mit blonder Mähne.

Wieder tritt das Individuelle zurück.
– Sieht so Gemeinschaft aus?

Die Wahl des Künstlers ist kein Zufall.
Otto Thämer (1892–1975) ist Mitglied der 1926 gegründeten schleswig-holsteinischen Künstlergruppe „De Warft". Sie besinnt sich auf vorindustrielle Werte und Traditionen der Heimatkunst. Thämer, der selbst kein Nationalsozialist wird, passt mit seiner rückwärtsgewandten Kunst in nationalsozialistische Vorstellungen.

Seine Arbeit stellt in der Neulandhalle die anspruchsvollste künstlerische Äußerung dar. Er beherrscht seit seinen Reisen nach Italien die Kunst der Freskenmalerei, also der schnellen, nicht korrigierbaren Feucht-In-Feucht-Malerei auf vorbereiteten Kalkwänden. Schon zeitgenössische Veröffentlichungen beschreiben das vierteilige Werk in der Neulandhalle als großes Fresko. Seither folgen alle Bearbeitungen dieser Einschätzung.

Konservatorische Analysen im Rahmen der Entstehung des Historischen Lernortes 2018 haben aber ergeben, dass es sich in diesem Fall eher um herkömmliche Wandmalerei handelt.

Bildnachweis: LASH Abt. 734.3, Nr. 2900

Bildnachweis: LASH Abt. 734.3, Nr. 2900

Altar der Volksgemeinschaft?

Altar der Volksgemeinschaft?

Der Kunsthistoriker und leitende Kulturredakteur der (nationalsozialistischen) „Kieler Neuesten Nachrichten", Reinhold Stolze, stellt 1936 in der Kulturzeitschrift Nordelbingen die Neulandhalle eingehend vor. Über Otto Thämers vierteiliges Wandgemälde schreibt er:

„In ganz besonderem Maße scheint uns in vielbesuchten Räumen das Wandbild, sofern es den Geist einer Volksgemeinschaft lebensvoll verkörpert, dazu berufen zu sein, die Kunst dem Volke zurückzugewinnen und die einzelnen Volksgenossen wieder empfänglich zu machen für den Sinn der Kunst und für die kulturelle Aufgabe und Arbeit des Künstlers.
Ein glänzendes Beispiel solcher volksverbundenen Wandmalerei sind die vier Fresken der Neulandhalle. Der Adolf-Hitler-Koog ist von Bauern, Handwerkern und Arbeitern besiedelt. Was diese Volksgemeinschaft beruflich beschäftigt, was hauptsächlich ihren Ideen- und Erlebnisbereich ausmacht, ist der Deichbau, die Landwirtschaft und das sich am Hausbau betätigende Handwerk."

Zitat: Stolze 1936, S. 22

Der Publizist und Ministerialbeamte Frank Trende hat sich eingehend mit der Geschichte des Dieksanderkooges und der Neulandhalle befasst. Er schreibt 2011 in seinem Buch „Neuland! war das Zauberwort" über das Wandgemälde:

„So verstanden sind Otto Thämers Fresken die Heiligenbilder in der nationalsozialistischen Ersatzkirche, in denen die Blut-und-Boden-Ideologie und die große Gemeinschaftsarbeit zum Wohle des Volksganzen verherrlicht wird – Thämers Fresken liefern das Bildprogramm für den Tempel der Volksgemeinschaft im Adolf-Hitler-Koog."

Zitat: Trende 2011, S. 108

Dunkelbraune Behaglichkeit

Schwere Eichentische, flexibel aufstellbar für große und kleine Tafeln vor dem mächtigen Kamin und den Bildern Otto Thämers.

Bildnachweis: Zeitgenössische Postkarte, Dithmarscher Landesmuseum

Rustikale Einrichtung

Einrichtung und Zweck der Neulandhalle sollen übereinstimmen. Dafür sorgt ein eigenes Komitee. Die Ziegel des Dielenbodens, Kamin und Deckenbalken sind dunkelbraun. Lokale und schleswig-holsteinische Kunsthandwerker fertigen dazu passend mächtige Eichentische und -stühle, schwere Leuchter und anderes. Plattdeutsche Inschriften und Volkskunst zieren die Wände. Regionales Brauchtum spielt eine wesentliche Rolle.

Die Halle ist flexibel. Ein „Frauenraum" und ein „Männerraum" lassen sich abtrennen, auch Tische und Stühle können bewegt werden, je nach Bedarf.

Hintergrundgrafik: Plan der Neulandhalle, Architekt Brodersen, Schnitt AC und DB

Eine Frage des Geschmacks?

Die eingerichtete Halle mutet an wie ein schweres, harmonisches Ideal mit völkischen Wurzeln. Handgemachte „arische" Volkskunst verherrlicht „gute alte Zeiten". Moderne Formen und Techniken finden sich nicht.

So vermittelt die Einrichtung Herkommen, gediegene Behaglichkeit und nationalsozialistische Ideologie zugleich. Es ist die Gemütlichkeit der Volksgemeinschaft.

Das Dithmarscher Landesmuseum spendet für den „Frauenraum" eine Eichentruhe aus dem 17. Jahrhundert. Else Schröder, die Leiterin der Werkstatt für kunstgewerbliche Handweberei in Marne, webt den Wandteppich mit „Hausmarken" alter Dithmarscher Familien. Reinhold Stolze schreibt 1936, der Teppich sei „in seiner Art ganz nordisch."

Der Eingangsbereich der Neulandhalle mit dem Leitspruch: „De ni will dieken mutt wieken" – Wer nicht will deichen, der muss weichen!

Links der mit einer flexiblen Wand abtrennbare „Männerraum" mit Bücherschrank und Hitlerbüste.

Gruppentisch, aufgebaut vor dem Kamin und den Bildern Thämers.

Rustikale Einrichtung

Einrichtung und Zweck der Neulandhalle sollen übereinstimmen. Dafür sorgt ein eigenes Komitee. Die Ziegel des Dielenbodens, Kamin und Deckenbalken sind dunkelbraun. Lokale und schleswig-holsteinische Kunsthandwerker fertigen dazu passend mächtige Eichentische und -stühle, schwere Leuchter und anderes. Plattdeutsche Inschriften und Volkskunst zieren die Wände. Regionales Brauchtum spielt eine wesentliche Rolle.

Die Halle ist flexibel. Ein „Frauenraum“ und ein „Männerraum“ lassen sich abtrennen, auch Tische und Stühle können bewegt werden, je nach Bedarf.

Eine Frage des Geschmacks?

Die eingerichtete Halle mutet an wie ein schweres, harmonisches Ideal mit völkischen Wurzeln. Handgemachte „arische“ Volkskunst verherrlicht „gute alte Zeiten“. Moderne Formen und Techniken finden sich nicht.

So vermittelt die Einrichtung Herkommen, gediegene Behaglichkeit und nationalsozialistische Ideologie zugleich. Es ist die Gemütlichkeit der Volksgemeinschaft.

Bildnachweis: Zeitgenössische Postkarte, Dithmarscher Landesmuseum

Schwere Eichentische, flexibel aufstellbar für große und kleine Tafeln vor dem mächtigen Kamin und den Bildern Otto Thämers.

Bildnachweis: Stolze 1936, S. 33

Das Dithmarscher Landesmuseum spendet für den „Frauenraum" eine Eichentruhe aus dem 17. Jahrhundert. Else Schröder, die Leiterin der Werkstatt für kunstgewerbliche Handweberei in Marne, webt den Wandteppich mit „Hausmarken" alter Dithmarscher Familien. Reinhold Stolze schreibt 1936, der Teppich sei „in seiner Art ganz nordisch."

Zitat: Stolze 1936, S. 30

Bildnachweis: Zeitgenössische Postkarte, Dithmarscher Landesmuseum

Gruppentisch, aufgebaut vor dem Kamin und den Bildern Thämers.

Bildnachweis: Zeitgenössische Postkarte, Dithmarscher Landesmuseum

Der Eingangsbereich der Neulandhalle mit dem Leitspruch: „De ni will dieken mutt wieken" – Wer nicht will deichen, der muss weichen!

Links der mit einer flexiblen Wand abtrennbare „Männerraum" mit Bücherschrank und Hitlerbüste.

Gemeinschaft stiften

„Maiden" des weiblichen Reichsarbeitsdienstes zusammen angetreten mit Uniformierten und festlich gekleideten Männern bei einer offiziellen Feierstunde unterhalb der „Wächter" an der Neulandhalle.

Zusammenkommen

Die Neulandhalle ist für Versammlungen aller 400 Bewohner und Bewohnerinnen des Kooges zu klein ausgelegt. Diese finden in der Gaststätte statt. Ansonsten bildet die Halle den gemeinschaftlichen Mittelpunkt des Adolf-Hitler-Kooges: Man hält (Partei-)Versammlungen ab, geht Freizeittätigkeiten nach, kann hier aber auch feiern, speisen und trinken.

Die architektonische Anlage macht es möglich, dass Frauen und Männer sich getrennt versammeln. Das betont Geschlechterrollen in der „Volksgemeinschaft".

... Propagandabilder liefern

Vor der Halle finden Aufmärsche und Feierstunden statt. Drinnen gibt es geselliges Beisammensein, hier wird – von Männern meist – beraten und geplant sowie – von Frauen – gesponnen und gewebt.

All das findet Beachtung, zum Beispiel auf Postkarten. Denn: Die Kooggemeinde soll als kleine Volksgemeinschaft vorbildlich leben.

Hintergrundgrafik:
Plan der Neulandhalle,
Architekt Brodersen,
Schnitt AC und DB.

Blick in den „Männerraum". Er ist mit einer beweglichen Wand abgetrennt. An der Stirnwand befindet sich das Bücherregal mit der Hitlerbüste. Oberhalb des Zugangs steht als Leitspruch:
„Recht blifft doch Recht. Un frie Lüd ward keen Knecht,
Un stan blifft uns' Woort: Up ewig ungedeelt uns' Art!"
– Recht bleibt doch Recht. Und freie Leute werden keine Knechte
Und stehen bleibt unser Wort: Auf ewig ungeteilt unsere Art!

So werden Dithmarscher Tradition und nationalsozialistische Gegenwart verbunden.

Blick in den mit einer beweglichen Wand abgetrennten „Frauenraum".
An der Stirnwand des Zugangs steht als Leitspruch:
„Dat Gode lehren, sick ant Slechte ni kehren,
De kann flitig rögen, denn Nacken ni bögen,
Hart rein, Ogen blank: so kummst du good lang!"
– Das Gute lehren, sich um das Schlechte nicht kehren,
der/die kann fleißig sich regen, den Nacken nicht beugen,
das Herz rein, die Augen blank: so kommst du gut lang!

Frauen aus dem Adolf-Hitler-Koog spinnen und weben in der Neulandhalle. Bei traditioneller Handarbeit erleben sie Gemeinschaft.

Zusammenkommen

Die Neulandhalle ist für Versammlungen aller 400 Bewohner und Bewohnerinnen des Kooges zu klein ausgelegt. Diese finden in der Gaststätte statt. Ansonsten bildet die Halle den gemeinschaftlichen Mittelpunkt des Adolf-Hitler-Kooges: Man hält (Partei-)Versammlungen ab, geht Freizeittätigkeiten nach, kann hier aber auch feiern, speisen und trinken.

Die architektonische Anlage macht es möglich, dass Frauen und Männer sich getrennt versammeln. Das betont Geschlechterrollen in der „Volksgemeinschaft".

… Propagandabilder liefern

Vor der Halle finden Aufmärsche und Feierstunden statt. Drinnen gibt es geselliges Beisammensein, hier wird – von Männern meist – beraten und geplant sowie – von Frauen – gesponnen und gewebt.

All das findet Beachtung, zum Beispiel auf Postkarten. Denn: Die Kooggemeinde soll als kleine Volksgemeinschaft vorbildlich leben.

Bildnachweis: Richard Garms, LASH Abt. 2003.2, Nr. 4157

„Maiden" des weiblichen Reichsarbeitsdienstes zusammen angetreten mit Uniformierten und festlich gekleideten Männern bei einer offiziellen Feierstunde unterhalb der „Wächter" an der Neulandhalle.

Bildnachweis: Christiansen um 1938, Sammlung Danker

Blick in den „Männerraum". Er ist mit einer beweglichen Wand abgetrennt. An der Stirnwand befindet sich das Bücherregal mit der Hitlerbüste. Oberhalb des Zugangs steht als Leitspruch: „Recht blifft doch Recht. Un frie Lüd ward keen Knecht, Un stan blifft uns' Woort: Up ewig ungedeelt uns' Art!" – Recht bleibt doch Recht. Und freie Leute werden keine Knechte. Und stehen bleibt unser Wort: Auf ewig ungeteilt unsere Art!

So werden Dithmarscher Tradition und nationalsozialistische Gegenwart verbunden.

Bildnachweis: Zeitgenössische Postkarte, Dithmarscher Landesmuseum

Blick in den mit einer beweglichen Wand abgetrennten „Frauenraum". An der Stirnwand des Zugangs steht als Leitspruch: „Dat Gode lehren, sick ant Slechte ni kehren, De kann flitig rögen, denn Nacken ni bögen, Hatt rein, Ogen blank: so kummst du good lang!" – Das Gute lehren, sich um das Schlechte nicht kehren, der/die kann fleißig sich regen, den Nacken nicht beugen, das Herz rein, die Augen blank: so kommst du gut lang!

Bildnachweis: Christiansen um 1938, Sammlung Danker

Frauen aus dem Adolf-Hitler-Koog spinnen und weben in der Neulandhalle. Bei traditioneller Handarbeit erleben sie Gemeinschaft.

Kirche im Führer-Koog

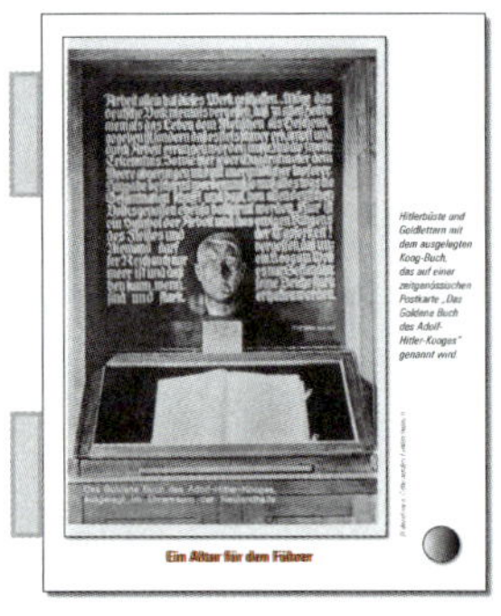

Hitlerbüste und Goldlettern mit dem ausgelegten Koog-Buch, das auf einer zeitgenössischen Postkarte „Das Goldene Buch des Adolf-Hitler-Kooges" genannt wird

Ein Altar für den Führer

Der Blick auf die Bücherwand im „Ehrenraum" der Neulandhalle: Ein Altar! Die Wappenfenster sind, abgesehen von den Wappen Meldorfs und Marnes, noch nicht ausgeführt

Hintergrundbild:
Schon in der Architektenzeichnung ist die religiöse Anmutung des Kamins deutlich zu erkennen. Richard Brodersen überlässt nichts dem Zufall.

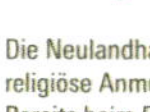

Religiöse Anmutungen

Die Neulandhalle erzeugt religiöse Anmutungen. Bereits beim Betreten der Halle fällt der mächtige Kamin an der Ostwand ins Auge. In christlichen Kirchen steht an dieser Stelle gewöhnlich ein Altar. Wo ein Kreuz zu finden wäre, hängen über dem Kamin Schwert und Ähren als Symbole der „Blut-und-Boden"-Ideologie.

Bunte Wappenfenster der Halle erinnern an Kirchenfenster.

Der eigentliche Gegenstand nationalsozialistischer Verehrung findet sich im „Ehrenraum": eine Hitlerbüste umrahmt von goldenen Lettern. – Ein Seitenaltar wie in einem kirchlichen Nebenschiff!

Der Blick vom Eingangsbereich auf den Kamin: Auch in dieser schrägen Blickrichtung der Fotografie wird sein vorherrschender Charakter deutlich

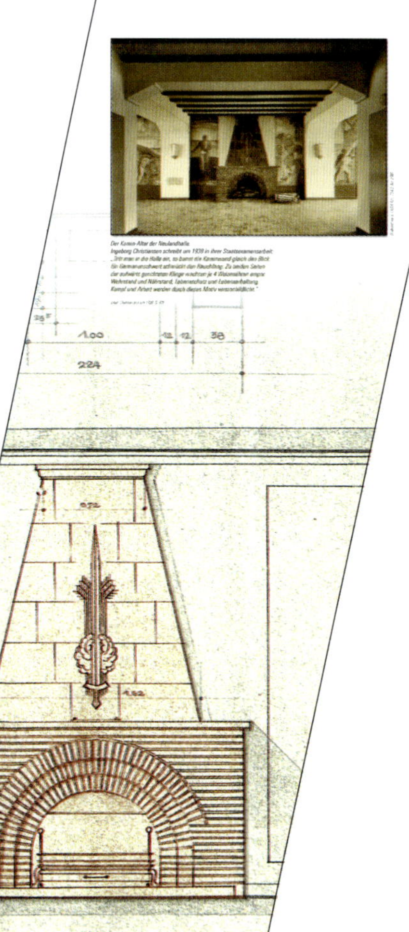

Der Kamin-Altar der Neulandhalle.
Ingeborg Christiansen schreibt um 1939 in ihrer Staatsexamensarbeit: „Tritt man in die Halle ein, so bannt die Kaminwand gleich den Blick. Ein Germanenschwert schmückt den Rauchfang. Zu beiden Seiten der aufwärts gerichteten Klinge wachsen je 4 Weizenähren empor. Wehrstand und Nährstand, Lebensschutz und Lebenserhaltung, Kampf und Arbeit werden durch dieses Motiv versinnbildlicht."

Nationalsozialistisches Gotteshaus

Oberpräsident Hinrich Lohse gibt die Halle 1937 ausdrücklich auch für religiöse Familienfeiern frei. Im Sinne „deutschchristlicher" oder nur „gottgläubiger" Nationalsozialisten ist die Halle dann ein Gotteshaus.

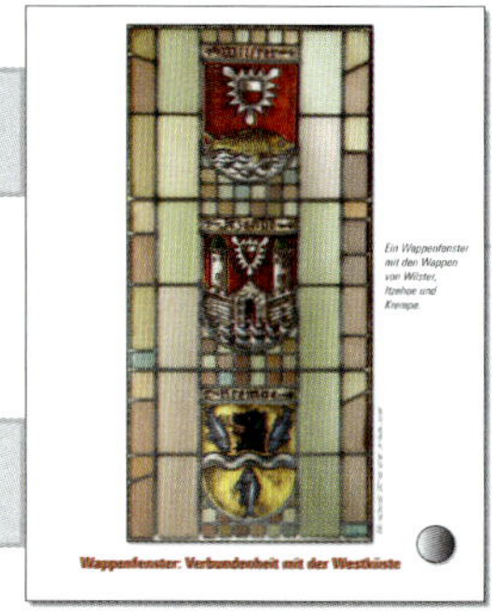

Ein Wappenfenster mit den Wappen von Wilster, Itzehoe und Krempe.

Wappenfenster: Verbundenheit mit der Westküste

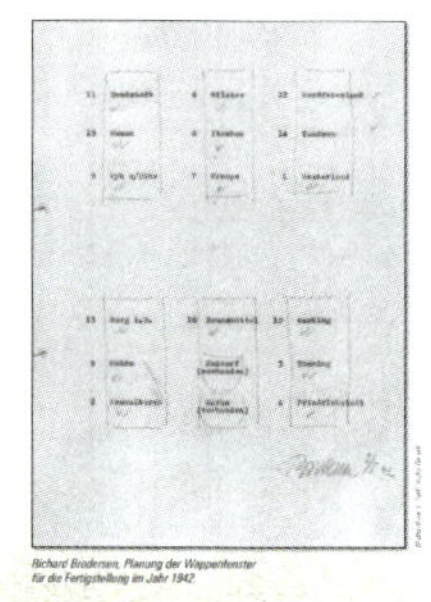

Richard Brodersen, Planung der Wappenfenster für die Fertigstellung im Jahr 1942

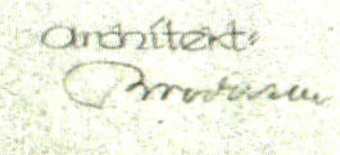

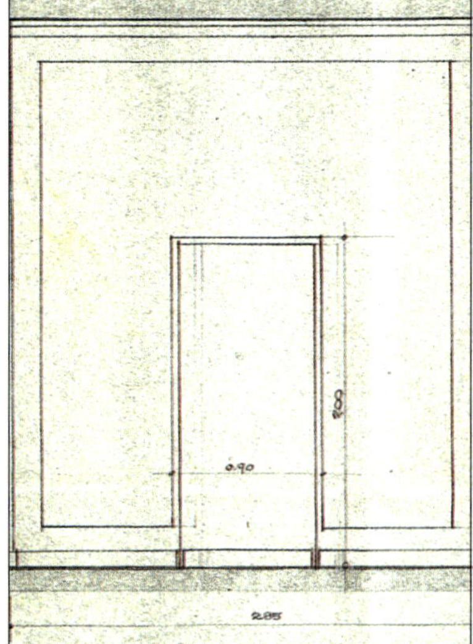

Religiöse Anmutungen

Die Neulandhalle erzeugt religiöse Anmutungen. Bereits beim Betreten der Halle fällt der mächtige Kamin an der Ostwand ins Auge. In christlichen Kirchen steht an dieser Stelle gewöhnlich ein Altar. Wo ein Kreuz zu finden wäre, hängen über dem Kamin Schwert und Ähren als Symbole der „Blut-und-Boden"-Ideologie.

Bunte Wappenfenster der Halle erinnern an Kirchenfenster.

Der eigentliche Gegenstand nationalsozialistischer Verehrung findet sich im „Ehrenraum": eine Hitlerbüste umrahmt von goldenen Lettern. – Ein Seitenaltar wie in einem kirchlichen Nebenschiff!

Nationalsozialistisches Gotteshaus

Oberpräsident Hinrich Lohse gibt die Halle 1937 ausdrücklich auch für religiöse Familienfeiern frei. Im Sinne „deutschchristlicher" oder nur „gottgläubiger" Nationalsozialisten ist die Halle dann ein Gotteshaus.

Bildnachweis: LASH Abt. 734.3, Nr. 2900

Der Blick auf die Bücherwand im „Ehrenraum" der Neulandhalle:
Ein Altar! Die Wappenfenster sind, abgesehen von den Wappen Meldorfs und Marnes, noch nicht ausgeführt.

Bildnachweis: Stolze 1936, S. 19

Der Blick vom Eingangsbereich auf den Kamin: Auch in dieser schrägen Blickrichtung der Fotografie wird sein vorherrschender Charakter deutlich.

Bildnachweis: LASH Abt. 734.3, Nr. 2900

Der Kamin-Altar der Neulandhalle.
Ingeborg Christiansen schreibt um 1938 in ihrer Staatsexamensarbeit:
„Tritt man in die Halle ein, so bannt die Kaminwand gleich den Blick. Ein Germanenschwert schmückt den Rauchfang. Zu beiden Seiten der aufwärts gerichteten Klinge wachsen je 4 Weizenähren empor. Wehrstand und Nährstand, Lebensschutz und Lebenserhaltung, Kampf und Arbeit werden durch dieses Motiv versinnbildlicht." Zitat: Christiansen um 1938, S. 72f

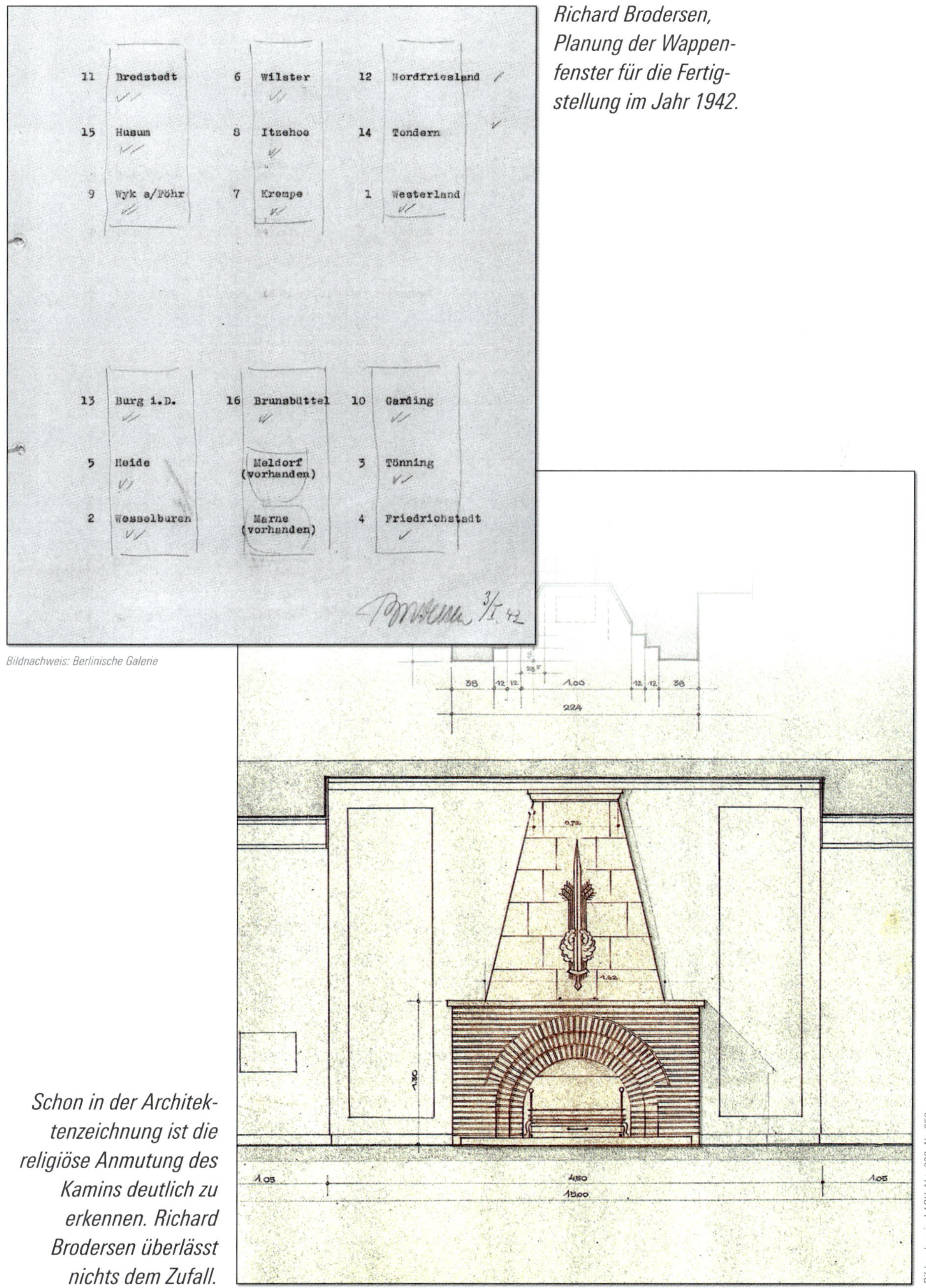

Richard Brodersen, Planung der Wappenfenster für die Fertigstellung im Jahr 1942.

Bildnachweis: Berlinische Galerie

Schon in der Architektenzeichnung ist die religiöse Anmutung des Kamins deutlich zu erkennen. Richard Brodersen überlässt nichts dem Zufall.

Bildnachweis: LASH Abt. 333, Nr. 359

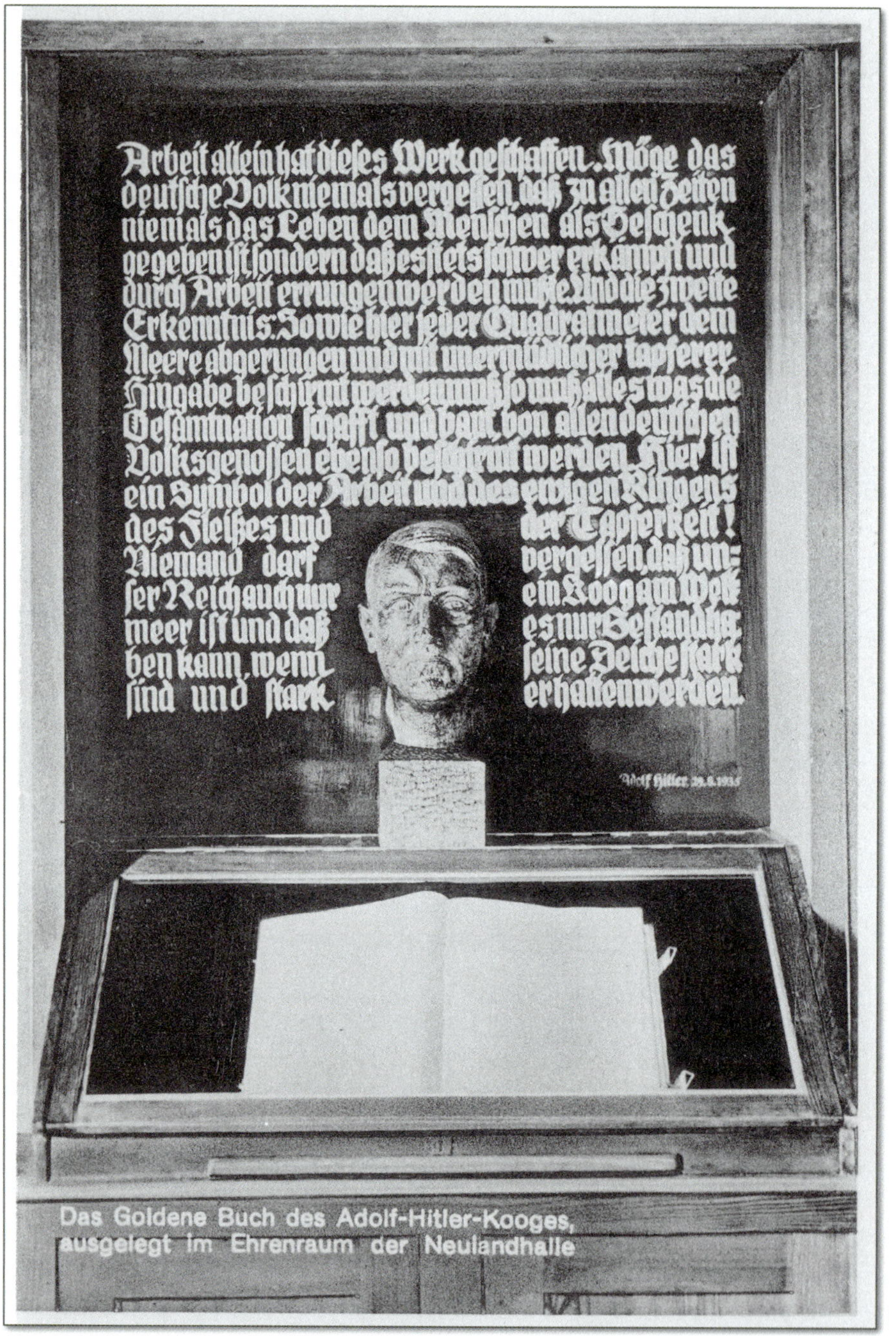

Bildnachweis: Dithmarscher Landesmuseum

Hitlerbüste und Goldlettern mit dem ausgelegten Koog-Buch, das auf einer zeitgenössischen Postkarte „Das Goldene Buch des Adolf-Hitler-Kooges" genannt wird.

Ein Altar für den Führer

Ein Altar für den Führer

Adolf Hitler ist in der Neulandhalle eine besondere Würdigung im „Männerraum", der deshalb auch „Ehrenraum" genannt wird, vorbehalten: Auf einem altarähnlich gestalteten Bücherbord steht seine Büste. Geschnitzt hat sie der Hamburger Bildhauer Carl Schümann (1901–1974) aus altem Fachwerkholz. In Goldlettern gedruckte Auszüge aus der Rede Hitlers bei der Grundsteinlegung umrahmen die Plastik.

Der Kieler Kulturredakteur Reinhold Stolze beschreibt die Plastik 1936 mit pathetischen Worten:

„Die vom Willen gestrafften mannhaften Gesichtszüge, die denkerisch konzentrierte Stirn, der sprechende, ausdruckstark geformte Mund, die großen faszinierenden, unbeirrt blickenden Augen lassen in der Büste die tatkräftige Führerpersönlichkeit erkennen."

Vor dem Porträtkopf Hitlers liegt das Koogbuch „Des Führers Koog". Im Bücherbord findet sich die passende ideologische Literatur wie z.B. Hitlers „Mein Kampf", daneben Bücher, die die Dithmarscher Geschichte glorifizieren.

Zitat: Stolze 1936, S. 28

Bildnachweis: Dithmarscher Landesmuseum

Ein Wappenfenster mit den Wappen von Wilster, Itzehoe und Krempe.

Wappenfenster: Verbundenheit mit der Westküste

Wappenfenster: Verbundenheit mit der Westküste

Architekt Brodersen legt die Neulandhalle als Gesamtkunstwerk an. Nichts ist Zufall, alles ist Gestaltung.

Für die abtrennbaren Räume der Halle, den „Frauenraum“ und den „Männer-“ oder „Ehrenraum“, plant der Architekt spezielle Fenster: In der Bauphase noch zwei vierteilige, in der Überarbeitung 1941/42 sechs jeweils dreiteilige aus buntem Antikglas gearbeitete Wappenfenster.

In der ersten Ausführung sind es nur die Stadtwappen von Marne und Meldorf. Die Firma August Wagner, Vereinigte Werkstätten für Mosaik und Glasmalerei, fertigt sie in Berlin-Treptow.

Im Jahr 1941 richtet Brodersen Anfragen an einige weitere Städte und bittet sie um Stiftung ihrer Wappen. Da Niebüll (noch) kein Wappen hat, wird jenes vom 1920 in der Abstimmung abgetretenen Tondern genommen. Das nordfriesische Wappen kommt hinzu, weil die Gemeinde Tating wappenlos ist.

Die schließlich 18 auch wieder in der Berliner Werkstatt angefertigten bunten Wappenfenster sollen die Verbundenheit mit der gesamten Westküste zum Ausdruck bringen. Wenn sich das Licht in ihnen bricht, tauchen sie den Raum zugleich in eine andächtig-sakrale Atmosphäre.

Glockenturm

Unterstützt von fachkundigen Zimmerleuten erbaut der „Reichsarbeitsdienst" den Glockenturm auf dem Franzosensand.

Die Glocke selbst ist ein Geschenk des „Reichsnährstandes", der alle in der Landwirtschaft Tätigen vereint. Reichsbauernführer Richard Walther Darré persönlich übereignet sie am Tag der Einweihung des Adolf-Hitler-Koogs dem Ortsbauernführer. Als Hitler vom Festakt abreist, läutet die Glocke.

Fortan erklingt sie bei Gefahr, Geburt und Tod sowie besonderen Anlässen.
Mit Fertigstellung der Neulandhalle bilden beide eine bauliche Einheit – als Kirchenersatz, wie von Architekt Richard Brodersen geplant.

Hintergrundbild:
Zimmerleute und Angehörige des Reichsarbeitsdienstes stehen stolz an und auf ihrem Werk.

Unterstützt von fachkundigen Zimmerleuten erbaut der „Reichsarbeitsdienst" den Glockenturm auf dem Franzosensand.

Die Glocke selbst ist ein Geschenk des „Reichsnährstandes", der alle in der Landwirtschaft Tätigen vereint. Reichsbauernführer Richard Walther Darré persönlich übereignet sie am Tag der Einweihung des Adolf-Hitler-Koogs dem Ortsbauernführer. Als Hitler vom Festakt abreist, läutet die Glocke.

Fortan erklingt sie bei Gefahr, Geburt und Tod sowie besonderen Anlässen. Mit Fertigstellung der Neulandhalle bilden beide eine bauliche Einheit – als Kirchenersatz, wie von Architekt Richard Brodersen geplant.

Bildnachweis: Sammlung Schübeler

Zimmerleute und Angehörige des Reichsarbeitsdienstes stehen stolz an und auf ihrem Werk.

Ist das alles „wahr"?

Hinweise

Die Neulandhalle ist eine „nationalsozialistische Ersatzkirche" und ein „Ort der NS-Volksgemeinschaft". Zudem wirkt sie herrschaftlich, sind die Wächter und das Hoheitszeichen mächtig und kämpferisch.
Innen herrscht „braune Behaglichkeit" vor und mit künstlerischen Ausdrucksformen wird die Landgewinnung im nationalsozialistischen Sinne verherrlicht.

Das sind Kernaussagen der letzten Buchstaben in diesem Teil der Ausstellung. Und weitere werden folgen. Wir wollen innehalten und fragen: Ist das die „historische Wahrheit"?
Oder schreiben wir, die Ausstellungsmacher, diesem Gebäude Eigenschaften zu, die nur wir sehen, die möglicherweise falsch sind?

... in eigener Sache

Wir wissen: Historische Wahrheiten gibt es nicht.
Es gibt nur überprüfbare Herleitungen und Argumente.

Wir geben uns redlich Mühe, unsere Wahrnehmungen und Deutungen so nachvollziehbar wie möglich zu schildern. Denn: Wir wollen nicht belehren, sondern Angebote machen. Wir wollen Ihnen als Besucherinnen und Besuchern der Ausstellung ermöglichen, Ihre eigenen Bilder zu finden und eigene Urteile zu fällen – auch in kritischem Abstand zu unseren.

Montage aus Tageszeitungen zur Einweihung der Neulandhalle.

Was ist „Geschichte"?

Wir, die Autoren und Autorinnen der Ausstellung, verstehen unter Geschichte all die Vorstellungen und Bilder, die wir uns von der Vergangenheit machen.
Sie entstehen durch Fragen an überlieferte Quellen – wie zum Beispiel an die Neulandhalle. Denn wir wollen Erfahrungen der Menschen, die vor uns lebten, nachspüren und verstehen, wir wollen lernen und unsere Zukunft gestalten.

Diese Art der Erinnerung findet also in unseren Köpfen statt. Sie reicht weiter zurück als unser eigenes Leben.

Geschichtswissenschaft kann dabei helfen: Sie kann die Quellen zum Sprechen bringen, Vergangenheit erforschen und begründete Bilder vermitteln. Sie will aufklären und zur kritischen Beschäftigung mit Vergangenheit ermutigen. Sie sollte das so nachvollziehbar machen, dass man auch sie selbst kritisieren kann.

Aber mehr als Angebote liefert auch Wissenschaft nicht.
Am Ende sollte jeder Mensch seine Vorstellungen, Bilder und Deutungen selber ermitteln und finden.

Dazu wollen wir Sie, die Besucher und Besucherinnen der Ausstellung, weiter einladen!

Hinweise

Die Neulandhalle ist eine „nationalsozialistische Ersatzkirche" und ein „Ort der NS-Volksgemeinschaft". Zudem wirkt sie herrschaftlich, sind die Wächter und das Hoheitszeichen mächtig und kämpferisch.
Innen herrscht „braune Behaglichkeit" vor und mit künstlerischen Ausdrucksformen wird die Landgewinnung im nationalsozialistischen Sinne verherrlicht.

Das sind Kernaussagen der letzten Buchstaben in diesem Teil der Ausstellung. Und weitere werden folgen. Wir wollen innehalten und fragen: Ist das die „historische Wahrheit"? Oder schreiben wir, die Ausstellungsmacher, diesem Gebäude Eigenschaften zu, die nur wir sehen, die möglicherweise falsch sind?

… in eigener Sache

Wir wissen: Historische Wahrheiten gibt es nicht. Es gibt nur überprüfbare Herleitungen und Argumente.

Wir geben uns redlich Mühe, unsere Wahrnehmungen und Deutungen so nachvollziehbar wie möglich zu schildern. Denn: Wir wollen nicht belehren, sondern Angebote machen. Wir wollen Ihnen als Besucherinnen und Besuchern der Ausstellung ermöglichen, Ihre eigenen Bilder zu finden und eigene Urteile zu fällen – auch in kritischem Abstand zu unseren.

Was ist „Geschichte"?

Wir, die Autoren und Autorinnen der Ausstellung, verstehen unter Geschichte all die Vorstellungen und Bilder, die wir uns von der Vergangenheit machen. Sie entstehen durch Fragen an überlieferte Quellen – wie zum Beispiel an die Neulandhalle. Denn wir wollen Erfahrungen der Menschen, die vor uns lebten, nachspüren und verstehen, wir wollen lernen und unsere Zukunft gestalten.

Diese Art der Erinnerung findet also in unseren Köpfen statt. Sie reicht weiter zurück als unser eigenes Leben.

Geschichtswissenschaft kann dabei helfen: Sie kann die Quellen zum Sprechen bringen, Vergangenheit erforschen und begründete Bilder vermitteln. Sie will aufklären und zur kritischen Beschäftigung mit Vergangenheit ermutigen. Sie sollte das so nachvollziehbar machen, dass man auch sie selbst kritisieren kann.

Aber mehr als Angebote liefert auch Wissenschaft nicht. Am Ende sollte jeder Mensch seine Vorstellungen, Bilder und Deutungen selber ermitteln und finden.

Dazu wollen wir Sie, die Besucher und Besucherinnen der Ausstellung, weiter einladen!

Die Neuland-Halle

Flensburger Nachrichten

Flensburger Zeitung · Flensburger Tageblatt

Schleswigsche Grenzpost

Weihe der Neulandhalle

Titulescu ausgebootet

Hamburger Fremdenblatt

RUNDSCHAU IM BILDE

Weihe der Neulandhalle auf dem Adolf-Hitler-Koog

Nordische Rundschau

Parteiamtliche Tageszeitung · Amtsblatt der Städte Kiel und Neumünster und der Deutschen Arbeitsfront

4. Jahrgang · Nr. 202 — Kiel, Sonnabend, 29. August 1936

Eine Folge der spanischen Ereignisse:

Portugal macht Front gegen Moskau

Massenkundgebung fordert Kampflegion gegen den Kommunismus

Zusammenarbeit

Zur Einweihung am Sonntag:

Die Neulandhalle krönt den Koog

Gauleiter Lohse: „Sie ist Ausdruck für den unbeugsamen Willen, den Kampf mit dem Meere fortzusetzen"

Führer-Telegramm zur Eröffnung der Leipziger Herbstmesse

Nr. 203 / Montag, den 31. August 1936 — Schleswig-Holsteinische Tageszeitung

Ein Symbol der Arbeit und des ewig[en …]

Gauleiter und Oberpräsident Lohse übergibt in Anwesenheit des Reichsministers Dr. Schacht die […]

Frischer Wind aus Westen über dem Adolf-Hitler-Koog. Graue Wolken ziehen vom Meer heran und hüllen das Land in jenes Zwielicht, das allen Dingen ihre Schwere und Weite gibt. Sie sind die Vorboten der Novemberstürme, wenn die Deiche bedroht sind vom Meer. Dann ist der Deich alles: Freude und Stolz, Sorge und Not. Solche Ahnung lag über dem gestrigen Tag, als die Fahnen festlich flatterten im Koog und auf der hohen Warft mit der Neulandhalle. Es gibt keine Freude ohne Sorge und wieder keine Sorge, der nicht der Jubel einer gelungenen Tat folgte. Denn im Ueberwinden liegt der kämpferische Einsatz von Leben und Arbeit. Zu überwinden, was sich als unüberwindlich gegenüberstellt — das ist der Geist dieser Menschen in den Kögen, das war das Bekenntnis des Tages: für alle Zeit sichtbar geworden in Stein.

Das abgeerntete Feld vor der Neulandhalle füllt sich. Von allen Seiten strömen die Menschen herbei. Weithin sichtbar marschieren die Formationen der Partei und des männlichen und weiblichen Arbeitsdienstes heran. Unter den hohen Würdenträgern der Partei und ihrer Gliederungen, die sich vor der Neulandhalle versammeln, sieht man den stellvertretenden Gauleiter Sieh, Vizepräsident Dr. Schow, Regierungspräsident Wallroth, Gruppenführer Meyer-Quade, Gauarbeitsführer Triebel, Gebietsführer Kohlmeyer, neben den Führern der SA., SS. und den Gauamtsleitern und Kreisleitern. Außerdem nahm im Auftrage des Reichsernährungsministers R. Walther Darré dessen persönlicher Referent, Dr. von Aufseß, teil. Kurz vor Beginn der Feier erscheint dann Reichsminister Dr.

Architekt Brodersen übergibt dem Gauleiter den Schlüssel

Der Schöpfer der Halle, Architekt Brodersen, überreicht dann dem Gauleiter und Oberpräsidenten Lohse den Schlüssel zur Neulandhalle. Er bringt dabei zum Ausdruck, daß dieses Haus der sichtbar gewordene Ausdruck des Kampfes mit dem Meer geworden und die Verkörperung schöpferischer Kräfte ist. Alle Beteiligten haben in freudiger Mitarbeit das Werk vollenden helfen, ein Kunstwerk, von dem man sagen darf, daß es mit dem wirklichen Leben verbunden wurde.

Dann nimmt

Gauleiter Lohse

[…] trägt, Vorbild zu sein, und dieses Land zu erhalten, das ihnen Heimat geworden ist.

Darauf übergibt der Gauleiter das Haus seiner Bestimmung.

Nach der Weiherede des Gauleiters ergreift

Reichsminister Dr. Schacht

das Wort und überbringt die Grüße der Reichsregierung. Er ist erfreut, daß es ihm als Landsmann, der sich mit Schleswig-Holstein verbunden fühle, vergönnt ist, diese Grüße zu überbringen. Schon vor Jahrhunderten ist seine Familie hier ansässig gewesen, […]

[…] Eintragung der Gäste ins Goldene Buch. Architekt Brodersen übernimmt die Führung, der alle Anwesenden, und unter ihnen besonders Reichsminister Dr. Schacht, mit großem Interesse folgen. Eine große Menge harrte noch vor den Toren, um zum erstenmal die Halle in ihrer ganzen Schönheit zu bewundern. Den Gästen wird ein vom Gauleiter herausgegebenes Gedenkheft überreicht.

*

Die Halle ist nun geweiht und ihrer Bestimmung übergeben. Für die Siedler des Kooges wird sie Sinnbild der Arbeit und […]

Montage aus Tageszeitungen zur Einweihung der Neulandhalle.

Nordische Rundschau

Parteiamtliche Tageszeitung · Amtsblatt der Städte Kiel und Neumünster und der Deutschen Arbeitsfront

4. Jahrgang · Nr. 203 Kiel, Montag, 31. August 1936

Wahrzeichen des Sieges der Arbeit über das Meer

Gauleiter Lohse weiht die Neulandhalle

Eine Stätte nationalsozialistischer Gemeinschaft im Adolf-Hitler-Koog ihrer Bestimmung übergeben

Der Gauleiter spricht

Unglaubliche Bestialität

Heider Anzeiger und Zeitung

Das dithmarsischer Heimatblatt

Nummer 203 Montag, 31. August 1936 68. Jahrgang

Ein Festtag für den Adolf Hitler-Koog

Einweihung der Neulandhalle

Reichswirtschaftsminister Dr. Schacht überbrachte die Grüße der Reichsregierung

Architekt Broderien, Berlin,

Gauleiter Lohse spricht

Reichsminister Dr. Schacht

Hamburger Fremdenblatt

Rundschau im Bilde

Die Neuland=Halle des Adolf=Hitler=Kooges

Internationales Reit- und Springturnier in Aachen

Völkischer Beobachter

Die Neulandhalle im Adolf=Hitler=Koog

Weiheraum mit Führer-Büste und Koog-Buch

Blick vom neuen Außendeich in den Koog

Die Neulandhalle

Der Deichbau

Die Kaminwand mit offenem Kaminfeuer in der großen Halle im Erdgeschoß

Das Handwerk

Bildnachweis: LASH Abt. 333, Nr. 360

Mehrzweckhalle: weltliche Nutzungen

Zur Einweihung der Neulandhalle werden große Worte geschwungen: Hier solle den Siedlern das Rüstzeug für den Kampf um Heimat und Volk gegeben werden. Wie sieht die tatsächliche Nutzung aus?

Die Küche der Neulandhalle: Es erscheint kaum vorstellbar, dass hier auch für große Gesellschaften gekocht wird.

Zweckmäßig möblierter Gruppenschlafraum: Im Obergeschoss finden etwa 50 Jugendliche Platz. Zwei Aufgänge führen zu getrennten Bereichen für Mädchen und Jungen.

Neulandhalle e.V.

Zunächst geht es um die Trägerschaft: Auch im NS-Staat muss eine Einrichtung finanziert und verwaltet werden. Oberpräsident Hinrich Lohse veranlasst 1936 die Gründung des Vereins Neulandhalle e.V. Zunächst wirbt er um beitragszahlende Mitglieder, preist in Briefen die Halle in den höchsten Tönen an. Das muss er auch, denn die Reaktionen fallen zurückhaltend aus.

Schließlich werden der „Reichsnährstand", fünf Landkreise der Westküstenregion, die Deichverbände, der Eiderverband sowie die Gemeinde Adolf-Hitler-Koog Vereinsmitglieder. Lohse ist Vorsitzender, der Landrat des Kreises Süderdithmarschen führt die Geschäfte.

Die Teilnehmer der Jahrestagung des „Westküste-Ausschusses" vor den Wächtern der Neulandhalle im Jahr 1936. In der Mitte der preußische Staatssekretär Dr. Friedrich Landfried und Oberpräsident Hinrich Lohse. Markant ist, dass NSDAP-Gauleiter Lohse in diesem Fall nicht in Parteiuniform, sondern in Zivilkleidung auftritt. Er will damit die staatliche, zivile Rolle seiner Doppelfunktion unterstreichen.

Schulungsstätte und Jugendherberge

Das Ehepaar Söth, das ursprünglich für eine Siedlerstelle vorgesehen war, erhält für die Bewirtschaftung den Zuschlag. Es führt hier eine Jugendherberge und Schulungsstätte. Gliederungen der NSDAP und zahlreiche andere Organisationen nutzen die Einrichtung für Tagungen, die Hitlerjugend veranstaltet hier Freizeiten.

Wandernde Jugendliche zahlen 5 Pfennig Eintritt, um den bekannten Propagandabau zu besichtigen. Die Söths verkaufen Andenken und Postkarten, sogar eine Neulandhallen-Kachel wird in Auftrag gegeben.

Die Neulandhalle ist von Beginn an auch eine Mehrzweckhalle.

Wanderheft der NS-Gemeinschaft „Kraft durch Freude" für das Wandergebiet Adolf-Hitler-Koog. In einer allseitigen Beschreibung werden alle Sehenswürdigkeiten und Wegstrecken ausführlich vorgestellt. Der Koog scheint für wandernde Jugendliche an der Westküste eine Attraktion zu sein.

Hintergrundbilder:
Weitere Teile aus einer Akte mit Alltagsproblemen.

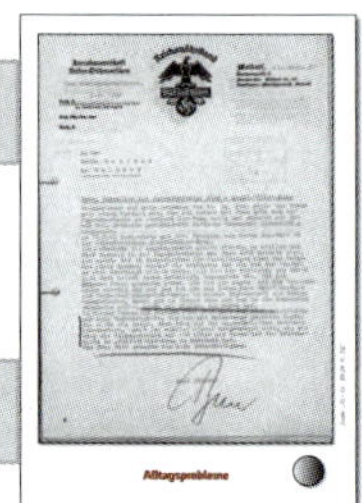

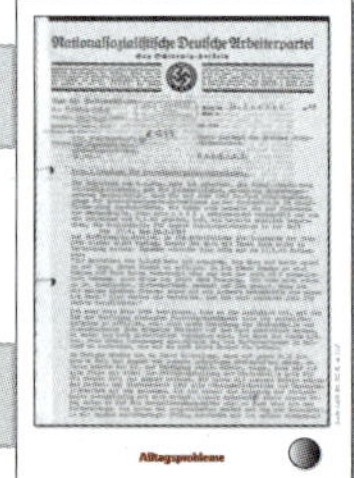

Zur Einweihung der Neulandhalle werden große Worte geschwungen: Hier solle den Siedlern das Rüstzeug für den Kampf um Heimat und Volk gegeben werden. Wie sieht die tatsächliche Nutzung aus?

Neulandhalle e.V.

Zunächst geht es um die Trägerschaft: Auch im NS-Staat muss eine Einrichtung finanziert und verwaltet werden. Oberpräsident Hinrich Lohse veranlasst 1936 die Gründung des Vereins Neulandhalle e.V. Zunächst wirbt er um beitragszahlende Mitglieder, preist in Briefen die Halle in den höchsten Tönen an. Das muss er auch, denn die Reaktionen fallen zurückhaltend aus.

Schließlich werden der „Reichsnährstand", fünf Landkreise der Westküstenregion, die Deichverbände, der Eiderverband sowie die Gemeinde Adolf-Hitler-Koog Vereinsmitglieder. Lohse ist Vorsitzender, der Landrat des Kreises Süderdithmarschen führt die Geschäfte.

Schulungsstätte und Jugendherberge

Das Ehepaar Söth, das ursprünglich für eine Siedlerstelle vorgesehen war, erhält für die Bewirtschaftung den Zuschlag. Es führt hier eine Jugendherberge und Schulungsstätte. Gliederungen der NSDAP und zahlreiche andere Organisationen nutzen die Einrichtung für Tagungen, die Hitlerjugend veranstaltet hier Freizeiten.

Wandernde Jugendliche zahlen 5 Pfennig Eintritt, um den bekannten Propagandabau zu besichtigen. Die Söths verkaufen Andenken und Postkarten, sogar eine Neulandhallen-Kachel wird in Auftrag gegeben.

Die Neulandhalle ist von Beginn an auch eine Mehrzweckhalle.

Bildnachweis: Dithmarscher Landesmuseum

Die Teilnehmer der Jahrestagung des „Westküste-Ausschusses" vor den Wächtern der Neulandhalle im Jahr 1936. In der Mitte der preußische Staatssekretär Dr. Friedrich Landfried und Oberpräsident Hinrich Lohse. Markant ist, dass NSDAP-Gauleiter Lohse in diesem Fall nicht in Parteiuniform, sondern in Zivilkleidung auftritt: Er will damit die staatliche, seriösere Rolle seiner Doppelfunktion unterstreichen.

Bildnachweis: LASH Abt. 734.3, Nr. 2900

Die Küche der Neulandhalle: Es erscheint kaum vorstellbar, dass hier auch für große Gesellschaften gekocht wird.

Bildnachweis: LASH Abt. 734.3, Nr. 2900

Zweckmäßig möblierter Gruppenschlafraum: Im Obergeschoss finden etwa 50 Jugendliche Platz. Zwei Aufgänge führen zu getrennten Bereichen für Mädchen und Jungen.

Bildnachweis: Sammlung Danker

Wanderheft der NS-Gemeinschaft „Kraft durch Freude" für das Wandergebiet Adolf-Hitler-Koog: In einer elfseitigen Beschreibung werden alle Sehenswürdigkeiten und Wegstrecken ausführlich vorgestellt. Der Koog scheint für wandernde Jugendliche an der Westküste eine Attraktion zu sein.

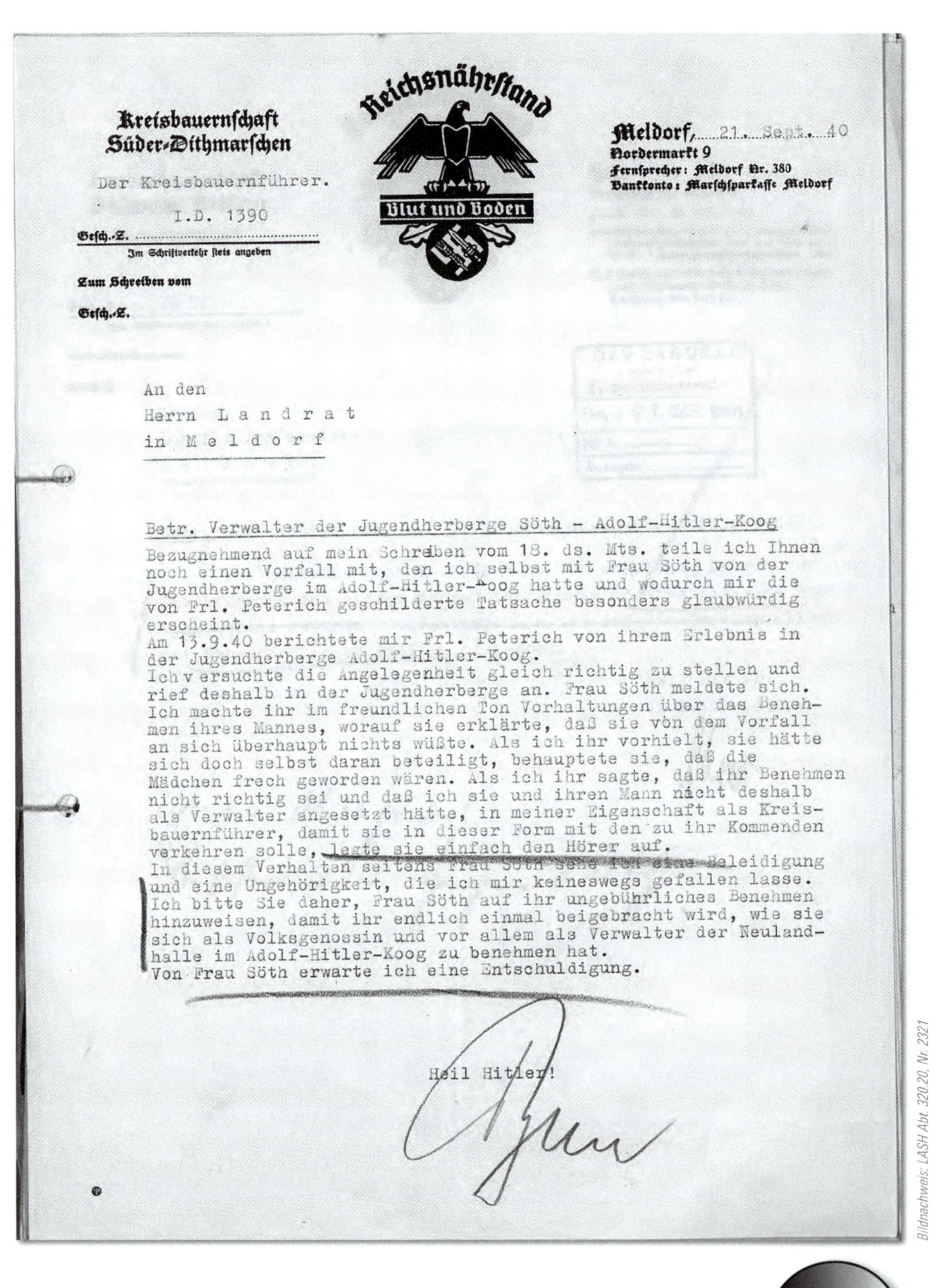

Kreisbauernschaft Süder-Dithmarschen

Der Kreisbauernführer.

I.D. 1390

Gesch.-Z. ....

Im Schriftverkehr stets angeben

Zum Schreiben vom

Gesch.-Z.

Reichsnährstand

Blut und Boden

Meldorf, 21. Sept. 40

Nordermarkt 9

Fernsprecher: Meldorf Nr. 380

Bankkonto: Marschsparkasse Meldorf

An den
Herrn L a n d r a t
in M e l d o r f

Betr. Verwalter der Jugendherberge Söth - Adolf-Hitler-Koog

Bezugnehmend auf mein Schreiben vom 18. ds. Mts. teile ich Ihnen noch einen Vorfall mit, den ich selbst mit Frau Söth von der Jugendherberge im Adolf-Hitler-Koog hatte und wodurch mir die von Frl. Peterich geschilderte Tatsache besonders glaubwürdig erscheint.
Am 13.9.40 berichtete mir Frl. Peterich von ihrem Erlebnis in der Jugendherberge Adolf-Hitler-Koog.
Ich versuchte die Angelegenheit gleich richtig zu stellen und rief deshalb in der Jugendherberge an. Frau Söth meldete sich. Ich machte ihr im freundlichen Ton Vorhaltungen über das Benehmen ihres Mannes, worauf sie erklärte, daß sie von dem Vorfall an sich überhaupt nichts wüßte. Als ich ihr vorhielt, sie hätte sich doch selbst daran beteiligt, behauptete sie, daß die Mädchen frech geworden wären. Als ich ihr sagte, daß ihr Benehmen nicht richtig sei und daß ich sie und ihren Mann nicht deshalb als Verwalter angesetzt hätte, in meiner Eigenschaft als Kreisbauernführer, damit sie in dieser Form mit den zu ihr Kommenden verkehren solle, legte sie einfach den Hörer auf.
In diesem Verhalten seitens Frau Söth sehe ich eine Beleidigung und eine Ungehörigkeit, die ich mir keineswegs gefallen lasse.
Ich bitte Sie daher, Frau Söth auf ihr ungebührliches Benehmen hinzuweisen, damit ihr endlich einmal beigebracht wird, wie sie sich als Volksgenossin und vor allem als Verwalter der Neulandhalle im Adolf-Hitler-Koog zu benehmen hat.
Von Frau Söth erwarte ich eine Entschuldigung.

Heil Hitler!

Bildnachweis: LASH Abt. 320.20, Nr. 2321

Alltagsprobleme

Alltagsprobleme

Zu weit gegangen

Frau Söth geht zu weit: Beschwerden über unfreundliches und ausfallendes Verhalten der Pächterin erreichen den Kreisbauernführer. Kurzerhand greift er zum Telefonhörer und stellt die Pächterin zur Rede, anfangs in freundlichem Ton, wie er festhält. Erst streitet sie alles ab, dann versucht sie sich herauszureden.
So sieht es jedenfalls der Kreisbauernführer. Jetzt weist er Frau Söth scharf zurecht, für derartiges Verhalten habe er sie nicht ausgewählt. Daraufhin legt „sie einfach den Hörer auf".

In einem Brief an den Landrat beschwert sich Kreisbauernführer Beeck am 21. September 1940:

„Ich bitte Sie daher, Frau Söth auf ihr ungebührliches Benehmen hinzuweisen, damit ihr endlich einmal beigebracht wird, wie Sie sich als Volksgenossin und vor allem als Verwalter der Neulandhalle im Adolf-Hitler-Koog zu benehmen hat. Von Frau Söth erwarte ich eine Entschuldigung."

Ob Frau Söth sich entschuldigt, ist nicht bekannt. Aber auch in der Folge gibt es Beschwerden.

Nationalsozialistische Deutsche Arbeiterpartei

Gau Schleswig-Holstein

Anschrift der Gaugeschäftsstelle: Nationalsozialistische Deutsche Arbeiterpartei, Gauleitung Schleswig-Holstein, Kiel, Gauhaus / Fernruf: Kiel 8880
Bankkonto der Gauleitung: Kieler Spar- und Leihkasse, Kiel, Konto-Nr. 200 unter NSDAP., Kiel, Gauhaus / Postscheckkonto der Gauleitung: Amt Hamburg Nr. 14973 unter NSDAP., Kiel, Gauhaus

Tageszeitungen des Nationalsozialistischen Gauverlages Schleswig-Holstein G.m.b.H., Itzehoe: I. Schleswig-Holsteinische Tageszeitung, Itzehoe i. Holst., Breite Straße 40, Fernruf: Sammel-Nummer 2164. II. Nordische Rundschau, Kiel, Bergstraße 11, Fernruf 446/448. III. Lübecker Volksbote, Lübeck, Johannisstr. 46, Fernruf: S. 25351

Amt für Volkswohlfahrt
Gau Schleswig-Holstein
Bank-Konto: Kieler Spar- und Leihkasse
Konto-Nr. 20000
Postscheck-Konto: Hamburg 23433
Fernruf: Kiel 9670–75

Kiel, den 16. Januar 1943
Klinke 21

K. 244

Abteilung III, Wohlfahrtspflege und Jugendhilfe.– Kindertagesstätten.
Ge./Si.–

An den
Herrn Landrat des Kreises Süderdithmarschen
Meldorf

Betr.: Schulung für Erntekindergartenleiterinnen.

Ihr Schreiben vom 6.d.Mts. habe ich erhalten. Die NSDAP.-Gauleitung Schleswig-Holstein, Amt für Volkswohlfahrt, Abteilung Kindertagesstätten beabsichtigt, auch für das Jahr 1943 laufend Schulungslehrgänge für Erntekindergartenleiterinnen in der Neulandhalle im Adolf-Hitler-Koog durchzuführen. Wir haben auch bereits mit der Pächterin der Neulandhalle, Frau Erna Söth, entsprechend verhandelt und sie mit Schreiben vom 5.1.43 gebeten, uns, wie bereits mündlich besprochen, die Neulandhalle für unsere Schulungslehrgänge in der Zeit
vom 27.4. bis 30.9.1943
zur Verfügung zu stellen. Da die schriftliche Stellungnahme der Frau Söth bisher nicht vorlag, konnte ich mich mit Ihnen noch nicht in Verbindung setzen. Nunmehr schreibt Frau Söth mir am 12.1.43 Folgendes:
"Ihr Schreiben vom 5.1.43 habe ich erhalten, bin aber bis heute nicht in der Lage, Ihren Wunsch zu erfüllen. Da ich diesen Sommer zu viel Kohlen für Ihre Kurse verbraucht habe und nun nur noch 90 % ausgeliefert bekomme. Also sitze ich jetzt ohne Feuerung. Ich habe mich schon an Dr. Kamphausen, Wirtschaftamt, gewandt und ihm gesagt, dass ich mit meinen Kindern frieren müsse und zur Antwort bekommen: ja das müsse ich dann." Also werden Sie verstehen, daß ich mich nächstes Jahr für nichts verpflichte."

Ich muss Frau Erna Söth bestätigen, dass es ihr unmöglich ist, mit dem ihr zur Verfügung stehenden Feuerungskontingent alle ihr gestellten Aufgaben zu erfüllen, soll doch neben Erwärmung der Neulandhalle und Jugendherberge jede einzelne Mahlzeit auf dem Herd zubereitet werden, da weder Gas noch Elektrizität vorhanden sind. Ich muss Sie darum bitten, Frau Söths Interessen gleichfalls bei dem Wirtschaftsamt in Meldorf zu vertreten, wie wir es auch heute wieder tun werden.

Im Übrigen möchte ich zu Ihrer Mitteilung, dass auf jeden Fall die Monate Juli und August von unseren Lehrgängen freizuhalten seien, da diese Monate der HJ. zur Verfügung stehen müßten, sagen, dass wir auf alle Fälle mit einer Zur-Verfügungstellung der Neulandhalle auch für die Monate Juli und August rechnen. Wir haben mit unseren Mädeln während der Herbst- und Wintermonate 1942 alle Unbequemlichkeiten und Unannehmlichkeiten auf uns genommen, die nun einmal die Belegung der Neulandhalle zwangsläufig mit sich bringt. Unsere Referentin sowie unsere Mädel haben zu Fuß von Kronprinzenkoog-Mitte oder zu Fuss oder mit dem Molkereiwagen von Marne bei schlechtestem Wetter den Weg zur Neulandhalle mit Gepäck zurückgelegt. Völlig durchnäßt bin ich selber wiederholt

Quelle: LASH Abt. 320.20. Nr. 2332

Alltagsprobleme

Alltagsprobleme

Frierende Kindergärtnerinnen

In der Neulandhalle läuft nicht alles reibungslos. 1942/1943 gibt es massive Engpässe in der Kohlezuteilung, die Halle kann nicht ordentlich geheizt werden. Schulungsgruppen des Erntekindergartens müssen frieren. Eine Referentin der Schulungsgruppe beschwert sich beim Landrat des Kreises Süderdithmarschen und hofft auf Unterstützung für Frau Söth.

Der Landrat
als Vors. d. Kr.A.

Tg.,den 2. Dez. 1936. K.3570.

1) An Herrn Vizepräs. Dr. Schow,

Kiel,

Oberpräsidium.

Zur Kanzlei: 2. Dez. 1936
Gefertigt: 2/12 d W
Ab: 3/12. L

Sehr geehrter Herr Dr. Schow!

Ihre erneute Anregung, daß der Kreis Eiderstedt dem "Verein Neulandhalle Adolf Hitler-Koog e.V." beitreten möge, habe ich in der Kreisausschußsitzung vom 26. 11. 1936 zur Erörterung gestellt. Wir möchten davon Abstand nehmen noch im laufenden Rechnungsjahr dem Verein beizutreten, um die Abwicklung des Haushaltsplanes nicht unnötig zu erschweren.

Die Mitglieder des Kreisausschusses werden die Frage des Eintritts in den Verein im Zusammenhang mit der Aufstellung des Haushaltsplans für das Rechnungsjahr 1937 erneut prüfen. Ich nehme an, daß ich alsdann den Vorschlag zum Beitritt machen kann und daß dem entsprochen wird. Damit würde dann Ihr dringender Wunsch, auch den Kreis Eiderstedt unter den Mitgliedern des Vereins zu sehen, erfüllt sein.

Ich möchte es aber nicht unterlassen, Ihnen meine grundsätzliche Stellungnahme zu den Gedanken und Zielen, die Sie mit der Gründung des Vereins befolgen, klarzulegen. Ich stimme Ihnen durchaus zu, daß die gesamten Maßnahmen, die auf weite Sicht an der gesamten Westküste durchgeführt werden müssen, nicht von Kiel aus bis in alle Einzel-

Quelle: LASH Abt. 320.20, Nr. 2332

Alltagsprobleme

Alltagsprobleme

Heiße Luft?

Nicht alle sind von der Bedeutung der Neulandhalle überzeugt. Drei Anläufe braucht es, ehe der Kreis Eiderstedt einer Mitgliedschaft zustimmt.

Denn: Landrat Hamkens ist kritisch. In einem Schreiben vom 2. Dezember 1936 legt er seine Bedenken ausführlich dar: Er glaube nicht, dass die Neulandhalle erfüllen könne, was Oberpräsident Lohse verspreche. Die Halle sei doch recht abgelegen, die Anreise umständlich.

Überhaupt würden Informationsarbeiten zum Deich- und Wasserwesen regional mehr Sinn ergeben.
Hamkens macht klar, dass er als Bauer in seiner Arbeit immer wieder auf die dringenden Aufgaben der Westküstenarbeit hinweise. Aber welchen Nutzen habe der Kreis Eiderstedt von der Neulandhalle?

Nach neuerlichen Bitten erklärt er sich im Namen des Kreisausschusses erkennbar widerwillig zur Mitgliedschaft bereit.

Nationalsozialistischer Festkalender

„An den Feiertagen der Nation, am Tag der Nationalen Arbeit, zum Erntedankfest und zur Feier des Tages, an dem der Führer ihrer neuen Heimat die Weihe gab, werden sich die Siedler in der Halle zusammenfinden."

– So heißt es 1936 in der von Oberpräsident und Gauleiter Lohse herausgegebenen Festschrift „Neulandhalle".

Inszenierte

Angesprochen ist damit ein besonderer Teil des Gemeinschaftslebens im Koog: Vergleichbar mit dem Kirchenkalender haben die Nationalsozialisten ein eigenes Feierjahr geschaffen. So feiert man zum Beispiel am 21. Juni das „Sonnenwendfest": Arbeitsdienst und NS-Formationen entfachen dann an der Neulandhalle ein Feuer und singen das Lied „Flamme empor": *„Heilige Glut! Rufe die Jugend zusammen ... Leuchtender Schein! Siehe, die singenden Paare schwören am Flammenaltare, Deutsche zu sein!"*

Gefühle

In diesen Momenten ist die Neulandhalle eine nationalsozialistische Kirche. Und die dörfliche Volkgemeinschaft erlebt ihr Zusammenrücken.

Was machen solche Zusammenkünfte mit den Menschen?

Der große Innenraum der Neulandhalle geschmückt mit einer Erntekrone: Die Erntedankfeier hat stattgefunden.

Wie auch in jeder ländlichen Kirche üblich, bleibt sie einige Zeit hängen. Erntedank ist – sehr nachvollziehbar – für die Landbevölkerung ein außergewöhnlich wichtiges Datum.

1. Oktober 1933: Aufmarsch der Teilnehmer zum ersten Reichserntedankfest auf dem Bückeberg bei Hameln.

Das NS-Feierjahr

Hintergrundbild:
Ausschnitt einer zeitgenössischen Postkarte

Gemeinschaftsstiftende Feste und Bräuche der NS-Volksgemeinschaft

„An den Feiertagen der Nation, am Tag der Nationalen Arbeit, zum Erntedankfest und zur Feier des Tages, an dem der Führer ihrer neuen Heimat die Weihe gab, werden sich die Siedler in der Halle zusammenfinden."

– So heißt es 1936 in der von Oberpräsident und Gauleiter Lohse herausgegebenen Festschrift „Neulandhalle".

Inszenierte Gefühle

Angesprochen ist damit ein besonderer Teil des Gemeinschaftslebens im Koog: Vergleichbar mit dem Kirchenkalender haben die Nationalsozialisten ein eigenes Feierjahr geschaffen. So feiert man zum Beispiel am 21. Juni das „Sonnenwendfest": Arbeitsdienst und NS-Formationen entfachen dann an der Neulandhalle ein Feuer und singen das Lied „Flamme empor":

„Heilige Glut! Rufe die Jugend zusammen … Leuchtender Schein!
Siehe, die singenden Paare schwören am Flammenaltare, Deutsche zu sein!"

In diesen Momenten ist die Neulandhalle eine nationalsozialistische Kirche. Und die dörfliche Volkgemeinschaft erlebt ihr Zusammenrücken.

Was machen solche Zusammenkünfte mit den Menschen?

Bildnachweis: Dithmarscher Landesmuseum

Der große Innenraum der Neulandhalle geschmückt mit einer Erntekrone: Die Erntedankfeier hat stattgefunden. Wie auch in jeder ländlichen Kirche üblich, bleibt sie einige Zeit hängen. Erntedank ist – sehr nachvollziehbar – für die Landbevölkerung ein außergewöhnlich wichtiges Datum.

1. Oktober 1933: Aufmarsch der Teilnehmer zum ersten Reichserntedankfest auf dem Bückeberg bei Hameln.

Bildnachweis: Hans Pusen, Historisches Museum Hannover

Das NS-Feierjahr

Bildnachweis: Hans Pusen, Historisches Museum Hannover

Das Reichserntedankfest auf dem Bückeberg bei Hameln gehört neben Reichsparteitagen und Maifeiern zu den drei größten NS-Massenveranstaltungen im Jahr. 1937 sollen es mehr als eine Million Teilnehmer sein.

Hier, auf dieser zwischen 1933 und 1937 entstandenen Fotografie von Hans Pusen, gehen Adolf Hitler sowie „Reichsbauernführer" Richard Walther Darré (links) und Reichspropagandaminister Joseph Goebbels (rechts, fotografierend) auf die Tribüne.

Den Massenrausch kann man im Adolf-Hitler-Koog nicht erleben. Aber: Feierliche Inszenierungen mit Aufmarsch und Feuer, Rezitation und Schwur, Gesang und Kult an der Neulandhalle schaffen nachhaltige Gefühle auch in der „Volksgemeinschaft" im Kleinen.

Schon 1935 ist das nationalsozialistische Feierjahr fest verankert. Wie der christliche Festtagskalender kennt es bindende Termine und eigene Liturgien – und vor allem viele Anlässe.

So feiert man unter anderem:

- am 30. Januar den „Tag der Machtergreifung"
- am 24. Februar die „Neugründung der NSDAP"
- am fünften Sonntag vor Ostern den aus dem „Volkstrauertag" umgedeuteten „Heldengedenktag"
- am 20. April „Führers Geburtstag"
- am 1. Mai den „Tag der Nationalen Arbeit" (1933 durch Umdeutung des „Kampftags der Arbeiterklasse" zum Feiertag erhoben)
- am zweiten Sonntag im Mai den (neu geschaffenen) „Muttertag"
- am 21. Juni die „Sommersonnenwende"
- in der ersten Septemberwoche den „Reichsparteitag"
- am ersten Sonntag nach dem 29. September das „Erntedankfest"
- am 9. November den „Gedenktag für die Gefallenen der Bewegung"
- am 21. Dezember die „Wintersonnenwende"

Damit überformt der NS-Staat christliche Feiertraditionen, schafft emotionale Bindungen an „Führer" und Partei und stiftet im nationalsozialistischen Sinne Gemeinschaft.

Zwar besteht der christliche Feierkalender fort. Aber: Damit ist ein zweiter, gleichrangiger Festkalender kulturell gegenwärtig.

So wird der religiöse Anspruch der NS-Bewegung erhoben und das soziale Bedürfnis nach Gemeinschaftserfahrungen erfüllt.

Blick durch ein Guckloch in das Innere des Buchstabens

Gemeinschafts-stiftende Feste und Bräuche …

… der NS-Volks-gemeinschaft

Erntedank unter dem Hakenkreuz (Bürgermeister Sievers in Flensburg 1933).
Bildnachweis: „Flensburger Illustrierte Nachrichten"

Erntedank unter dem Hakenkreuz (Festwagen in Flensburg 1933).
Bildnachweis: „Flensburger Illustrierte Nachrichten"

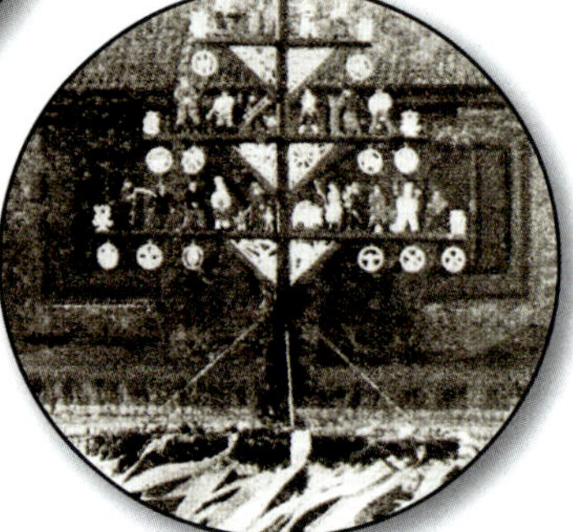

Maibaum „Löhmannschule" Flensburg 1. Mai 1939.
Bildnachweis: „Flensburger Illustrierte Nachrichten"

Eintopfsonntag der SA in Flensburg, März 1936.
Bildnachweis: „Flensburger Illustrierte Nachrichten"

Erntedankfest in Harrislee 1936.
Bildnachweis: „Flensburger Illustrierte Nachrichten"

Der Eintopf als Symbol des Zusammengehens aller „Volksgenossen" für „eine gute Sache"
Bildnachweis: „Flensburger Illustrierte Nachrichten"

Bildnachweis: Dithmarscher Landesmuseum

Ausschnitt einer zeitgenössischen Postkarte.

Überörtliche Ausstrahlung?

Werbefaktor Neulandhalle

Es ist der Auftakt der jährlichen Sammlungen des nationalsozialistischen „Winterhilfswerks“: Zum „Tag der nationalen Solidarität“ werden Pappabzeichen gedruckt. Mit einer Nadel an der Kleidung befestigt, weisen sie die Träger als Spender für notleidende „Volksgenossen“ aus.

1936 zieren fünf architektonische Sehenswürdigkeiten Schleswig-Holsteins die kleinen Drucke: das Rathaus von Altona, das Marine-Ehrenmal Kiel-Laboe, Flensburgs Nordertor, Schloss Gottorf in Schleswig – und die Neulandhalle des Adolf-Hitler-Kooges.

Brücke zur großen Volksgemeinschaft

Bereits im Jahr ihrer Einweihung lässt sich also mit der Neulandhalle werben. Das belegt überregionale Bekanntheit und Bedeutung des Gebäudes für die NS-Gesellschaft.

Überall gegenwärtig, verkörpert das Winterhilfswerk das Eintreten starker für schwache „Volksgenossen“. Die Verwendung der Neulandhalle für diese Zwecke baut eine Brücke von der kleinen Volksgemeinschaft im Adolf-Hitler-Koog zur großen, reichsweiten NS-Volksgemeinschaft.

Erfolgreich?

Ist die abgelegene Neulandhalle ein derart wichtiger, gemeinschaftsstiftender und religiöser Bau der NS-Volksgemeinschaft, dass die Propaganda aufgeht? Oder wird hier die Bedeutung eines Gebäudes überhöht?

Ein Spendenabzeichen des NS-Winterhilfswerks im Dezember 1936. Mit einer aufgeklebten Spannnadel lässt sich das im Original nur 4,2 mal 3,4 Zentimeter große Pappstück an der Kleidung befestigen. Es weist den Träger als Spender aus.

Abgebildet ist die Neulandhalle mit Glockenturm und Hakenkreuzfahne. Die beiden „Wächter“ werden – grafisch nachvollziehbar – noch einmal rechts und links im Bildrahmen hervorgehoben, das Hakenkreuz ins Gelände gesetzt. Der Name „Neuland-Halle“ und die regionale Verortung im „Adolf-Hitler-Koog“ verhindern jedes Missverständnis.

Werbefaktor Neulandhalle

Es ist der Auftakt der jährlichen Sammlungen des nationalsozialistischen „Winterhilfswerks": Zum „Tag der nationalen Solidarität" werden Pappabzeichen gedruckt. Mit einer Nadel an der Kleidung befestigt, weisen sie die Träger als Spender für notleidende „Volksgenossen" aus.

1936 zieren fünf architektonische Sehenswürdigkeiten Schleswig-Holsteins die kleinen Drucke: das Rathaus von Altona, das Marine-Ehrenmal Kiel-Laboe, Flensburgs Nordertor, Schloss Gottorf in Schleswig – und die Neulandhalle des Adolf-Hitler-Kooges.

Brücke zur großen Volksgemeinschaft

Bereits im Jahr ihrer Einweihung lässt sich also mit der Neulandhalle werben. Das belegt überregionale Bekanntheit und Bedeutung des Gebäudes für die NS-Gesellschaft.

Überall gegenwärtig, verkörpert das Winterhilfswerk das Eintreten starker für schwache „Volksgenossen". Die Verwendung der Neulandhalle für diese Zwecke baut eine Brücke von der kleinen Volksgemeinschaft im Adolf-Hitler-Koog zur großen, reichsweiten NS-Volksgemeinschaft.

Erfolgreich?

Ist die abgelegene Neulandhalle ein derart wichtiger, gemeinschaftsstiftender und religiöser Bau der NS-Volksgemeinschaft, dass die Propaganda aufgeht? Oder wird hier die Bedeutung eines Gebäudes überhöht?

Bildnachweis: Sammlung Danker

Ein Spendenabzeichen des NS-Winterhilfswerks im Dezember 1936. Mit einer aufgeklebten Spannnadel lässt sich das im Original nur 4,2 mal 3,4 Zentimeter große Pappstück an der Kleidung befestigen. Es weist den Träger als Spender aus.

Abgebildet ist die Neulandhalle mit Glockenturm und Hakenkreuzfahne. Die beiden „Wächter" werden – grafisch nachvollziehbar – noch einmal rechts und links im Bildrahmen hervorgehoben, das Hakenkreuz ins Gelände gesetzt. Der Name „Neuland-Halle" und die regionale Verortung im „Adolf-Hitler-Koog" verhindern jedes Missverständnis.

Verheißungsvoll und wirkmächtig: Die NS-Volksgemeinschaft

Mit der „Volksgemeinschaft" versprechen die Nationalsozialisten eine Gesellschaft ohne soziale, politische und kulturelle Konflikte. Angebote für sozial benachteiligte Gruppen werden öffentlichkeitswirksam zur Verfügung gestellt, die Menschen sollen zusammenrücken. Die Botschaft lautet: „Du bist nichts, dein Volk ist alles". Doch zur Volksgemeinschaft gehört auch: Man möchte nicht alle dabeihaben; eigentlich nur nationalsozialistisch gesinnte, (erb-)gesunde „Arier".

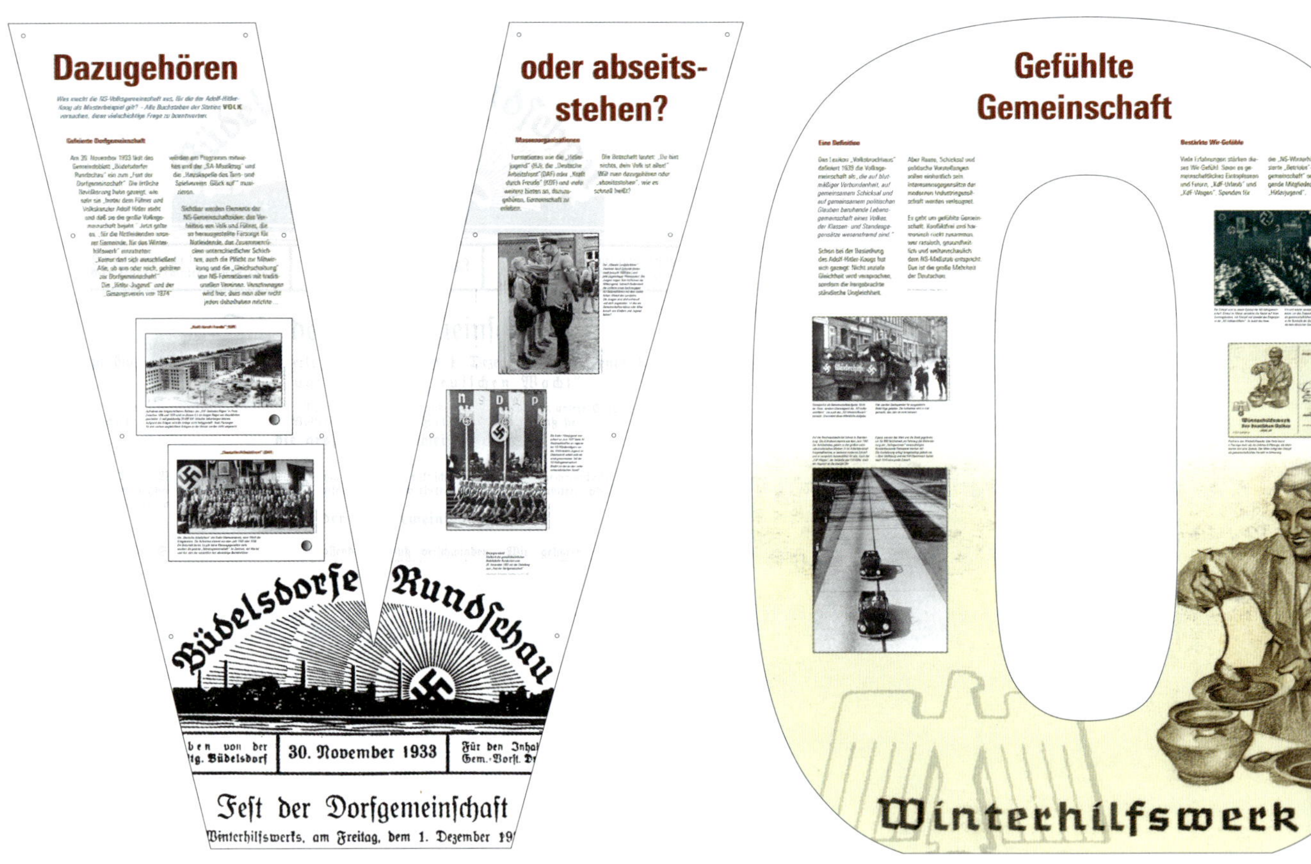

Verlockendes Versprechen
en über Metz nach Paris

NS-Herrschaft
in Schleswig-Holstein

Dazugehören oder abseitsstehen?

Was macht die NS-Volksgemeinschaft aus, für die der Adolf-Hitler-Koog als Musterbeispiel gilt? – Alle Buchstaben der Station **VOLK** *versuchen, diese vielschichtige Frage zu beantworten.*

Gefeierte Dorfgemeinschaft

Am 30. November 1933 lädt das Gemeindeblatt „Büdelsdorfer Rundschau" ein zum „Fest der Dorfgemeinschaft". Die örtliche Bevölkerung habe gezeigt, wie sehr sie „hinter dem Führer und Volkskanzler Adolf Hitler steht und daß sie die große Volksgemeinschaft bejaht." Jetzt gelte es, „für die Notleidenden unserer Gemeinde, für das Winterhilfswerk" einzutreten: „Keiner darf sich ausschließen! Alle, ob arm oder reich, gehören zur Dorfgemeinschaft!" Die „Hitler-Jugend" und der „Gesangsverein von 1874" würden am Programm mitwirken und der „SA-Musikzug" und die „Hauskapelle des Turn- und Spielvereins ‚Glück auf'" musizieren.

Sichtbar werden Elemente der NS-Gemeinschaftsidee: das Verhältnis von Volk und Führer, die so herausgestellte Fürsorge für Notleidende, das Zusammenrücken unterschiedlicher Schichten, auch die Pflicht zur Mitwirkung und die „Gleichschaltung" von NS-Formationen mit traditionellen Vereinen. Verschwiegen wird hier, dass man aber nicht jeden dabeihaben möchte ...

„Kraft durch Freude" (KdF)

Aufnahme des fortgeschrittenen Rohbaus des „KdF-Seebades Rügen" in Prora. Zwischen 1936 und 1939 wird an diesem 4,5 km langen Riegel von Hausblöcken gearbeitet. Er soll gleichzeitig 20.000 KdF-Urlauber beherbergen können. Aufgrund des Krieges wird die Anlage nicht fertiggestellt. Auch Planungen für drei weitere vergleichbare Anlagen an der Ostsee werden nicht umgesetzt.

„Deutsche Arbeitsfront" (DAF)

Die „Deutsche Arbeitsfront" des Kieler Marinearsenals, einer Werft der Kriegsmarine. Die Aufnahme stammt aus dem Jahr 1935 oder 1936. Die Botschaft lautet: Es gibt keine Klassengegensätze mehr, sondern die geeinte „Betriebsgemeinschaft". Im Zentrum, mit Mantel und Hut, sitzt der tatsächlich fast allmächtige Betriebsführer.

Massenorganisationen

Formationen wie die „Hitlerjugend" (HJ), die „Deutsche Arbeitsfront"(DAF) oder „Kraft durch Freude" (KDF) und viele weitere bieten an, dazuzugehören, Gemeinschaft zu erleben.

Die Botschaft lautet: „Du bist nichts, dein Volk ist alles!" Will man dazugehören oder „abseitsstehen", wie es schnell heißt?

Der „Oberste Landjahrführer" Staatsrat Adolf Schmidt-Bodenstedt besucht 1939 das Landjahr-Jugendlager Wolmersdorf. Die Jungen tragen ihre Uniformen der Hitlerjugend, Schmidt-Bodenstedt die Uniform eines hochrangigen HJ-Gebietsführers mit dem zusätzlichen Winkel des Landjahrs. Die Jungen sind ehrfurchtsvoll und stolz angetreten. Ist das ein Gemeinschaftserlebnis oder Missbrauch von Kindern und Jugendlichen?

Die Kieler Hitlerjugend marschiert im Juni 1937 beim III. Nordmarktreffen an regionalen NS-Würdenträgern vorbei. Uniformierte Jugend im Gleichschritt erlebt sich als ernst genommener Teil der NS-Volksgemeinschaft. Bindet sie das an den nationalsozialistischen Staat?

Hintergrundbild: Titelblatt der gemeindeamtlichen Büdelsdorfer Rundschau vom 30. November 1933 mit der Einladung zum „Fest der Dorfgemeinschaft".

Büdelsdorfe Rundschau

...ben von der ...tg. Büdelsdorf | 30. November 1933 | Für den Inhal... Gem.-Vorst. D...

Fest der Dorfgemeinschaft

Winterhilfswerks, am Freitag, dem 1. Dezember 19...

Was macht die NS-Volksgemeinschaft aus, für die der Adolf-Hitler-Koog als Musterbeispiel gilt? – Alle Buchstaben der Station **VOLK** *versuchen, diese vielschichtige Frage zu beantworten.*

Gefeierte Dorfgemeinschaft

Am 30. November 1933 lädt das Gemeindeblatt „Büdelsdorfer Rundschau" ein zum „Fest der Dorfgemeinschaft". Die örtliche Bevölkerung habe gezeigt, wie sehr sie „hinter dem Führer und Volkskanzler Adolf Hitler steht und daß sie die große Volksgemeinschaft bejaht." Jetzt gelte es, „für die Notleidenden unserer Gemeinde, für das Winterhilfswerk" einzutreten: „Keiner darf sich ausschließen! Alle, ob arm oder reich, gehören zur Dorfgemeinschaft!"
Die „Hitler-Jugend" und der „Gesangsverein von 1874" würden am Programm mitwirken und der „SA-Musikzug" und die „Hauskapelle des Turn- und Spielvereins ‚Glück auf'" musizieren.

Sichtbar werden Elemente der NS-Gemeinschaftsidee: das Verhältnis von Volk und Führer, die so herausgestellte Fürsorge für Notleidende, das Zusammenrücken unterschiedlicher Schichten, auch die Pflicht zur Mitwirkung und die „Gleichschaltung" von NS-Formationen mit traditionellen Vereinen. Verschwiegen wird hier, dass man aber nicht jeden dabeihaben möchte …

Massenorganisationen

Formationen wie die „Hitlerjugend" (HJ), die „Deutsche Arbeitsfront"(DAF) oder „Kraft durch Freude" (KDF) und viele weitere bieten an, dazuzugehören, Gemeinschaft zu erleben.

Die Botschaft lautet: „Du bist nichts, dein Volk ist alles!" Will man dazugehören oder „abseitsstehen", wie es schnell heißt?

Herausgegeben von der Gemeindeverwaltg. Büdelsdorf | 30. November 1933 | Für den Inhalt verantwortlich: Gem.-Vorst. Drasdo-Büdelsdorf

Fest der Dorfgemeinschaft

zu Gunsten des Winterhilfswerks, am Freitag, dem 1. Dezember 1933, abends 8 Uhr im „Spitzkrug" und in der „Deutschen Wacht".

Die Volksabstimmung vom 12. November 1933 hat eindeutig bewiesen, daß unsere Einwohnerschaft geschlossen hinter dem Führer und Volkskanzler Adolf Hitler steht und daß sie

die große Volksgemeinschaft

bejaht.

Titelblatt der gemeindeamtlichen Büdelsdorfer Rundschau vom 30. November 1933 mit der Einladung zum „Fest der Dorfgemeinchaft".

Bildnachweis: Büdelsdorfer Rundschau vom 30.11.1933

Bildnachweis: Sammlung Leppien

Der „Oberste Landjahrführer" Staatsrat Adolf Schmidt-Bodenstedt besucht 1939 das Landjahr-Jugendlager Wolmersdorf. Die Jungen tragen ihre Uniformen der Hitlerjugend, Schmidt-Bodenstedt die Uniform eines hochrangigen HJ-Gebietsführers mit dem zusätzlichen Winkel des Landjahrs. Die Jungen sind ehrfurchtsvoll und stolz angetreten. Ist das ein Gemeinschaftserlebnis oder Missbrauch von Kindern und Jugendlichen?

Bildnachweis: Sammlung Leppien

Die Kieler Hitlerjugend marschiert im Juni 1937 beim III. Nordmarktreffen an regionalen NS-Würdenträgern vorbei. Uniformierte Jugend im Gleichschritt erlebt sich als ernst genommener Teil der NS-Volksgemeinschaft. Bindet sie das an den nationalsozialistischen Staat?

„Kraft durch Freude“ (KdF)

Bildnachweis: BArch, Bild 146-1998-055-22A

Aufnahme des fortgeschrittenen Rohbaus des „KdF-Seebades Rügen“ in Prora. Zwischen 1936 und 1939 wird an diesem 4,5 km langen Riegel von Hausblöcken gearbeitet. Er soll gleichzeitig 20.000 KdF-Urlauber beherbergen können. Aufgrund des Krieges wird die Anlage nicht fertiggestellt. Auch Planungen für drei weitere vergleichbare Anlagen an der Ostsee werden nicht umgesetzt.

Reisen für alle? Die NS-Gemeinschaft „Kraft durch Freude“ (KdF)

Die „Deutsche Arbeitsfront“ beschäftigt sich kaum mit Arbeitsbedingungen, um so mehr mit der Freizeit ihrer Mitglieder. Ihre nach einer Parole benannte Untergliederung „Kraft durch Freude“ organisiert massenhaft Angebote vom Theaterabend bis zur Ferienreise. Und diese KdF-Angebote überzeugen viele von der NS-Volksgemeinschaft. Im gehobenen Bürgertum gehört Urlaub längst zum Jahresablauf.

Für kleinbürgerliche Familien und besonders Arbeiterfamilien gilt das nicht. Viele von ihnen können jetzt zum ersten Mal für ein paar Tage verreisen.

Es wird die Geburtsstunde des Massentourismus. Busfahrten, geführte Wanderungen, Pauschalreisen und sonstige Freizeitangebote erreichen tatsächlich viele Menschen.

Manche Reisen führen in traditionelle Seebäder. Das mondäne Westerland aber freut sich nicht über die etwa im Jahr 1937 zusätzlich anreisenden 1.600 KdF-Gäste. Denn sie lassen fast kein Geld im Ort.

Für den Badeurlaub der Massen plant man riesige neue Seebäder. KdF-eigene Passagierschiffe wie die luxuriöse, 1938 in Dienst genommene „Wilhelm Gustloff“ erfüllen Ausgewählten sogar den Traum von einer Kreuzfahrt.

„Deutsche Arbeitsfront" (DAF)

Bildnachweis: StA Kiel

Die „Deutsche Arbeitsfront" des Kieler Marinearsenals, einer Werft der Kriegsmarine. Die Aufnahme stammt aus dem Jahr 1935 oder 1936.
Die Botschaft lautet: Es gibt keine Klassengegensätze mehr, sondern die geeinte „Betriebsgemeinschaft". Im Zentrum, mit Mantel und Hut, sitzt der tatsächlich fast allmächtige Betriebsführer.

Vom gewerkschaftlichen Kampf zur „Deutschen Arbeitsfront" (DAF)

In den ersten Wochen der Regierung Hitler setzen die Freien Gewerkschaften meist auf Anpassung. Das schützt sie aber nicht vor Terror: Ihre Häuser werden besetzt und viele Funktionäre verhaftet.

Strategisch erhebt die neue Regierung den internationalen „Kampftag der Arbeiterklasse", den 1. Mai, zum „Feiertag der Nationalen Arbeit". Verkrampft marschiert man am 1. Mai 1933 gemeinsam.

In der NS-Volksgemeinschaft sollen soziale Konflikte der Vergangenheit angehören. Die Freien Gewerkschaften werden am 2. Mai 1933 zerschlagen. Ihre Vermögen gehen in die am 10. Mai 1933 gegründete „Deutsche Arbeitsfont" (DAF) über. Sie wird die größte NS-Massenorganisation.

23 Millionen Menschen gehören ihr im Jahr 1938 an.

Das Besondere: In der DAF sind Arbeitnehmer und Arbeitgeber gemeinsam organisiert. Unterschiedliche Interessen werden der Gemeinschaftsidee untergeordnet. Tarifauseinandersetzungen gibt es nicht mehr, staatlich ernannte „Treuhänder der Arbeit" setzen jetzt Löhne und Arbeitsbedingungen fest.

In Unternehmen bilden Arbeitgeber und Belegschaft nun die „Betriebsgemeinschaft". Allerdings herrscht das Führerprinzip: Der „Betriebsführer", Unternehmer oder Direktor, ist ab Januar 1934 nach dem „Gesetz zur Ordnung der nationalen Arbeit" mit fast unbeschränkter Macht ausgestattet.

– Die Herr-im-Haus-Frage ist damit geklärt und die Betriebsgemeinschaft geordnet.

Gefühlte Gemeinschaft

Eine Definition

Das Lexikon „Volksbrockhaus" definiert 1939 die Volksgemeinschaft als *„die auf blutmäßiger Verbundenheit, auf gemeinsamem Schicksal und auf gemeinsamem politischen Glauben beruhende Lebensgemeinschaft eines Volkes, der Klassen- und Standesgegensätze wesensfremd sind."*

Schon bei der Besiedlung des Adolf-Hitler-Koogs hat sich gezeigt: Nicht soziale Gleichheit wird versprochen, sondern die hergebrachte ständische Ungleichheit.

Aber Rasse, Schicksal und politische Vorstellungen sollen einheitlich sein. Interessensgegensätze der modernen Industriegesellschaft werden verleugnet.

Es geht um gefühlte Gemeinschaft. Konfliktfrei und harmonisch rückt zusammen, wer rassisch, gesundheitlich und weltanschaulich dem NS-Maßstab entspricht. Das ist die große Mehrheit der Deutschen.

Sozialpolitik als Gemeinschaftsaufgabe: Nicht der Staat, sondern überwiegend die „NS-Volkswohlfahrt", die auch das „NS-Winterhilfswerk" betreibt, übernimmt diese öffentliche Aufgabe.

Hier werden Sachspenden für ausgewählte Bedürftige geladen. Die Aufnahme wird in Kiel gemacht, das Jahr ist nicht bekannt.

Auf der Reichsautobahn bei Lehnin in Brandenburg: Die Aufnahme stammt aus dem Jahr 1943. Der Autobahnbau gehört zu den großen nationalsozialistischen Mythen: Er ist Arbeitsbeschaffungsmaßnahme, er bedeutet moderne Zukunft und er verspricht Automobilität für alle. Auch der „KdF-Wagen", der Vorläufer des VW-Käfer, stellt ein Angebot an die Massen dar.

Eigens werden das Werk und die Stadt gegründet, um für 990 Reichsmark pro Fahrzeug die Motorisierung der „Volksgenossen" voranzubringen. Hunderttausende Kleinsparer machen mit. Die Auslieferung erfolgt kriegsbedingt jedoch nie. – Aber Wolfsburg und das VW-Stammwerk haben nach 1945 eine große Zukunft.

Bestärkte Wir-Gefühle

Viele Erfahrungen stärken dieses Wir-Gefühl. Seien es gemeinschaftliches Eintopfessen und Feiern, „KdF-Urlaub" und „KdF-Wagen", Spenden für die „NS-Winterhilfe", organisierte „Betriebs"- und „Dorfgemeinschaft" oder eine prägende Mitgliedschaft in der „Hitlerjugend".

Der Eintopf wird zu einem Symbol der NS-Volksgemeinschaft: Einmal im Monat verzichtet die Nation auf ihren Sonntagsbraten, isst Eintopf und spendet das Eingesparte der „NS-Volkswohlfahrt". So lautet das Ideal.

Hin und wieder veranstaltet man auch große Eintopfessen, um das Zusammenrücken für „einen guten Zweck" als gemeinschaftliches Erlebnis zu feiern. Wie hier, in der Turnhalle der Schule Kupfermühle an der deutsch-dänischen Grenze im Dezember 1936.

Postkarte des Winterhilfswerks: Das Porto kostet 4 Pfennige mehr als die üblichen 6 Pfennige, die Mehrkosten sind eine Spende. Das Motiv bringt den Eintopf als gemeinschaftlichen Verzicht in Erinnerung.

Eine Definition

Das Lexikon „Volksbrockhaus“ definiert 1939 die Volksgemeinschaft als *„die auf blutmäßiger Verbundenheit, auf gemeinsamem Schicksal und auf gemeinsamem politischen Glauben beruhende Lebensgemeinschaft eines Volkes, der Klassen- und Standesgegensätze wesensfremd sind.“*

Es geht um gefühlte Gemeinschaft. Konfliktfrei und harmonisch rückt zusammen, wer rassisch, gesundheitlich und weltanschaulich dem NS-Maßstab entspricht. Das ist die große Mehrheit der Deutschen.

Zitat: Der Volksbrockhaus, 8. Auflage (1939), S. 735

Schon bei der Besiedlung des Adolf-Hitler-Koogs hat sich gezeigt: Nicht soziale Gleichheit wird versprochen, sondern die hergebrachte ständische Ungleichheit.

Aber Rasse, Schicksal und politische Vorstellungen sollen einheitlich sein. Interessensgegensätze der modernen Industriegesellschaft werden verleugnet.

Bestärkte Wir-Gefühle

Viele Erfahrungen stärken dieses Wir-Gefühl. Seien es gemeinschaftliches Eintopfessen und Feiern, „KdF-Urlaub“ und „KdF-Wagen“, Spenden für die „NS-Winterhilfe“, organisierte „Betriebs-“ und „Dorfgemeinschaft“ oder eine prägende Mitgliedschaft in der „Hitlerjugend“.

Bildnachweis: Richard Garms, LASH Abt. 2003.2, Nr. 4144

Sozialpolitik als Gemeinschaftsaufgabe: Nicht der Staat, sondern überwiegend die „NS-Volkswohlfahrt“, die auch das „NS-Winterhilfswerk“ betreibt, übernimmt diese öffentliche Aufgabe.
Hier werden Sachspenden für ausgewählte Bedürftige geladen. Die Aufnahme wird in Kiel gemacht, das Jahr ist nicht bekannt.

Bildnachweis: Bundesarchiv Bild 146-1979-025-30A

Auf der Reichsautobahn bei Lehnin in Brandenburg: Die Aufnahme stammt aus dem Jahr 1943. Der Autobahnbau gehört zu den großen nationalsozialistischen Mythen: Er ist Arbeitsbeschaffungsmaßnahme, er bedeutet moderne Zukunft und er verspricht Automobilität für alle. Auch der „KdF-Wagen", der Vorläufer des VW-Käfer, stellt ein Angebot an die Massen dar.
Eigens werden das Werk und die Stadt gegründet, um für 990 Reichsmark pro Fahrzeug die Motorisierung der „Volksgenossen" voranzubringen. Hunderttausende Kleinsparer machen mit. Die Auslieferung erfolgt kriegsbedingt jedoch nie.
– Aber Wolfsburg und das VW-Stammwerk haben nach 1945 eine große Zukunft.

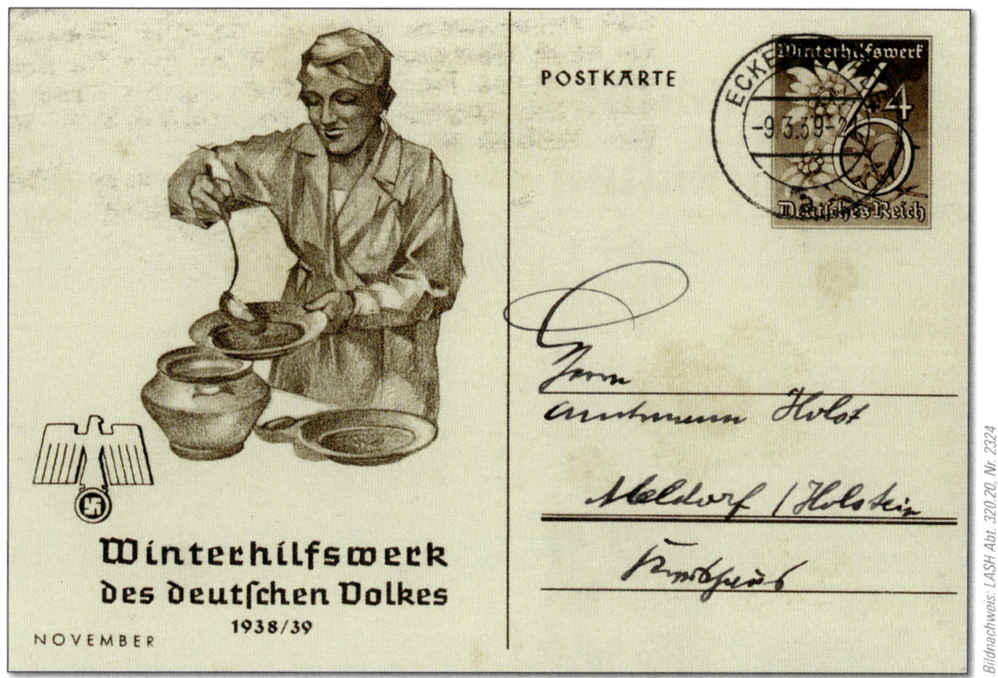

Bildnachweis: LASH Abt. 320.20, Nr. 2324

Postkarte des Winterhilfswerks: Das Porto kostet 4 Pfennige mehr als die üblichen 6 Pfennige, die Mehrkosten sind eine Spende. Das Motiv bringt den Eintopf als gemeinschaftlichen Verzicht in Erinnerung.

Bildnachweis: „Flensburger Illustrierte Nachrichten", Nr. 53 vom 30.12.1936

Der Eintopf wird zu einem Symbol der NS-Volksgemeinschaft: Einmal im Monat verzichtet die Nation auf ihren Sonntagsbraten, isst Eintopf und spendet das Eingesparte der „NS-Volkswohlfahrt". So lautet das Ideal. Hin und wieder veranstaltet man auch große Eintopfessen, um das Zusammenrücken für ‚einen guten Zweck' als gemeinschaftliches Erlebnis zu feiern. Wie hier, in der Turnhalle der Schule Kupfermühle an der deutsch-dänischen Grenze im Dezember 1936.

Verlockendes Versprechen

Erinnerte Stimmung

Der Gedanke einer „Volksgemeinschaft" ist nicht neu. Seine Wurzeln liegen im Sommer 1914, als im vermeintlichen Gefühlsüberschwang des Kriegsbeginns Deutsche aller Schichten und Weltanschauungen zusammenrückten und ein geeintes Volk bildeten. Die Nationalsozialisten beschwören diese gemeinschaftliche Stimmung. Nach der Endphase der Weimarer Republik mit ihren vielen Konflikten ist das besonders werbewirksam. Gefühlte und immer wieder zelebrierte Gemeinschaft im NS-Staat kommt gut an. Sie wird prägend für eine Generation von Angehörigen der Hitlerjugend.

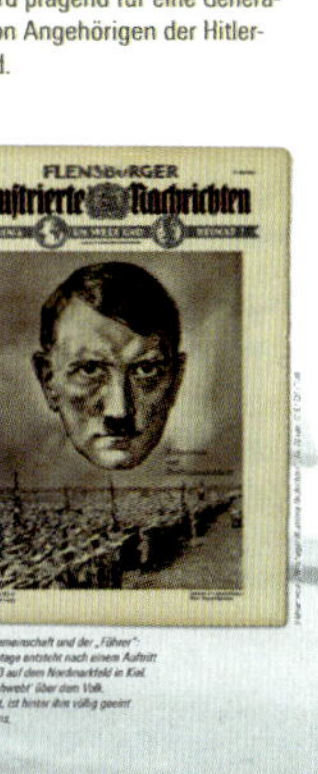

Die NS-Volksgemeinschaft und der „Führer": Diese Fotomontage entsteht nach einem Auftritt am 7. Mai 1933 auf dem Nordmarkfeld in Kiel. Adolf Hitler „schwebt" über dem Volk. Es wird geführt, ist hinter ihm völlig geeint und mit ihm eins.

Zustimmungsdiktatur

Botschaften lauten: Die NSDAP kümmert sich um die Belange der „Volksgenossen" mit ihrem Führer Adolf Hitler als Garant.

Die NS-Herrschaft ist nicht nur eine gewalttätige Diktatur. Sie setzt auch auf die Zustimmung der Mehrheit der Bevölkerung. Mit Erfolg: Die immer wieder gefeierte NS-Volksgemeinschaft ist populär!

Ein Propagandaplakat der NSDAP – sie sichere die Volksgemeinschaft. „Volksgenossen", die Hilfe benötigen, mögen sich an die Ortsgruppe wenden.

Hintergrundbild:
Das „Augusterlebnis 1914" als Bezugspunkt der Volksgemeinschaftsidee: Damals fahren, wie hier in München, Truppentransporte mit bestens gestimmten Soldaten an die Fronten des Ersten Weltkriegs.

Erinnerte Stimmung

Der Gedanke einer „Volksgemeinschaft" ist nicht neu. Seine Wurzeln liegen im Sommer 1914, als im vermeintlichen Gefühlsüberschwang des Kriegsbeginns Deutsche aller Schichten und Weltanschauungen zusammenrückten und ein geeintes Volk bildeten.
Die Nationalsozialisten beschwören diese gemeinschaftliche Stimmung. Nach der Endphase der Weimarer Republik mit ihren vielen Konflikten ist das besonders werbewirksam. Gefühlte und immer wieder zelebrierte Gemeinschaft im NS-Staat kommt gut an. Sie wird prägend für eine Generation von Angehörigen der Hitlerjugend.

Zustimmungsdiktatur

Botschaften lauten: Die NSDAP kümmert sich um die Belange der „Volksgenossen" mit ihrem Führer Adolf Hitler als Garant.

Die NS-Herrschaft ist nicht nur eine gewalttätige Diktatur. Sie setzt auch auf die Zustimmung der Mehrheit der Bevölkerung. Mit Erfolg: Die immer wieder gefeierte NS-Volksgemeinschaft ist populär!

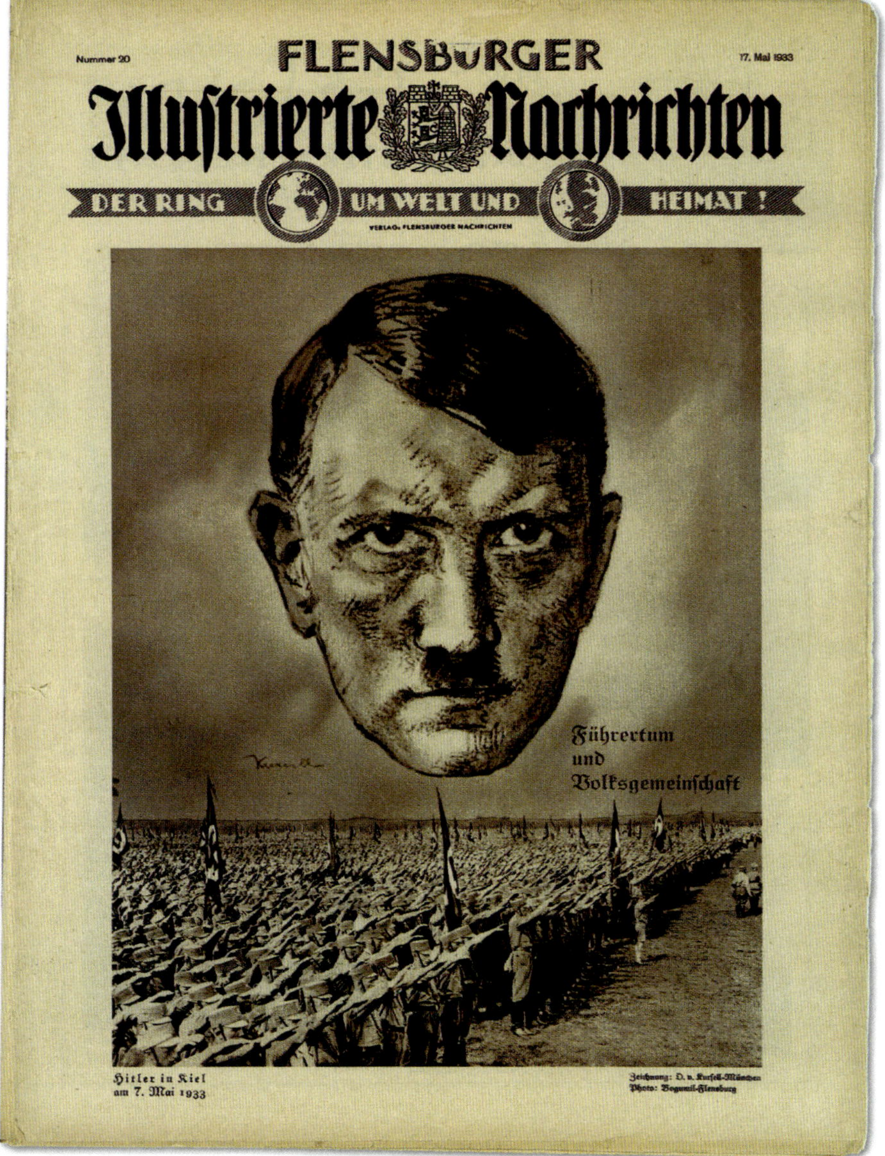

Nummer 20

FLENSBURGER

Illustrierte Nachrichten

17. Mai 1933

DER RING UM WELT UND HEIMAT!

VERLAG: FLENSBURGER NACHRICHTEN

Führertum und Volksgemeinschaft

Hitler in Kiel am 7. Mai 1933

Zeichnung: O. v. Kursell-München
Photo: Bogumil-Flensburg

Die NS-Volksgemeinschaft und der „Führer": Diese Fotomontage entsteht nach einem Auftritt am 7. Mai 1933 auf dem Nordmarkfeld in Kiel. Adolf Hitler ‚schwebt' über dem Volk. Es wird geführt, ist hinter ihm völlig geeint und mit ihm eins.

Bildnachweis: „Flensburger Illustrierte Nachrichten", Nr. 20 vom 17.5.1933 (Titel)

Bildnachweis: Sammlung Trende

Ein Propagandaplakat der NSDAP – sie sichere die Volksgemeinschaft. „Volksgenossen", die Hilfe benötigen, mögen sich an die Ortsgruppe wenden.

Bildnachweis: Oscar Tellgmann, Bundesarchiv Bild 146-1994-022-19A

Das „Augusterlebnis 1914" als Bezugspunkt der Volksgemeinschaftsidee: Damals fahren, wie hier in München, Truppentransporte mit bestens gestimmten Soldaten an die Fronten des Ersten Weltkriegs.

NS-Herrschaft in Schleswig-Holstein

Doppelrollen

Bei aller Zustimmung einer bald großen Bevölkerungsmehrheit: Die NS-Volksgemeinschaft ist eingebettet in eine diktatorische Herrschaft. Ständig herrscht Hektik. Verbunden mit Rechtlosigkeit und Gewalt, werden die Grenzen zwischen Gesellschaft und Herrschaft, auch die zwischen Partei und Staat verwischt.

Das Beispiel Schleswig-Holstein: NSDAP-Gauleiter Hinrich Lohse wird im März 1933 auch Oberpräsident der preußischen Provinz. Er ist damit oberster Vertreter von Partei und Staat in einer Person. Und es gehört zum NS-Herrschaftsprinzip, dass nicht immer klar ist, in welcher Rolle er gerade handelt: in der durch Reste von Regeln gebändigten staatlichen oder in der völlig ungezügelten Parteifunktion.

Herrschaftsprinzip

Lohse handelt erfolgreich: Wie die NSDAP auf Reichsebene geht er ein Bündnis mit den alten konservativen Führungsschichten ein. Damit funktioniert die Verwaltung und werden wichtige Gruppen in den NS-Staat hereingeholt.

Den Preis zahlen von Beginn an Demokraten, weiterhin politisch Andersdenkende und „Nichtarier", also als Juden gekennzeichnete Deutsche: Sie werden gewaltsam verfolgt.

Das Kieler Gewerkschaftshaus im Frühsommer 1933, den Freien Gewerkschaften Kiels enteignet und der nationalsozialistischen „Deutschen Arbeitsfront" (DAF) übergeben. Hakenkreuzfahnen hängen am Gebäude. Das Türschild (links im Bild) gibt den neuen Eigentümer an: die NSDAP, über dem Schriftzug das Parteiemblem mit Hakenkreuz, Lorbeerkranz und Reichsadler.

Gemeinsamer Propagandamarsch der nationalsozialistischen „Sturmabteilung" (SA) und des deutschnationalen Soldatenbundes „Stahlhelm" vor den Reichstagswahlen im März 1933 in Flensburg. Wie in der Koalitionsregierung Hitler gehen die alte und die neue politische Rechte demonstrativ zusammen. Zahlreiche Passanten säumen den Marsch am Straßenrand. Offenbar ist für sie Deutschland im Aufbruch und die „Volksgemeinschaft" ein Versprechen.

Festakt der Kieler Landesuniversität im November 1937: Die Reichskriegsflagge aus der Monarchie vor 1918 schmückt den Saal, ansonsten herrschen Fahnen und Symbole der NSDAP vor. Viele Wissenschaftler tragen Parteiuniformen. 1935 sind 101 der insgesamt 189 Professoren Mitglieder einer Parteigliederung.
Ein Viertel des Lehrkörpers ist beim Herrschaftswechsel 1933 aus rassischen oder politischen Gründen entfernt worden. Protest der Kollegen bleibt aus. Ungeahnte Karrierechancen werden genützt – ein schäbiger wissenschaftlicher Generationswechsel!

Aufstiege – Verfolgung und Mitmachen

Nach der Reichstagswahl wird am 6. März 1933 in Schleswig auf dem Gebäude der schleswig-holsteinischen Provinzialregierung feierlich die Hakenkreuzflagge gehisst. Das Symbol soll ausdrücken: Die NSDAP übernimmt staatliche Herrschaft! Besonders gebannt blicken, links im Bild zu erkennen, Kinder und Jugendliche dem weihevollen Akt zu.

Doppelrollen

Bei aller Zustimmung einer bald großen Bevölkerungsmehrheit: Die NS-Volksgemeinschaft ist eingebettet in eine diktatorische Herrschaft.
Ständig herrscht Hektik.
Verbunden mit Rechtlosigkeit und Gewalt, werden die Grenzen zwischen Gesellschaft und Herrschaft, auch die zwischen Partei und Staat verwischt.

Das Beispiel Schleswig-Holstein: NSDAP-Gauleiter Hinrich Lohse wird im März 1933 auch Oberpräsident der preußischen Provinz. Er ist damit oberster Vertreter von Partei und Staat in einer Person. Und es gehört zum NS-Herrschaftsprinzip, dass nicht immer klar ist, in welcher Rolle er gerade handelt: in der durch Reste von Regeln gebändigten staatlichen oder in der völlig ungezügelten Parteifunktion.

Herrschaftsprinzip

Lohse handelt erfolgreich: Wie die NSDAP auf Reichsebene geht er ein Bündnis mit den alten konservativen Führungsschichten ein. Damit funktioniert die Verwaltung und werden wichtige Gruppen in den NS-Staat hereingeholt.

Den Preis zahlen von Beginn an Demokraten, weiterhin politisch Andersdenkende und „Nichtarier", also als Juden gekennzeichnete Deutsche: Sie werden gewaltsam verfolgt.

Bildnachweis: Ferdinand Urbahns

Das Kieler Gewerkschaftshaus im Frühsommer 1933, den Freien Gewerkschaften Kiels enteignet und der nationalsozialistischen „Deutschen Arbeitsfront" (DAF) übergeben.
Hakenkreuzfahnen hängen am Gebäude. Das Türschild (links im Bild) gibt den neuen Eigentümer an: die NSDAP, über dem Schriftzug das Parteiemblem mit Hakenkreuz, Lorbeerkranz und Reichsadler.

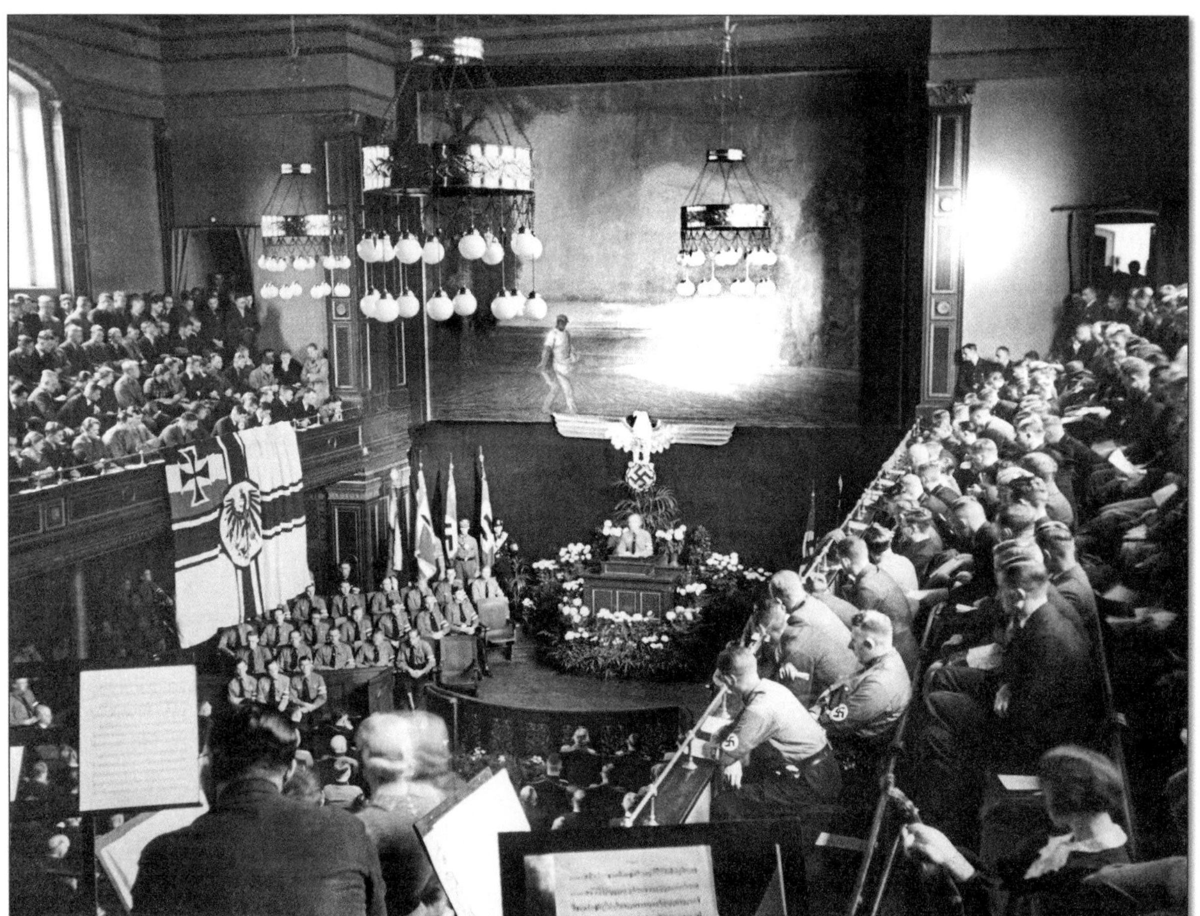

Bildnachweis: Ferdinand Urbahns

Festakt der Kieler Landesuniversität im November 1937: Die Reichskriegsflagge aus der Monarchie vor 1918 schmückt den Saal, ansonsten herrschen Fahnen und Symbole der NSDAP vor. Viele Wissenschaftler tragen Parteiuniformen. 1935 sind 101 der insgesamt 189 Professoren Mitglieder einer Parteigliederung.
Ein Viertel des Lehrkörpers ist beim Herrschaftswechsel 1933 aus rassischen oder politischen Gründen entfernt worden. Protest der Kollegen bleibt aus. Ungeahnte Karrierechancen werden genutzt – ein schäbiger wissenschaftlicher Generationswechsel!

Bildnachweis: „Flensburger Illustrierte Nachrichten", Nr. 10 vom 8.3.1933

Gemeinsamer Propagandamarsch der nationalsozialistischen „Sturmabteilung" (SA) und des deutschnationalen Soldatenbundes „Stahlhelm" vor den Reichstagswahlen im März 1933 in Flensburg. Wie in der Koalitionsregierung Hitler gehen die alte und die neue politische Rechte demonstrativ zusammen.
Zahlreiche Passanten säumen den Marsch am Straßenrand. Offenbar ist für sie Deutschland im Aufbruch und die „Volksgemeinschaft" ein Versprechen.

Aufstiege – Verfolgung und Mitmachen

Bildnachweis: Fotobestand Stadt Schleswig, F8, Album „Die Neue Zeit 1933-1941"

Nach der Reichstagswahl wird am 6. März 1933 in Schleswig auf dem Gebäude der schleswig-holsteinischen Provinzialregierung feierlich die Hakenkreuzflagge gehisst. Das Symbol soll ausdrücken: Die NSDAP übernimmt staatliche Herrschaft! Besonders gebannt blicken, links im Bild zu erkennen, Kinder und Jugendliche dem weihevollen Akt zu.

Aufstiege – Verfolgung und Mitmachen

In Schleswig-Holstein hat bereits 1932 die Mehrheit der Wählerinnen und Wähler für die NSDAP gestimmt. Die Region gilt innerhalb der NSDAP deshalb als „Mustergau". Das bleibt auch so. Proteste gegen die Regierung Hitler verebben schnell, Feierstimmung dominiert. Und Gauleiter sowie Oberpräsident Hinrich Lohse hat 1933 bis 1945 die beiden höchsten Ämter inne. Viele deutschnationale Vertreter der alten Führungsschichten können in ihren staatlichen Funktionen weiterarbeiten.

Allerdings entstehen überall mächtige Parallelgewalten der NSDAP: Kreisleiter „kontrollieren" Landräte, Ortsgruppenleiter die örtlichen Bürgermeister. Die Zusammenarbeit klappt mal besser, mal schlechter.

Allerorten wollen NSDAP-Mitglieder für ihren Einsatz belohnt und versorgt werden. In allen Berufsfeldern lohnt das Bekenntnis zur Bewegung: Hausmeisterposten, Verwaltungsaufstiege, Lehrerbeförderungen, Wissenschaftlerkarrieren, Fortkommen in Firmen, Aufträge für Selbstständige, Handwerker und Händler. Profiteure des nationalsozialistischen Aufbruchs finden sich überall.

Zugleich ist die nationalsozialistische Machtübernahme von Terror gekennzeichnet. Auch in Schleswig-Holstein drangsalieren SA-Angehörige „politische Gegner", nämlich Republikaner, Sozialdemokraten, Kommunisten und Gewerkschafter, in frühen „Konzentrationslagern". Viele werden gefoltert, einige ermordet.

Schnell übernimmt der NS-Staat die „Gegnerverfolgung": Wer weiter politisch oppositionell handelt, wird von der regulären Justiz zu Zuchthausstrafen verurteilt.

Erscheint das Urteil dann NS-Vertretern als zu mild, kann unterhalb der rechtlichen Ebene die Strafe polizeilich ‚korrigiert' und der Andersdenkende auf unbestimmte Zeit in nun staatliche Konzentrationslager eingewiesen werden.
Die Mehrheit der Bevölkerung betrifft das nicht. Sie erlebt nach der Selbstgleichschaltung von Gesellschaft, Verbänden und öffentlichen Einrichtungen überall ein Zusammenrücken im deutschen Aufstieg und in der völkisch-nationalen Gemeinschaft.
Verstörendes wird ausgeblendet.

Radikal und vernichtend: Die NS-Volksgemeinschaft

Die „Volksgemeinschaft“ vermittelt ihren „arischen“ Mitgliedern ein stark einendes Wir-Gefühl, das sich nur durch Exklusion der rassisch „minderwertigen“ Menschen derart wirksam erzeugen lässt. Inklusion ist mit Exklusion verbunden. Auch im Adolf-Hitler-Koog: Siedler entsprechen politischen und rassischen Kriterien. Einige beteiligen sich direkt an gewaltsamer Ausgrenzung: Unter den Wächtern des Konzentrationslagers Neuengamme sind auch Koogbewohner. Im Krieg steigern sich Inklusion und Exklusion bis zum Vernichtungskrieg und zur Shoa, der Ermordung der europäischen Juden.

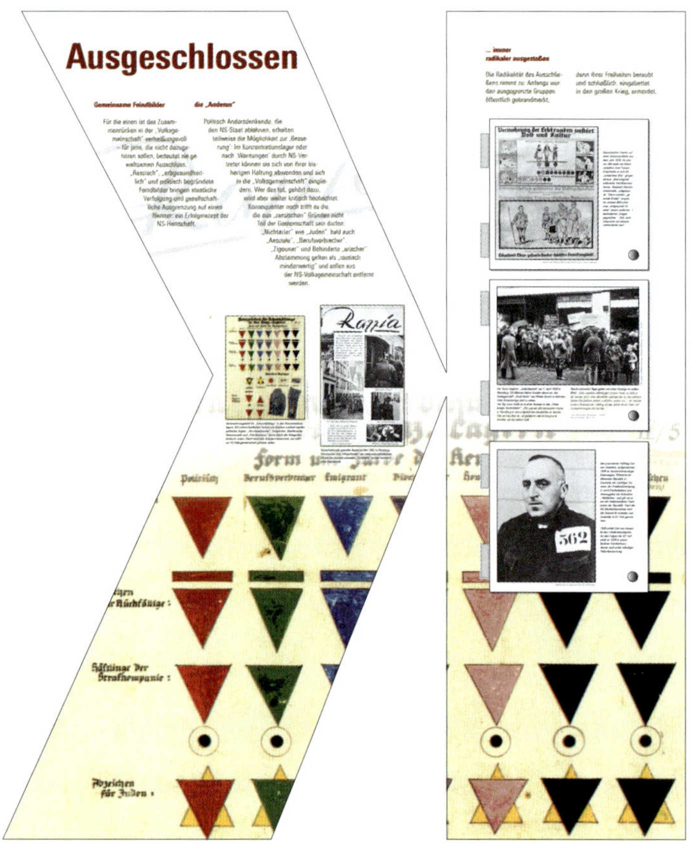

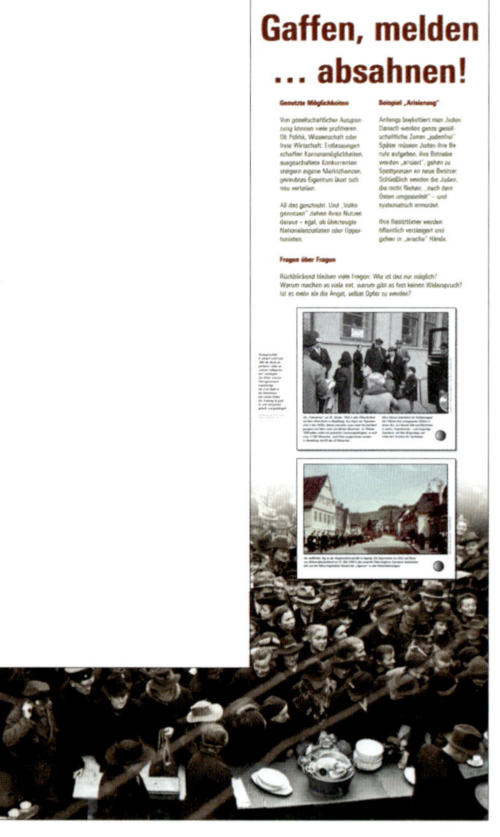

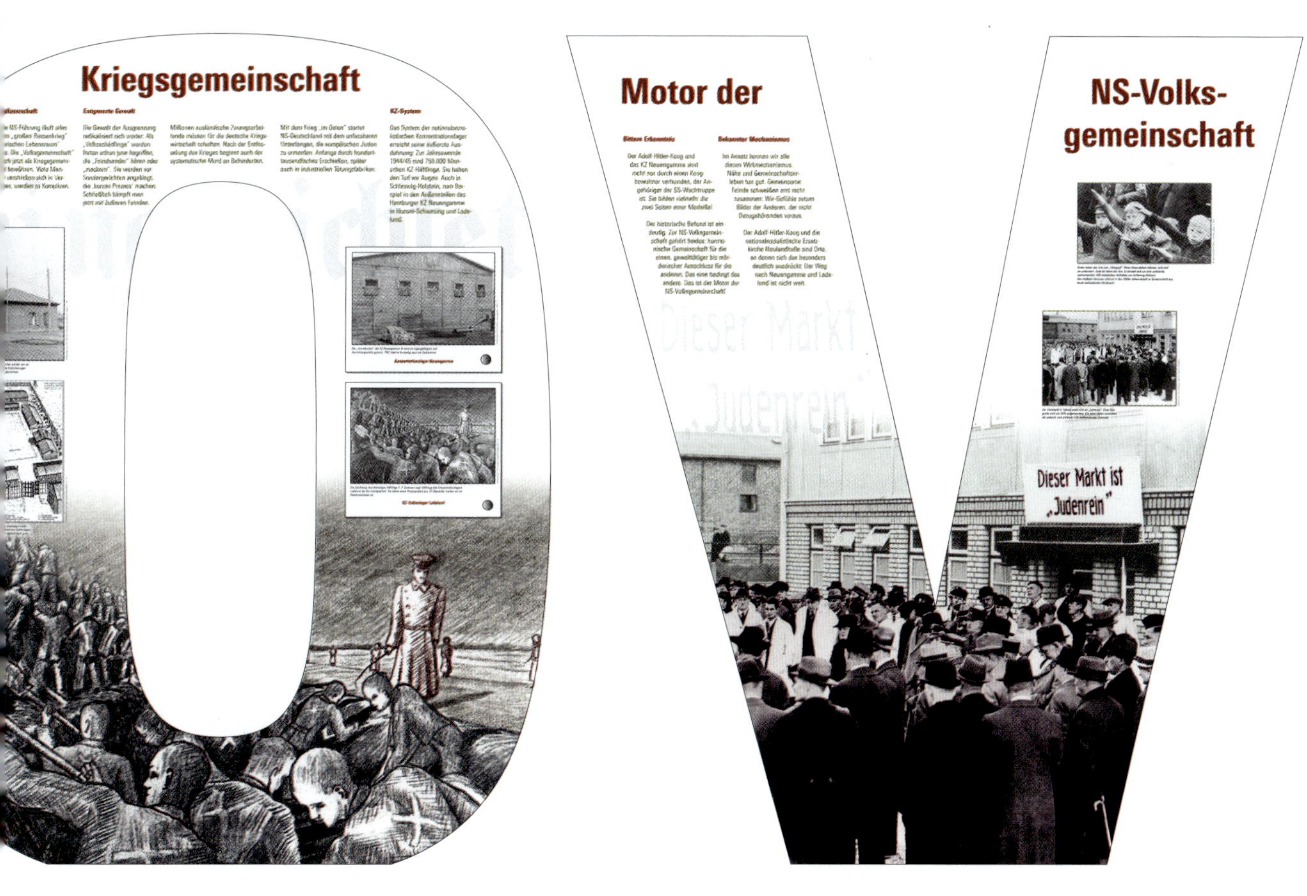
Kriegsgemeinschaft
Motor der
NS-Volks-
gemeinschaft
Dieser Markt ist
„Judenrein"

Ausgeschlossen

Gemeinsame Feindbilder

Für die einen ist das Zusammenrücken in der „Volksgemeinschaft" verheißungsvoll – für jene, die nicht dazugehören sollen, bedeutet sie gewaltsamen Ausschluss. „Rassisch", „erbgesundheitlich" und politisch begründete Feindbilder bringen staatliche Verfolgung und gesellschaftliche Ausgrenzung auf einen Nenner: ein Erfolgsrezept der NS-Herrschaft.

die „Anderen"

Politisch Andersdenkende, die den NS-Staat ablehnen, erhalten teilweise die Möglichkeit zur ‚Besserung': Im Konzentrationslager oder nach ‚Warnungen' durch NS-Vertreter können sie sich von ihrer bisherigen Haltung abwenden und sich in die „Volksgemeinschaft" eingliedern. Wer das tut, gehört dazu, wird aber weiter kritisch beobachtet. Konsequenter noch trifft es die, die aus „rassischen" Gründen nicht Teil der Gemeinschaft sein dürfen: „Nichtarier" wie „Juden", bald auch „Asoziale", „Berufsverbrecher", „Zigeuner" und Behinderte „arischer" Abstammung gelten als „rassisch minderwertig" und sollen aus der NS-Volksgemeinschaft entfernt werden.

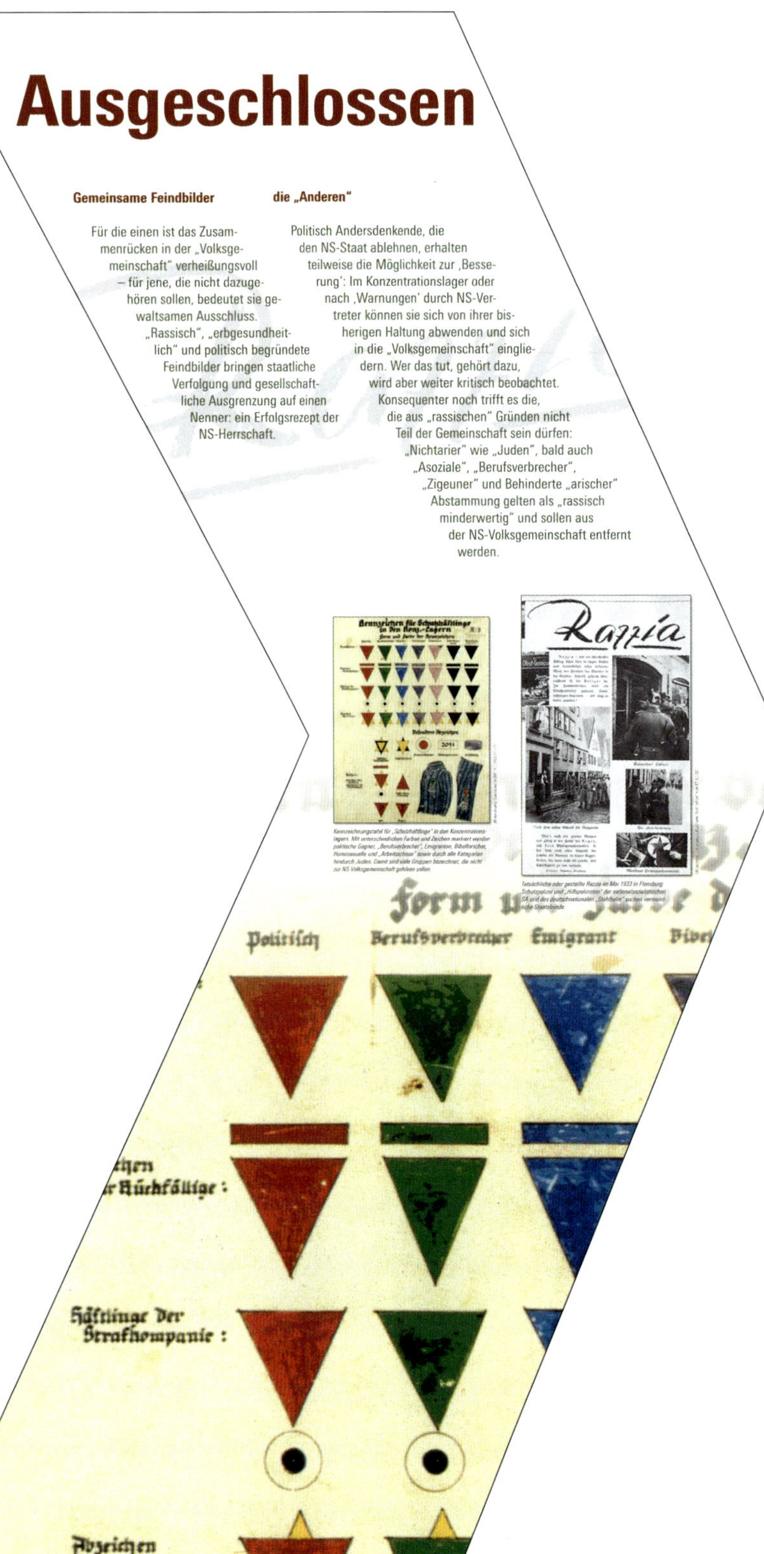

Kennzeichnungstafel für „Schutzhäftlinge" in den Konzentrationslagern. Mit unterschiedlichen Farben und Zeichen markiert werden politische Gegner, „Berufsverbrecher", Emigranten, Bibelforscher, Homosexuelle und „Arbeitsscheue" sowie durch alle Kategorien hindurch Juden. Damit sind viele Gruppen bezeichnet, die nicht zur NS-Volksgemeinschaft gehören sollen.

Tatsächliche oder gestellte Razzia im Mai 1933 in Flensburg: Schutzpolizei und „Hilfspolizisten" der nationalsozialistischen SA und des deutschnationalen „Stahlhelm" suchen vermeintliche Staatsfeinde.

... immer radikaler ausgestoßen

Die Radikalität des Ausschließens nimmt zu: Anfangs werden ausgegrenzte Gruppen öffentlich gebrandmarkt, dann ihrer Freiheiten beraubt und schließlich, eingebettet in den großen Krieg, ermordet.

Rassistischer Unsinn auf einer Schulwandtafel aus dem Jahr 1934. Im oberen Bild steht ein Mann zwischen zwei Frauen. Entscheide er sich für „schlechtes Blut", gingen daraus „überwiegend erbkranke Nachkommen" hervor. Rassisch übereinstimmende, „erbgesunde" Eltern würden „gesunde Kinder" zeugen. Im unteren Bild steht eine „erbgesunde Familie" einem isolierten behinderten Jungen gegenüber. – Wie sieht Unterricht mit diesem Lehrmaterial aus?

Der Terror beginnt: „Judenboykott" am 1. April 1933 in Flensburg. SA-Männer halten Kunden davon ab, das Radiogeschäft „Nord-Radio" von Walter Basch zu betreten. Viele Schaulustige sind zu sehen.
Am Tag zuvor heißt es in einer Anzeige in den „Flensburger Nachrichten": „Wir warnen alle nationalen Kreise in Flensburg in den aufgeführten Geschäften zu kaufen ... Wer es trotzdem tut, ist geächtet und ein Lump und Verräter am deutschen Volk."
Basch antwortet Tage später mit einer Anzeige im selben Blatt: „Sehr verehrte Mitbürger! Meine Firma ist jüdisch. Ich denke, mich aber ebenfalls nicht gerade zu den schlechtesten Deutschen zählen zu dürfen, zumal ich ... mit meinen beiden Brüdern den Feldzug einige Jahre an der Front mit Auszeichnungen mitmachte ..."

Der prominente Häftling Carl von Ossietzky, aufgenommen 1934 im Konzentrationslager Esterwegen. Während der Weimarer Republik ist Ossietzky ein wichtiger Vertreter der Friedensbewegung. Er wird Chefredakteur und Herausgeber der kritischen „Weltbühne" und gilt als einer der bedeutendsten Publizisten der Republik. Nach der NS-Machtübernahme wird die Zeitschrift verboten und Ossietzky in KZ-Haft genommen.

1936 erhält Carl von Ossietzky den Friedensnobelpreis. An den Folgen der KZ-Haft stirbt er 1938 in einem Berliner Krankenhaus, immer noch unter ständiger Polizeibewachung.

Gemeinsame Feindbilder

Für die einen ist das Zusammenrücken in der „Volksgemeinschaft“ verheißungsvoll – für jene, die nicht dazugehören sollen, bedeutet sie gewaltsamen Ausschluss. „Rassisch“, „erbgesundheitlich“ und politisch begründete Feindbilder bringen staatliche Verfolgung und gesellschaftliche Ausgrenzung auf einen Nenner: ein Erfolgsrezept der NS-Herrschaft.

die „Anderen“

Politisch Andersdenkende, die den NS-Staat ablehnen, erhalten teilweise die Möglichkeit zur ‚Besserung‘: Im Konzentrationslager oder nach ‚Warnungen‘ durch NS-Vertreter können sie sich von ihrer bisherigen Haltung abwenden und sich in die „Volksgemeinschaft“ eingliedern. Wer das tut, gehört dazu, wird aber weiter kritisch beobachtet. Konsequenter noch trifft es die, die aus „rassischen“ Gründen nicht Teil der Gemeinschaft sein dürfen: „Nichtarier“ wie „Juden“, bald auch „Asoziale“, „Berufsverbrecher“, „Zigeuner“ und Behinderte „arischer“ Abstammung gelten als „rassisch minderwertig“ und sollen aus der NS-Volksgemeinschaft entfernt werden.

Razzia

Razzia — wie ein schreckender Schlag fährt dies in engen Gassen und Hinterhöfen allzu bekannte Wort den Feinden des Staates in die Glieder. Schnell, geheim, überraschend ist die Polizei da. Im Handumdrehen wird ein Straßenviertel gesperrt, Haussuchungen beginnen — wie mag es dabei zugehen?

Aufmachen! Polizei!

Nach dem ersten Schreck die Neugierde

Die „Gefechtsleitung“.

War's auch ein grauer Morgen und zeitig in der Früh' bei Regen, just kein Photographenwetter, so hat doch trotz aller Ungunst des Lichtes die Kamera in diesen Augenblicken, die man nicht oft erlebt, ihre Schuldigkeit zu tun versucht.

Photos: Deckmann, Flensburg.

Moskauer Propagandamaterial.

Tatsächliche oder gestellte Razzia im Mai 1933 in Flensburg: Schutzpolizei und „Hilfspolizisten“ der nationalsozialistischen SA und des deutschnationalen „Stahlhelm“ suchen vermeintliche Staatsfeinde.

Bildnachweis: „Flensburger Illustrierte Nachrichten“ vom 17.5.1933

… immer radikaler ausgestoßen

Die Radikalität des Ausschließens nimmt zu: Anfangs werden ausgegrenzte Gruppen öffentlich gebrandmarkt, dann ihrer Freiheiten beraubt und schließlich, eingebettet in den großen Krieg, ermordet.

Kennzeichen für Schutzhäftlinge in den Konz.-Lagern
IV/5
Form und Farbe der Kennzeichen
Politisch
Berufsverbrecher
Emigrant
Bibelforscher
Homosexuell
Arbeitsscheu /Reich/
Arbeitsscheu /Gemeinden/
Grundfarben:
Abzeichen für Rückfällige:
Häftlinge der Strafkompanie:
Abzeichen für Juden:

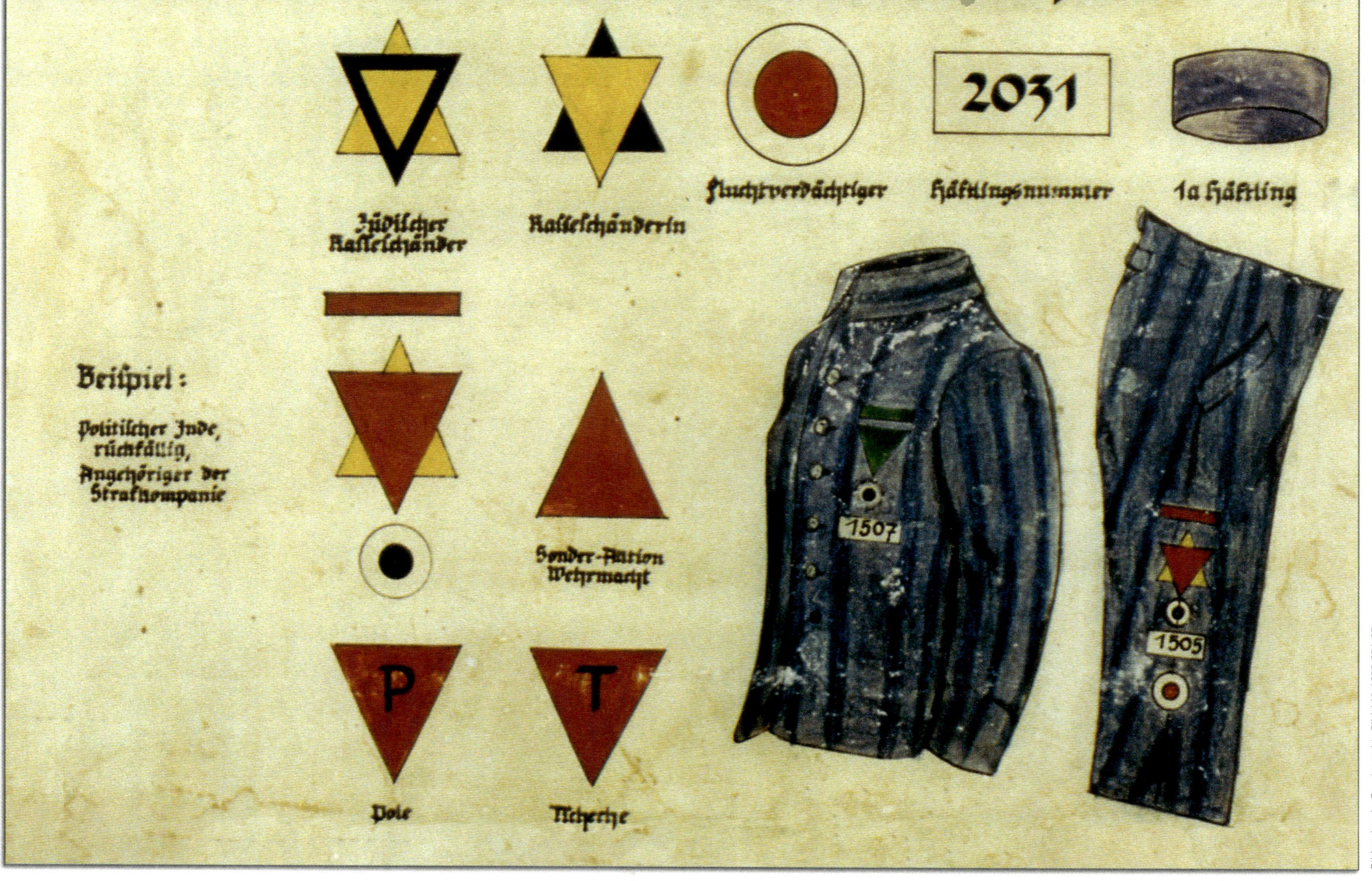

Bildnachweis: Bundesarchiv Bild 146-1993-051-07

Kennzeichnungstafel für „Schutzhäftlinge" in den Konzentrationslagern. Mit unterschiedlichen Farben und Zeichen markiert werden politische Gegner, „Berufsverbrecher", Emigranten, Bibelforscher, Homosexuelle und „Arbeitsscheue" sowie durch alle Kategorien hindurch Juden. Damit sind viele Gruppen bezeichnet, die nicht zur NS-Volksgemeinschaft gehören sollen.

Bildnachweis: Dresdner Schulverlag 1934 (Fundort: Schule Bistensee)

Rassistischer Unsinn auf einer Schulwandtafel aus dem Jahr 1934. Im oberen Bild steht ein Mann zwischen zwei Frauen. Entscheide er sich für „schlechtes Blut", gingen daraus „überwiegend erbkranke Nachkommen" hervor. Rassisch übereinstimmende, „erbgesunde" Eltern würden „gesunde Kinder" zeugen. Im unteren Bild steht eine „erbgesunde Familie" einem isolierten behinderten Jungen gegenüber. – Wie sieht Unterricht mit diesem Lehrmaterial aus?

NS-Rassehygiene

Die nationalsozialistische „Rassehygiene" betrifft auch die „arische" Volksgemeinschaft selbst: Behinderte und chronisch Kranke gelten als „Ballastexistenzen", die nur Kosten verursachen. Ihr „lebensunwertes Leben" sei zu hinterfragen.

Im Sommer 1933 tritt das „Gesetz zur Verhütung erbkranken Nachwuchses" in Kraft: Kranke, Behinderte und sozial Auffällige sollen nach Entscheidungen der „Erbgesundheitsgerichte" zwangssterilisiert werden. In Schleswig-Holstein arbeiten vier dieser Gerichte. Sie verfügen bis 1940 fast 4.500 Eingriffe. Reichsweit geht man für den Zeitraum 1933 bis 1945 von bis zu 400.000 Betroffenen aus.

Mit Beginn des Zweiten Weltkriegs setzen auch die systematischen Morde an körperlich, geistig oder seelisch Kranken und Behinderten ein. Die Kriegssituation soll die gesellschaftliche Akzeptanz der beschönigend als „Euthanasie" – Gnadentod – bezeichneten Morde herstellen.

Die Heil- und Pflegeanstalten senden „Meldebögen" über ihre Patienten an eine zentrale Stelle in Berlin. Medizinische Gutachter treffen darauf die Entscheidung über Leben oder Tod. Kinder- und Jugendpsychiatrien werden zu „Kinderfachabteilungen". In ihnen ermorden Ärzte und Pflegepersonal zwischen 1939 und 1945 mindestens 5.000 Kinder und Jugendliche durch Medikamente oder gezielte Vernachlässigung.

Für die Ermordung Erwachsener werden reichsweit sechs Pflegeeinrichtungen in Tötungsanstalten umgewandelt. Patienten, auf deren Meldebögen Mediziner in Berlin ein Kreuz machen, werden mit speziellen Bussen in diese Anstalten verbracht. Mit Medikamenten oder in Gaskammern ermorden Mitarbeiter der Einrichtungen 1940 und 1941 circa 120.000 eigentlich in ihre Obhut gegebene Behinderte und Kranke.

Die standesamtlichen Totenscheine sind oft unglaubwürdig. Man gibt sich keine Mühe, den Behindertenmord zu verdecken. Er ist ein offenes Geheimnis. Vor allem aus Kreisen der katholischen Kirche erfolgt vereinzelter Widerspruch. Als die Morde auch in Predigten thematisiert werden und sich Unmut ausbreiten könnte, befiehlt Hitler im August 1941 das Ende der Aktion.

Besser getarnt geht das Morden aber weiter: Bis zum Ende der NS-Herrschaft sterben im Reich insgesamt ungefähr 200.000 Patienten, in den besetzten Gebieten sogar geschätzte 300.000 bis 500.000 Menschen.

Bildnachweis: Wilhelm Hannemann, Stadtarchiv Flensburg, XIV Fot. D 1933.04.01

Der Terror beginnt: „Judenboykott" am 1. April 1933 in Flensburg. SA-Männer halten Kunden davon ab, das Radiogeschäft „Nord-Radio" von Walter Basch zu betreten. Viele Schaulustige sind zu sehen. Am Tag zuvor heißt es in einer Anzeige in den „Flensburger Nachrichten":

„Wir warnen alle nationalen Kreise in Flensburg in den aufgeführten Geschäften zu kaufen … Wer es trotzdem tut, ist geächtet und ein Lump und Verräter am deutschen Volk."

Basch antwortet Tage später mit einer Anzeige im selben Blatt:

„Sehr verehrte Mitbürger! Meine Firma ist jüdisch. Ich denke, mich aber ebenfalls nicht gerade zu den schlechtesten Deutschen zählen zu dürfen, zumal ich … mit meinen beiden Brüdern den Feldzug einige Jahre an der Front mit Auszeichnungen mitmachte …"

Zitate: „Flensburger Nachrichten", 31.3.1933; Danker/Schwabe 2005, S. 104.

Der Weg in die Shoa

Nationalsozialisten definieren „Juden" nicht religiös, sondern nach ihrer Abstammung. Sie begreifen Juden als „gefährliche Schmarotzerrasse", die die „Reinheit der arischen Rasse" gefährde. Dieser Antisemitismus wird mit der Machtübernahme zur staatlichen Lehre und zum Dauerthema. Die jüdische Minderheit stellt auf Reichsebene 0,76 Prozent der Bevölkerung, in Schleswig-Holstein nur 0,27 Prozent.

Schritt für Schritt werden Juden ausgegrenzt, entrechtet, verfolgt und schließlich gezielt ermordet:

- In den ersten Herrschaftswochen gibt es willkürliche Gewalttaten. Am 1. April 1933 findet der organisierte Boykott jüdischer Geschäfte statt.
- Mit dem „Gesetz zur Wiederherstellung des Berufsbeamtentums" vom 7. April 1933 verlieren die meisten jüdischen Beamten ihre Arbeit.
- Im September 1935 werden die „Nürnberger Gesetze" verkündet: Das „Reichsbürgergesetz" macht Juden als bloße „Staatsangehörige" zu Bürgern minderen Rechts und das „Blutschutzgesetz" verbietet Eheschließungen oder sexuellen Kontakt zwischen Juden und „Ariern".

- Mit Hilfe von „Arierparagraphen" drängt man die Juden aus fast allen Berufen und dem öffentlichen Leben.
- Am 9. November 1938 inszeniert die NSDAP die Reichspogromnacht: Synagogen brennen, der Mob plündert Geschäfte, Menschen werden ermordet und in KZ-Haft genommen.
- Staatliche Stigmatisierung: Im August 1938 werden Juden die zusätzlichen Vornamen Sara und Israel aufgezwungen, ihre Reisepässe sind ab Oktober 1938 mit dem „J" gekennzeichnet, ab September 1941 müssen sie einen gelben Stern auf der Kleidung tragen.
- Insgesamt circa 300.000 Juden sehen sich gezwungen, Deutschland zu verlassen. Sie zahlen horrende „Reichsfluchtsteuern", ihre Unternehmen werden zu Spottpreisen „arisiert".
- Nach Kriegsbeginn werden 1939 die polnischen Juden in Gettos gepfercht und in Zwangsarbeit gepresst. „Einsatzgruppen" führen erste Massenhinrichtungen durch.
- Mit dem Überfall auf die Sowjetunion beginnt im Sommer 1941 die systematische Ermordung der europäischen Juden. Ab Herbst 1941 werden die noch im Reich lebenden Juden erfasst, in die besetzten Ostgebiete verbracht und dort ermordet.

Bildnachweis: Bundesarchiv Bild 183-93516-0010

Der prominente Häftling Carl von Ossietzky, aufgenommen 1934 im Konzentrationslager Esterwegen. Während der Weimarer Republik ist Ossietzky ein wichtiger Vertreter der Friedensbewegung. Er wird Chefredakteur und Herausgeber der kritischen „Weltbühne" und gilt als einer der bedeutendsten Publizisten der Republik. Nach der NS-Machtübernahme wird die Zeitschrift verboten und Ossietzky in KZ-Haft genommen.
1936 erhält Carl von Ossietzky den Friedensnobelpreis. An den Folgen der KZ-Haft stirbt er 1938 in einem Berliner Krankenhaus, immer noch unter ständiger Polizeibewachung.

Widerstand

Im Klima des nationalen Aufbruchs und des Terrors gegen politische Gegner hat politischer Widerstand keine Chancen. Viele Oppositionelle werden in den ersten Monaten der NS-Herrschaft oft sehr gewaltsam eingeschüchtert. Das soll ihnen den Mut vor weiterer Auflehnung nehmen – meist mit Erfolg.

Viele der Mutigen, die trotzdem aus dem Untergrund gegen das NS-Regime kämpfen, stammen aus dem Umfeld der zerschlagenen Arbeiterbewegung.

In der Grenzregion Schleswig-Holstein heißt Widerstand vor allem, Fliehenden zu helfen, sie über den Landweg oder die Ostsee nach Skandinavien zu schleusen. Auf dem Rückweg werden illegale Schriften ins Reich geschmuggelt.

Vorbereitet auf das Leben und Handeln im Untergrund ist niemand. Der Preis des Widerstandes ist hoch: Beteiligte riskieren ihre Freiheit und körperliche Unversehrtheit, sogar ihr Leben und auch das Wohl ihrer Familien. Fahndungserfolge der „Geheimen Staatspolizei" (Gestapo) basieren oft auf Aussagen unter Folter, oder es gelingt der Polizei, Spitzel einzusetzen.

Politischer Widerstand wird in der Regel vor den ordentlichen Gerichten als Hoch- und Landesverrat angeklagt. Zuchthausstrafen drohen und KZ-Haft als polizeiliche Strafverschärfung. Allein in Schleswig-Holstein werden hunderte Widerstandleistende festgenommen. Bis 1936/1937 gelingt es der Gestapo, die letzten organsierten Gruppen auch in Schleswig-Holstein zu zerschlagen. Dennoch bilden sich bis 1945 immer wieder neue kleine Zirkel. Auch gibt es Kontakte zum späten bürgerlichen und militärischen Widerstand des Jahres 1944.

Insgesamt bleibt der politische Widerstand wirkungslos: Weder lassen sich die „Volksgenossen" merklich beeindrucken, noch müssen sich die NS-Machthaber fürchten. Aber die Mutigen stehen für ein „anderes Deutschland", so dass ihrem Wirken eine große Symbolkraft für die deutsche NS-Nachgeschichte zukommt.

Gaffen, melden … absahnen!

Genutzte Möglichkeiten

Von gesellschaftlicher Ausgrenzung können viele profitieren. Ob Politik, Wissenschaft oder freie Wirtschaft: Entlassungen schaffen Karrieremöglichkeiten, ausgeschaltete Konkurrenten steigern eigene Marktchancen, geraubtes Eigentum lässt sich neu verteilen.

All das geschieht. Und „Volksgenossen“ ziehen ihren Nutzen daraus – egal, ob überzeugte Nationalsozialisten oder Opportunisten.

Beispiel „Arisierung“

Anfangs boykottiert man Juden. Danach werden ganze gesellschaftliche Zonen „judenfrei“. Später müssen Juden ihre Berufe aufgeben, ihre Betriebe werden „arisiert“, gehen zu Spottpreisen an neue Besitzer. Schließlich werden die Juden, die nicht fliehen, „nach dem Osten umgesiedelt“ – und systematisch ermordet.

Ihre Besitztümer werden öffentlich versteigert und gehen in „arische“ Hände.

Fragen über Fragen

Rückblickend bleiben viele Fragen: Wie ist das nur möglich? Warum machen so viele mit, warum gibt es fast keinen Widerspruch? Ist es mehr als die Angst, selbst Opfer zu werden?

Hintergrundbild: In Lörrach wird Ende 1940 der Besitz deportierter Juden an „arische Volksgenossen“ versteigert. Die Aktion wird per Zeitungsannonce angekündigt. Der Erlös fließt in die Staatskasse des Landes Baden. Der Andrang ist groß. Es wird viel gefeixt, gelacht und gedrängelt.

Die „Polenaktion“ am 29. Oktober 1938 in aller Öffentlichkeit auf dem Alten Markt in Rendsburg: Aus Angst vor Pogromen sind in den 1920er Jahren polnische Juden nach Deutschland gezogen und leben meist von kleinen Gewerben. Im Oktober 1938 sollen Juden mit polnischer Staatsangehörigkeit, es sind circa 17.000 Menschen, nach Polen ausgewiesen werden. In Rendsburg betrifft das elf Menschen.

Ohne Distanz überliefert der Hobbyfotograf Karl Frömert ihre zwangsweise Abfahrt in einem Bus. Auf diesem Bild sind Betroffene zu sehen, Organisatoren – und neugierige Zuschauer, auf dem Bürgersteig und hinter den Fenstern der Stadtkassa.

Am helllichten Tag an der Hauptverkehrsstraße in Asperg: Die Deportation von Sinti und Roma aus Südwestdeutschland am 22. Mai 1940 in das besetzte Polen beginnt. Zuschauer beobachten den von der Polizei begleiteten Marsch der „Zigeuner“ zu den Deportationszügen.

Genutzte Möglichkeiten

Von gesellschaftlicher Ausgrenzung können viele profitieren. Ob Politik, Wissenschaft oder freie Wirtschaft: Entlassungen schaffen Karrieremöglichkeiten, ausgeschaltete Konkurrenten steigern eigene Marktchancen, geraubtes Eigentum lässt sich neu verteilen.

All das geschieht. Und „Volksgenossen" ziehen ihren Nutzen daraus – egal, ob überzeugte Nationalsozialisten oder Opportunisten.

Beispiel „Arisierung"

Anfangs boykottiert man Juden. Danach werden ganze gesellschaftliche Zonen „judenfrei". Später müssen Juden ihre Berufe aufgeben, ihre Betriebe werden „arisiert", gehen zu Spottpreisen an neue Besitzer. Schließlich werden die Juden, die nicht fliehen, „nach dem Osten umgesiedelt" – und systematisch ermordet.

Ihre Besitztümer werden öffentlich versteigert und gehen in „arische" Hände.

Fragen über Fragen

Rückblickend bleiben viele Fragen:
Wie ist das nur möglich? Warum machen so viele mit, warum gibt es fast keinen Widerspruch? Ist es mehr als die Angst, selbst Opfer zu werden?

Bildnachweis: vermutlich Gustav Kühner; StadtALö 2.43.15

In Lörrach wird Ende 1940 der Besitz deportierter Juden an „arische Volksgenossen" versteigert. Die Aktion wird per Zeitungsannonce angekündigt. Der Erlös fließt in die Staatskasse des Landes Baden. Der Andrang ist groß. Es wird viel gefeixt, gelacht und gedrängelt.

Bildnachweis: Karl Frömert, Sammlung Uwe Jäckel, nach Dettmer 2019

Die „Polenaktion" am 29. Oktober 1938 in aller Öffentlichkeit auf dem Alten Markt in Rendsburg: Aus Angst vor Pogromen sind in den 1920er Jahren polnische Juden nach Deutschland gezogen und leben meist von kleinen Gewerben. Im Oktober 1938 sollen Juden mit polnischer Staatsangehörigkeit, es sind circa 17.000 Menschen, nach Polen ausgewiesen werden. In Rendsburg betrifft das elf Menschen.

Ohne Distanz überliefert der Hobbyfotograf Karl Frömert ihre zwangsweise Abfahrt in einem Bus. Auf diesem Bild sind Betroffene zu sehen, Organisatoren – und neugierige Zuschauer, auf dem Bürgersteig und hinter den Fenstern der Stadtkasse.

Zuschauen

Auktionen, Razzien und Deportationen finden öffentlich statt. Der NS-Staat vertraut zu Recht auf Beifall oder Teilnahmslosigkeit der „arischen Volksgenossen".

Rassisch ausgegrenzte Juden, Sinti und Roma, später polnische und sowjetische Zwangsarbeitende erfahren weder Hilfe noch Solidarität. Auch aus der NS-Volksgemeinschaft ausgestoßene politisch Oppositionelle, „Asoziale", Zeugen Jehovas, Homosexuelle und „Volksschädlinge" haben keine Fürsprecher.

Einzig der Behindertenmord fordert Protest heraus: Kirchliche Würdenträger, fast nur Katholiken, prangern in Predigten das Verbrechen an. Nach außen werden die Maßnahmen darauf eingestellt.

Was ist das für eine Gesellschaft, die derartige Verbrechen akzeptiert?

… nichts wissen wollen

Hinterher weiß angeblich niemand von den Verbrechen. Heute ist sicher: Der Mord an den Juden ist seit Mitte 1942 ein offenes Geheimnis. Viele wollen aber keine Einzelheiten erfahren. – Sie wollen nichts wissen.

Gewöhnung an Ausgrenzung und die Erfahrung von Gemeinschaftserlebnissen mögen beeinflussen. Die Politik der NS-Führung, Verfolgungen durch Gesetze abzusichern, hilft, unbequeme Gedanken zu verdrängen. Angst, bei Widerspruch selbst gefährdet zu sein, mag hinzukommen. Es wird auch eine Rolle spielen, dass schließlich so viele Menschen verstrickt sind in Unrecht: Polizisten, Juristen und Verwaltungskräfte, auch Wehrmachtssoldaten, Arbeitgeber von Zwangsarbeitenden und viele mehr.

… feixen und glotzen

Aber: Besonders bedrückend erscheinen die Fotografien von Versteigerungen und Deportationen: Die zuschauenden „Volksgenossen" feixen und glotzen oder ersteigern fröhlich fremdes Eigentum. Problematisch erscheint ihnen die Situation augenscheinlich nicht.

Bildnachweis: Bundesarchiv, R 165 Bild-244-42

Am helllichten Tag an der Hauptverkehrsstraße in Asperg: Die Deportation von Sinti und Roma aus Südwestdeutschland am 22. Mai 1940 in das besetzte Polen beginnt. Zuschauer beobachten den von der Polizei begleiteten Marsch der „Zigeuner" zu den Deportationszügen.

Alltägliche Denunziationen

Pinneberg im Herbst 1944: Ein Mietstreit eskaliert. Die Untermieterin wendet sich an den NSDAP-Ortsgruppenleiter, der zugleich stellvertretender Bürgermeister ist. Er befragt die Vermieterin B. Diese nutzt die Gelegenheit, ihre Untermieterin Erna W. anzuschwärzen: W. solle sich dazu geäußert haben, dass Hitler in der Wochenschau nicht zu sehen sei, *„der hielte sich nur an Orten auf, wo keine Bomben fielen."*

Zudem solle sie sinngemäß gesagt haben, *„wer noch an einen deutschen Sieg glaube, sei ein armer Irrer"* und Hitler *„sei der größte Sadist, er sei ein Ausländer, der das Deutsche Volk zu Grunde richten wolle"*.

Ortsgruppenleiter Krömer gibt den Fall an die lokalen Polizeibehörden. Die Denunziantin gibt zu, dass sie vor allem eine Bestrafung der Mieterin bezwecke.

Zitate: LASH Abt. 352 Itzehoe, Nr. 539

Der ermittelnde Polizeibeamte schlägt vor, die Anschuldigung zurückzunehmen und das Verfahren einzustellen – ohne Erfolg. Erna W. wird am 2. November 1944 verhaftet und vom Hanseatischen Oberlandesgericht wegen „Wehrkraftzersetzung" zu sechs Jahren Zuchthaus verurteilt. Sie wird im Mai 1945 befreit.

Zwei Jahre später, nach Kriegsende, zeigt sie ihre Denunziantin an. Vermieterin B. wird vom Landgericht Itzehoe 1948 rechtskräftig zu sechs Monaten Gefängnis verurteilt.

Polizei und Gerichtsbarkeit führen vor allem im Krieg zahlreiche Verfahren wegen „Wehrkraftzersetzung", „Rundfunkverbrechen", verbotener Kontakte zu Zwangsarbeitern, pessimistischer Kriegsprognosen oder „volksschädlichen Verhaltens" durch. Meist fußen sie auf Anzeigen von „Volksgenossen", die die NS-Volksgemeinschaft ‚sauber halten' wollen. Zeitweise gehen so viele Denunziationen ein, dass die Behörden zur Mäßigung aufrufen.

Die NS-Volksgemeinschaft benötigt keinen Druck von außen, um Druck im Inneren zu erzeugen.

Kriegsgemeinschaft

Komplizenschaft

Für die NS-Führung läuft alles auf den „großen Rassenkrieg" um „arischen Lebensraum" hinaus. Die „Volksgemeinschaft" soll sich jetzt als Kriegsgemeinschaft bewähren. Viele Menschen verstricken sich in Verbrechen, werden zu Komplizen.

Entgrenzte Gewalt

Die Gewalt der Ausgrenzung radikalisiert sich weiter: Als „Volksschädlinge" werden fortan schon jene begriffen, die „Feindsender" hören oder „meckern". Sie werden vor Sondergerichten angeklagt, die ‚kurzen Prozess' machen. Schließlich kämpft man jetzt mit äußeren Feinden.

Millionen ausländische Zwangsarbeitende müssen für die deutsche Kriegswirtschaft schuften. Nach der Entfesselung des Krieges beginnt auch der systematische Mord an Behinderten.

Mit dem Krieg „im Osten" startet NS-Deutschland mit dem unfassbaren Unterfangen, die europäischen Juden zu ermorden. Anfangs durch hunderttausendfaches Erschießen, später auch in industriellen Tötungsfabriken.

KZ-System

Das System der nationalsozialistischen Konzentrationslager erreicht seine äußerste Ausdehnung: Zur Jahreswende 1944/45 sind 750.000 Menschen KZ-Häftlinge. Sie haben den Tod vor Augen. Auch in Schleswig-Holstein, zum Beispiel in den Außenstellen des Hamburger KZ Neuengamme in Husum-Schwesing und Ladelund.

Komplizenschaft

Für die NS-Führung läuft alles auf den „großen Rassenkrieg“ um „arischen Lebensraum“ hinaus. Die „Volksgemeinschaft“ soll sich jetzt als Kriegsgemeinschaft bewähren. Viele Menschen verstricken sich in Verbrechen, werden zu Komplizen.

Entgrenzte Gewalt

Die Gewalt der Ausgrenzung radikalisiert sich weiter: Als „Volksschädlinge“ werden fortan schon jene begriffen, die „Feindsender“ hören oder „meckern“. Sie werden vor Sondergerichten angeklagt, die ‚kurzen Prozess‘ machen. Schließlich kämpft man jetzt mit äußeren Feinden.
Millionen ausländische Zwangsarbeitende müssen für die deutsche Kriegswirtschaft schuften. Nach der Entfesselung des Krieges beginnt auch der systematische Mord an Behinderten.
Mit dem Krieg „im Osten“ startet NS-Deutschland mit dem unfassbaren Unterfangen, die europäischen Juden zu ermorden. Anfangs durch hunderttausendfaches Erschießen, später auch in industriellen Tötungsfabriken.

KZ-System

Das System der nationalsozialistischen Konzentrationslager erreicht seine äußerste Ausdehnung: Zur Jahreswende 1944/45 sind 750.000 Menschen KZ-Häftlinge. Sie haben den Tod vor Augen. Auch in Schleswig-Holstein, zum Beispiel in den Außenstellen des Hamburger KZ Neuengamme in Husum-Schwesing und Ladelund.

Bildnachweis: Louis Schnakenburg, Nationalmuseet Danmark, Negativ 11.166

Das Lagerkrematorium Neuengamme: Leichen werden nun an Ort und Stelle verbrannt. Zuvor wurden die Einäscherungen auf dem Hamburger Friedhof Ohlsdorf vorgenommen.

Bildnachweis: E. Wellerdiek, Danker/Schwabe 2005, S. 126

Drei Jahre nach der Befreiung fertigt der ehemalige niederländische Häftling E. Wellerdiek diese Skizze des Außenlagers Ladelund aus dem Gedächtnis an. Sie ist deshalb nicht ganz detailgetreu.

Bildnachweis: KZ-Gedenkstätte Neuengamme, F 1981-110

Der „Arrestbunker" des KZ Neuengamme: Er wird als Lagergefängnis und Hinrichtungsstätte genutzt, 1942 dient er kurzzeitig auch als Gaskammer.

Konzentrationslager Neuengamme

Zentrales Konzentrationslager

Das Konzentrationslager Neuengamme wird Ende 1938 am südöstlichen Hamburger Stadtrand auf dem Gelände einer ehemaligen Ziegelei eingerichtet. Anfangs ein Außenlager des KZ Sachsenhausen, wird es ein halbes Jahr nach Kriegsbeginn zu einem eigenständigen Konzentrationslager ausgebaut.

Im wiedererrichteten Ziegelwerk und in mehr als 85 Außenlagern des KZ Neuengamme leisten Häftlinge aus über 20 Nationen Zwangsarbeit. Das KZ Neuengamme gilt als zentrale Einrichtung für Nordwestdeutschland.

„Vernichtung durch Arbeit"

Bis 1945 werden 93.000 Häftlingsnummern vergeben, an 13.000 Frauen und 80.000 Männer. Circa 6.000 weitere Häftlinge tauchen in den Lagerbüchern nicht auf. Jeder zehnte Häftling ist Deutscher, die übrigen sind aus besetzten Ländern hierher verschleppt worden. 1.400 Inhaftierte werden von der Hamburger Gestapo hingerichtet, 448 sowjetische Kriegsgefangene durch Zyklon B erstickt. Vor allem aber wird „Vernichtung durch Arbeit" angewendet.

Insgesamt verlieren mindestens 42.900 Häftlinge in Neuengamme, den Außenlagern oder bei „Evakuierungen" ihr Leben.

KZ-Gedenkstätte Neuengamme

Die KZ-Gedenkstätte entsteht spät. 1953 und 1965 werden erste Mahnmale errichtet, 1981 nimmt ein „Dokumentenhaus" die Arbeit auf. 1995 eröffnet die erste Dauerausstellung. Seit 2005 besteht die heutige KZ-Gedenkstätte Neuengamme auf dem historischen Lagergelände mit allein 17 erhaltenen Gebäuden.

Inzwischen eine der größten Einrichtungen ihrer Art in Deutschland, hat sich die Gedenkstätte zu einem sehr bedeutenden Erinnerungs- und Lernort entwickelt.

Kontakt:

KZ-Gedenkstätte Neuengamme
Jean-Dolidier-Weg 75
21039 Hamburg

kz-gedenkstaette-neuengamme.de

Bildnachweis: H. P. Sørensen, Danker/Schwabe 2005, S. 127

Die Zeichnung des ehemaligen Häftlings H. P. Sørensen zeigt Häftlinge des Konzentrationslagers Ladelund bei der Zwangsarbeit: Sie heben einen Panzergraben aus. SS-Bewacher treiben sie mit Peitschenhieben an.

KZ-Außenlager Ladelund

„Friesenwall"

Ende September 1944 wird das KZ-Außenkommando Husum-Schwesing eingerichtet. Die zum Stammlager Neuengamme zählenden rund 2.500 Häftlinge sollen am „Friesenwall", einer Verteidigungslinie an der Nordseeküste, arbeiten. 297 Häftlinge kommen bis zur Auflösung des Lagers Ende Dezember 1944 ums Leben: ermordet, drangsaliert, ausgezehrt.

Etwa 1.000 Schwesinger Häftlinge werden am 1. November in die Grenzgemeinde Ladelund verlegt. Bis zum 16. Dezember 1944 besteht hier ebenfalls ein Außenkommando des Konzentrationslagers Neuengamme.

Die Häftlinge sollen einen Panzergraben bauen, weil ein Angriff der Alliierten über Dänemark möglich scheint.

Beide Verteidigungsanlagen sind in dieser Kriegsphase unsinnig. Der alliierte Angriff im Norden findet nicht statt.

Unterbringung im Dorf Ladelund

Weitere 1.000 Häftlinge kommen aus dem Stammlager nach Ladelund. Insgesamt 2.000 werden in einem verwaisten Reichsarbeitsdienstlager untergebracht. Auch hier überleben 300 Häftlinge die schwere Arbeit, die katastrophalen Bedingungen, den Drill und die Willkür der Bewacher nicht.

Nach sechs Wochen wird die Arbeit eingestellt. SS-Wachmannschaften verlegen die Überlebenden am 16. Dezember nach Neuengamme zurück. Dort geht das Sterben weiter.

Allein etwa 100 der 300 Ladelunder Toten stammen aus der kleinen niederländischen Stadt Putten. Als „Vergeltung" für einen Anschlag auf ein Wehrmachtsfahrzeug, bei dem ein deutscher Offizier zu Tode gekommen ist, hat die Wehrmacht den Ort niedergebrannt und die männliche Bevölkerung zur Zwangsarbeit nach Deutschland verbracht. 589 Männer aus Putten werden Häftlinge des Konzentrationslagers Neuengamme. Nur 49 von ihnen überleben.

KZ-Gedenkstätte Ladelund

Die Kirchengemeinde Ladelund bemüht sich frühzeitig um Gedenken und Aussöhnung. Die Gräber der KZ-Opfer werden gepflegt. 1950 kommt erstmals eine Besuchergruppe aus Putten. 1990 wird die historische Dauerausstellung eröffnet. 2017 wird sie modernisiert.

Kontakt:

KZ-Gedenk- und Begegnungsstätte Ladelund
Raiffeisenstraße 3
24926 Ladelund

kz-gedenkstaette-ladelund.de

Motor der NS-Volksgemeinschaft

Bittere Erkenntnis

Der Adolf-Hitler-Koog und das KZ Neuengamme sind nicht nur durch einen Koogbewohner verbunden, der Angehöriger der SS-Wachtruppe ist. Sie bilden vielmehr die zwei Seiten einer Medaille!

Der historische Befund ist eindeutig. Zur NS-Volksgemeinschaft gehört beides: harmonische Gemeinschaft für die einen, gewalttätiger bis mörderischer Ausschluss für die anderen. Das eine bedingt das andere. Das ist der Motor der NS-Volksgemeinschaft!

Bekannter Mechanismus

Im Ansatz kennen wir alle diesen Wirkmechanismus. Nähe und Gemeinschaftserleben tun gut. Gemeinsame Feinde schweißen erst recht zusammen: Wir-Gefühle setzen Bilder der Anderen, der nicht Dazugehörenden voraus.

Der Adolf-Hitler-Koog und die nationalsozialistische Ersatzkirche Neulandhalle sind Orte, an denen sich das besonders deutlich ausdrückt: Der Weg nach Neuengamme und Ladelund ist nicht weit.

Kinder heben den Arm zum „Hitlergruß". Hinter ihnen stehen Männer, teils sind sie uniformiert. Auch sie heben den Arm. Es handelt sich um eine undatierte, wahrscheinlich 1935 entstandene Aufnahme aus Schleswig-Holstein. Das kindliche Vertrauen rührt an. In den 1930er Jahren drückt es Gemeinschaft aus, heute bedrückenden Missbrauch.

Der Viehmarkt in Lübeck preist sich als „judenrein". Diese Fotografie wird um 1935 aufgenommen. Die einen rücken zusammen, die anderen sind entfernt. – Ein beklemmendes Szenario!

Dieser Markt ist „Judenrein"

Bittere Erkenntnis

Der Adolf-Hitler-Koog und das KZ Neuengamme sind nicht nur durch einen Koogbewohner verbunden, der Angehöriger der SS-Wachtruppe ist. Sie bilden vielmehr die zwei Seiten einer Medaille!

Der historische Befund ist eindeutig. Zur NS-Volksgemeinschaft gehört beides: harmonische Gemeinschaft für die einen, gewalttätiger bis mörderischer Ausschluss für die anderen. Das eine bedingt das andere. Das ist der Motor der NS-Volksgemeinschaft!

Bekannter Mechanismus

Im Ansatz kennen wir alle diesen Wirkmechanismus. Nähe und Gemeinschaftserleben tun gut. Gemeinsame Feinde schweißen erst recht zusammen: Wir-Gefühle setzen Bilder der Anderen, der nicht Dazugehörenden voraus.

Der Adolf-Hitler-Koog und die nationalsozialistische Ersatzkirche Neulandhalle sind Orte, an denen sich das besonders deutlich ausdrückt: Der Weg nach Neuengamme und Ladelund ist nicht weit.

Bildnachweis: Richard Garms, LASH Abt. 2003.2, Nr. 4145

Kinder heben den Arm zum „Hitlergruß". Hinter ihnen stehen Männer, teils sind sie uniformiert. Auch sie heben den Arm. Es handelt sich um eine undatierte, wahrscheinlich 1935 entstandene Aufnahme aus Schleswig-Holstein.

Das kindliche Vertrauen rührt an: In den 1930er Jahren drückt es Gemeinschaft aus, heute bedrückenden Missbrauch.

Bildnachweis: Hans Kripgans, Jüdisches Museum Rendsburg

Der Viehmarkt in Lübeck preist sich als „judenrein". Diese Fotografie wird um 1935 aufgenommen. Die einen rücken zusammen, die anderen sind entfernt. – Ein beklemmendes Szenario!

„Blut und Boden“ und große Pläne

Die Nationalsozialisten propagieren das Idealbild einer stark agrarisch geprägten Gesellschaft. Als „Volk ohne Raum“ muss sie ihr Siedlungsgebiet erheblich erweitern. Wissenschaftler schmieden große Pläne: Riesige Gebiete im Osten sollen eingedeutscht werden. Die Einheimischen sollen als Sklaven der deutschen „Wehrbauern“ arbeiten, vertrieben oder ermordet werden.

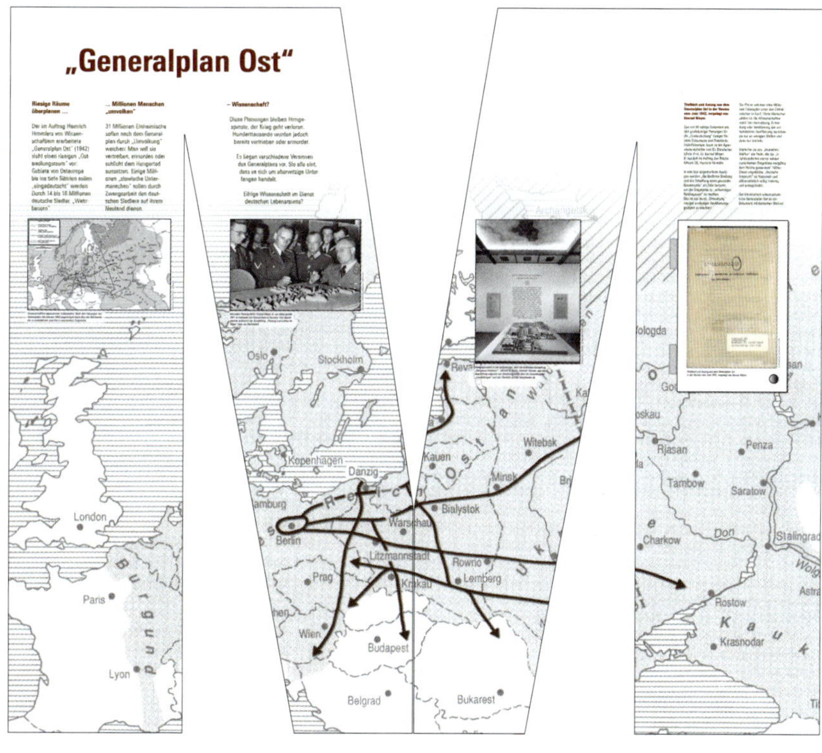

„Blut und Boden“

Was hat die gewalttätige NS-Lebensraum-Politik mit friedlicher Landgewinnung an der Nordsee zu tun? – Alle Buchstaben der Station **RAUM** *gehen dieser Frage nach.*

Die eigene Scholle

Die Nationalsozialisten sehen in einem „erbgesunden“ Bauerntum den Kern des deutschen Volkes. „Arische“, also nach Abstammung rassisch bestimmte, Bauern beackern ihre eigene „Scholle“, den „Erbhof“. Wirkmächtig fasst die romantisch-kitschige Parole „Blut und Boden“ diese Vorstellung zusammen.

Bauern, Landarbeiter oder Mitarbeiter von Molkereien: Im „Reichsnährstand“ sind alle in Landwirtschaft und Nahrungsproduktion Tätigen als Zwangsmitglieder gleichgeschaltet. Das Wappen trägt den Reichsadler, das Hakenkreuz mit Ähre und Dolch sowie die Worte: „Blut und Boden“.

...gegen die Verstädterung

Das Idealbild der ländlichen Gesellschaft ist rückwärtsgewandt: Es richtet sich gegen das Leben in der Großstadt und gegen die moderne Industriegesellschaft.

In der ländlichen Bevölkerung ist die „Blut-und-Boden“-Ideologie populär. Sie fühlt sich und ihr Brauchtum gewürdigt.

Angstbild Großstadt. Hier von Regisseur Richard Garms im Nordmark-Film „Neuland am Meer“ 1937 erzeugt durch das Übereinanderlegen verschiedener Filmaufnahmen.

„Reichsbauernführer“ und Reichsminister für Ernährung und Landwirtschaft Richard Walther Darré bei einer Großkundgebung des „Reichsnährstandes“ 1937 in Goslar. Im Hintergrund das Kennzeichen der Organisation.

Pferdewagen mit „Blut-und-Boden“-Schild bei einem Erntedank-Festumzug im Oktober 1936 in der Flensburger Innenstadt.

„Blut und Boden“ 1938 auf dem Titel einer Ausgabe des NSDAP-Organs „Der Schulungsbrief“. Die Auflage dieses parteiinternen Rundbriefs war sehr hoch. Sie erreichte 1939 fast fünf Millionen Exemplare.

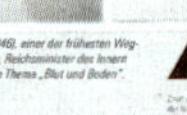

„Nur das Volk wird ewig bestehen, das sein Blut rein hält und die Verbindung mit der Heimatscholle nicht verliert.“

Wilhelm Frick (1877-1946), einer der frühesten Weggefährten Adolf Hitlers, Reichsminister des Innern von 1933 bis 1943, zum Thema „Blut und Boden“.

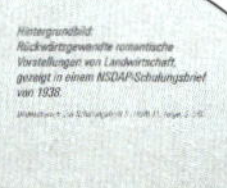

Hintergrundbild: Rückwärtsgewandte romantische Vorstellungen von Landwirtschaft, gezeigt in einem NSDAP-Schulungsbrief von 1938.

Was hat die gewalttätige NS-Lebensraum-Politik mit friedlicher Landgewinnung an der Nordsee zu tun? – Alle Buchstaben der Station **RAUM** *gehen dieser Frage nach.*

Die eigene Scholle

Die Nationalsozialisten sehen in einem „erbgesunden" Bauerntum den Kern des deutschen Volkes. „Arische", also nach Abstammung rassisch bestimmte, Bauern beackern ihre eigene „Scholle", den „Erbhof". Wirkmächtig fasst die romantisch-kitschige Parole „Blut und Boden" diese Vorstellung zusammen.

Bauern, Landarbeiter oder Mitarbeiter von Molkereien: Im „Reichsnährstand" sind alle in Landwirtschaft und Nahrungsproduktion Tätigen als Zwangsmitglieder gleichgeschaltet. Das Wappen trägt den Reichsadler, das Hakenkreuz mit Ähre und Dolch sowie die Worte: „Blut und Boden".

… gegen die Verstädterung

Das Idealbild der ländlichen Gesellschaft ist rückwärtsgewandt: Es richtet sich gegen das Leben in der Großstadt und gegen die moderne Industriegesellschaft.

In der ländlichen Bevölkerung ist die „Blut-und-Boden"-Ideologie populär. Sie fühlt sich und ihr Brauchtum gewürdigt.

> *„Nur das Volk wird ewig bestehen, das sein Blut rein hält und die Verbindung mit der Heimatscholle nicht verliert."*

Wilhelm Frick (1877–1946), einer der frühesten Weggefährten Adolf Hitlers, Reichsminister des Innern von 1933 bis 1943, zum Thema „Blut und Boden".

Zitat. Wilhelm Frick, Der Mensch, die Seele der Wirtschaft, Düsseldorfer Tageblatt vom 27.11.1935

Bildnachweis: Bundesarchiv, Bild 183-H1215-0503-009 Foto: o. Ang. / 13. Dezember 1937

„Reichsbauernführer" und Reichsminister für Ernährung und Landwirtschaft Richard Walther Darré bei einer Großkundgebung des „Reichsnährstandes" 1937 in Goslar. Im Hintergrund das Kennzeichen der Organisation.

Bildnachweis: Zimmermann, „Flensburger Illustrierte Nachr." Nr. 42 v. 14.10.1936

Pferdewagen mit „Blut-und-Boden"-Schild bei einem Erntedank-Festumzug im Oktober 1936 in der Flensburger Innenstadt.

Bildnachweis: Richard Garms, LASH Landesfilmarchiv Abt. 2002, Nr. 47

Angstbild Großstadt. Hier von Regisseur Richard Garms im Nordmarkfilm „Neuland am Meer" 1937 erzeugt durch das Übereinanderlegen verschiedener Filmaufnahmen.

Bildnachweis: Der Schulungsbrief 5 (1938) 10. Folge

„Blut und Boden“ 1938 auf dem Titel einer Ausgabe des NSDAP-Organs „Der Schulungsbrief“. Die Auflage dieses parteiinternen Rundbriefs war sehr hoch. Sie erreichte 1939 fast fünf Millionen Exemplare.

Bildnachweis: Der Schulungsbrief 5 (1938) 11. Folge, S. 36f.

Rückwärtsgewandte romantische Vorstellungen von Landwirtschaft, gezeigt in einem NSDAP-Schulungsbrief von 1938.

„Volk ohne Raum"

„Lebensraum"

Von „Blut und Boden" zum Kampf um „Lebensraum" scheint es nur ein kleiner Schritt: Wer Lebensgrundlagen einer bäuerlichen Gesellschaft erweitern will, braucht neues Land. So denkt man jedenfalls in „völkischen" Kreisen. Daraus wird die Logik: Ein Volk braucht Raum. Völker kämpfen deshalb miteinander um Lebensräume. Siegen werden die ‚rassisch Überlegenen'.

Die Ideologen interessiert nicht, dass Deutschland ein hochmoderner Industriestaat ist, der durch intensiveres Wirtschaften wächst. Neidisch blicken sie auf Nachbarn: Großbritannien und Frankreich besitzen Kolonialreiche. Deutschland hat nach dem Ersten Weltkrieg seine Gebiete und Kolonien abgeben müssen – Man sei ein „Volk ohne Raum" geworden.

Griff nach „dem Osten"

Das soll sich ändern. „Im Osten", in Osteuropa und der Sowjetunion, wollen nationalsozialistische Planer riesige Landstriche „eindeutschen". Sie sollen Arbeitskräfte und Rohstoffe liefern und zu Siedlungsgebieten für Deutsche werden.

Das kann nur durch Krieg, Eroberung und Unterwerfung gelingen.

Regionales NSDAP-Propaganda-Plakat aus dem Jahr 1938 oder 1939. Herausgegeben vom Gaupropagandaamt Oberdonau.

Auch hier liegt unser Lebensraum

Propaganda-Appell, den angeblich deutschen Lebensraum in den ehemaligen Kolonien des deutschen Kaiserreichs in Afrika nicht zu vergessen.

Schon vor Entfesselung des Zweiten Weltkriegs wird „deutscher Lebensraum" beansprucht: Einmarsch deutscher Truppen am 15. März 1939 in Prag, hier auf dem Wenzelsplatz.

Hintergrundbild: Mit dem biblischen Begriff der „Auferstehung" feiert der NSDAP-Schulungsbrief die neue Beachtung, die der traditionellen Landwirtschaft und dem Landleben seit der Machtübernahme der Nationalsozialisten geschenkt wird.

Hierlshagen
erste Siedlung auf vom Arbeitsdienst
im Sprottebruch gewonnenem Gelände

„Lebensraum"

Von „Blut und Boden" zum Kampf um „Lebensraum" scheint es nur ein kleiner Schritt: Wer Lebensgrundlagen einer bäuerlichen Gesellschaft erweitern will, braucht neues Land. So denkt man jedenfalls in „völkischen" Kreisen. Daraus wird die Logik: Ein Volk braucht Raum. Völker kämpfen deshalb miteinander um Lebensräume. Siegen werden die ‚rassisch Überlegenen'.

Die Ideologen interessiert nicht, dass Deutschland ein hochmoderner Industriestaat ist, der durch intensiveres Wirtschaften wächst. Neidisch blicken sie auf Nachbarn: Großbritannien und Frankreich besitzen Kolonialreiche. Deutschland hat nach dem Ersten Weltkrieg seine Gebiete und Kolonien abgeben müssen – Man sei ein „Volk ohne Raum" geworden.

Griff nach „dem Osten"

Das soll sich ändern. „Im Osten", in Osteuropa und der Sowjetunion, wollen nationalsozialistische Planer riesige Landstriche „eindeutschen". Sie sollen Arbeitskräfte und Rohstoffe liefern und zu Siedlungsgebieten für Deutsche werden.

Das kann nur durch Krieg, Eroberung und Unterwerfung gelingen.

Mit dem biblischen Begriff der „Auferstehung" feiert der NSDAP-Schulungsbrief die neue Beachtung, die der traditionellen Landwirtschaft und dem Landleben seit der Machtübernahme der Nationalsozialisten geschenkt wird.

Bildnachweis: Der Schulungsbrief 5 (1938) 11. Folge

Bildnachweis: Hanns Reindl, Bundesarchiv Plakat 003-008-024

Propaganda-Appell, den angeblich deutschen Lebensraum in den ehemaligen Kolonien des deutschen Kaiserreichs in Afrika nicht zu vergessen.

Bildnachweis: Bundesarchiv Bild 183-H27147

Schon vor Entfesselung des Zweiten Weltkriegs wird „deutscher Lebensraum" beansprucht: Einmarsch deutscher Truppen am 15. März 1939 in Prag, hier auf dem Wenzelsplatz.

Bildnachweis: R. Irkowsky, Bundesarchiv Plakat 003-002-036

Regionales NSDAP-Propaganda-Plakat aus dem Jahr 1938 oder 1939. Herausgegeben vom Gaupropagandaamt Oberdonau.

„Die Erwerbung von neuem Grund und Boden zur Ansiedelung der überlaufenden Volkszahl besitzt unendlich viel Vorzüge, besonders wenn man nicht die Gegenwart, sondern die Zukunft ins Auge faßt. Schon die Möglichkeit der Erhaltung eines gesunden Bauernstandes als Fundament der gesamten Nation kann niemals hoch genug eingeschätzt werden."

Zitat: Adolf Hitler, Mein Kampf. Eine kritische Edition, München 2016, S. 397

„Es muß Boden frei werden zur Beackerung durch germanische Bauernfäuste. Dadurch allein ist die Möglichkeit eines Aufatmens für das auf engstem Raum zusammengepreßte deutsche Volk gegeben. Dadurch aber auch die Gründung einer neuen Kulturepoche des weißen Menschen."

Zitat: Alfred Rosenberg. Der Mythus des 20. Jahrhunderts, München 1935, S. 677

„Es gibt nur eine Aufgabe: eine Germanisierung durch Hereinnahme der Deutschen vorzunehmen und die Ureinwohner als Indianer zu betrachten."

Zitat: Adolf Hitler am 17.10.1941, nach: Werner Jochmann (Hg.): Adolf Hitler. Monologe im Führerhauptquartier 1941–1944, Hamburg 1980, S. 91

Neuer Lebensraum?

„Siedlungsexperten“

Nach dem Überfall auf Polen im September 1939 beginnen „Einsatzgruppen“ aus SS- und Polizeiangehörigen in den besetzten Gebieten mit gewalttätigen Umsiedlungs- und Vertreibungsmaßnahmen von einheimischen Polen und Juden. Im Gegenzug werden „Volksdeutsche“ aus baltischen Ländern übereilt angesiedelt. Wegen des Kriegsverlaufs zunächst gestoppt, werden die Planungen dennoch vorangetrieben.

und „Wehrbauern“

Wissenschaftler und SS-Behörden erörtern Siedlungsmodelle für „den Osten“. Man will neuartige Dörfer bauen. Dort sollen „Wehrbauern“ der SS nach mittelalterlichem Vorbild einen „Neuadel“ bilden. Ihnen will man „reichsdeutsche“ und aus anderen Ländern kommende „volksdeutsche“ Siedler unterstellen.

Das Land „im Osten“ wird aus nationalsozialistischer Sicht von slawischen „Untermenschen“ bewohnt. Es erscheint trist und grau. Deutsche Siedler werden es entwässern und nutzbar machen. Einheimische Bevölkerungsgruppen sollen vertrieben, ermordet oder Sklavenarbeiter werden – ein verheerendes Zukunftsmodell!

Körperliche Ertüchtigung und Kampf in einer Landdienstausbildung der Hitlerjugend. So werden zukünftige Soldaten oder auch „Wehrbauern“ auf ihre Aufgaben vorbereitet.

Am Modell stellt Heinrich Himmler (4. von rechts) in Berlin Pläne für bäuerliche Siedlungen „im Osten“ vor. Ein interessierter Zuhörer ist Rudolf Hess, der „Stellvertreter des Führers“ (4. von links)

Das Leben auf den „Neubauernhöfen“: Propaganda-Aufnahmen aus dem „Musterdorf“ Balzweiler im „Wartheland“ aus dem Jahr 1942

Musterdorf

„Siedlungsexperten“

Nach dem Überfall auf Polen im September 1939 beginnen „Einsatzgruppen“ aus SS- und Polizeiangehörigen in den besetzten Gebieten mit gewalttätigen Umsiedlungs- und Vertreibungsmaßnahmen von einheimischen Polen und Juden. Im Gegenzug werden „Volksdeutsche“ aus baltischen Ländern übereilt angesiedelt. Wegen des Kriegsverlaufs zunächst gestoppt, werden die Planungen dennoch vorangetrieben.

und „Wehrbauern“

Wissenschaftler und SS-Behörden erörtern Siedlungsmodelle für „den Osten“. Man will neuartige Dörfer bauen. Dort sollen „Wehrbauern“ der SS nach mittelalterlichem Vorbild einen „Neuadel“ bilden. Ihnen will man „reichsdeutsche“ und aus anderen Ländern kommende „volksdeutsche“ Siedler unterstellen.

Bildnachweis: Bundesarchiv Bild 146-1974-079-57

Am Modell stellt Heinrich Himmler (4. von rechts) in Berlin Pläne für bäuerliche Siedlungen „im Osten“ vor. Ein interessierter Zuhörer ist Rudolf Hess, der „Stellvertreter des Führers“ (4. von links).

Das Land „im Osten“ wird aus nationalsozialistischer Sicht von slawischen „Untermenschen“ bewohnt. Es erscheint trist und grau. Deutsche Siedler werden es entwässern und nutzbar machen. Einheimische Bevölkerungsgruppen sollen vertrieben, ermordet oder Sklavenarbeiter werden – ein verheerendes Zukunftsmodell!

Bildnachweis: Bundesarchiv Bild 146-1981-124-06

Körperliche Ertüchtigung und Kampf in einer Landdienstausbildung der Hitlerjugend. So werden zukünftige Soldaten oder auch „Wehrbauern“ auf ihre Aufgaben vorbereitet.

Musterdorf im Wartheland

Das Leben auf den „Neubauernhöfen“: Propaganda-Aufnahmen aus dem „Musterdorf“ Balzweiler im „Wartheland“ aus dem Jahr 1942.

Bildnachweis: Deutsche Agrarpolitik 1 (1942/43) Heft 4, S. 120f.

Das Dorf Balzweiler im Kreise Hohensalza wurde bei Beginn des Polenfeldzuges von zurückflutenden Truppen teilweise zerstört, die Einwohner ermordet, die Gehöfte niedergebrannt. Nach der Zerschlagung des polnischen Widerstandes durch die deutsche Wehrmacht wurde mit dem Wiederaufbau der von polnischer Hand zerstörten Gehöfte begonnen und durch die Aussiedlung der polnischen Einwohner die verbleibenden volksdeutschen Gehöfte durch ihre Vergrößerung auf durchweg 100 Morgen lebensfähig gemacht. Der Wiederaufbau der Bauerngehöfte in Balzweiler, für dessen Durchführung die Grundsätze des Reichskommissars für die Festigung des deutschen Volkstums (Reichsführer SS) und die Richtlinien des Reichsernährungsministeriums maßgeblich waren, soll richtungweisend für die Gestaltung des deutschen Ostens sein. Die Gehöfte sind für den Bauern, seine Arbeit und das

Bildnachweis: Deutsche Agrarpolitik 1 (1942/43) Heft 4, S. 120f.

Propaganda-Aufnahmen aus dem „Musterdorf" Balzweiler im „Wartheland" aus dem Jahr 1942.

Mustersiedlung Balzweiler

Mit Musterdörfern wie Balzweiler im „Wartheland" lassen der Reichskommissar zur Festigung des deutschen Volkstums, Heinrich Himmler, und das Reichsministerium für Ernährung und Landwirtschaft die Besiedelung „im Osten" erproben. 1942 werden diese Musterhöfe fertiggestellt.

Balczewo gehörte bis 1939 zu Polen. Nach Besetzung und Eingliederung in das Deutsche Reich werden einheimische Polen von dort vertrieben. Im gesamten „Reichsgau Wartheland" sind davon im Dezember 1939 rund 88.000 Personen betroffen! In Balzweiler ermordet der „volksdeutsche Selbstschutz" am 18. Dezember 1939 dabei 11 Menschen.

Für die Errichtung der Höfe bekommt der Architekt Herbert Henselmann den Auftrag. Mit zwei jüdischen Großelternteilen gilt Henselmann nach der rassistischen NS-Ideologie als „Halbjude". Eigentlich darf er nicht arbeiten. Für diesen Zweck erhält er jedoch eine Sondererlaubnis.
Nach 1945 verharmlost Henselmann diese Tätigkeit. Er wird einer der bedeutendsten Architekten der DDR.

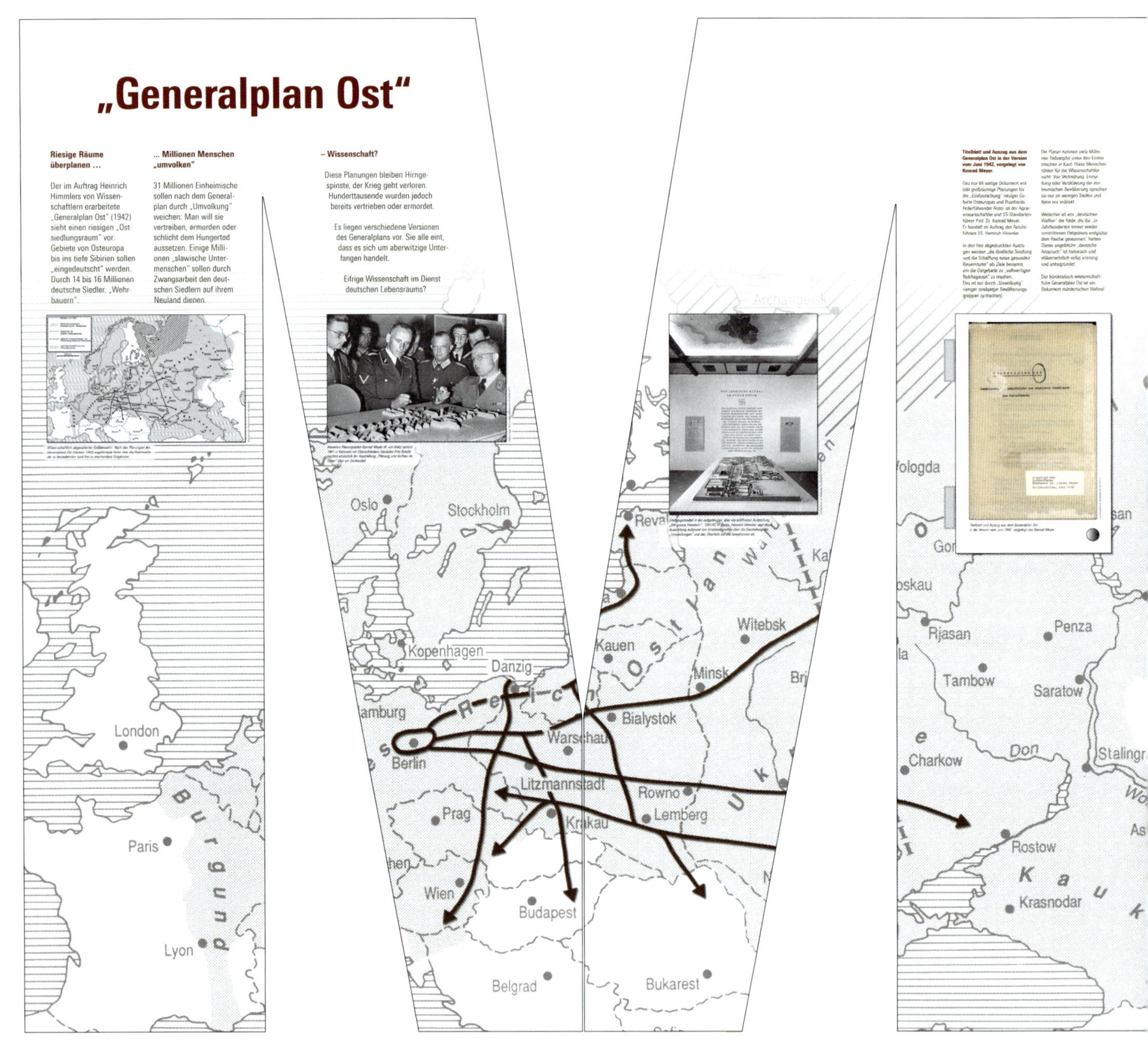
„Generalplan Ost“
Riesige Räume überplanen …
Der im Auftrag Heinrich Himmlers von Wissenschaftlern erarbeitete „Generalplan Ost“ (1942) sieht einen riesigen „Ostsiedlungsraum“ vor: Gebiete von Osteuropa bis ins tiefe Sibirien sollen „eingedeutscht“ werden. Durch 14 bis 16 Millionen deutsche Siedler, „Wehrbauern“.
… Millionen Menschen „umvolken“
31 Millionen Einheimische sollen nach dem Generalplan durch „Umvolkung“ weichen: Man will sie vertreiben, ermorden oder schlicht dem Hungertod aussetzen. Einige Millionen „slawische Untermenschen“ sollen durch Zwangsarbeit den deutschen Siedlern auf ihrem Neuland dienen.
– Wissenschaft?
Diese Planungen bleiben Hirngespinste, der Krieg geht verloren. Hunderttausende wurden jedoch bereits vertrieben oder ermordet.
Es liegen verschiedene Versionen des Generalplans vor. Sie alle eint, dass es sich um aberwitzige Unterfangen handelt.
Eifrige Wissenschaft im Dienst deutschen Lebensraums?
Titelblatt und Auszug aus dem Generalplan Ost in der Version vom Juni 1942, vorgelegt von Konrad Meyer.
Das nur 84-seitige Dokument enthält großräumige Planungen für die „Eindeutschung“ riesiger Gebiete Osteuropas und Russlands. Federführender Autor ist der Agrarwissenschaftler und SS-Standartenführer Prof. Dr. Konrad Meyer. Er handelt im Auftrag des Reichsführers SS, Heinrich Himmler.
In den hier abgedruckten Auszügen werden „die ländliche Siedlung und die Schaffung eines gesunden Bauerntums“ als Ziele benannt, um die Ostgebiete zu „vollwertigen Reichsgauen“ zu machen. Das ist nur durch „Umvolkung“ riesiger ansässiger Bevölkerungsgruppen zu machen!
Die Planer nehmen viele Millionen Todesopfer unter den Einheimischen in Kauf. Diese Menschen zählen für die Wissenschaftler nicht: Von Vertreibung, Ermordung oder Versklavung der einheimischen Bevölkerung sprechen sie nur an wenigen Stellen und dann nur indirekt.
Weiterhin ist von „deutschen Waffen“ die Rede, die die „in Jahrhunderten immer wieder umstrittenen Ostgebiete endgültig dem Reiche gewonnen“ hatten. Dieser angebliche „deutsche Anspruch“ ist historisch und völkerrechtlich völlig irrsinnig und unbegründet.
Der bürokratisch-wissenschaftliche Generalplan Ost ist ein Dokument mörderischen Wahns!
Archangelsk
Oslo
Stockholm
Reval
Vologda
Kopenhagen
Danzig
Kauen
Witebsk
Minsk
Rjasan
Penza
Tambow
Saratow
Hamburg
Berlin
Warschau
Bialystok
Charkow
Don
Stalingr
London
Litzmannstadt
Rowno
Lemberg
Prag
Krakau
Rostow
Paris
Wien
Budapest
Krasnodar
Lyon
Belgrad
Bukarest
Reich
Ostland
Burgund
Kaukasus

Riesige Räume überplanen …

Der im Auftrag Heinrich Himmlers von Wissenschaftlern erarbeitete „Generalplan Ost" (1942) sieht einen riesigen „Ostsiedlungsraum" vor:
Gebiete von Osteuropa bis ins tiefe Sibirien sollen „eingedeutscht" werden. Durch 14 bis 16 Millionen deutsche Siedler, „Wehrbauern".

… Millionen Menschen „umvolken"

31 Millionen Einheimische sollen nach dem Generalplan durch „Umvolkung" weichen: Man will sie vertreiben, ermorden oder schlicht dem Hungertod aussetzen. Einige Millionen „slawische Untermenschen" sollen durch Zwangsarbeit den deutschen Siedlern auf ihrem Neuland dienen.

– Wissenschaft?

Diese Planungen bleiben Hirngespinste, der Krieg geht verloren. Hunderttausende wurden jedoch bereits vertrieben oder ermordet.

Es liegen verschiedene Versionen des Generalplans vor. Sie alle eint, dass es sich um aberwitzige Unterfangen handelt.

Eifrige Wissenschaft im Dienst deutschen Lebensraums?

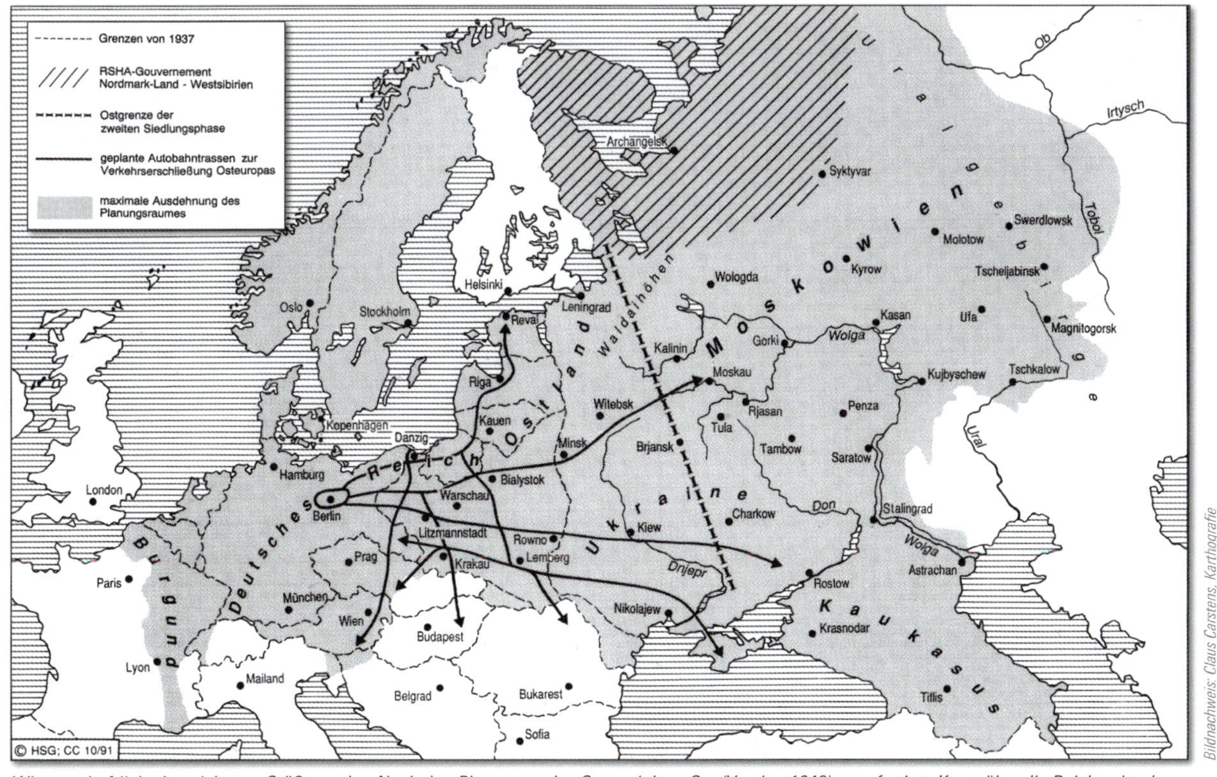

Wissenschaftlich abgesicherter Größenwahn: Nach den Planungen des Generalplans Ost (Version 1942) angefertigte Karte über die Reichweite der zu besiedelnden (und frei zu machenden) Ostgebiete.

Bildnachweis: Claus Carstens, Karthografie

Bildnachweis: Fritz Gerlach, Bundesarchiv R 49 Bild-0971

Himmlers Planungsleiter Konrad Meyer (4. von links) spricht 1941 in Kattowitz mit Oberschlesiens Gauleiter Fritz Bracht (rechts) anlässlich der Ausstellung „Planung und Aufbau im Osten" über ein Dorfmodell.

Bildnachweis: M. Krajewsky, Bundesarchiv R 49 Bild-0024

Siedlungsmodell in der aufgebauten, aber nie eröffneten Ausstellung „Die grosse Heimkehr", 1941/42 in Berlin. Heinrich Himmler sagt diese Ausstellung aufgrund von Unstimmigkeiten über die Darstellung der „Umsiedlungen" und des Überfalls auf die Sowjetunion ab.

Titelblatt und Auszug aus dem Generalplan Ost in der Version vom Juni 1942, vorgelegt von Konrad Meyer.

Das nur 84-seitige Dokument enthält großräumige Planungen für die „Eindeutschung“ riesiger Gebiete Osteuropas und Russlands. Federführender Autor ist der Agrarwissenschaftler und SS-Standartenführer Prof. Dr. Konrad Meyer.
Er handelt im Auftrag des Reichsführers SS, Heinrich Himmler.

In den hier abgedruckten Auszügen werden „die ländliche Siedlung und die Schaffung eines gesunden Bauerntums“ als Ziele benannt, um die Ostgebiete zu „vollwertigen Reichsgauen“ zu machen.
Das ist nur durch „Umvolkung“ riesiger ansässiger Bevölkerungsgruppen zu machen!

Die Planer nehmen viele Millionen Todesopfer unter den Einheimischen in Kauf. Diese Menschen zählen für die Wissenschaftler nicht: Von Vertreibung, Ermordung oder Versklavung der einheimischen Bevölkerung sprechen sie nur an wenigen Stellen und dann nur indirekt.

Weiterhin ist von „deutschen Waffen“ die Rede, die die „in Jahrhunderten immer wieder umstrittenen Ostgebiete endgültig dem Reiche gewonnen“ hätten. Dieser angebliche „deutsche Anspruch“ ist historisch und völkerrechtlich völlig irrsinnig und unbegründet.

Der bürokratisch-wissenschaftliche Generalplan Ost ist ein Dokument mörderischen Wahns!

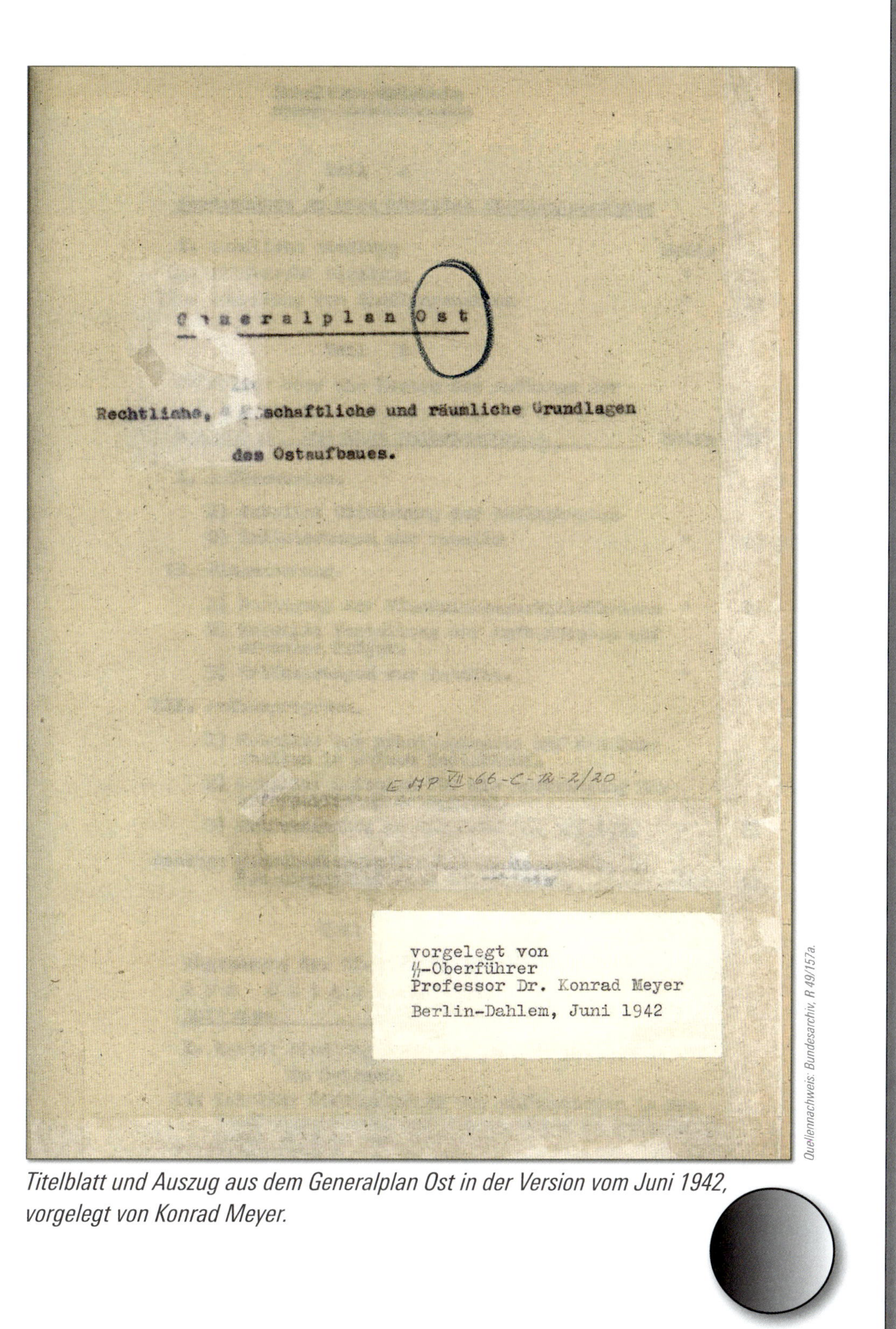

G?neralplan Ost

Rechtliche, ??schaftliche und räumliche Grundlagen

des Ostaufbaues.

EMP VII-66-C-?-2/20

vorgelegt von
SS-Oberführer
Professor Dr. Konrad Meyer
Berlin-Dahlem, Juni 1942

Quellennachweis: Bundesarchiv, R 49/157a.

Titelblatt und Auszug aus dem Generalplan Ost in der Version vom Juni 1942, vorgelegt von Konrad Meyer.

- 1 -

4

I. Ländliche Siedlung.

Allg.Leitgedanken.

Die deutschen Waffen haben die in Jahrhunderten immer wieder umstrittenen Ostgebiete endgültig dem Reiche gewonnen.

Das Reich erblickt nunmehr seine vornehmste Aufgabe darin, diese Gebiete innerhalb kürzester Frist zu vollwertigen Reichsgauen auszubauen. Die erste Voraussetzung hierfür bildet die ländliche Siedlung und die Schaffung eines gesunden Bauerntums.

Für eine deutsche Siedlungsordnung haben folgende allgemeine Gesichtspunkte zu gelten:

a) Zur Durchführung dieser größten Siedlungsaufgabe ist eine von der Volkskraft bestimmte Abgrenzung der Siedlungsgebiete notwendig. Vorschlag hierzu enthält Teil C., S. 71.

b) Das Gelingen des Siedlungswerkes wird auf Grund der bisherigen Erfahrungen entscheidend davon abhängen, daß in allen Siedlungsgebieten eine einheitliche Befehlsgewalt geschaffen wird.

/.

- 2 -

R 49/157A
005

In den bereits eingegliederten Ostgebieten ist die Lenkung und die Aufsicht über die Durchführung des Siedlungsaufbaus dem Reichskommissar für die Festigung deutschen Volkstums zu übertragen.

Die weiteren Siedlungsgebiete sind als Marken des Reiches aus ihrem bisherigen staatsrechtlichen Territorialverband auszugliedern und für die Dauer des Aufbaus der Hoheitsgewalt des Reichsführers-SS zu unterstellen. Vorschlag hierzu enthält A III. In den die Marken verbindenden Siedlungsstützpunkten (vergl. Teil C) gilt das oben für die eingegliederten Ostgebiete Gesagte.

c) Die vorliegenden Grundsätze für die Durchführung des Siedlungswerkes gehen davon aus, daß dem Reich, vertreten durch den Reichskommissar für die Festigung deutschen Volkstums, die ausschließliche Verfügungsgewalt über den gesamten zu Siedlungszwecken anfallenden Grund und Boden in den Ostgebieten zusteht.

d) Für die Siedler gelten die Grundsätze der Neubauernauslese unter Berücksichtigung der Erfahrungen, die von der SS bei der rassischen und erbbiologischen Auslese gemacht sind.

Landgewinner im Osten: von Süderdithmarschen nach Riga

Der Vernichtungskrieg um „neuen Lebensraum“ im Osten kostet unzählige Opfer. Im „Reichskommissariat Ostland“ werden Menschen ausgebeutet, für Zwangsarbeit ausgehoben, als „Bandenangehörige“ bekämpft. Hunderttausende einheimischer und hierher deportierter jüdischer Menschen werden ermordet. Lebensraumerweiterung an der Westküste und in Osteuropa werden nicht nur ideologisch und sprachlich verbunden, sondern auch personell: So wird Hinrich Lohse 1941 Reichskommissar in Riga – zahlreiche Beamte und NSDAP-Funktionäre aus seinem „Heimatgau“ begleiten ihn.

Landgewinner
„im Osten“

„Eindeichung“.
Die Sprache des „Lebensraumkriegs“.
„Kultivierung“
„Sturmflut“
„Ein-
deichung“
„Neuland“

„Lebensraumkrieg“

„Vernichtungskrieg“

Mit dem Angriff auf Polen am 1. September 1939 entfesselt Deutschland den Zweiten Weltkrieg. Jetzt beginnt aus Sicht der NS-Führung das Eigentliche, der Kampf der „Arier“ um Vorherrschaft und „Lebensraum“. Hitler 1938:

„Wir wollen nicht diese Völker, wir wollen ihr Land.“

Vor allem „im Osten“ achten Wehrmacht und deutsche Besatzer weder Kriegs- noch Völkerrecht. Als die Wehrmacht am 22. Juni 1941 die Sowjetunion überfällt, beginnt ein „Vernichtungskrieg“.

Entgrenzte Gewalt

Die Militärs wollen bis zu 2.000 Kilometer weit in die Sowjetunion einmarschieren. Sie rechnen mit einem „Blitzkrieg“. Die Versorgung der schon 1941 circa drei Millionen Kriegsgefangenen planen sie nicht. Mehr als die Hälfte stirbt deshalb bis Frühjahr 1942. Hinter der Front beginnen „Einsatzgruppen“ aus SS und regulären Polizisten mit der Ermordung der europäischen Juden. Gegen „Partisanen“ und „Untermenschen“ gehen sie willkürlich vor, „Politkommissare“ werden ermordet.

In diesem Krieg scheint alles erlaubt.

Ausgewählte Opferzahlen der deutschen Besatzungsherrschaft „im Osten“

- **Mindestens 5.800.000 europäische Juden fallen der in besetzten Ostgebieten entfesselten Shoa zum Opfer**
- **Circa 3.000.000 sowjetische Kriegsgefangene überleben nicht**
- **Gezieltes Aushungern tötet in sowjetischen Großstädten mehr als 1.000.000 sowjetische Zivilisten und Zivilistinnen**
- **Ungefähr 500.000 sowjetische Zivilisten werden im Rahmen der „Bandenbekämpfungen“ gegen Angehörige des Widerstands getötet**
- **Circa 1.200.000 polnische Zivilisten (ohne polnische Juden) werden Opfer der deutschen Besatzungsmaßnahmen**

Białystok am 28. Juni 1941: Sowjetische Kriegsgefangene liegen vor deutschen Wehrmachtsangehörigen. Der Fotograf einer Propagandakompanie der Wehrmacht namens Röder macht diese Aufnahme.

Zwei festgenommene sowjetische „Partisaninnen“ werden im September 1942 in [illegible]/Sowjetunion auf einer Landstraße von deutschen Ordnungspolizisten abgeführt.

Die Originalbeschriftung der Aufnahme des SS-Kriegsberichterstatters Alfred [illegible] im „Scherl-Bilderdienst“ lautet:

„[illegible]“

Auch diese am 28. Juni 1941 in Białystok aufgenommene Fotografie Röders soll Propagandazwecken dienen. Zwei einheimische Kinder vor einem sowjetischen Plakat, das die deutschen Eroberer überklebt haben mit der in deutscher und polnischer Sprache verfassten Warnung:

„Wer plündert, wird erschossen. Der Stadtkommandant.“

Aufnahme der Propagandakompanie 698 der Wehrmacht im Dezember 1941 in der Region „Sowjetunion-Mitte“. Deutsche Soldaten erschießen Männer an einer Hauswand. Ob es sich um angebliche „Partisanen“ oder um Geiseln handelt, ist nicht bekannt.

[illegible]

SS-Fotograf Obermüller erstellt diese Aufnahme für eine SS-Propagandakompanie im Mai/Juni 1943 in der Region „Sowjetunion Mitte“. Waffen-SS-Angehörige sind auf dem Rückzug vor Truppen der Roten Armee. Im Hintergrund Häuser, die sie in Brand gesetzt haben. Sie beenden den gescheiterten Ostfeldzug um Lebensraum mit „verbrannter Erde“.

Hintergrundbild: Das zerstörte ehemals polnische Białystok im Juni/Juli 1941 nach der [illegible] Eroberung durch deutsche Truppen. Im September 1939 ist die Stadt im Rahmen des Hitler-Stalin-Paktes an die Sowjetunion übergeben worden. Jetzt hat die Wehrmacht sowjetische Truppen geschlagen.

„Vernichtungskrieg"

Mit dem Angriff auf Polen am 1. September 1939 entfesselt Deutschland den Zweiten Weltkrieg. Jetzt beginnt aus Sicht der NS-Führung das Eigentliche, der Kampf der „Arier" um Vorherrschaft und „Lebensraum". Hitler 1938:

„Wir wollen nicht diese Völker, wir wollen ihr Land."

Vor allem „im Osten" achten Wehrmacht und deutsche Besatzer weder Kriegs- noch Völkerrecht. Als die Wehrmacht am 22. Juni 1941 die Sowjetunion überfällt, beginnt ein „Vernichtungskrieg".

Zitat: Nach Graml 1993, S. 444

Entgrenzte Gewalt

Die Militärs wollen bis zu 2.000 Kilometer weit in die Sowjetunion einmarschieren. Sie rechnen mit einem „Blitzkrieg". Die Versorgung der schon 1941 circa drei Millionen Kriegsgefangenen planen sie nicht. Mehr als die Hälfte stirbt deshalb bis Frühjahr 1942. Hinter der Front beginnen „Einsatzgruppen" aus SS und regulären Polizisten mit der Ermordung der europäischen Juden. Gegen „Partisanen" und „Untermenschen" gehen sie willkürlich vor, „Politkommissare" werden ermordet.

In diesem Krieg scheint alles erlaubt.

Ausgewählte Opferzahlen der deutschen Besatzungsherrschaft „im Osten"

- **Mindestens 5.800.000 europäische Juden fallen der in besetzten Ostgebieten entfesselten Shoa zum Opfer**
- **Circa 3.000.000 sowjetische Kriegsgefangene überleben nicht**
- **Gezieltes Aushungern tötet in sowjetischen Großstädten mehr als 1.000.000 sowjetische Zivilisten und Zivilistinnen**
- **Ungefähr 500.000 sowjetische Zivilisten werden im Rahmen der „Bandenbekämpfungen" gegen Angehörige des Widerstands getötet**
- **Circa 1.200.000 polnische Zivilisten (ohne polnische Juden) werden Opfer der deutschen Besatzungsmaßnahmen**

Bildnachweis: Bundesarchiv Bild 101I-348-1112-04A

Białystok am 28. Juni 1941: Sowjetische Kriegsgefangene liegen vor deutschen Wehrmachtsangehörigen. Der Fotograf einer Propagandakompanie der Wehrmacht namens Röder macht diese Aufnahme.

Bildnachweis: Bundesarchiv Bild 101I-286-0813-34

Aufnahme der Propagandakompanie 698 der Wehrmacht im Dezember 1941 in der Region „Sowjetunion-Mitte": Deutsche Soldaten erschießen Männer an einer Hauswand. Ob es sich um angebliche „Partisanen" oder um Geiseln handelt, ist nicht bekannt.

Hinweis: *Es ist das einzige Foto in dieser Ausstellung, das unmittelbar die Tötung von Menschen zeigt. Wir wollen die Grauen nicht ausblenden und die Menschen sind als Individuen nicht identifizierbar. Aber: Wir bitten um die Achtung der Würde der Getöteten.*

Bildnachweis: Bundesarchiv Bild 183-J18155

Zwei festgenommene sowjetische „Partisaninnen" werden im September 1942 in Odwidino/Sowjetunion auf einer Landstraße von deutschen Ordnungspolizisten abgeführt.

Die Originalbeschriftung der Aufnahme des SS-Kriegsberichterstatters Alfred Slawik im „Scherl-Bilderdienst" lautet:

„An der Sowjetfront: Polizei im Kampf gegen Banditen. Auch Flintenweiber beteiligen sich an den Überfällen und Plünderungen der Banditen. Sie werden zum Verhör abgeführt."

Bildnachweis: Bundesarchiv Bild 101I-348-1112-12

Auch diese am 28. Juni 1941 in Białystok aufgenommene Fotografie Röders soll Propagandazwecken dienen. Zwei einheimische Kinder vor einem sowjetischen Plakat, das die deutschen Eroberer überklebt haben mit der in deutscher und polnischer Sprache verfassten Warnung:

„Wer plündert, wird erschossen. Der Stadtkommandant.“

Bildnachweis: Bundesarchiv Bild 101III-Obermueller-027-18

SS-Fotograf Obermüller erstellt diese Aufnahme für eine SS-Propagandakompanie im Mai/Juni 1943 in der Region „Sowjetunion-Mitte". Waffen-SS-Angehörige sind auf dem Rückzug vor Truppen der Roten Armee.

Im Hintergrund Häuser, die sie in Brand gesetzt haben. Sie beenden den gescheiterten Ostfeldzug um Lebensraum mit ‚verbrannter Erde'.

Bildnachweis: Bundesarchiv Bild 101I-348-1113-35

Das zerstörte ostpolnische Białystok im Juni/Juli 1941 nach der (erneuten) Eroberung durch deutsche Truppen. Im September 1939 ist die Stadt im Rahmen des Hitler-Stalin-Paktes an die Sowjetunion übergeben worden. Jetzt hat die Wehrmacht sowjetische Truppen geschlagen.

„Reichskommissariat Ostland“

Besatzungspolitik:

Der Ostfeldzug bleibt im Herbst 1941 vor Moskau stecken – der „Generalplan Ost“ wird scheitern. Aber zwei große Besatzungsherrschaften entstehen: Das „Reichskommissariat Ukraine“ und das aus den baltischen Staaten sowie Teilen Weißrusslands gebildete „Reichskommissariat Ostland“ mit Schleswig-Holsteins Gauleiter Hinrich Lohse an der Spitze.

Ausbeutung

Die Besatzer beuten Land, Industrie und Menschen für die deutsche Kriegswirtschaft aus und planen die Zukunft der betroffenen „Vasallenvölker“.

und Vernichtung

Zwangsarbeit vor Ort oder im Reich, „Bandenbekämpfung“ und die Shoa bilden schwerwiegende Verbrechenskomplexe. Zivilverwalter, Wehrmachtssoldaten, SS- und Sicherheitsdienstleute sowie gewöhnliche Polizisten wirken zusammen. Viele verstricken sich in schlimmste Verbrechen. Besatzungsherrschaft im „Lebensraumkrieg“ kennt keine Regeln.

Jüdische Zwangsarbeitende werden durch Riga geführt. Sie tragen Judensterne. Täglich marschieren sie vom Getto zu ihren Arbeitsstellen. Solange man ihre Zwangsarbeit benötigt. Anschließend werden auch sie ermordet. Der Überlebende Bernhard Katz hat dieses heimlich aufgenommene Bild besessen und überliefert. Er emigriert nach 1945 in die USA, in den Ort Oshkosh / Wisconsin.

Hintergrundbild:
Begleitet von einem lettischen „Selbstschutzmann“ mit Armbinde werden Frauen zu einfachen Aufräumarbeiten geführt. Grobe Arbeitskleidung haben sie nicht angelegt. Sie scheinen eher zufällig zusammengestellt worden sein. Die Aufnahme entstand am 11. Juli 1941 in Riga. Im Hintergrund sind Hausruinen zu sehen.

„Zivilverwalter“ des „Reichskommissariats Ostland“: Generalkommissar Lettland Otto-Heinrich Drechsler, Reichskommissar Hinrich Lohse, Ostminister Alfred Rosenberg und Gebietskommissar Walter-Eberhard von Medem (von links) bei einer Besuchsreise Rosenbergs 1942 in Mitau (Jelgava) / Lettland.

„Reichskommissar Hinrich Lohse auf dem Gefechtsstand einer Division im Gespräch mit dem Kommandeur.“ – So lautet die originale Bildunterschrift in der Monatsschrift „Ostland“ im Frühjahr 1942. Wie Lohse in der braunen „Fasanenuniform“ der Zivilbesatzer: Otto Ziegenbein aus Kiel, hier als stellvertretender Landesleiter der NSDAP Ostland. Diese frühe Farbaufnahme stammt vom Fotografen Schürer, Angehöriger einer Propagandakompanie.

Eine undatierte Aufnahme, die Reichskommissar Hinrich Lohse auf dem Bahnhof in Riga zeigt. Schräg hinter ihm (5. von links) steht Friedrich August Jeckeln, SS-Obergruppenführer und Höherer SS- und Polizeiführer. Er ist einer der Haupttäter des Judenmords in der Region, verantwortlich für Massenmorde mit mehr als 100.000 Opfern. Jeckeln wird 1946 als Kriegsverbrecher in Riga hingerichtet.

Besatzungspolitik:

Der Ostfeldzug bleibt im Herbst 1941 vor Moskau stecken – der „Generalplan Ost“ wird scheitern. Aber zwei große Besatzungsherrschaften entstehen: Das „Reichskommissariat Ukraine“ und das aus den baltischen Staaten sowie Teilen Weißrusslands gebildete „Reichskommissariat Ostland“ mit Schleswig-Holsteins Gauleiter Hinrich Lohse an der Spitze.

Ausbeutung

Die Besatzer beuten Land, Industrie und Menschen für die deutsche Kriegswirtschaft aus und planen die Zukunft der betroffenen „Vasallenvölker“.

und Vernichtung

Zwangsarbeit vor Ort oder im Reich, „Bandenbekämpfung“ und die Shoa bilden schwerwiegende Verbrechenskomplexe. Zivilverwalter, Wehrmachtssoldaten, SS- und Sicherheitsdienstleute sowie gewöhnliche Polizisten wirken zusammen. Viele verstricken sich in schlimmste Verbrechen. Besatzungsherrschaft im „Lebensraumkrieg“ kennt keine Regeln.

Bildnachweis: Bundesarchiv Bild 146-1994-090-05

„Zivilverwalter“ des „Reichskommissariats Ostland“: Generalkommissar Lettland Otto-Heinrich Drechsler, Reichskommissar Hinrich Lohse, Ostminister Alfred Rosenberg und Gebietskommissar Walter-Eberhard von Medem (von links) bei einer Besuchsreise Rosenbergs 1942 in Mitau (Jelgava)/Lettland.

Bildnachweis: Bundesarchiv Bild 146-1994-090-06A

Begleitet von einem lettischen „Selbstschutzmann“ mit Armbinde werden Frauen zu einfachen Aufräumarbeiten geführt. Grobe Arbeitskleidung haben sie nicht angelegt. Sie scheinen eher zufällig zusammengestellt worden zu sein. Die Aufnahme entstand am 11. Juli 1941 in Riga. Im Hintergrund sind Hausruinen zu sehen.

Bildnachweis: Verfahren gegen Maywald u.a., - 141 Js/534/60

Jüdische Zwangsarbeitende werden durch Riga geführt. Sie tragen Judensterne. Täglich marschieren sie vom Getto zu ihren Arbeitsstellen. Solange man ihre Zwangsarbeit benötigt. Anschließend werden auch sie ermordet. Der Überlebende Bernhard Katz hat dieses heimlich aufgenommene Bild besessen und überliefert. Er emigriert nach 1945 in die USA, in den Ort Oshkosh/Wisconsin.

Bildnachweis: Ostland, Ausgabe 4 (1942), S. 13

„Reichskommissar Hinrich Lohse auf dem Gefechtsstand einer Division im Gespräch mit dem Kommandeur." – So lautet die originale Bildunterschrift in der Monatsschrift „Ostland" im Frühjahr 1942.

Wie Lohse in der braunen „Fasanenuniform" der Zivilbesatzer: Otto Ziegenbein aus Kiel, hier als stellvertretender Landesleiter der NSDAP Ostland. Diese frühe Farbaufnahme stammt vom Fotografen Schürer, Angehöriger einer Propagandakompanie.

Bildnachweis: Verfahren gegen Maywald u.a., - 141 Js/534/60

Eine Grenze des Rigaer Gettos: Links der Stacheldraht, rechts das freie Riga für Nicht-Juden. Die auf Deutsch und Lettisch verfasste Warnung lautet: „Auf Personen, die den Zaun überschreiten oder den Versuch machen, durch den Zaun mit den Insassen des Ghettos in Verbindung zu treten, wird ohne Anruf geschossen." Auch diese Aufnahme stammt aus dem Besitz des Überlebenden Bernhard Katz. Sie wird 1960 in ein Hamburger Strafverfahren als Beweismittel eingebracht.

Joachim Johns, ehemaliger Nachrichtensoldat der Wehrmacht, schreibt in einem am 2. Februar 1963 im „Flensburger Tageblatt" gedruckten Leserbrief, er schüttle den Kopf über das angebliche Nichtwissen der Deutschen über die Shoa:
(Auszüge)

„Über die Tötung der Juden wurde ich bereits auf der Fahrt nach Minsk durch einen zugestiegenen jungen Landser informiert, der gerade an einer Vernichtung teilgenommen und auch mitgeschossen hatte – ‚nur so aus Spaß', wie er sagte.

Meiner Ansicht nach wusste jeder, der in Minsk lebte, was mit den Juden wurde, denn es geschah alles recht öffentlich. ...

Auch die Gaswagen, die später aufkamen, waren allgemein bekannt. Sie sahen aus wie Möbelwagen, was sie wohl auch mal gewesen waren ...

Auch den Juden selbst war ihr Ende durchaus bekannt."

Bildnachweis: Bundesarchiv Bild 146-1970-043-42

Eine undatierte Aufnahme, die Reichskommissar Hinrich Lohse auf dem Bahnhof in Riga zeigt. Schräg hinter ihm (5. von links) steht Friedrich August Jeckeln, SS-Obergruppenführer und Höherer SS- und Polizeiführer.

Er ist einer der Haupttäter des Judenmords in der Region, verantwortlich für Massenmorde mit mehr als 100.000 Opfern. Jeckeln wird 1946 als Kriegsverbrecher in Riga hingerichtet.

Bildnachweis: Otto Donath, Bundesarchiv Bild 183-N1212-326

Blick in das 1941 geschaffene Judengetto von Riga. Es ist benachbart zur Altstadt und an einer Ausfallstraße gelegen. – Unübersehbar.

Diese Aufnahme stammt aus dem Jahr 1942. Trotz extrem dichter Besiedlung des Gettos sind nur zwei Menschen zu sehen. Möbel stapeln sich auf der Straße – möglicherweise nach einer Teilräumung, also Mordaktion.

Der Judenmord im „Reichskommissariat Ostland"

Mit dem Überfall auf die Sowjetunion beginnt auch der Mord an den Juden. In Absprache mit den Wehrmachtskommandanturen handeln zunächst „Einsatzgruppen", zusammengesetzt aus SS/SD-Angehörigen, regulären deutschen Ordnungspolizisten und vor Ort rekrutierten einheimischen Hilfskräften; manchmal schießen auch Wehrmachtsangehörige zu ihrer Belustigung mit. Ab August 1941 durchkämmen die Mordkommandos die besetzten Gebiete: Juden auf dem Lande ermorden sie sofort, großstädtische Juden, die oft in kriegswirtschaftlich wichtigen Handwerken tätig sind, ziehen die Zivilverwalter in wenige Gettos zusammen.

In einem halben Jahr, bis Januar 1942, ermorden in stationäre Sicherheitspolizeidienststellen umgewandelte SS- und Polizeitruppen im Reichskommissariat Ostland 330.000 Juden durch Erschießen. Es sind unbeschreiblich entsetzliche Vorgänge. Hunderttausendfach und öffentlich!

Lohse und seine Zivilverwalter kommen an, als die Massenmorde ihren Höhepunkt erreichten. Umfang, Offenheit und Art der Verbrechen überraschen und verunsichern einige von ihnen, unter ihnen auch der Reichskommissar selbst. Andere kooperieren sofort. Ab Dezember 1941 herrscht Verhaltenssicherheit: Der Mord an den europäischen Juden gilt als „Führerwille". Das Reichskommissariat Ostland wird auch Ziel von Deportationen deutscher Juden aus dem Reich; unter ihnen auch Juden aus Lohses Heimatgau Schleswig-Holstein.
Nur etwa 800 „Reichsjuden" und nicht einmal 1.000 lettische Juden überleben dieses Inferno.

Hinweis:
Wir zeigen keine Fotografien der Erschießungen.
Damit wollen wir die Würde der Ermordeten wahren.

Landgewinner „im Osten“

Von Meldorf

Als Hinrich Lohse 1941 zusätzlich zu seinen Ämtern in Schleswig-Holstein auch Reichskommissar in Riga wird, begleiten ihn zahlreiche Beamte und NSDAP-Funktionäre aus seinem „Heimatgau“.
Direkt unter dem Reichskommissar wirken in Vertrauenspositionen der Zentralverwaltung vier „Hauptabteilungsleiter“.

Zwei von ihnen sind an der Entstehung des Adolf-Hitler-Koogs beteiligt gewesen: Martin Matthiessen, NSDAP-Kreisleiter Dithmarschen, und Johann Matthias Lorenzen, im Oberpräsidium verantwortlich für Küstenschutz und Landgewinnung Schleswig-Holstein.

nach Riga

Weitere Beispiele lassen sich auflisten: Dieselben Personen, die sich 1935 und 1936 für ihre „friedliche Landnahme“ gefeiert haben, betreiben jetzt, 1941, gewaltsame Lebensraumpolitik im Reichskommissariat Ostland.

Nur fünf Jahre liegen dazwischen!

Sind Vernichtungskrieg und Wehrbauerntum die Fortsetzung von Landgewinnung und Koogbesiedlung?

Hinrich Lohse, aufgenommen im Januar 1941.

Viele Siedler des Adolf-Hitler-Koogs nehmen als Soldaten oder als SS-Angehörige am Zweiten Weltkrieg teil.

Die beiden Gedenktafeln an der Neulandhalle listen 54 Tote und Vermisste auf.

Allein hinter 42 Namen von ihnen steht als gleichförmige Ortsangabe „i. Osten“.

Fritz Wisch, Oschtz.
* 6.4.1910, † i. Osten 13.7.1941
Ernst Hinr. Schramm, Gefr.
* 1.2.1912, † i. Osten 26.8.1941
Paul Kumpel, Sanitäter
* 1.6.1908, † i. Osten 5.9.1941
Werner Eggers, Uffz.
* 30.5.1904, † i. Osten 8.10.1941
Erwin Müller, Ob.-Gefr.
* 29.8.1913, † i. Osten 5.12.1941
Nikolaus Berndsen, Schütze
* 11.1.1909, † i. Osten 13.1.1942
Adolf Kindel, Gefr.
* 2.3.1909, † i. Osten 15.1.1942
Emil Hein, Wachtmstr.
* 15.5.1916, † i. Osten 16.2.1942
Fritz Schröder, Gefr.
* 9.4.1920, † i. Osten 17.2.1942
Paul Herm. Schladetsch, R.-Gefr.
* 10.4.1921, † i. Osten 1.4.1942
Gustav Mantey, Gefr.
* 2.8.1917, † i. Osten 4.6.1942
Günther Harders, Matr.-Gefr.
* 20.11.1922, † a. See 1.8.1942

Der Architekt der Neulandhalle als Besatzungsbaumeister:
Richard Brodersen (1880-1968)

Der Landgewinner als oberster Besatzungsingenieur
Johann Matthias Lorenzen (1889-1972)

Der Kreisleiter als Hauptabteilungsleiter im „Ostland“
Martin Matthiessen (1901-1996)

Der Reichsbauernführer als Lebensraumplaner
Richard Walther Darré (1895-1953)

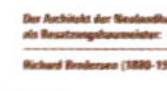

Wattboden der Nordsee

Bildnachweis: Maria Rebbelen

Von Meldorf

Als Hinrich Lohse 1941 zusätzlich zu seinen Ämtern in Schleswig-Holstein auch Reichskommissar in Riga wird, begleiten ihn zahlreiche Beamte und NSDAP-Funktionäre aus seinem „Heimatgau".
Direkt unter dem Reichskommissar wirken in Vertrauenspositionen der Zentralverwaltung vier „Hauptabteilungsleiter".

Zwei von ihnen sind an der Entstehung des Adolf-Hitler-Koogs beteiligt gewesen: Martin Matthiessen, NSDAP-Kreisleiter Dithmarschen, und Johann Matthias Lorenzen, im Oberpräsidium verantwortlich für Küstenschutz und Landgewinnung Schleswig-Holstein.

nach Riga

Weitere Beispiele lassen sich auflisten: Dieselben Personen, die sich 1935 und 1936 für ihre „friedliche Landnahme" gefeiert haben, betreiben jetzt, 1941, gewaltsame Lebensraumpolitik im Reichskommissariat Ostland.

Nur fünf Jahre liegen dazwischen!

Sind Vernichtungskrieg und Wehrbauerntum die Fortsetzung von Landgewinnung und Koogbesiedlung?

Bildnachweis: Uwe Franzen

Viele Siedler des Adolf-Hitler-Koogs nehmen als Soldaten oder als SS-Angehörige am Zweiten Weltkrieg teil.

Die beiden Gedenktafeln an der Neulandhalle listen 54 Tote und Vermisste auf.

Allein hinter 42 Namen von ihnen steht als gleichförmige Ortsangabe „i. Osten".

Bildnachweis: Sammlung Danker (Fotograf Heinrich Hoffmann)

Hinrich Lohse, aufgenommen im Januar 1941.

Der Gauleiter als Reichskommissar – Hinrich Lohse (1896–1964)

1941 ernennt Hitler Schleswig-Holsteins Gauleiter und Oberpräsidenten zum Reichskommissar für das Ostland.

Bis 1944 residiert Hinrich Lohse als Chef der „Zivilverwaltung“ zusätzlich in Riga. Dort sieht sich Lohse mit der eskalierenden, bald systematischen und öffentlichen Ermordung der einheimischen und dann auch der hierher deportierten deutschen Juden konfrontiert – einschließlich seiner eigenen koordinierenden Rolle im Mordprozess in dieser Kernregion der Shoa.
Anfangs sperrt er sich ein wenig, aber schon nach Wochen ist das vorbei: Der Völkermord ist offenbar im Sinne der NS-Führung und damit auch für Lohse ein festes Element der deutschen Besatzungspolitik.

Es gibt vereinzelte Hinweise darauf, dass ihn die Vorgänge weiterhin belasten. Vor allem aber genießt er die Rolle des Reichskommissars. Er bereist „sein“ Land. Zeitgenossen unterstellen ihm, er träume davon, Erbherzog des Ostlandes zu werden. Er liefert sich Konflikte mit vorgesetzten und konkurrierenden Akteuren. Mit Wehrmachtsgeneral Braemer rauft er sich anlässlich eines Empfangs alkoholisiert auf dem Boden: Es geht um die Reihenfolge wartender Dienstwagen. Es kursieren Witze über ihn, mancher hält ihn für überfordert.

Die Zivilverwalter befassen sich mit der Ausbeutung und der Zukunft des „Ostlandes“. Ihre Papiere werden bürokratisch konzentriert und zusammengeführt. Sie münden in einige „Denkschriften“ des Reichskommissars. Auf diese Weise schreiben jetzt auch Matthiessen, Lorenzen und Lohse wieder gemeinsam an großen Plänen.

1944 ist jedoch Schluss mit der Zukunftsplanung: Die rückläufige Front überrollt auch das Reichskommissariat Ostland. Lohse ist bereits zuvor „erkrankt“ und in die Heimat geflohen. Dort stellt er sich im Mai 1945 in Eckernförde den Briten. In den Tagen zuvor ist er zu Fuß durch ganz Schleswig-Holstein geirrt.
Auch durch Dithmarschen.

Im Herbst 1947 wird der inhaftierte Hinrich Lohse nach Nürnberg überstellt und im Rahmen der Nürnberger Folgeprozesse vernommen – ob als Zeuge oder als Beschuldigter, ist ihm zunächst unklar.
Am 20. November 1947 wird er befragt. Der hier zu hörende, 2 Minuten und 30 Sekunden dauernde Mitschnitt lautet:

Der im „O-Ton" hörbare Ausschnitt des Verhörs dauert etwa 2 Minuten.

„Vernehmender Beauvais:
Worin bestand in großen Zügen Ihre Tätigkeit?

Lohse:
Meine Tätigkeit umfasste zunächst eine zivile Verwaltung, ich war Aufsichtsbehörde, für die baltischen Staaten, für die baltischen Staaten und hatte unter mir die Generalkommissare in den einzelnen Ländern Estland, Lettland, Litauen – diese Generalkommissare arbeiteten ihrerseits mit den landeseigenen Verwaltungen in diesen Ländern zusammen – und die innere Verwaltung, das Finanzwesen, das Steuerwesen, Ernährung und alles was dazu gehört durchzuführen …

[10 Sek. Stille]

Die Wirtschaft zu leiten und zu lenken …

(15 Sek. Stille)

Vernehmender Beauvais:
Die Lösung der Judenfrage geschah in welcher Weise?

Lohse:
[Räuspern] Wie ich äh, äh ins Baltikum kam

#Schnitt#

Wie ich äh nach Riga, nach äh Kowno kam, hörte ich, dass Maßnahmen gegen die Juden bereits eingeleitet und auch durchgeführt wären.

Vernehmender Beauvais:
Von wem?

Lohse:
Von der Polizei, die ja mit ihren Verbänden gleich bei Beginn des Krieges hinter der kämpfenden Truppe einmarschiert sind …

Vernehmender Beauvais:
Ist das alles?

Lohse:
Bitte?

Vernehmender Beauvais:
Ja, dann waren Sie da, dann waren Sie Chef des Gebietes.

Lohse:
Ja.

Vernehmender Beauvais:
Ja und?"

Schublade 1

Der Architekt der Neulandhalle als Besatzungsbaumeister:

Richard Brodersen (1880–1968)

Der Landgewinner als oberster Besatzungsingenieur:

Johann Matthias Lorenzen (1900–1972)

Der Architekt der Neulandhalle als Besatzungsbaumeister: Richard Brodersen (1880–1968)

Der Architekt der Neulandhalle erachtet „die Frage der Baukultur" grundsätzlich auch als „eine Rassen- und Stammesfrage". Im Zweiten Weltkrieg setzt er sich für „deutsches Bauen" in den besetzten Ostgebieten ein. – Denn sie sollen schließlich auf Dauer von Deutschen besiedelt werden.

Brodersen schreibt im „Schleswig-Holsteinischen Jahrbuch 1942/43":

Ihm gehe es um die „Vereinigung dieser Gebiete mit dem Mutterland, ihre Erfüllung mit deutschem Geist und Zeugnissen deutschen Geistes".
Er begreife „Blut und Boden als eine für immer zusammenhängende Einheit".

Allein sechsmal reist Brodersen für jeweils eine bis zwei Wochen 1942 und 1943 nach Riga, um einen Wiederaufbauplan für die Altstadt zu entwickeln.

Zitate: Nach Trende 2011, S. 80

Der Landgewinner als oberster Besatzungsingenieur: Johann Matthias Lorenzen (1900–1972)

Als Gauleiter und Oberpräsident Hinrich Lohse ‚seinen' 1931 erarbeiteten Landgewinnungsplan übernimmt und zum eigenen Projekt macht, wird Lorenzen Leiter der „Zentralstelle für Voruntersuchung und Planung Westküste Schleswig-Holstein" im Oberpräsidium in Kiel. Ausdrücklich auf Wunsch Lohses, sie sind inzwischen Duzfreunde, geht der Oberregierungs- und Baurat 1941 mit nach Riga und wird im Reichskommissariat Ostland Leiter der Hauptabteilung IV „Technik". Für eine riesige Region, die etwa der Größe der heutigen Bundesrepublik entspricht, soll Lorenzen die Versorgungs- und Infrastruktur sicherstellen: Technik, Verkehr, Hochbau sowie insbesondere auch sein Fachgebiet Wasserwirtschaft. Im März 1943 wird die Hauptabteilung IV aus der Zivilverwaltung ausgegliedert. Gegen den Willen Lohses und Lorenzens gewinnt in dieser Frage der Reichsminister für Bewaffnung und Munition und Generalsinspekteur für Energie und Wasser, Albert Speer. Fortan leitet Lorenzen im Reichskommissariat bis Frühjahr 1944 das „Technische Zentralamt Ostland". Seit 1950 Präsident der Wasser- und Schifffahrtsdirektion Kiel, schreibt Lorenzen 1951 einen „Persilschein" für das Entnazifizierungsverfahren seines ehemaligen Chefs. Persönlich aber meidet er jetzt den Kontakt, zur Enttäuschung Lohses. 1968 holt ihn die Vergangenheit ein: Die Staatsanwaltschaft beginnt Ermittlungen gegen noch lebende Spitzenakteure des Reichskommissariats. Sie enden wie bei Matthiessen 1971.

Schublade 2

Der Kreisleiter als Hauptabteilungsleiter im „Ostland“:

Martin Matthiessen (1901–1990)

Der Reichsbauernführer als Lebensraumplaner:

Richard Walther Darré (1895–1953)

Der Kreisleiter als Hauptabteilungsleiter im „Ostland": Martin Matthiessen (1901–1990)

Martin Matthiessen, NSDAP-Kreisleiter in Dithmarschen, war einer der Initiatoren des Adolf-Hitler-Koogs. Gauleiter und Reichskommissar Hinrich Lohse holt ihn 1941 in die Besatzungsherrschaft nach Riga und ernennt ihn zum Leiter der Hauptabteilung III „Landwirtschaft". Ab 1942 gehört auch „Wirtschaft" zum Ressort. Obwohl gegen Matthiessen ein starker Korruptionsverdacht besteht, bleibt er bis zur Räumung 1944 im Amt. Am Ende ist er Lohses „Ständiger Vertreter". Matthiessen gilt als überfordert. Peter Kleist, Referent im vorgesetzten Berliner Ostministerium, urteilt später über ihn:

„Deutsche Bauern, deren Verstand wohl dazu ausreichte, zu Hause ihre 10 oder 20 ha leidlich zu bewirtschaften, besaßen als Verwaltungsvizechefs mit Generalsrang hohe Verwaltungsaufgaben, zu denen ihnen sowohl die Landes- als auch Sachkenntnis mangelte."

Matthiessen ist von 1945 bis 1948 in Internierungshaft. 1968 leitet die Kieler Staatsanwaltschaft Ermittlungen gegen ehemalige Vertreter der Besatzungsherrschaft ein. 1971 muss das Verfahren nach einer Strafrechtsreform eingestellt werden, weil Verjährung eintritt.

Zitat: Nach Lehmann 2007, S. 392f.

Der Reichsbauernführer als Lebensraumplaner: Richard Walther Darré (1895–1953)

Richard Walther Darré, Reichsbauernführer, Reichslandwirtschaftsminister und Leiter des „SS-Rasse- und Siedlungs-Hauptamtes" ist ein aktiver Förderer der „friedlichen" Landgewinnung an der Nordseeküste. 1936 erklärt er:

„Der natürliche Siedlungsraum des Deutschen Volkes ist das Gebiet östlich unserer Reichsgrenze bis zum Ural, im Süden begrenzt durch Kaukasus, Kaspisches Meer, Schwarzes Meer und die Wasserscheide, welche das Mittelmeerbecken von der Ostsee und Nordsee trennt."

Darré wird in der Besatzungspolitik „im Osten" keine Rolle mehr spielen. Aber der Zusammenhang ist hergestellt, 1936, im Jahr der Einweihung der Neulandhalle.

Zitat: Nach Heinemann 2003, S. 28f.

Bildnachweis: Bundesarchiv Bild 183-H1215-0503-009

Walther Darré, 1937 in Goslar.

„Eindeichung“.
Die Sprache des „Lebensraumkriegs“.

Reinhard Heydrich 1941 in seiner ersten Rede als stellvertretender Reichsprotektor in Prag:

„Das sind die Räume, die man eigentlich behandelt wie die Eindeichung neuen Landes an der Küste, indem man ganz im Osten einen Wehrwall zieht von Wehrbauern, um dieses Land einmal abzuriegeln gegen die Sturmflut Asiens, und das man durch Querwälle unterteilt, um allmählich diesen Boden für uns zu gewinnen, indem man weiterhin am Rande des eigentlichen Deutschland, das vom deutschen Blut besiedelt wird, immer langsam einen deutschen Wall vorlegt nach dem anderen, damit man nach dem Osten hinaus durch deutsche Menschen, die deutschen Blutes sind, die deutsche Besiedlung vortragen kann.“

In diesem Sprachbild werden deutsche Wehrbauern als Baumaterial für Lahnungsbauten in den „Räumen“ des Ostens verstanden. Derartige „Wehrwälle“ richteten sich gegen die „Sturmflut Asiens“, gemeint sind die ‚rassisch minderwertigen‘ Bewohner jener Regionen, die fortan von „deutschem Blut besiedelt“ würden. Das, so Heydrich, wäre eine Behandlung „wie die Eindeichung neuen Landes an der Küste“. – Nur rhetorische Spielerei oder rassistische Menschenverachtung in Reinform?

Der stellvertretende Reichsprotektor Böhmen und Mähren, Reinhard Heydrich, am 26. Mai 1942 in Prag.

Auch sprachlich erscheint der Weg von „friedlicher Landnahme“ an der Nordseeküste zum gewaltsamen „Lebensraumkrieg im Osten“ als kurz.

Immer wieder bemüht die NS-Propaganda Begriffe wie „Sturmflut“, „Eindeichung“, „Neuland“ und „Kultivierung“ als ‚verdeutlichende‘ Sprachbilder für den „Ostkrieg“.

Nutzen Nationalsozialisten die gefälligen, dem Ringen mit der Nordsee entlehnten Sprachbilder, um das Unaussprechliche auszudrücken, das entgrenzte Völkermorden zu umschreiben?

Titelseite der Werbeschrift „Ostland kehrt nach Europa zurück“, Riga 1941.

Für ihn soll die Broschüre von Frotscher werben: Schleswig-Holsteins NSDAP-Gauleiter und Oberpräsident sowie Reichskommissar Hinrich Lohse in Riga 1941.

Die Schlussseite von Frotschers Werbebroschüre: Die Shoa wird mit Sprachbildern der Landgewinnung verknüpft.

Auch sprachlich erscheint der Weg von „friedlicher Landnahme" an der Nordseeküste zum gewaltsamen „Lebensraumkrieg im Osten" als kurz.

Immer wieder bemüht die NS-Propaganda Begriffe wie „Sturmflut", „Eindeichung", „Neuland" und „Kultivierung" als ‚verdeutlichende' Sprachbilder für den „Ostkrieg".

Nutzen Nationalsozialisten die gefälligen, dem Ringen mit der Nordsee entlehnten Sprachbilder, um das Unaussprechliche auszudrücken, das entgrenzte Völkermorden zu umschreiben?

Bildnachweis: Demokratische Geschichte 10 (1996), S. 293

Der stellvertretende Reichsprotektor Böhmen und Mähren, Reinhard Heydrich, am 26. Mai 1942 in Prag.

Wehrbauern als Lahnungen

Reinhard Heydrich 1941 in seiner ersten Rede als stellvertretender Reichsprotektor in Prag:

„Das sind die Räume, die man eigentlich behandelt wie die Eindeichung neuen Landes an der Küste, indem man ganz im Osten einen Wehrwall zieht von Wehrbauern, um dieses Land einmal abzuriegeln gegen die Sturmflut Asiens, und das man durch Querwälle unterteilt, um allmählich diesen Boden für uns zu gewinnen, indem man weiterhin am Rande des eigentlichen Deutschland, das vom deutschen Blut besiedelt wird, immer langsam einen deutschen Wall vorlegt nach dem anderen, damit man nach dem Osten hinaus durch deutsche Menschen, die deutschen Blutes sind, die deutsche Besiedlung vortragen kann."

In diesem Sprachbild werden deutsche Wehrbauern als Baumaterial für Lahnungsbauten in den „Räumen" des Ostens verstanden. Derartige „Wehrwälle" richteten sich gegen die „Sturmflut Asiens", gemeint sind die ‚rassisch minderwertigen' Bewohner jener Regionen, die fortan von „deutschem Blut besiedelt" würden. Das, so Heydrich, wäre eine Behandlung „wie die Eindeichung neuen Landes an der Küste". – Nur rhetorische Spielerei oder rassistische Menschenverachtung in Reinform?

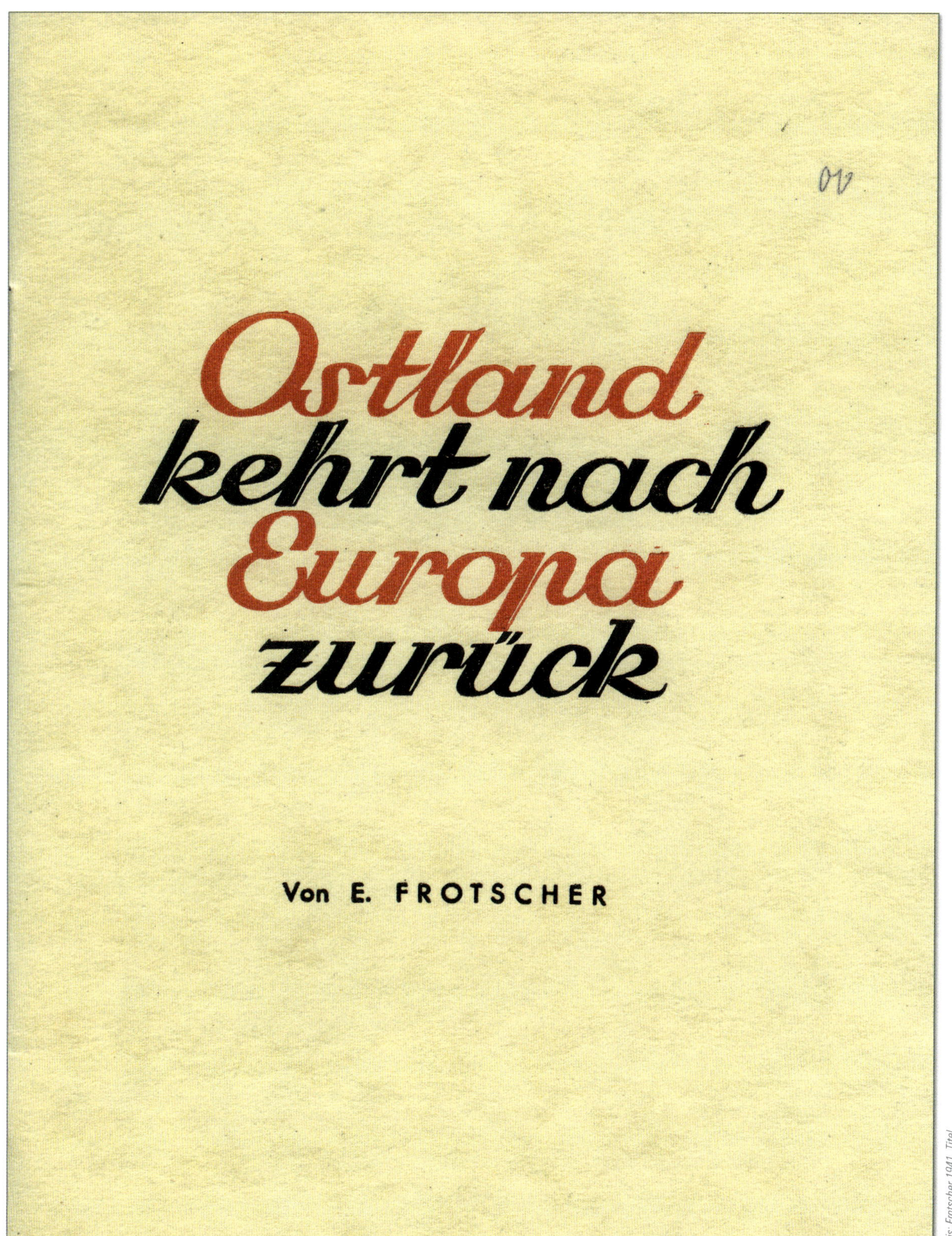

Bildnachweis: Fratscher 1941, Titel

Titelseite der Werbeschrift „Ostland kehrt nach Europa zurück", Riga 1941.

Reichskommissar
HINRICH LOHSE

Bildnachweis: Frotscher 1941, S. 3

Für ihn soll die Broschüre von Frotscher werben: Schleswig-Holsteins NSDAP-Gauleiter und Oberpräsident sowie Reichskommissar Hinrich Lohse in Riga 1941.

Überall im Ostland sieht man diese jüdischen Typen, denen heute im Ghetto die Möglichkeit genommen wird, den Aufbau zu stören

Aufn.: Archiv

Endlose Züge gefangener Sowjetsoldaten marschieren durch die Dörfer des Ostlandes in die Gefangenschaft

Bildnachweis: Frotscher 1941, S. 16

Menschenverachtende Abbildungen aus Frotschers Werbebroschüre.

DAS GHETTO

Besonders schwierig lag für Kauen das Judenproblem. Das Zurückdämmen des jüdischen Übergewichts, die Ausschaltung dieses für den Neubau ungeeigneten Elements, die notwendige Trennung zwischen der einheimischen Bevölkerung und dem Judentum liessen die Errichtung eines Ghettos als notwendig erscheinen. Die Umsiedlung der Juden in Kauen erfolgte nach der Vorstadt Vilijampole. Am 15. August war die Ausschaltung des Judentums aus dem übrigen Stadtgebiet vollendet. Die eigenen Gesetze und Sitten, unter denen das Judentum hier lebt, interessieren uns nicht. Uns genügt, dass sie ihre politische und wirtschaftliche Rolle im Ostland endgültig ausgespielt haben.

Zu beiden Seiten einer Hauptverkehrsader der Stadt zieht sich das Ghetto hin. Eine fremde Welt offenbart sich in ihrer wurzellosen Unkultur. Der Passant, der einen flüchtigen Blick über die Zäune wirft, hastet vorbei — die Welt Ahasvers, die zu Ruhe gezwungen wurde, versinkt als düsterer Schemen einer bösen Vergangenheit, die ihre Vollendung in dem Jahre des Unheils fand, als der Bolschewismus, jene blutige Inkarnation einer jüdischen Dogmatik, wie eine verheerende Sturmflut durch das Ostland zog.

Es ist für uns mehr als eine Äusserlichkeit, dass der Reichskommissar Hinrich Lohse, ebenso wie der Generalkommissar für Lettland, Staatsrat Dr. Drechsler, und viele andere mit wichtigen Aufbauarbeiten betraute Persönlichkeiten aus Schleswig-Holstein kommen. Dort wird dem Meer in harter Arbeit fruchtbarer Ackerboden abgerungen. Und hier? Ein Meer brandete gegen die Dämme Europas Diese Dämme waren morsch und brachen bei der ersten Sturmflut. Welle auf Welle des bolschewistischen Asiatentums ergoss sich über das fruchtbare, schöne Land, über Städte und Dörfer, vernichtete Kultur und Bauerntum. Jetzt wird der Damm aufgerichtet. Land wird erneut gewonnen und der tückischen Sturmflut, die weit zurückgetrieben wurde, Meter für Meter europäischen Kulturbodens abgetrotzt. Deichhauptleute, Bauern und Arbeiter sind am Werk:

O s t l a n d   k e h r t   n a c h   E u r o p a   z u r ü c k.

221E1141 Druck „Deutsche Zeitung im Ostland". Riga. Schmiedestr. 29.

Bildnachweis: Frotscher 1941, S. 32

Die Schlussseite von Frotschers Werbebroschüre: Die Shoa wird mit Sprachbildern der Landgewinnung verknüpft.

Shoa und Landgewinnung

Die Werbebroschüre „Ostland kehrt nach Europa zurück", verfasst von E. Frotscher, im Herbst 1941 endet so:

„Besonders schwierig lag für Kauen das Judenproblem. … Am 15. August war die Ausschaltung des Judentums aus dem übrigen Stadtgebiet vollendet …

Es ist für uns mehr als eine Äusserlichkeit, dass der Reichskommissar Hinrich Lohse, … und viele andere mit wichtigen Aufbauarbeiten betraute Persönlichkeiten aus Schleswig-Holstein kommen. Dort wird dem Meer in harter Arbeit fruchtbarer Ackerboden abgerungen.

Und hier? Ein Meer brandete gegen die Dämme Europas. Diese Dämme waren morsch und brachen bei der ersten Sturmflut. Welle auf Welle des bolschewistischen Asiatentums ergoss sich über das fruchtbare, schöne Land, über Städte und Dörfer, vernichtete Kultur und Bauerntum. Jetzt wird der Damm aufgerichtet. Land wird erneut gewonnen und der tückischen Sturmflut, die weit zurückgetrieben wurde, Meter für Meter europäischen Kulturbodens abgetrotzt. Deichhauptleute, Bauern und Arbeiter sind am Werk: Ostland kehrt nach Europa zurück."

Die Maßnahmen gegen die jüdische Bevölkerung in der litauischen Stadt Kaunas werden mit Bildern der Landgewinnung verknüpft. Von Juli bis Dezember 1941 ermordet das Einsatzkommando 3/A zusammen mit Hilfstruppen nach eigenem Bericht 137.346 litauische Juden. In Kaunas fristen lediglich 15.000 „Arbeitsfähige" ihr Leben im eigens eingerichteten Getto. Sie sollen später ermordet werden. All das findet öffentlich statt.

Auch der Journalist E. Frotscher weiß darum. Er verfasst den jubelnden „Reisebericht" über eine im Gefolge von Reichskommissar Lohse durchgeführte Besichtigungsfahrt zu Propagandazwecken. Hier seien „Deichhauptleute, Bauern und Arbeiter am Werk" und würden das Ostland nach Europa zurückführen …

– Warum diese grenzenlose Häme und Schamlosigkeit?

Neubeginn und Vergangenheits- bewältigung nach 1945

Mit dem Ende des Zweiten Weltkrieges wird Schleswig-Holstein Teil der britischen Besatzungszone. Wie geht es weiter nach zwölf Jahren nationalsozialistischem Rausch, Unrecht und Gewalt? Die Briten beginnen mit der „Entnazifizierung". Auch im ehemaligen Adolf-Hitler Koog muss die NS-Zeit bewältigt werden.

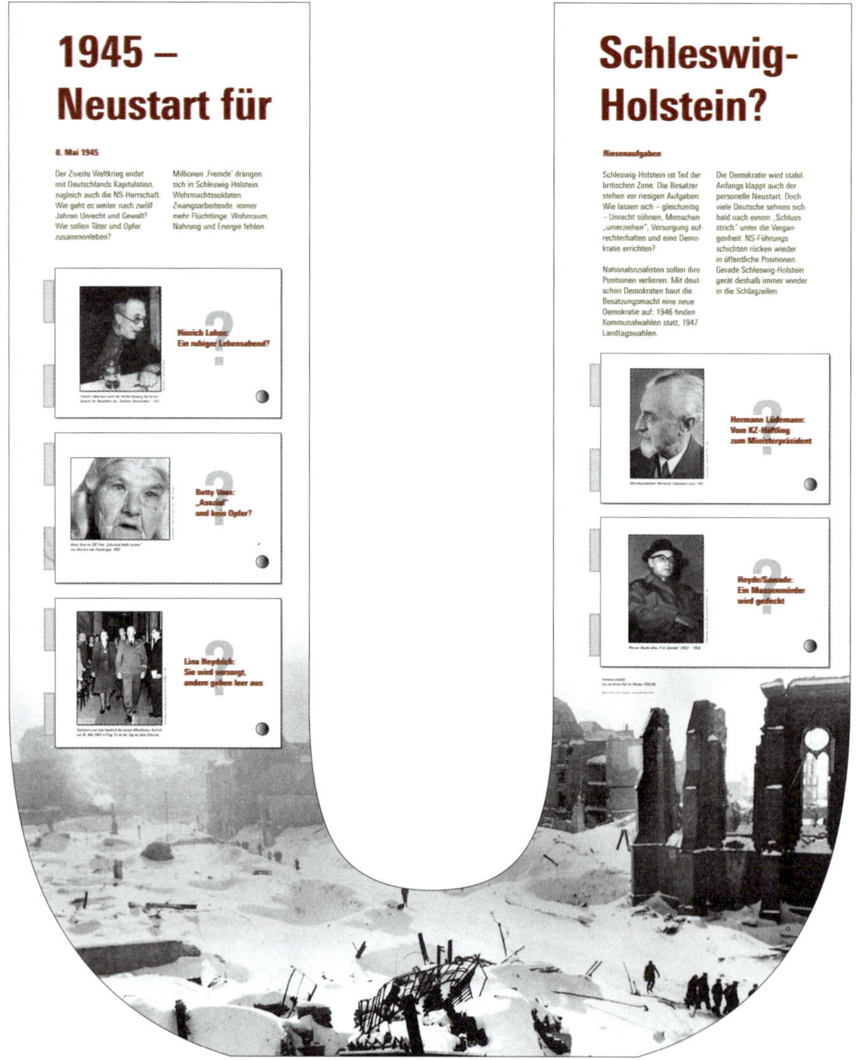

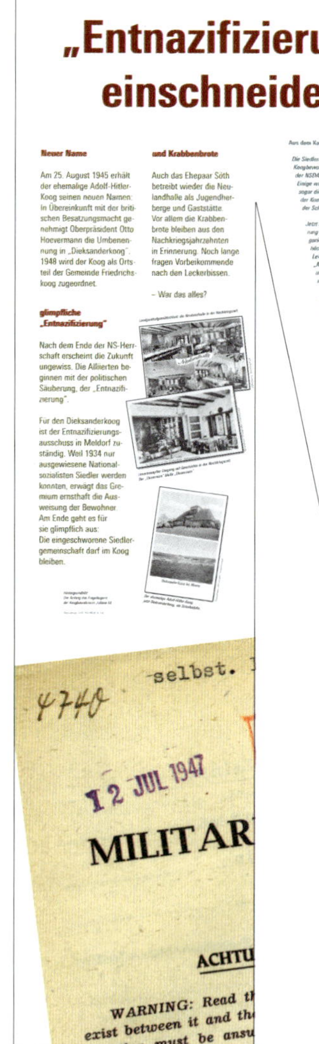

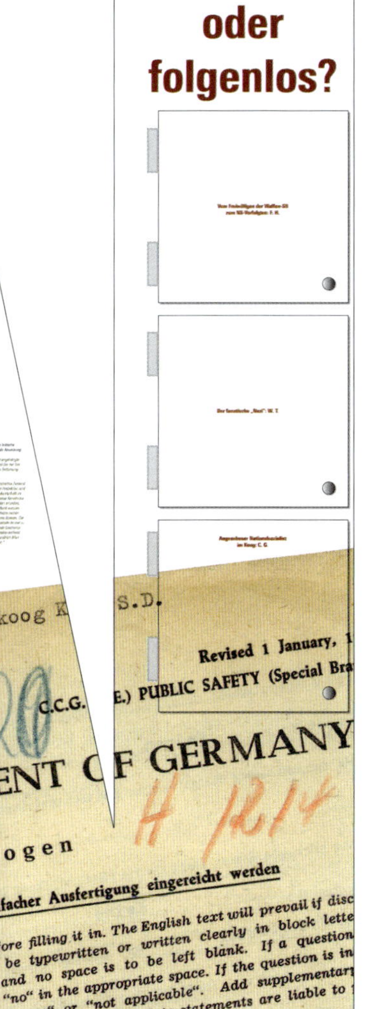
oder folgenlos?
Revised 1 January,
C.C.G. (B.E.) PUBLIC SAFETY (Special Bra
ENT OF GERMANY
H 1214
facher Ausfertigung eingereicht werden
fore filling it in. The English text will prevail if disc
be typewritten or written clearly in block lette
and no space is to be left blank. If a question
"no" in the appropriate space. If the question is in
"none" or "not applicable". Add supplementary
king false or incomplete statements are liable to

Nicht nur die Siedler werden nach 1945 „entnazifiziert", auch die Neulandhalle. Am Gebäude ändert sich so einiges.
Die Koogbewohner tun sich mit dem Wandel schwer. Immer mal wieder sorgen sie für schräge Nachrichten. Liegt das an ihrer Vergangenheit?
Neuer Wind im Koog?
Aber: Warum soll ausgerechnet im ehemaligen Adolf-Hitler Koog die NS-Bewältigung anders verlaufen als im Rest Schleswig-Holsteins, das immer wieder einschlägige Negativschlagzeilen verursacht?
Wo sind die Wächter?
Gerüchte und Getuschel
Problematische Erinnerung?
UNSEREN KAMERADEN

1945 – Neustart für Schleswig-Holstein?

8. Mai 1945

Der Zweite Weltkrieg endet mit Deutschlands Kapitulation, zugleich auch die NS-Herrschaft. Wie geht es weiter nach zwölf Jahren Unrecht und Gewalt? Wie sollen Täter und Opfer zusammenleben?

Millionen ‚Fremde' drängen sich in Schleswig-Holstein: Wehrmachtssoldaten, Zwangsarbeitende, immer mehr Flüchtlinge. Wohnraum, Nahrung und Energie fehlen.

Hinrich Lohse kurz nach der Haftentlassung bei einem Besuch der Redaktion der „Itzehoer Nachrichten" 1951.

Hinrich Lohse: Ein ruhiger Lebensabend?

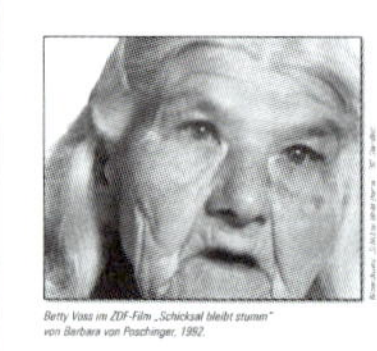

Betty Voss im ZDF-Film „Schicksal bleibt stumm" von Barbara von Poschinger, 1992.

Betty Voss: „Asozial" und kein Opfer?

Reinhard und Lina Heydrich bei einem öffentlichen Auftritt am 26. Mai 1942 in Prag. Es ist der Tag vor dem Attentat.

Lina Heydrich: Sie wird versorgt, andere gehen leer aus

Riesenaufgaben

Schleswig-Holstein ist Teil der britischen Zone. Die Besatzer stehen vor riesigen Aufgaben: Wie lassen sich – gleichzeitig – Unrecht sühnen, Menschen „umerziehen", Versorgung aufrechterhalten und eine Demokratie errichten?

Nationalsozialisten sollen ihre Positionen verlieren. Mit deutschen Demokraten baut die Besatzungsmacht eine neue Demokratie auf: 1946 finden Kommunalwahlen statt, 1947 Landtagswahlen.

Die Demokratie wird stabil. Anfangs klappt auch der personelle Neustart. Doch viele Deutsche sehnen sich bald nach einem „Schlussstrich" unter die Vergangenheit. NS-Führungsschichten rücken wieder in öffentliche Positionen. Gerade Schleswig-Holstein gerät deshalb immer wieder in die Schlagzeilen.

Ministerpräsident Hermann Lüdemann circa 1947.

Hermann Lüdemann: Vom KZ-Häftling zum Ministerpräsident

Werner Heyde alias ‚Fritz Sawade' (1902 – 1964).

Heyde/Sawade: Ein Massenmörder wird gedeckt

Hintergrundbild:
Das zerstörte Kiel im Winter 1945/46

8. Mai 1945

Der Zweite Weltkrieg endet mit Deutschlands Kapitulation, zugleich auch die NS-Herrschaft. Wie geht es weiter nach zwölf Jahren Unrecht und Gewalt? Wie sollen Täter und Opfer zusammenleben?

Millionen ‚Fremde' drängen sich in Schleswig-Holstein: Wehrmachtssoldaten, Zwangsarbeitende, immer mehr Flüchtlinge. Wohnraum, Nahrung und Energie fehlen.

Riesenaufgaben

Schleswig-Holstein ist Teil der britischen Zone. Die Besatzer stehen vor riesigen Aufgaben: Wie lassen sich – gleichzeitig – Unrecht sühnen, Menschen „umerziehen", Versorgung aufrechterhalten und eine Demokratie errichten?

Nationalsozialisten sollen ihre Positionen verlieren. Mit deutschen Demokraten baut die Besatzungsmacht eine neue Demokratie auf: 1946 finden Kommunalwahlen statt, 1947 Landtagswahlen.

Die Demokratie wird stabil. Anfangs klappt auch der personelle Neustart. Doch viele Deutsche sehnen sich bald nach einem „Schlussstrich" unter die Vergangenheit. NS-Führungsschichten rücken wieder in öffentliche Positionen. Gerade Schleswig-Holstein gerät deshalb immer wieder in die Schlagzeilen.

Bildnachweis: Doris Lammers, Stadtarchiv Kiel 47482

Das zerstörte Kiel im Winter 1945/46.

Bildnachweis: Sammlung Danker

Hinrich Lohse kurz nach der Haftentlassung bei einem Besuch der Redaktion der „Itzehoer Nachrichten" 1951.

Hinrich Lohse: Ein ruhiger Lebensabend?

Die Briten verhaften NSDAP-Gauleiter und Oberpräsident Hinrich Lohse im Mai 1945. Ein „Spruchgericht" in Bielefeld verurteilt ihn 1948 vorläufig zu zehn Jahren Haft.
Andere Strafverfolger sollen später genauer hinsehen. Schon 1951 kommt Lohse aus gesundheitlichen Gründen frei und kehrt nach Schleswig-Holstein zurück.

Hier stellt er sich der „Entnazifizierung". Das Verfahren endet mit einer Überraschung. Lohse, ehemals der mächtigste Nationalsozialist in Schleswig-Holstein und Chef der zivilen Besatzungsverwaltung im „Reichskommissariat Ostland", wird nur als „belastet" (Kategorie III) eingestuft, nicht etwa als „schuldig" oder als „hauptschuldig".

Der Nebeneffekt: Ihm steht ein Viertel der Pension eines Oberpräsidenten zu. Staatsanwaltschaftliche Ermittlungen führen nicht zur Anklage. Lohse erlebt einen ruhigen, unbehelligten Lebensabend.

Aber während mancher, der mit und durch ihn Karriere machte, wieder beruflich und öffentlich Fuß fasst, wird Lohse gesellschaftlich gemieden. Er stirbt 1964 in seinem Heimatdorf Mühlenbarbek.

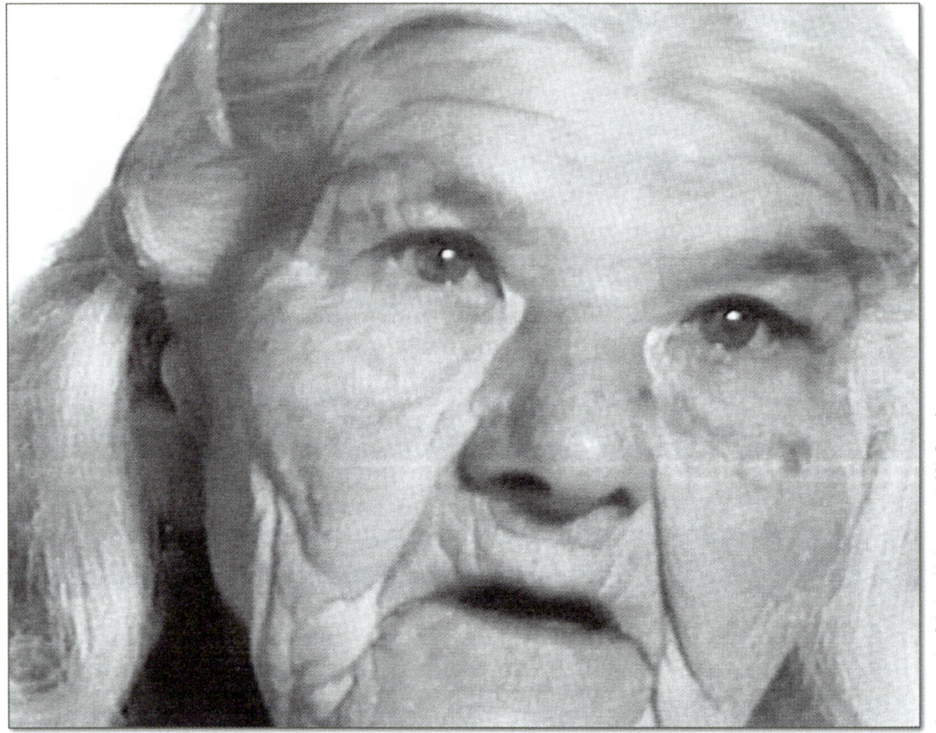

Bildnachweis: „Schicksal bleibt stumm" 1992, Standfoto

Betty Voss im ZDF-Film „Schicksal bleibt stumm" von Barbara von Poschinger, 1992.

Betty Voss: „Asozial" und kein Opfer?

Betty Voss (1911–1991), eine zweifache Mutter, bettelt und fällt auf, stört den nationalsozialistischen Aufbruch in Kiel. 1937 wird sie entmündigt wegen „Geistesschwäche“. Drei Jahre ist sie im psychiatrischen Landeskrankenhaus Schleswig. Danach arbeitet sie in der Rüstungsproduktion.

Sie verliebt sich gegen alle Verbote in einen Zwangsarbeiter, wird festgenommen und Anfang 1943 in das Frauen-KZ Ravensbrück verbracht. Dort trägt sie den schwarzen Winkel für „Asoziale“, ist damit in der Rangordnung der Häftlinge ganz unten. Betty Voss überlebt diese Hölle und auch medizinische Versuche.

Nach der Befreiung kehrt sie zurück nach Kiel. Als „Opfer des Nationalsozialismus“ gilt sie trotz all des Unrechts nicht. Noch 1987 bescheinigt ihr eine Ablehnung, sie habe die KZ-Haft selbst verschuldet. Betty Voss legt noch einmal Widerspruch ein. Schließlich erhält sie eine kleine Zusatzrente. Sie ist inzwischen fast 80 Jahre alt und hat 44 Jahre darauf gewartet, ein Stück Gerechtigkeit zu erfahren.

Warum gelten „Asoziale“ nach 1945 über Jahrzehnte nicht als NS-Opfer?
Wurden sie nur ‚vergessen‘ oder gezielt ausgegrenzt?

Bildnachweis: Demokratische Geschichte 10 (1996), S. 293

Reinhard und Lina Heydrich bei einem öffentlichen Auftritt am 26. Mai 1942 in Prag. Es ist der Tag vor dem Attentat.

Lina Heydrich: Sie wird versorgt, andere gehen leer aus

SS-Obergruppenführer Reinhard Heydrich gilt als Hauptorganisator des Holocaust. 1942 stirbt er nach einem Attentat in Prag. Seine Ehefrau Lina lebt mit den Kindern seit Kriegsende in ihrem Geburtsort Burg auf Fehmarn. Reue für die Taten ihres Mannes zeigt sie nie.

1950 beantragt sie eine Witwenrente. Der Fall geht bis vor das Landessozialgericht in Schleswig. Hauptstreitpunkt ist die Frage, ob das Attentat als Kriegshandlung gesehen werden kann. Dann würden Heydrichs Verbrechen keine Rolle spielen und die Witwe hätte ihren Versorgungsanspruch.

Gutachten zeigen, dass man so oder so werten kann. Aber das Gericht entscheidet 1958 im Sinne Lina Heydrichs. Rückwirkend bis 1950 erhält sie die stattliche Witwenpension eines „Polizeigenerals".

Zeitgleich scheitern in Schleswig-Holstein zahlreiche NS-Opfer mit ihren Anträgen auf Wiedergutmachung.
Der Historiker H. Scharffenberg sieht darin einen „Sieg der Sparsamkeit".

Gerechtigkeit?

Bildnachweis: Jürgensen 1998, S. 102

Ministerpräsident Hermann Lüdemann circa 1947.

Hermann Lüdemann: Vom KZ-Häftling zum Ministerpräsident

Hermann Lüdemann (1880–1959) tritt 1912 der SPD bei und macht als Fachpolitiker Karriere. Unter anderem ist er von 1919 bis 1928 Mitglied des Preußischen Landtags und 1928 bis 1932 preußischer Oberpräsident von Niederschlesien in Breslau.

Als Vertreter der Weimarer Republik und NS-Gegner wird er 1933 verhaftet. Bis 1935 halten die neuen Machthaber Lüdemann in Konzentrationslagern gefangen. Nach dem gescheiterten Attentat auf Hitler am 20. Juli 1944 gehört er zu den generell Verdächtigten, wird angeklagt, freigesprochen, aber erneut in KZ-Haft eingewiesen. Im Mai 1945 kommt er frei.

1946 ernennen ihn die britischen Besatzer zum Mitglied des Landtags in Kiel. Ende des Jahres ist Lüdemann Innenminister. Nach der ersten freien Landtagswahl am 20. April 1947 wird er für zwei Jahre Ministerpräsident. Abgeordneter bleibt er bis 1958.

Hermann Lüdemann zählt zu den deutschen Demokraten, die in Kooperation mit den britischen Besatzern die schleswig-holsteinische Nachkriegsdemokratie geschaffen haben.

Woher nimmt er die Kraft, sich nach Jahren im KZ derart zu engagieren?

Werner Heyde alias ‚Fritz Sawade' (1902–1964).

Bildnachweis: Danker Jahrhundertstory III 1999, S 169

Heyde/Sawade: Ein Massenmörder wird gedeckt

Ein Nachbarschaftsstreit im vornehmen Kiel-Düsternbrook bringt 1959 fast beiläufig einen unglaublichen Skandal ans Licht: Der in Flensburg lebende Dr. Fritz Sawade ist in Wahrheit der NS-Verbrecher Prof. Dr. Werner Heyde. Seit über zehn Jahren liegt gegen ihn ein Haftbefehl vor!

Heyde war Obergutachter und damit einer der Hauptverantwortlichen für den NS-Behindertenmord mit rund 80.000 Opfern. Auch an der Ermordung jüdischer KZ-Insassen wirkte er mit. – Ein Massenmörder!

Seit 1947 arbeitet er unter dem falschen Namen Sawade in Flensburg-Mürwik. Ab 1950 fertigt er Gutachten für das Landessozialgericht und andere Behörden an – insgesamt etwa 7.000!

Ermittlungen offenbaren 1961: Einige Mediziner, Juristen und Wissenschaftler in Schleswig-Holstein haben über Jahre die wahre Identität von Fritz Sawade gekannt, viele weitere wissen von Gerüchten. Sie alle schwiegen und unterstützten ihn dennoch.

Wo lagen ihre Motive? Waren sie einverstanden mit dem tausendfachen Behindertenmord? Mochten Sie einem angesehenen ‚Kollegen' nicht schaden?
Sah so ihr Schlussstrich aus?

„Entnazifizierung“: einschneidend

oder folgenlos?

Neuer Name

Am 25. August 1945 erhält der ehemalige Adolf-Hitler-Koog seinen neuen Namen: In Übereinkunft mit der britischen Besatzungsmacht genehmigt Oberpräsident Otto Hoevermann die Umbenennung in „Dieksanderkoog“. 1948 wird der Koog als Ortsteil der Gemeinde Friedrichskoog zugeordnet.

und Krabbenbrote

Auch das Ehepaar Söth betreibt wieder die Neulandhalle als Jugendherberge und Gaststätte. Vor allem die Krabbenbrote bleiben aus den Nachkriegsjahrzehnten in Erinnerung. Noch lange fragen Vorbeikommende nach den Leckerbissen.

– War das alles?

glimpfliche „Entnazifizierung“

Nach dem Ende der NS-Herrschaft erscheint die Zukunft ungewiss. Die Alliierten beginnen mit der politischen Säuberung, der „Entnazifizierung“.

Für den Dieksanderkoog ist der Entnazifizierungsausschuss in Meldorf zuständig. Weil 1934 nur ausgewiesene Nationalsozialisten Siedler werden konnten, erwägt das Gremium ernsthaft die Ausweisung der Bewohner. Am Ende geht es für sie glimpflich aus: Die eingeschworene Siedlergemeinschaft darf im Koog bleiben.

Landgasthofgemütlichkeit: die Neulandhalle in der Nachkriegszeit.

Unverkrampfter Umgang mit Geschichte in der Nachkriegszeit: Der „Ehrenraum“ bleibt „Ehrenraum“.

Der ehemalige Adolf-Hitler-Koog, jetzt Dieksanderkoog, als Schafsidylle.

Hintergrundbild:
Der Anfang des Fragebogens der Koogbewohnerin Juliane M.

Aus dem Koog verweisen?

Die Siedlerauswahl verlief 1934 eindeutig: Die meisten Koogbewohner waren schon deutlich vor 1933 Mitglied der NSDAP. Viele gehörten auch der SA oder der SS an. Einige waren „kampferprobt“, zum Beispiel dabei oder sogar direkt beteiligt gewesen, als im Juli 1932 in Marne der Kommunist Adolf Bauer und in Friedrichskoog der Schiffsjunge Hermann Jäger ermordet wurden.

Jetzt steht wie überall in Deutschland eine „Entnazifizierung“ an: Auch in der britischen Zone bezeichnen Kategorien von der niedrigsten Stufe V „Entlastete“ bis zur höchsten Stufe I „Hauptschuldige“ den Grad der Belastung. Leichte Fälle wie Stufe IV „Mitläufer“ und Kategorie III „Minderbelastete“ entscheiden ausgewiesene Demokraten in deutschen Ausschüssen, die schweren Fälle in Stufe I und II behält sich die Besatzungsbehörde vor.

Der Entnazifizierungsausschuss in Meldorf will 1947 ein Zeichen setzen und nimmt die Einstufung vieler männlicher Siedler in Kategorie III vor. Außerdem bestimmt er die zwangsweise Entfernung von ihren Höfen.

Aber die britischen Besatzer zeigen sich milde: Sie führen in ihrer Entscheidung am 2. Juli 1947 die schwierige Ernährungslage an, wollen Anbau und Ernte nicht stören. Solange persönlich keine Gewalttaten zur Last gelegt werden, sollen Koogbewohner nicht ausgewiesen werden.

Der Entnazifizierungsausschuss gibt sich kämpferisch, schlägt nun härtere Einstufungen in Kategorie II und I vor. Die Briten winken ab. Am Ende werden einige Siedler zu Geldstrafen verurteilt, von seinem Hof entfernt wird niemand.

– Wie soll man das bewerten?

Am 2. Juli 1947 gibt die britische Militärregierung folgende Anweisung:

Vom Freiwilligen der Waffen-SS zum NS-Verfolgten: F. H.

Der fanatische „Nazi“: W. T.

Angesehener Nationalsozialist im Koog: C. G.

4740 selbst.
12 JUL 1947
MILITARY GOVERNMENT OF GERMANY
in Dieksanderkoog K... S.D.
Revised 1 January, 1...
C.C.G. (B.E.) PUBLIC SAFETY (Special Branch)
Fragebogen
... muss in zweifacher Ausfertigung eingereicht werden
ACHTUNG
WARNING: Read this ... carefully before filling it in. The English text will prevail if discrepancies exist between it and the ... answers must be typewritten or written ... conscientiously and no space is to be left blank ... word "yes" or "no" in the appropriate space ... use such as "none" or "not applicable" ... making false or incomplete ...

Hintergrundbild:
Der Anfang des Fragebogens der Koogbewohnerin Juliane M.

Bildnachweis: LASH Abt.460.16, Nr.196

Neuer Name

Am 25. August 1945 erhält der ehemalige Adolf-Hitler-Koog seinen neuen Namen: In Übereinkunft mit der britischen Besatzungsmacht genehmigt Oberpräsident Otto Hoevermann die Umbenennung in „Dieksanderkoog". 1948 wird der Koog als Ortsteil der Gemeinde Friedrichskoog zugeordnet.

glimpfliche „Entnazifizierung"

Nach dem Ende der NS-Herrschaft erscheint die Zukunft ungewiss. Die Alliierten beginnen mit der politischen Säuberung, der „Entnazifizierung".

Für den Dieksanderkoog ist der Entnazifizierungsausschuss in Meldorf zuständig. Weil 1934 nur ausgewiesene Nationalsozialisten Siedler werden konnten, erwägt das Gremium ernsthaft die Ausweisung der Bewohner.
Am Ende geht es für sie glimpflich aus:
Die eingeschworene Siedlergemeinschaft darf im Koog bleiben.

und Krabbenbrote

Auch das Ehepaar Söth betreibt wieder die Neulandhalle als Jugendherberge und Gaststätte. Vor allem die Krabbenbrote bleiben aus den Nachkriegsjahrzehnten in Erinnerung. Noch lange fragen Vorbeikommende nach den Leckerbissen.

– War das alles?

Bildnachweis: Sammlung frzph

Landgasthofgemütlichkeit: die Neulandhalle in der Nachkriegszeit.

Bildnachweis: Dithmarscher Landesmuseum

Unverkrampfter Umgang mit Geschichte in der Nachkriegszeit: Der „Ehrenraum“ bleibt „Ehrenraum“.

Der ehemalige Adolf-Hitler-Koog, jetzt Dieksanderkoog, als Schafsidylle …

Bildnachweis: Dithmarscher Landesmuseum

Aus dem Koog verweisen?

Die Siedlerauswahl verlief 1934 eindeutig: Die meisten Koogbewohner waren schon deutlich vor 1933 Mitglied der NSDAP. Viele gehörten auch der SA oder der SS an. Einige waren „kampferprobt", zum Beispiel dabei oder sogar direkt beteiligt gewesen, als im Juli 1932 in Marne der Kommunist Adolf Bauer und in Friedrichskoog der Schiffsjunge Hermann Jäger ermordet wurden.

Jetzt steht wie überall in Deutschland eine „Entnazifizierung" an: Auch in der britischen Zone bezeichnen Kategorien von der niedrigsten Stufe V „Entlastete" bis zur höchsten Stufe I „Hauptschuldige" den Grad der Belastung.
Leichte Fälle wie Stufe IV „Mitläufer" und Kategorie III „Minderbelastete" entscheiden ausgewiesene Demokraten in deutschen Ausschüssen, die schweren Fälle in Stufe I und II behält sich die Besatzungsbehörde vor.

Der Entnazifizierungsausschuss in Meldorf will 1947 ein Zeichen setzen und nimmt die Einstufung vieler männlicher Siedler in Kategorie III vor. Außerdem bestimmt er die zwangsweise Entfernung von ihren Höfen.

Aber die britischen Besatzer zeigen sich milde: Sie führen in ihrer Entscheidung am 2. Juli 1947 die schwierige Ernährungslage an, wollen Anbau und Ernte nicht stören. Solange persönlich keine Gewalttaten zur Last gelegt werden, sollen Koogbewohner nicht ausgewiesen werden.

Der Entnazifizierungsausschuss gibt sich kämpferisch, schlägt nun härtere Einstufungen in Kategorie II und I vor. Die Briten winken ab. Am Ende werden einige Siedler zu Geldstrafen verurteilt, von seinem Hof entfernt wird niemand.

– Wie soll man das bewerten?

Am 2. Juli 1947 gibt die britische Militärregierung folgende Anweisung:

„Bezugnehmend auf die angehängte Liste von Landwirten, bei der der Entnazifizierungsausschuss Entfernung vorgeschlagen hat:

Im Hinblick auf den ernsthaften Zustand der landwirtschaftlichen Produktion und den Umstand, dass Landwirtschaft im Koog Erfahrung und genaue Kenntnisse der lokalen Begebenheiten erfordert, sollte kein Landwirt entfernt werden, solange ihm keine Straftaten persönlich nachgewiesen werden können. Die Produktion von Lebensmitteln ist viel zu wichtig, als dass effiziente Landwirte nur aus politischen Gründen entfernt werden. Es sollten nur wirklich böse Männer entfernt werden."

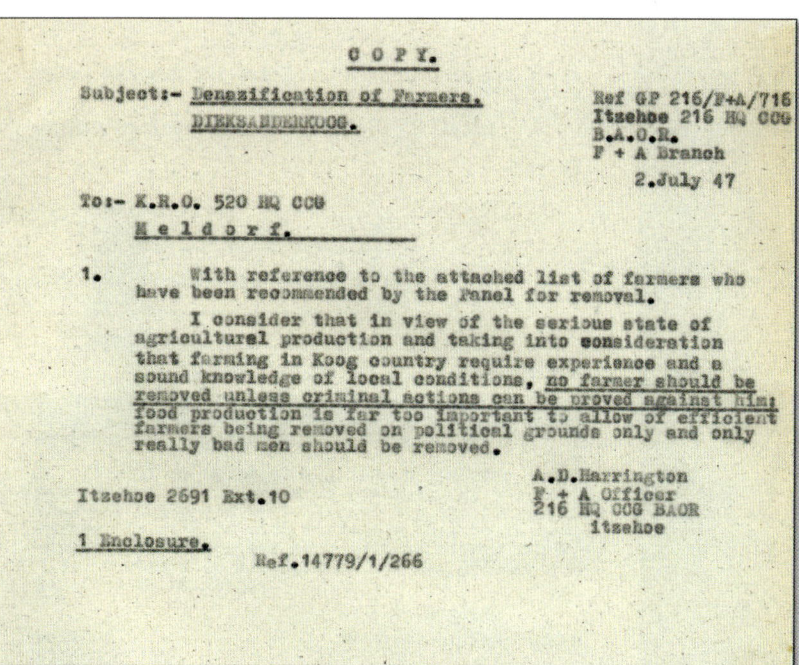

C O P Y.

Subject:- Denazification of Farmers. DIEKSANDERKOOG.

Ref GP 216/F+A/716
Itzehoe 216 HQ CCG
B.A.O.R.
F + A Branch
2.July 47

To:- K.R.O. 520 HQ CCG
Meldorf.

1. With reference to the attached list of farmers who have been recommended by the Panel for removal.
I consider that in view of the serious state of agricultural production and taking into consideration that farming in Koog country require experience and a sound knowledge of local conditions, no farmer should be removed unless criminal actions can be proved against him; food production is far too important to allow of efficient farmers being removed on political grounds only and only really bad men should be removed.

A.D.Harrington
F + A Officer
216 HQ CCG BAOR
Itzehoe

Itzehoe 2691 Ext.10

1 Enclosure.

Ref.14779/1/266

Bildnachweis: LASH Abt. 460.16, Nr. 196

Vom Freiwilligen der Waffen-SS zum NS-Verfolgten: F. H.

Vom Freiwilligen der Waffen-SS zum NS-Verfolgten: F. H.

Schon seit 1931 gehört F. H. der NSDAP an. Im gleichen Jahr wird er auch Mitglied der SS. 1939, als der Zweite Weltkrieg beginnt, meldet er sich freiwillig zur Waffen-SS.

Sein nationalsozialistischer Weg findet 1940 ein abruptes Ende: Bei einem Heimaturlaub beschwert er sich über die mangelhafte Versorgung und schlechte Stimmung in seiner Einheit. Am 15. Mai 1940 spricht das „SS- und Polizeigericht Berlin-Schmargendorf" das Urteil über ihn: 18 Monate Gefängnis. Einen Teil hat er schon in Untersuchungshaft abgesessen. Mehrere Koogbewohner treten im Verfahren als Zeugen auf.

Nach Ende der Haft kommt er nicht wieder frei, erlebt stattdessen eine Odyssee: Zunächst wird er als politischer Häftling in das Konzentrationslager Dachau verbracht. Im Juli 1941 entlassen, kommt er erneut in verschiedene Straflager und Strafkompanien. Aus 18 Monaten Haft werden so bis zum April 1944, als er aus der letzten Strafkompanie entlassen wird, fast vier Jahre!

Kurzzeitig kommt er nochmal als Soldat an die Front, wird aber im Juli 1944 so schwer verwundet, dass er das Kriegsende im Lazarett erlebt.

Von hier kehrt er schließlich in den Koog zurück und lebt über viele Jahre mit den Menschen zusammen, die 1940 gegen ihn ausgesagt haben.

Quelle: LASH Abt. 460.16, Nr. 222

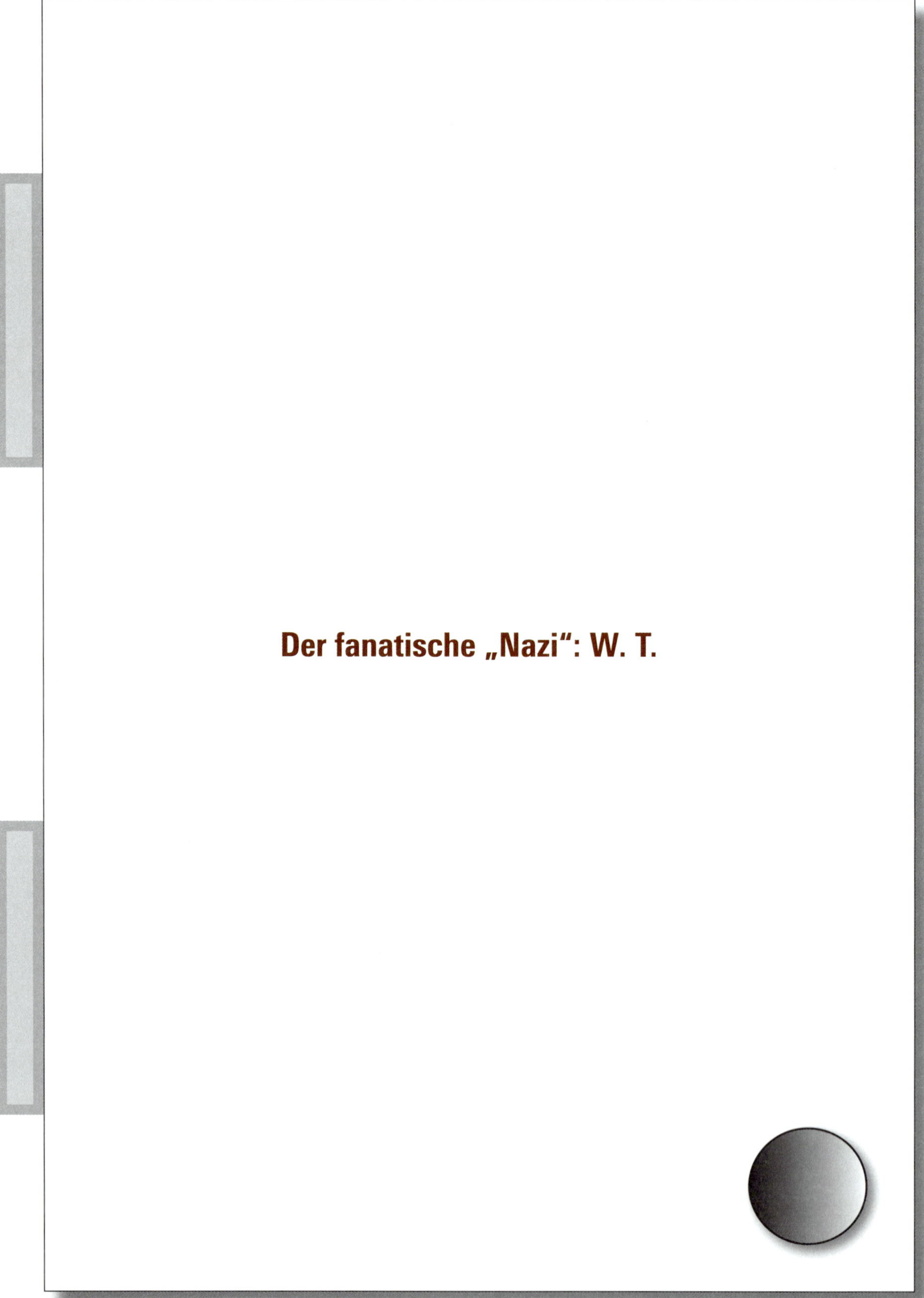
Der fanatische „Nazi“: W. T.

Der fanatische „Nazi": W. T.

Er zählt zu den aktivsten Nationalsozialisten im Koog: Seit 1931 ist W. T. Mitglied der NSDAP und der SA. Zeitweise arbeitet er als Mitarbeiter für Martin Matthiessen, den NSDAP-Kreisleiter in Süderdithmarschen.

1932 wechselt er von der SA in die SS. Mit Kriegsbeginn 1939 meldet er sich freiwillig zur Waffen-SS und kämpft in Frankreich und später auch in Russland. 1944 nehmen amerikanische Truppen T. in Frankreich gefangen. Nach Kriegsende wird er interniert.

Als er 1948 in den Koog zurückkehrt, muss auch er sich vor dem Entnazifizierungsausschuss in Meldorf verantworten. Zeugen bezeichnen T. als einen „fanatischen" Nationalsozialisten, der politische Gegner angriff und verfolgte. Weil sein Vermögen zunächst gesperrt ist, verwaltet ein Treuhänder seinen Hof. T. belästigt diesen mehrfach, droht sogar, den eigenen Hof in Brand zu setzen.

Obwohl der Entnazifizierungsausschuss vorschlägt, T. in Haft zu nehmen, kommt er mit einer Geldstrafe davon. Verurteilt wird er zu 200,- DM und Verfahrenskosten in gleicher Höhe. Im Vergleich zu anderen Siedlern kommt er damit noch gut weg.

Quelle: LASH Abt. 460.16, Nr. 196

Angesehener Nationalsozialist im Koog: C. G.

Angesehener Nationalsozialist im Koog: C. G.

C. G. ist das, was man eine lokale „Nazigröße" nennt: Schon 1928 in die NSDAP eingetreten, ist er damit auch Träger des „Goldenen Parteiabzeichens". Sein Schwager, Kreisbauernführer Hans Beeck, ist für die Siedlerauswahl im Adolf-Hitler-Koog zuständig. Auch G. erwirbt dort einen Erbhof und wird „politischer Leiter" der NSDAP ohne Funktion.

Im Krieg kämpf G. nicht wie viele andere Siedler in der Waffen-SS, sondern als Soldat der Wehrmacht. 1942 mustert man ihn wegen Kinderlähmung aus. 1944 ist er Angehöriger des „Volkssturms" in Friedrichskoog.

Dieses letzte Aufgebot besteht aus allen, die zu jung, zu alt oder zu krank für die Wehrmacht sind.

Im Zuge der Entnazifizierung kommt er wie alle Koogbewohner recht glimpflich davon: G. zahlt eine Geldstrafe von 600,- DM. Danach kann er sein Leben ohne Einschränkungen fortsetzen.

Quelle: LASH Abt. 460.16, Nr. 222

Neuer Wind im Koog?

Nicht nur die Siedler werden nach 1945 „entnazifiziert", auch die Neulandhalle. Am Gebäude ändert sich so einiges.

Die Koogbewohner tun sich mit dem Wandel schwer. Immer mal wieder sorgen sie für schräge Nachrichten. Liegt das an ihrer Vergangenheit?

Aber: Warum soll ausgerechnet im ehemaligen Adolf-Hitler Koog die NS-Bewältigung anders verlaufen als im Rest Schleswig-Holsteins, das immer wieder einschlägige Negativschlagzeilen verursacht?

Der Gedenkstein:
Am Volkstrauertag 2018 findet eine Feier mit Kranzniederlegung statt

Nicht nur die Siedler werden nach 1945 „entnazifiziert“, auch die Neulandhalle. Am Gebäude ändert sich so einiges.

Die Koogbewohner tun sich mit dem Wandel schwer. Immer mal wieder sorgen sie für schräge Nachrichten. Liegt das an ihrer Vergangenheit?

Aber: Warum soll ausgerechnet im ehemaligen Adolf-Hitler Koog die NS-Bewältigung anders verlaufen als im Rest Schleswig-Holsteins, das immer wieder einschlägige Negativschlagzeilen verursacht?

Bildnachweis: Elmar Moldenhauer

Der Gedenkstein. Am Volkstrauertag 2018 findet eine Feier mit Kranzniederlegung statt.

Bildnachweis: Heimatmuseum Marner Skatclub von 1873

Wo sind die Wächter?

Wo sind die Wächter?

Nach dem Ende des „Dritten Reichs" müssen auf Anordnung der britischen Besatzungsbehörden nationalsozialistische Symbole zerstört werden. Von der Neulandhalle wird zunächst das Hoheitszeichen mit Hakenkreuz und Reichsadler entfernt.

Der demokratisierte Trägerverein Neulandhalle e.V. plant auch den Abbruch der beiden „Wächter". Kämpferische Symbole der NS-Volksgemeinschaft passen nicht mehr – auch nicht zur neuen unpolitisch gedachten Nutzung als Jugendherberge und Ausflugslokal.

Doch was soll mit den Figuren geschehen? Der Verein will sie entfernen, aber erhalten. Die Firma Johannes Kruse aus Brunsbüttelkoog veranschlagt für die Verblendung 1.000,- DM, für den Abbau mit anschließender Einlagerung in Marne sogar 1.210,- DM. Das sind 1948 enorme Kosten.

Vielleicht ist das der Grund dafür, dass die Figuren nur abgebaut, aber nicht eingelagert werden? – Was genau mit ihnen passiert ist, wissen wir nicht.

Bildnachweis: LASH Abt. 2003.2, Nr. 4159

Bildnachweis: LASH Abt. 2003.2, Nr. 4154

Problematische Erinnerung?

Problematische Erinnerung?

Überall wird an die Toten des Zweiten Weltkriegs erinnert. Auch im Dieksanderkoog gründet sich ein Denkmalausschuss. Das Vorhaben ist gewaltig: Die Koogbewohner platzieren 1953 einen zwölf Tonnen schweren Findling an der Neulandhalle. Zudem bringen sie Ehrentafeln für die gefallenen und vermissten Männer an – Genau dort, wo zuvor die Wächter standen.

Streit entbrennt um den Standort. Manche halten eine Jugendherberge nicht für den richtigen Ort. Die Pächter Söth versuchen vergeblich, die Errichtung zu verhindern. 1953 wird das Ehrenmal mit derben Reden eingeweiht.

Problematisch ist das Gedenken bis heute: Unterschiedslos werden auch Mitglieder der SS und der Waffen-SS geehrt.
Stärker noch als die Wehrmacht haben im Krieg eingesetzte Formationen der SS zahlreiche Kriegsverbrechen begangen, auch gegenüber Kriegsgefangenen und Zivilbevölkerungen. SS und Waffen-SS werden im Nürnberger Prozess 1946 zu verbrecherischen Organisationen erklärt.

Wenn 1953 – bis heute – Tafeln auch die SS-Zugehörigkeit herausstellen, ist das ein bewusst gesetztes Zeichen.

Bildnachweis: Uwe Franzen

Gerüchte und Getuschel

Gerüchte und Getuschel

Nach Kriegsende kursieren Gerüchte, hochrangige Nationalsozialisten würden im Koog versteckt.

Unruhe verbreitet auch die Geschichte, die britische Militärregierung wolle die Siedler von ihren Höfen entfernen und sie Flüchtlingen zuteilen. Was steckt dahinter? Tatsächlich stuft der Entnazifizierungsausschuss in Meldorf einige Koogbewohner als „schwer belastet" ein und empfiehlt deren Umsiedlung. Schließlich aber passiert nichts.

Die tonnenschwere Glocke mit Hakenkreuz und „Blut-und-Boden"-Inschrift bleibt zunächst an ihrem Platz. Eines Tages verschwindet sie aus dem baufälligen Gerüst. Über ihren Verbleib wird seither viel geraunt. Liegt sie unter einem Koogweg? Wird sie auf einem Bauernhof versteckt? Angeblich erklingt sie sogar hin und wieder.

Als 1971 die Dithmarscher Kirchenkreise die Neulandhalle erwerben, wird eingebrochen. Gestohlen wird nur eins: der Grundstein mit der Textkassette, 1935 von Adolf Hitler selbst gelegt.

Sind das noch augenzwinkernde Streiche? Oder stellen sich einige Koogbewohner in eine Tradition zur Zeit bis 1945?

Große Veränderungen und neue Perspektiven

Der Blick auf die Nordsee wandelt sich seit den 1960er Jahren: weg von der Landgewinnung und dem Kampf gegen das Meer hin zu Küstenschutz und zum Naturpark Wattenmeer. Auch in der Neulandhalle stehen Veränderungen an: Erst hält die Kirche Einzug, dann entsteht ein historischer Lernort.

nn kam die Kirche
noch in den Koog
Seit 1973 kehren hier Schulklassen, Kirchenfreizeiten und Konfirmandengruppen ein. 1974 baut man ein Haus für die Betreiber, 1978 entstehen Zeltdachhäuser für weitere Gäste.
Die ehemalige Ersatzkirche der NS-Volksgemeinschaft ist nun eine lebendige christliche Jugendbegegnungsstätte! Verdeutlicht wird die Vergangenheit des Hauses nicht.
– Sollte man Geschichte einfach ausblenden?

Abreißen oder
Der lange Weg
Wenige Gruppen, hohe Kosten – 2010 stellt der Kirchenkreis Dithmarschen den Betrieb der Jugendbegegnungsstätte ein. Was soll nun mit der Neulandhalle passieren?
Der Abriss steht im Raum und wird vorsorglich genehmigt. Aber der Kirchenkreis verfolgt noch eine andere Idee: Die Auseinandersetzung mit der Geschichte.
… zum „Historischen Lernort Neulandhalle“
Das „Institut für Zeit- und Regionalgeschichte“ (IZRG) der Universität Flensburg legt 2012 das Konzept für einen „Historischen Lernort Neulandhalle“ vor. Es stößt im Bereich der schleswig-holsteinischen NS-Gedenkstätten auf Ablehnung. 2013 scheitert das Vorhaben an der nicht gewährten Bundesförderung für Gedenkstätten.
Das IZRG, inzwischen umbenannt in „Forschungsstelle für regionale Zeitgeschichte und Public History“ (frzph), entwickelt und verwirklicht die Idee einer Ausstellung im Freien, die auch ohne Zugang zum Gebäude Sinn ergeben soll. Am 8. Mai 2019 wird der „Historische Lernort Neulandhalle“ eröffnet.
Verfolgt wird fortan ein verkleinertes Projekt. 2017 fällt die Entscheidung: Land und Nordkirche sichern die Finanzierung für einen Rückbau des Gebäudes, die historische Ausstellung und zukünftige Bildungsarbeit. Träger bleibt der Kirchenkreis.
neu nutzen?
… überhaupt sinnvoll?
Noch eine NS-Ausstellung? Und warum hier, an der abgelegenen Neulandhalle? – So könnte man fragen. Ja, ist ein Historischer Lernort Neulandhalle überhaupt sinnvoll?
Wir meinen: In NS-Gedenkstätten setzen sich Besucher und Besucherinnen vor allem mit den Opfern und ihrem Leiden auseinander. Das ist sehr wichtig.
An „Opferorten“ lässt sich aber schwer klären, warum so viele Menschen den Nationalsozialismus trugen und die Verbrechen des Nationalsozialismus ermöglichten – als Anhänger, als Zuschauer oder auch als Täter.
Der Historische Lernort Neulandhalle will dazu beitragen, zu erkennen, was den Nationalsozialismus für viele so attraktiv machte. Zugleich will er zeigen, was sich hinter dem „schönen Schein“ verbarg: Ausgrenzung und mörderische Gewalt, Verstrickung und Schuld.
Er will Auseinandersetzung ermöglichen mit propagandistischer NS-Selbstdarstellung und den nationalsozialistischen Versprechen von „Lebensraum“ und „Volksgemeinschaft“.
Ob die Idee aufgeht, können nur Sie, die Besucherinnen und Besucher, bewerten, wenn Sie sich nach dem Durchgang durch die Ausstellung ein kritisches Urteil bilden.

Neues Denken

Küstenschutz statt Landgewinnung

Als die „Hollandflut“ 1953 allein in den Niederlanden 1.800 Todesopfer fordert, setzt auch in Schleswig-Holstein das Umdenken ein: Deiche werden massiv verstärkt.

Im Februar 1962 trifft eine verheerende Sturmflut auch die schleswig-holsteinische Westküste. Erneuerte Deiche halten, alte brechen. Eine Katastrophe wie in Hamburg bleibt aus.

Deichbruch auf der Insel Föhr 1962: Kümmerliche Deichreste nach der verheerenden „Jahrhundertflut“.

Seither setzt Schleswig-Holstein auf Deicherhöhungen und auf die Verkürzung der Außendeiche von 580 auf 350 km. Küstenschutz ist das Thema. Von Landgewinnung zu Siedlungszwecken ist keine Rede mehr. Der „Friedrich-Wilhelm-Lübke-Koog“, 1954 geschlossen, ist der letzte alter Art. Der „Hauke-Haien-Koog“ entsteht 1959 bereits aus anderen Motiven.

Wellen peitschen an den Strand. Eine „Buhne“ bricht sie, nimmt ihnen die Wucht.

Hintergrundbild: Buhnen sichern die Küste.

Aus Feind wird Freund

Der 1979 eingedeichte „Speicherkoog-Dithmarschen“ wird gar nicht mehr besiedelt. Vögel rasten und brüten hier auf ihren Reisen im Herbst und im Frühjahr.

Menschen nehmen die artenreiche und einzigartige Natur von Küste und Wattenmeer zunehmend wahr.

Eine Führung durch das Watt: Schönheit und Vielfalt der einzigartigen Schlicklandschaft entdecken, die 2009 zum UNESCO-Weltnaturerbe erklärt wurde.

Der neue Blick führt 1985 zur Gründung des „Nationalparks Schleswig-Holsteinisches Wattenmeer“. Naturschutz, Tourismus und Landwirtschaft geraten wiederholt in Konflikte.

Inzwischen überwiegen Ausgleich und Harmonie.

Mensch und Nordsee: Sie brauchen Schutz voreinander. Dann gedeiht die neue Freundschaft.

Küstenbefestigung am Strand der Insel Baltrum.

Küstenschutz statt Landgewinnung

Als die „Hollandflut“ 1953 allein in den Niederlanden 1.800 Todesopfer fordert, setzt auch in Schleswig-Holstein das Umdenken ein: Deiche werden massiv verstärkt.

Im Februar 1962 trifft eine verheerende Sturmflut auch die schleswig-holsteinische Westküste. Erneuerte Deiche halten, alte brechen. Eine Katastrophe wie in Hamburg bleibt aus.

Bildnachweis: Ferring Stiftung

Deichbruch auf der Insel Föhr 1962: Kümmerliche Deichreste nach der verheerenden ‚Jahrhundertflut'.

Seither setzt Schleswig-Holstein auf Deicherhöhungen und auf die Verkürzung der Außendeiche von 580 auf 350 km.
Küstenschutz ist das Thema. Von Landgewinnung zu Siedlungszwecken ist keine Rede mehr. Der „Friedrich-Wilhelm-Lübke-Koog“, 1954 geschlossen, ist der letzte alter Art.
Der „Hauke-Haien-Koog“ entsteht 1959 bereits aus anderen Motiven.

Bildnachweis: Eimar Moldenhauer

Wellen peitschen an den Strand. Eine „Buhne“ bricht sie, nimmt ihnen die Wucht.

Aus Feind wird Freund

Der 1979 eingedeichte „Speicherkoog-Dithmarschen" wird gar nicht mehr besiedelt. Vögel rasten und brüten hier auf ihren Reisen im Herbst und im Frühjahr.

Menschen nehmen die artenreiche und einzigartige Natur von Küste und Wattenmeer zunehmend wahr.

Bildnachweis: WattWelten UNESCO Weltnaturerbe Wattenmeer, Besucherzentrum Norderney

Eine Führung durch das Watt: Schönheit und Vielfalt der einzigartigen Schlicklandschaft entdecken, die 2009 zum UNESCO-Weltnaturerbe erklärt wurde.

Der neue Blick führt 1985 zur Gründung des „Nationalparks Schleswig-Holsteinisches Wattenmeer". Naturschutz, Tourismus und Landwirtschaft geraten wiederholt in Konflikte.

Inzwischen überwiegen Ausgleich und Harmonie.

Mensch und Nordsee: Sie brauchen Schutz voreinander. Dann gedeiht die neue Freundschaft.

Bildnachweis: Martin Stock

Küstenbefestigung am Strand der Insel Baltrum.

Bildnachweis: Martin Stock

Buhnen sichern die Küste.

Begrenzte Umbauten

Die neuen Eigentümer renovieren das Gebäude. Sie übermalen Inschriften und Zeichen, drei Wandbilder Thämers werden zerstört, eines bleibt. Die in Gold geschriebenen Hitlerzitate sind durch ein Holzbrett verkleidet, in den Bücherregalen daneben steht jetzt christliche Literatur.

Auf dem Kamin vor den unveränderten Kacheln mit „Schwert und Ähre" steht nun ein Holzkreuz. Die Gedenktafeln an der Nordseite der Halle bleiben sichtbar, auch die Namen der SS-Männer.

– Welche Eindrücke entstehen in der Gesamtschau?

Bis 2011: Im ersten Stock der Neulandhalle befinden sich moderne helle Schlafräume für Jugendgruppen. Hier ist von früheren Nutzungszielen nichts mehr zu spüren.

Ein unverkrampfter Umgang mit dem künstlerischen Überrest aus den 1930er Jahren: Ohne Hintergrundwissen wird man an Thämers Wandgemälde auch nicht die eigentliche Botschaft erkennen

Dann kam die Kirche doch noch in den Koog

Neues Leben

1971 endet eine Ära im Koog: Die unwirtschaftliche Neulandhalle wird verkauft – ausgerechnet an die Kirchenkreise Norder- und Süderdithmarschen!

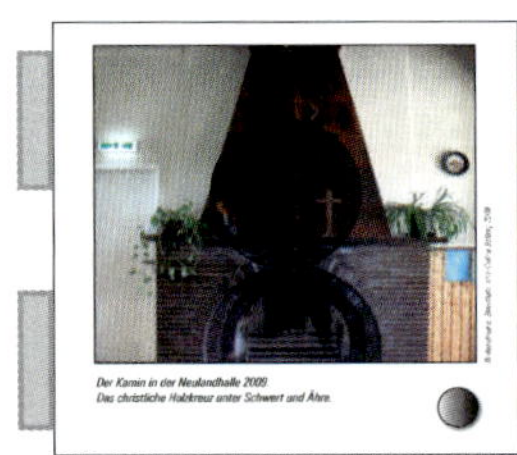

Der Kamin in der Neulandhalle 2009. Das christliche Halbkreuz unter Schwert und Ähre.

Zum Hintergrundbild: Eine – naive, aus Erwachsenenhand angefertigte – Abbildung des evangelischen Jugend- und Freizeitzentrums Neulandhalle. Unbekannte/r Maler/in, ohne Datum

Seit 1973 kehren hier Schulklassen, Kirchenfreizeiten und Konfirmandengruppen ein. 1974 baut man ein Haus für die Betreiber, 1978 entstehen Zeltdachhäuser für weitere Gäste.

Die ehemalige Ersatzkirche der NS-Volksgemeinschaft ist nun eine lebendige christliche Jugendbegegnungsstätte! Verdeutlicht wird die Vergangenheit des Hauses nicht.

– Sollte man Geschichte einfach ausblenden?

Völlig unbeschwert von der nationalsozialistischen Vergangenheit der Neulandhalle spielen Kinder Fußball. Und das ist gut so.

Strenge Regeln mit Kinderzeichnungen verziert: Die bis 2011 hängende „Hausordnung" des evangelischen „Jugend- und Freizeitheimes Neulandhalle" der beiden Dithmarscher Kirchenkreise, ohne Datum.

Der ehemalige Propagandabau wird zur schönen Erinnerung an Schulfahrten.

Begrenzte Umbauten

Die neuen Eigentümer renovieren das Gebäude. Sie übermalen Inschriften und Zeichen, drei Wandbilder Thämers werden zerstört, eines bleibt. Die in Gold geschriebenen Hitlerzitate sind durch ein Holzbrett verkleidet, in den Bücherregalen daneben steht jetzt christliche Literatur.

Auf dem Kamin vor den unveränderten Kacheln mit „Schwert und Ähre" steht nun ein Holzkreuz. Die Gedenktafeln an der Nordseite der Halle bleiben sichtbar, auch die Namen der SS-Männer.

– Welche Eindrücke entstehen in der Gesamtschau?

Neues Leben

1971 endet eine Ära im Koog:
Die unwirtschaftliche Neulandhalle wird verkauft – ausgerechnet an die Kirchenkreise Norder- und Süderdithmarschen!

Seit 1973 kehren hier Schulklassen, Kirchenfreizeiten und Konfirmandengruppen ein. 1974 baut man ein Haus für die Betreiber, 1978 entstehen Zeltdachhäuser für weitere Gäste.

Die ehemalige Ersatzkirche der NS-Volksgemeinschaft ist nun eine lebendige christliche Jugendbegegnungsstätte! Verdeutlicht wird die Vergangenheit des Hauses nicht.

– Sollte man Geschichte einfach ausblenden?

Bildnachweis: Uwe Danker

Bis 2011: Im ersten Stock der Neulandhalle befinden sich moderne helle Schlafräume für Jugendgruppen. Hier ist von früheren Nutzungszielen nichts mehr zu spüren.

Bildnachweis: Sammlung Kirchenkreis Dithmarschen

Ein unverkrampfter Umgang mit dem künstlerischen Überrest aus den 1930er Jahren: Ohne Hintergrundwissen wird man an Thämers Wandgemälde auch nicht die eigentliche Botschaft erkennen.

Bildnachweis: Standfoto, sh:z-Online Beitrag 2009

Der Kamin in der Neulandhalle 2009.
Das christliche Holzkreuz unter Schwert und Ähre.

Das Holzkreuz steht auf dem Kamin im großen Saal genau unter dem nationalsozialistischen Blut und Boden-Zeichen „Schwert und Ähre".

Wir wissen nicht, wie das Holzkreuz entstand.
Bastelarbeit einer Freizeit?
Das Werk der Betreiber?
Aber wir wissen: Es war fester Bestandteil der neu genutzten Neulandhalle, bis zuletzt.

Der mächtige Kamin befindet sich dort, wo in Kirchen der Altar zu finden ist. Während der NS-Zeit wird er beim Betreten der Ersatzkirche Neulandhalle ähnliche Anmutungen ausgelöst haben wie ein Kirchaltar.

Genau hier zeigt nun das Kreuz:
Wir sind jetzt Kirche.

Blick durch ein Guckloch in das Innere des Buchstabens

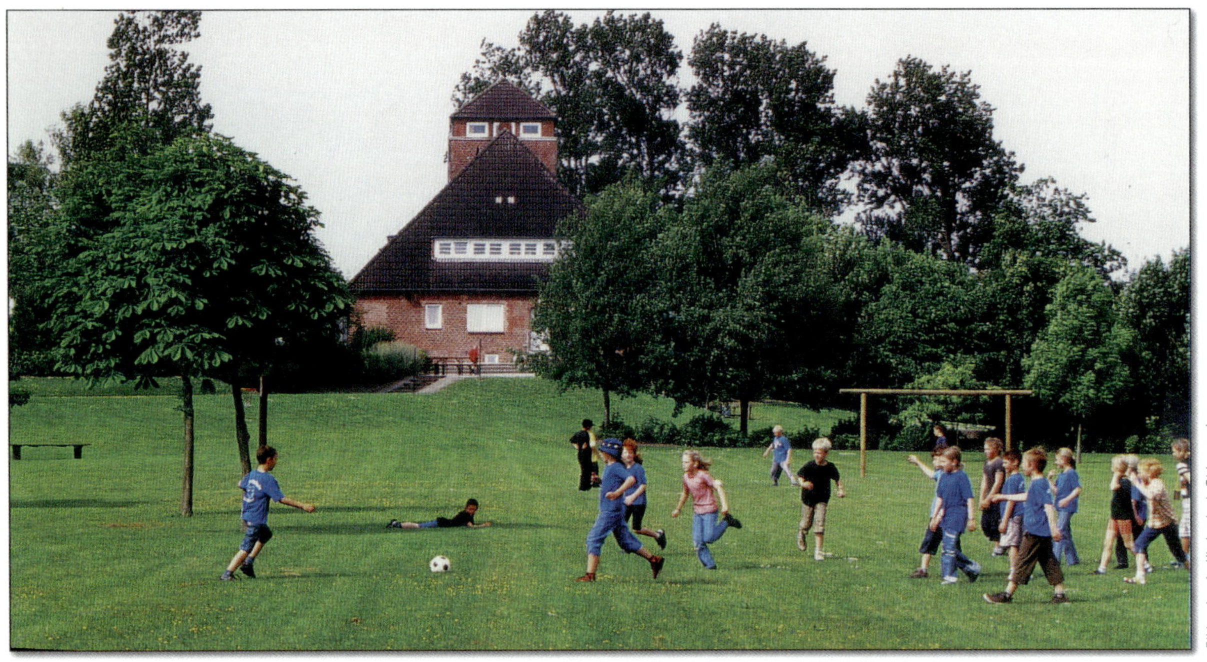

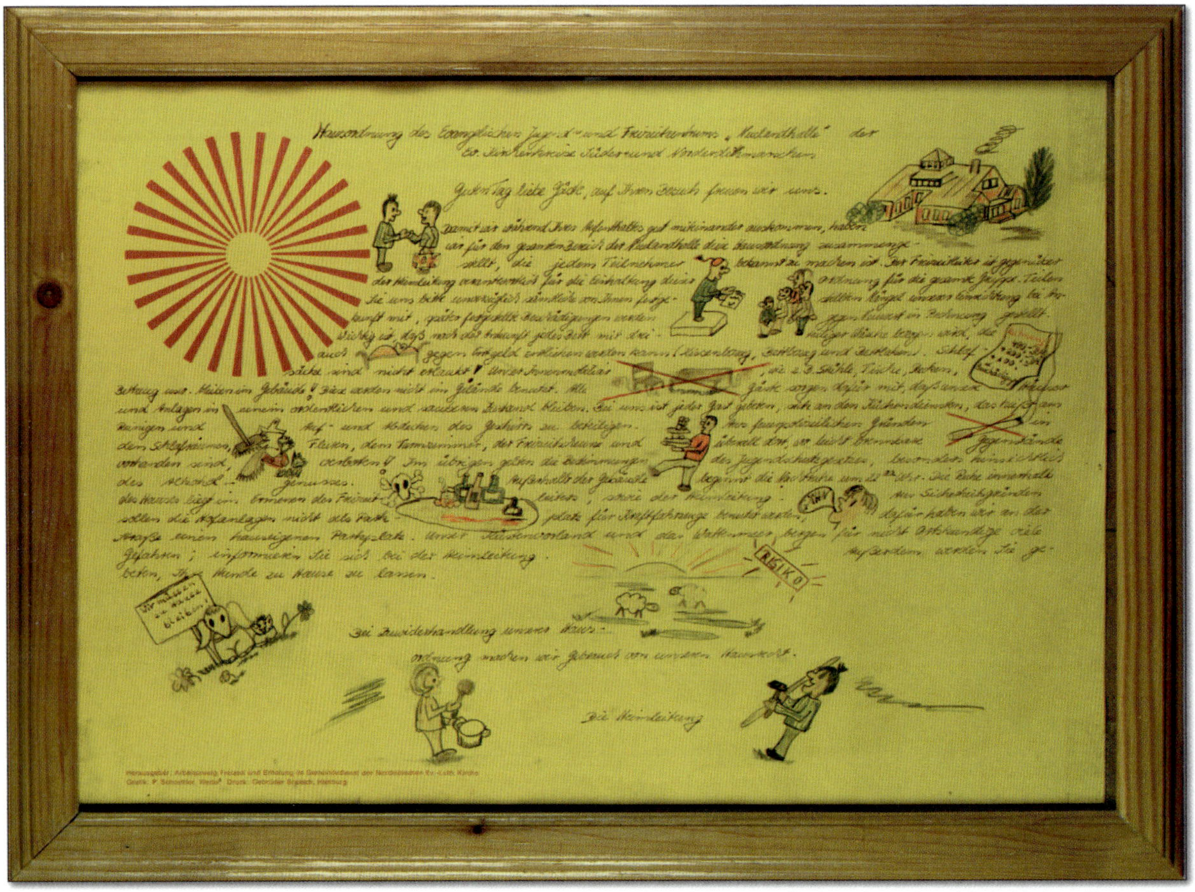

Völlig unbeschwert von der nationalsozialistischen Vergangenheit der Neulandhalle spielen Kinder Fußball. Und das ist gut so.

Bildnachweis: Kirchenkreis Dithmarschen

Hausordnung des Evangelischen Jugend- und Freizeitheims „Neulandhalle“ der Ev. Kirchenkreise Süder- und Norderdithmarschen

Guten Tag liebe Gäste, auf Ihren Besuch freuen wir uns.

Damit wir während Ihres Aufenthaltes gut miteinander auskommen, haben wir für den gesamten Bereich der Neulandhalle diese Hausordnung zusammengestellt, die jedem Teilnehmer bekannt zu machen ist.

Bei Zuwiderhandlung unserer Hausordnung machen wir Gebrauch von unserem Hausrecht.

Die Heimleitung

Strenge Regeln mit Kinderzeichnungen verziert: Die bis 2011 hängende „Hausordnung“ des evangelischen „Jugend- und Freizeitheimes Neulandhalle“ der beiden Dithmarscher Kirchenkreise, ohne Datum.

Bildnachweis: Sammlung Danker

Bildnachweis: Sammlung Danker

Der ehemalige Propagandabau wird zur schönen Erinnerung an Schulfahrten.

Bildnachweis: Postkarte, Sammlung Danker

Eine – naive, aus Erwachsenenhand angefertigte – Abbildung des evangelischen Jugend- und Freizeitzentrums Neulandhalle. Unbekannte/r Maler/in, ohne Datum.

Abreißen oder

neu nutzen?

Der lange Weg

Wenige Gruppen, hohe Kosten – 2010 stellt der Kirchenkreis Dithmarschen den Betrieb der Jugendbegegnungsstätte ein. Was soll nun mit der Neulandhalle passieren?

Der Abriss steht im Raum und wird vorsorglich genehmigt. Aber der Kirchenkreis verfolgt noch eine andere Idee: Die Auseinandersetzung mit der Geschichte.

… zum „Historischen Lernort Neulandhalle"

Das „Institut für Zeit- und Regionalgeschichte" (IZRG) der Universität Flensburg legt 2012 das Konzept für einen „Historischen Lernort Neulandhalle" vor. Es stößt im Bereich der schleswig-holsteinischen NS-Gedenkstätten auf Ablehnung. 2013 scheitert das Vorhaben an der nicht gewährten Bundesförderung für Gedenkstätten.

Verfolgt wird fortan ein verkleinertes Projekt. 2017 fällt die Entscheidung: Land und Nordkirche sichern die Finanzierung für einen Rückbau des Gebäudes, die historische Ausstellung und zukünftige Bildungsarbeit. Träger bleibt der Kirchenkreis.

Das IZRG, inzwischen umbenannt in „Forschungsstelle für regionale Zeitgeschichte und Public History" (frzph), entwickelt und verwirklicht die Idee einer Ausstellung im Freien, die auch ohne Zugang zum Gebäude Sinn ergeben soll. Am 8. Mai 2019 wird der „Historische Lernort Neulandhalle" eröffnet.

Veröffentlichte Konzepte für einen Historischen Lernort Neulandhalle aus den Jahren 2012 und 2014: Das Projekt ist in der Diskussion.

Eine „Mindmap" aus der Entwicklung der Ausstellung, Frühjahr 2018: Die als „Stationen" bezeichneten Ausstellungskapitel mit ihren Inhalten und Zielen sind entworfen. Parallel laufen die Recherchen.

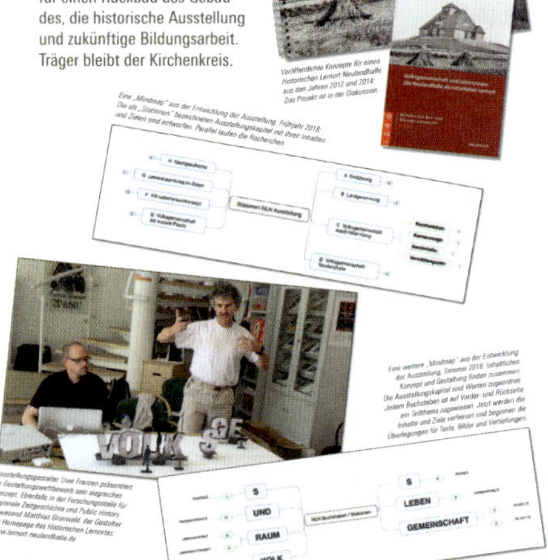

Ausstellungsgestalter Uwe Franzen präsentiert im Gestaltungswettbewerb sein siegreiches Konzept. Ebenfalls in der Forschungsstelle für regionale Zeitgeschichte und Public History anwesend Matthias Grunwald, der Gestalter der Homepage des Historischen Lernortes: www.lernort-neulandhalle.de

Eine weitere „Mindmap" aus der Entwicklung der Ausstellung, Sommer 2018: Inhaltliches Konzept und Gestaltung finden zusammen: Die Ausstellungskapitel sind Worten zugeordnet. Jedem Buchstaben ist auf Vorder- und Rückseite ein Teilthema zugewiesen. Jetzt werden die Inhalte und Ziele verfeinert und beginnen die Überlegungen für Texte, Bilder und Vertiefungen.

Gemeinsam werden Ideen und Umsetzungen diskutiert. Von links: Melanie Oertel, Uwe Danker, Marie-Theres Marx, Uwe Franzen und Jan Waitzmann.

… überhaupt sinnvoll?

Noch eine NS-Ausstellung? Und warum hier, an der abgelegenen Neulandhalle? – So könnte man fragen. Ja, ist ein Historischer Lernort Neulandhalle überhaupt sinnvoll?

Wir meinen: In NS-Gedenkstätten setzen sich Besucher und Besucherinnen vor allem mit den Opfern und ihrem Leiden auseinander. Das ist sehr wichtig.

An „Opferorten" lässt sich aber schwer klären, warum so viele Menschen den Nationalsozialismus trugen und die Verbrechen des Nationalsozialismus ermöglichten – als Anhänger, als Zuschauer oder auch als Täter.

Der Historische Lernort Neulandhalle will dazu beitragen, zu erkennen, was den Nationalsozialismus für viele so attraktiv machte. Zugleich will er zeigen, was sich hinter dem „schönen Schein" verbarg: Ausgrenzung und mörderische Gewalt, Verstrickung und Schuld.

Er will Auseinandersetzung ermöglichen mit propagandistischer NS-Selbstdarstellung und den nationalsozialistischen Versprechen von „Lebensraum" und „Volksgemeinschaft".

Ob die Idee aufgeht, können nur Sie, die Besucherinnen und Besucher, bewerten, wenn Sie sich nach dem Durchgang durch die Ausstellung ein kritisches Urteil bilden.

Auszubildende Malte Dierks, Finn-Jonas Paulsen, Moritz Laube, Rene Hansen, Michel von Postel, Stefan Schoer, Hannes Kröger.

Auszubildende des „Landesbetriebes für Küstenschutz, Nationalpark und Meeresschutz Schleswig – Holstein" (LKN.SH) bauten die Lahnungen für die Ausstellung. In der Mitte die sieben angehenden Wasserbauer auf der von ihnen gebauten Lahnung. Von rechts Ausbilder Olaf Diekmann und Wasserbaumeister Stephan Siegfriedt. Von links: Propst Dr. Andreas Crystall, Prof. Dr. Uwe Danker, Jan Waitzmann und Kirchenkreisarchitektin Nathalie Finke.

Produktion der Stahlrahmen durch Körner Stahltore, Lüneburg.

Die Fundamente der Ausstellungsworte entstehen im Februar 2019.

Da wird im November 2018 auch mal zur Säge gegriffen! Weil Buchstaben als Ausstellungsflächen sehr unterschiedlich ausfallen, bietet es ich an, teilweise am Objekt selbst zu arbeiten. Für die Entwicklung der einzelnen Teilthemen werden deshalb Sperrholzflächen in Originalgröße genutzt. Von links: Jan Waitzmann, Uwe Danker, Elmar Moldenhauer.

Koogversammlung in der Neulandhalle am 23. Mai 2018: Das Ausstellungskonzept wird den Koogbewohnern und Interessierten vorgestellt. Ein Teil der frzph-Arbeitsgruppe wartet darauf, dass der Projektleiter das Wort erhält. Stehend von links: Uwe Danker, Sebastian Lotto Kusche, Marie-Theres Marx, Melanie Oertel, Ines Beeck, Gabriele Heinze.

Die Projektgruppe bei der Arbeit im Januar 2019: Buchstabenentwürfe werden kritisch betrachtet. Von links: Melanie Oertel, Jan Waitzmann, Uwe Danker und Sebastian Lotto-Kusche.

Der lange Weg

Wenige Gruppen, hohe Kosten – 2010 stellt der Kirchenkreis Dithmarschen den Betrieb der Jugendbegegnungsstätte ein. Was soll nun mit der Neulandhalle passieren?
Der Abriss steht im Raum und wird vorsorglich genehmigt. Aber der Kirchenkreis verfolgt noch eine andere Idee: Die Auseinandersetzung mit der Geschichte.

Veröffentlichte Konzepte für einen
Historischen Lernort Neulandhalle aus den Jahren 2012 und 2014: Das Projekt ist in der Diskussion.

… zum „Historischen Lernort Neulandhalle"

Das „Institut für Zeit- und Regionalgeschichte" (IZRG) der Universität Flensburg legt 2012 das Konzept für einen „Historischen Lernort Neulandhalle" vor. Es stößt im Bereich der schleswig-holsteinischen NS-Gedenkstätten auf Ablehnung. 2013 scheitert das Vorhaben an der nicht gewährten Bundesförderung für Gedenkstätten.

Verfolgt wird fortan ein verkleinertes Projekt. 2017 fällt die Entscheidung: Land und Nordkirche sichern die Finanzierung für einen Rückbau des Gebäudes, die historische Ausstellung und zukünftige Bildungsarbeit. Träger bleibt der Kirchenkreis.

Das IZRG, inzwischen umbenannt in „Forschungsstelle für regionale Zeitgeschichte und Public History" (frzph), entwickelt und verwirklicht die Idee einer Ausstellung im Freien, die auch ohne Zugang zum Gebäude Sinn ergeben soll.
Am 8. Mai 2019 wird der „Historische Lernort Neulandhalle" eröffnet.

… überhaupt sinnvoll?

Noch eine NS-Ausstellung? Und warum hier, an der abgelegenen Neulandhalle? – So könnte man fragen. Ja, ist ein Historischer Lernort Neulandhalle überhaupt sinnvoll?

Wir meinen: In NS-Gedenkstätten setzen sich Besucher und Besucherinnen vor allem mit den Opfern und ihrem Leiden auseinander. Das ist sehr wichtig.

An „Opferorten" lässt sich aber schwer klären, warum so viele Menschen den Nationalsozialismus trugen und die Verbrechen des Nationalsozialismus ermöglichten – als Anhänger, als Zuschauer oder auch als Täter.

Der Historische Lernort Neulandhalle will dazu beitragen, zu erkennen, was den Nationalsozialismus für viele so attraktiv machte. Zugleich will er zeigen, was sich hinter dem „schönen Schein" verbarg: Ausgrenzung und mörderische Gewalt, Verstrickung und Schuld.

Er will Auseinandersetzung ermöglichen mit propagandistischer NS-Selbstdarstellung und den nationalsozialistischen Versprechen von „Lebensraum" und „Volksgemeinschaft".

Ob die Idee aufgeht, können nur Sie, die Besucherinnen und Besucher, bewerten, wenn Sie sich nach dem Durchgang durch die Ausstellung ein kritisches Urteil bilden.

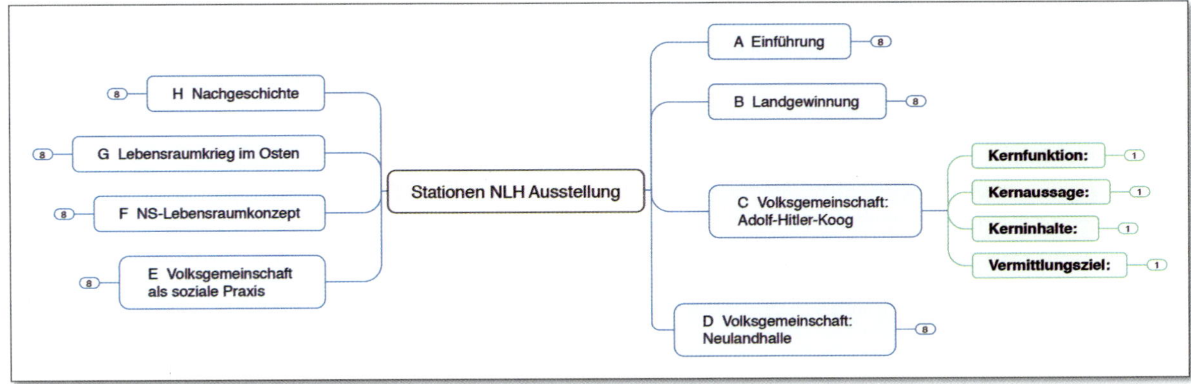

Eine „Mindmap" aus der Entwicklung der Ausstellung, Frühjahr 2018: Die als „Stationen" bezeichneten Ausstellungskapitel mit ihren Inhalten und Zielen sind entworfen. Parallel laufen die Recherchen.

Bildnachweis: Melanie Oertel

Ausstellungsgestalter Uwe Franzen präsentiert im Gestaltungswettbewerb sein siegreiches Konzept. Ebenfalls in der Forschungsstelle für regionale Zeitgeschichte und Public History anwesend Matthias Grunwald, der Gestalter der Homepage des Historischen Lernortes: www.lernort-neulandhalle.de

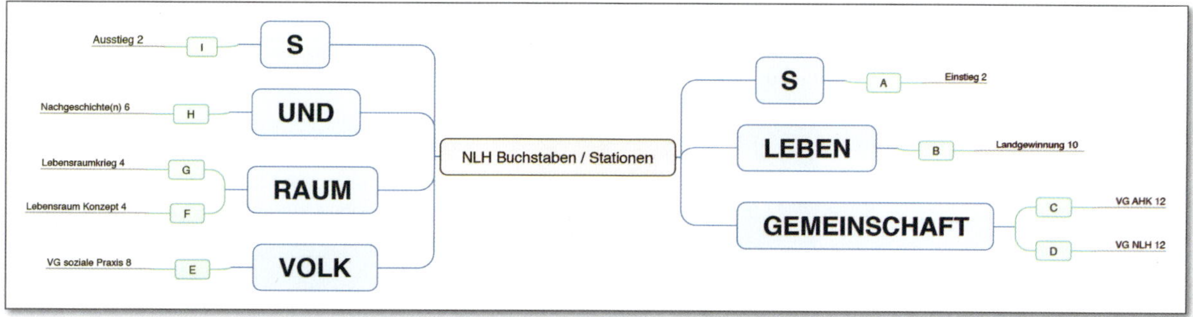

Eine weitere „Mindmap" aus der Entwicklung der Ausstellung, Sommer 2018: Inhaltliches Konzept und Gestaltung finden zusammen: Die Ausstellungskapitel sind Worten zugeordnet. Jedem Buchstaben ist auf Vorder- und Rückseite ein Teilthema zugewiesen. Jetzt werden die Inhalte und Ziele verfeinert und beginnen die Überlegungen für Texte, Bilder und Vertiefungen.

Bildnachweis: Elmar Moldenhauer

Gemeinsam werden Ideen und Umsetzungen diskutiert.
Von links: Melanie Oertel, Uwe Danker, Marie-Theres Marx, Uwe Franzen, Jan Waitzmann und Sebastian Lotto-Kusche.

Auszubildende des „Landesbetriebes für Küstenschutz, Nationalpark und Meeresschutz Schleswig-Holstein" (LKN.SH) bauten die Lahnungen für die Ausstellung. In der Mitte die sieben angehenden Wasserbauer auf der von ihnen gebauten Lahnung.

Von rechts: Ausbilder Olaf Diekmann und Wasserbaumeister Stephan Siegfriedt.

Von links: Propst Dr. Andreas Crystall, Prof. Dr. Uwe Danker, Jan Waitzmann und Kirchenkreisarchitektin Nathalie Finke.

Auszubildende: Malte Dierks, Finn-Jonas Paulsen, Moritz Laube, René Hansen, Michel von Postel, Stefan Schoer, Hannes Kröger.

Bildnachweis: Uwe Franzen

Produktion der Stahlrahmen durch Körner Stahltore, Lüneburg.

Bildnachweis: Uwe Franzen

Bildnachweis: Uwe Franzen

Die Fundamente der Ausstellungsworte entstehen im Februar 2019.

Koogversammlung in der Neulandhalle am 23. Mai 2018: Das Ausstellungskonzept wird den Koogbewohnern und Interessierten vorgestellt. Ein Teil der frzph-Arbeitsgruppe wartet darauf, dass der Projektleiter das Wort erhält.

Stehend von links: Uwe Danker, Sebastian Lotto-Kusche, Marie-Theres Marx, Melanie Oertel, Ines Beeck, Gabriele Heinze.

Bildnachweis: Elmar Moldenhauer

Da wird im November 2018 auch mal zur Säge gegriffen!
Weil Buchstaben als Ausstellungsflächen sehr unterschiedlich ausfallen, bietet es ich an, teilweise am Objekt selbst zu arbeiten. Für die Entwicklung der einzelnen Teilthemen werden deshalb Sperrholzflächen in Originalgröße genutzt.

Von links: Jan Waitzmann, Uwe Danker, Elmar Moldenhauer.

Bildnachweis: Melanie Oertel

Die Projektgruppe bei der Arbeit im Januar 2019: Buchstabenentwürfe werden kritisch betrachtet.
Von links: Melanie Oertel, Jan Waitzmann, Uwe Danker und Sebastian Lotto-Kusche.

Bildnachweis: Uwe Franzen

Haben Sie es gemerkt?

Die Ausstellungsworte
LEBEN, GEMEINSCHAFT, VOLK, RAUM, UND
ergeben zusammen mit den beiden liegenden „**S**"
die Begriffe „Volksgemeinschaft und Lebensraum".
Sie sind die zentralen Themen dieser Ausstellung.

Was ha
mit

das
zu tun?
HL N
HISTORISCHER
LERNORT
NEULANDHALLE

Wer
die
HL N
HISTORISCHER
LERNORT
NEULANDHALLE

Warum liegen die „S“?

Die Buchstaben **„S“** bilden Anfang und Ende der Ausstellung. Sie sollen sich abheben. Um missbräuchliche Fotografien zu verhindern, wurden sie gekippt.

ind heute
en?

AUSSTELLUNGSDESIGN

Die lebensgroßen Buchstaben fügen sich zu dem Wort Raum zusammen. Im Hintergrund die Neulandhalle.

Der Historische Lernort Neulandhalle – eine besondere Gestaltung

– Paula Lorenz mit Uwe Franzen –

Ein etwas anderes Ausstellungsdesign

Jeder kennt sie, die typische NS-Ausstellung: Bedruckte Tafeln mit Darstellungstexten und Quellen, dazu noch Audio- und Videomaterialien und fertig ist die klassische, visuell eher unspektakuläre Ausstellung. Dies entsprach jedoch nicht den Vorstellungen des Historiker-Teams der frzph. Mit hohen Erwartungen schrieben sie für das Projekt zur Neulandhalle einen Wettbewerb für das Ausstellungsdesign aus. Unter den Bewerber*innen befanden sich, abgesehen von der Idee des Gewinners, die klassischen, soeben skizzierten Konzeptionen einer Ausstellung. Uwe Franzen, der Ausstellungsgestalter mit seinem Studio „atelier-handwerk 2.0", gewann gerade deshalb, weil er eingefahrene Wege verließ und eine neue Herangehensweise entwickelte.

Franzen integrierte die beiden zentralen Begriffe „LEBENSRAUM" und „VOLKSGEMEINSCHAFT" als lebensgroße Buchstaben in die Ausstellungskonzeption, sodass die Buchstaben nicht nur den Inhalt transportieren, sondern zum Teil des Inhalts selbst werden. Dieser einzigartige Ansatz und die besondere visuelle Ästhetik der einzelnen Großbuchstaben und „Wortskulpturen" zeichnen den Erinnerungsort Neulandhalle aus – und das obwohl der Besuch der Ausstellung keinen Gebäudezugang vorsieht.

Besonders originell ist die Idee, dass die Buchstaben zwei Hauptschauseiten haben und dadurch von allen Seiten zu betrachten sind. Besucher*innen können die Wörter VOLK, GEMEINSCHAFT, LEBEN und RAUM sowie zwei liegende „S" als dreidimensionale Skulpturen, nach einer spezifischen Anordnung, auf dem Gelände betrachten, sodass Letzteres dadurch strukturiert wird. Während das gestalterische Konzept der Idee Franzens entstammt, ist die inhaltliche Umsetzung: die Verteilung der Themen, die Aufspaltung der Worte sowie Ergänzung um „UND" und „S" das Werk der frzph-Projektgruppe.

Das gestalterische Konzept der Ausstellung[1]

Die einzelnen Buchstaben bestehen aus selbsttragenden Stahlrohrrahmen, auf die 3 mm starke konturgefräste Alu-Dibond Platten verschraubt sind. Sie bieten den Besucher*innen durch ihre Größe, die hochaufgelösten Bilder sowie die Digitaldirekt-Bedruckung ein neues Ausstellungserlebnis und zeichnen sich durch hohe visuelle Attraktivität aus.

Die einzelnen Wortseiten bilden verschiedene thematische Felder, die im Zusammenhang mit der NS-Volksgemeinschaft stehen. Auf den einzelnen Buchstabenseiten finden sich die entsprechenden Unterthemen. Besucher*innen beginnen oben an der Neulandhalle, vor dem ersten liegenden „S", das sie Willkommen heißt. Anschließend befassen sie sich mit dem Wort „LEBEN". Hier erfahren sie auf der Vorderseite etwas über die Landgewinnung im Allgemeinen und im Koog seit 1900, während auf der Rückseite die ideologisierte Landgewinnung – der „Kampf mit dem Meer" in der NS-Zeit behandelt wird. Danach gelangen die Besucher*innen zu dem Wort „GEMEINSCHAFT". Auf der Vorderseite wird der „Adolf-Hitler-Koog" als Propagandaprojekt vorgestellt, dabei steht die Inszenierung des Kooges

1 Dieser Beitrag basiert auf dem Ideenkonzept zur Bewerbung für das Projekt Neulandhalle von Uwe Franzen.

als nationalsozialistisches Prestigeprojekt mit seiner vermeintlichen „Mustervolksgemeinschaft" im Zentrum. Auf der Rückseite wird die Geschichte der Neulandhalle präsentiert. Neben der äußeren und inneren Gestaltung wird auch die Stilisierung der Neulandhalle als zentraler Ort der NS-Volksgemeinschaft und als Kirchenersatz thematisiert. Dem Laufweg der Ausstellung folgend, gelangen die Besucher*innen zu dem Wort „VOLK", das auf der einen Seite die Inklusionsprozesse der Volksgemeinschaft darstellt und auf der anderen Seite die Exklusion der „Anderen" beleuchtet. Das Wort „RAUM" umfasst die Frage, inwiefern die zu Beginn thematisierte Landgewinnung im Zusammenhang mit dem Lebensraumkrieg steht. Auf der Vorderseite des Wortes führen die Buchstaben in das Selbstbild „Volk ohne Raum" ein – die romantisierte Vorstellung über die Erweiterung des Lebensraums in Osteuropa. Auf der Rückseite geht es um die reale, kriegerische Erweiterung des Lebensraums und die Schattenseiten der Lebensraumpolitik. Geleitet wurde das „Reichskommissariat Ostland" von dem schleswig-holsteinischen Gauleiter Hinrich Lohse, der zahlreiche Mitarbeitende aus Schleswig-Holstein rekrutierte. Die Nachgeschichte des Kooges und der Neulandhalle wird innerhalb des Wortes „UND" behandelt. Die Vorderseite thematisiert die Vergangenheitsbewältigung nach 1945 und die Frage, ob es für Schleswig-Holstein 1945 einen Neuanfang gab und wie Täter und Opfer von nun an zusammenlebten. Die Rückseite zeigt die Wandlung des Kooges weg von der Lebensraumerweiterung hin zu einer neuen Wahrnehmung von Natur und Nordseeküste – statt „Kampf gegen das Meer" heißt es heute: Küsten- und Naturschutz.
Das zweite „S" ist von besonderer Relevanz, da es nicht nur unerlässlich für die Wortkonstruktionen „LEBENSRAUM" und „VOLKSGEMEINSCHAFT" ist, sondern die Besucher*innen am Ende der Ausstellung zur Dekonstruktion einlädt. Sie haben abschließend die Möglichkeit, sich mit den folgenden Fragen auseinanderzusetzen: „Was hat das mit mir zu tun?"

Bildnachweis: Uwe Franzen

Modell des Wortes „Gemeinschaft" im Atelier handwerk 2.0 von Uwe Franzen.

und „Wer sind die Anderen heute?" Um die beiden „S" vom Rest der Ausstellung abzuheben, finden die Besucher*innen sie in liegender Position vor – dies schützt außerdem vor missbräuchlichen Fotografien.

Bildnachweis: Uwe Franzen

Der Buchstabe G in der Werkstatt des Metallbauers.

Die Buchstabengestaltung

Franzen war darauf bedacht, einen stetigen Bezug zwischen den Buchstaben als Ausstellungsplattform und der Neulandhalle als übergeordnetes Element zu ziehen. Dies lässt sich unter anderem daran erkennen, dass die Farbtöne auf den Buchstaben dem Farbschema der Neulandhalle entsprechen. Exemplarisch ist der Rotton zu nennen, welcher sich in den Überschriften der Buchstaben wiederfindet und dem Backstein der Halle entspricht. Zusätzlich berücksichtigte Uwe Franzen bei seiner Konzeption den Grauton der Dachziegel, die Farbe des Schlicks und die des Ackers und integrierte so die unterschiedlichen Farbkonstellationen in die Ausstellung.

Jede Buchstabenseite ist nach einem stringenten Prinzip aufgebaut: Eine Überschrift, die durch einen Basistext eingeordnet wird, gefolgt von weiterführenden Zitaten verschiedener Zeitzeug*innen, Bildquellen und NS-Slogans. Die gestalterische Umsetzung der einzelnen Buchstaben verantwortete Uwe Franzen, die inhaltliche Belegung, die Exponat-Auswahl und das Verfassen der Texte übernahm die frzph-Projektgruppe.

Eine besondere Finesse ist Franzens Idee, jeden Buchstaben im unteren Bereich mit einem großformatigen, bildlichen „Eyecatcher" auszustatten, der auch aus weiter Entfernung gut zu erkennen ist. Dem oberen Bereich des jeweiligen Buchstabens, der sich in idealer Lesehöhe befindet, können Besucher*innen die Texte mit den passenden Bildquellen entnehmen. Die Hintergrundflächen wurden mit einer Deckkraft von 7–10% gedruckt, sodass sie die einzelnen Buchstaben grundieren, jedoch nicht von den inhaltlichen Sachinformationen ablenken.

Ein Blick hinter die Klappen

Die Besucher*innen werden außerdem dazu eingeladen, weitere Informationen, die über die Basistexte hinausgehen, zu entdecken. Sie bilden den Übergang von grundlegenden Informationen zu Vertiefungsangeboten. Daher integrierte der Gestalter Informationsklappen, Schubladen, Audiostationen sowie Dioramen, die eine interaktive Auseinandersetzung mit dem Vertiefungsmaterial ermöglichen. Diese beinhalten Quellen sowie Zeitzeug*innenaussagen und Darstellungstexte. Weitere gestalterische Elemente der Ausstellung befinden sich an der Halle: So gelingt es durch eine Spiegel- und Lichtkonstruktion an der Außenseite der Neulandhalle einen Einblick in das Innere und auf die einzig übrig gebliebene Freske zu bekommen. Die Darstellung der drei heute fehlenden Fresken können die Besucher durch drei LED Lichtwerfer eigenständig auf die Wandflächen projizieren – in Originalgröße und monochrom – und erhalten so eine Vorstellung der früheren Raumanmutung.

Auch Ton- und Videomaterial unterstützen die Ausstellung: Zum einen in Form von Toninstallationen an den Buchstaben und zum anderen durch Dokumentarfilme, die von der Projektgruppe aus Rohmaterialien des Landesarchivs Schleswig-Holstein zusammengeschnitten wurden. Hinter einer großen Glaswand in der Eingangshalle und mit Tonübertragung nach außen können die Besucher*innen die Filme auch bei geschlossener Halle sehen. Uwe Danker macht deutlich, dass „eine historische NS-Ausstellung […] nicht hässlich sein [muss], sie soll anregen, Gedanken und Gespräche auslösen", durch das gestalterische Konzept von Uwe Franzen ist das gelungen.[2]

Die online Ausstellung

Das gelungene gestalterische Konzept der Ausstellung wird gleichermaßen auf der Homepage des Lernorts Neulandhalle präsentiert. Eine Diashow mit Außenaufnahmen aus der Geschichte der Neulandhalle eröffnet die Internetseite. Über einen Link gelangen Besucher*innen zur Online-Version der Ausstellung. Die Führung erfolgt hier folgendermaßen: Nacheinander klickt man sich, jeweils von links nach rechts, erst durch die Vorderseiten des Wortes und der einzelnen Buchstaben und dann durch die Rückseiten. Ein Banner verdeutlicht den Online-Besucher*innen, an welcher Stelle im Wort sie sich befinden. Auch in der digitalen Ausstellung hat man die Möglichkeit, sich durch einen Klick mit den Vertiefungsangeboten zu beschäftigen. Die Inhalte und das Ausstellungsdesign – bis hin zum Farbschema – präsentiert der Digitale Lernort soweit wie möglich originalgetreu. Auch Filme und Töne finden sich hier wieder. Nichtsdestotrotz bilden die Buchstaben als Mittel und Teil der Informationsbereitstellung den Kern des Internetauftritts und präsentieren somit das Herzstück der Ausstellung und die eindrucksvolle Idee Franzens.

2 Uwe Danker: Die Ausstellung des historischen Lernorts Neulandhalle im Dieksanderkoog. Geschichtsdidaktisch konzipiert, exponatfrei, outdoor ohne Gebäudezugang. In: Demokratische Geschichte, Bd. 30 (2019), S. 305–384.

HANDREICHUNG FÜR LEHRKRÄFTE

Blick in die Outdoor-Ausstellung „Historischer Lernort Neulandhalle", die Begriffe „VOLK", „RAUM" und „UND" im Zusammenspiel, eingepasst in das Gelände.

Bildnachweis: Uwe Danker

Den Lernort Neulandhalle mit Schulklassen erkunden – ein inklusives schuldidaktisches Nutzungskonzept

– Melanie Richter-Oertel –

1. Einführung

Ab der achten Klasse steht der Nationalsozialismus auf dem Lehrplan. Wie selbstverständlich gehört auch eine Exkursion in (regionale) KZ-Gedenkstätten dazu – für Schleswig-Holstein zum Beispiel nach Ladelund oder Husum-Schwesing. Allerdings: Die Ressourcen sind begrenzt und die Zeit im Schuljahr ist knapp. Warum also sollten Schulklassen zusätzlich den langen Weg bis in den abgelegenen Dieksanderkoog auf sich nehmen? Uwe Danker schilderte 2017 folgende Beobachtung: „Da trägt eine Jugendliche nach dem Besuch einer KZ-Gedenkstätte in deren Gästebuch ein: Ja, das ist alles ganz schrecklich und furchtbar. Unbestritten ... Aber es muss doch im Nationalsozialismus auch etwas Positives gegeben haben, eine andere Seite, die unsere Großeltern dazu brachte Hitler zu wählen.

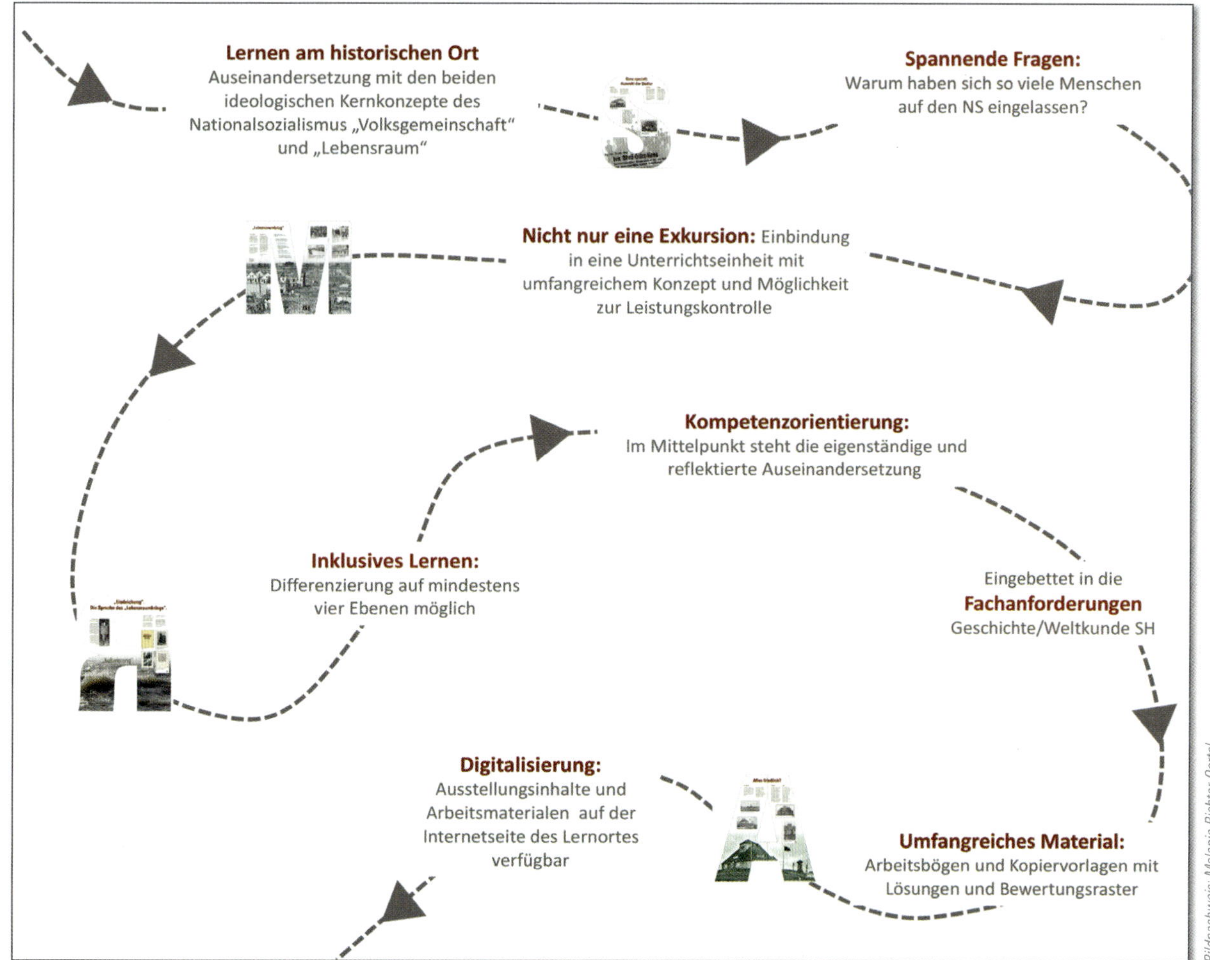

Abb. 1: Gute Gründe für einen Besuch des Lernortes.

Was war das bloß?"[1] Diese Suchbewegung greift der Historische Lernort Neulandhalle auf: In den NS-Konzepten Volksgemeinschaft und Lebensraum geht es am Beispiel der Neulandhalle und des ehemaligen Adolf-Hitler-Koogs um die vermeintlich attraktiven und integrierenden Angebote der Nationalsozialisten, aber auch um deren Kehrseite, um die gewaltsame Exklusion jener, die nicht der NS-Norm entsprachen. Deutungsangebote und offene, ja kritische Fragen laden die Schüler*innen zur Auseinandersetzung ein.

2. Ein schuldidaktisches Nutzungskonzept

Zur Vorbereitung und Durchführung des Ausstellungsbesuches können Lehrkräfte auf ein umfangreiches Konzept zurückgreifen – geschichtsdidaktisch durchgestaltet, inklusiv und kompetenzorientiert. Es bietet vielfältige Möglichkeiten, einen spannenden und an den Schüler*innen orientierten Besuch durchzuführen. Auf der Internetseite des Lernortes www.lernort-neulandhalle.de stehen eine Lehrerhandreichung sowie ein umfängliches Materialangebot zum Download bereit. Das Konzept enthält methodisch-didaktische Vorschläge zur konkreten Einbettung der Exkursion in den Unterricht sowie auf drei Leistungsniveaus differenzierte Arbeitsbögen zu verschiedenen Themen der Ausstellung. Ziel ist die Förderung der Narrationskompetenz: Die Schüler*innen wählen eine historische Frage aus, bearbeiten diese während des Besuchs und verfassen ihre Antworten nachbereitend in Form einer schriftlichen – oder im DaZ-/Förder-Bereich – mündlichen Narration. Die Dokumentation erfolgt in Form eines Portfolios, das im Anschluss bewertet werden kann. Das Konzept setzt hierbei auf ein hohes Maß an selbständiger Erschließung – unterstützt durch das Arbeiten in Gruppen, Arbeitsmaterialien und die Guides des Lernortes. Schüler*innen, denen das selbständige Arbeiten auf ESA-, MSA- oder Gymnasial-Niveau nicht möglich ist oder schwerfällt, finden im DaZ-/Förder-Bereich des Konzepts ebenfalls Berücksichtigung. Dieser ist allerdings nicht mit sonderpädagogischer Förderung gleichzusetzen, vielmehr geht es darum, dass alle Lernenden mit fehlender oder mangelhafter Lese- oder analytischer Kompetenz gleichberechtigt teilhaben können.

Inklusion bedeutet im Historischen Lernort Neulandhalle: Schüler*innen arbeiten unter Berücksichtigung ihrer jeweiligen Fähigkeiten an demselben Thema sowohl in gemeinsamen als auch getrennten Lehr-Lernsettings, lernen voneinander und miteinander.

3. Ablauf des Ausstellungsbesuchs

Ziel des Ausstellungsbesuchs, der Vor- und Nachbereitung des Unterrichts ist die Förderung eines reflektierten Geschichtsbewusstseins. Die Schüler*-innen sollen ausgehend von elementaren Fragen eine eigene Narration erstellen und sich somit selbst zu dem Ort und den vergangenen Ereignissen kritisch in Beziehung setzen.

Das didaktische Konzept fördert:
- die Ausbildung geschichtsdidaktischer Kompetenzen (Fachanforderungen SH)
- die offene, kritische und kontroverse Auseinandersetzung
- Sozialkompetenz durch gemeinsames Lernen auf unterschiedlichen Leistungsniveaus
- Demokratieerziehung im Sinn einer Prävention gegen neonazistisches Gedankengut

Thematisch stehen folgende Inhalte im Mittelpunkt:
- Wirkmacht und Motive der Unterstützung des NS
- Inklusions- und Exklusionsmechanismen der NS-Volksgemeinschaft
- Das NS-Lebensraumkonzept

1 Danker, Uwe: Volksgemeinschaft und Lebensraum: Die Neulandhalle als historischer Lernort (Beiträge zur Zeit- und Regionalgeschichte Bd. 3). Neumünster/Hamburg 2014, S. 11.

- Umgang mit der NS-Vergangenheit
- Ausgrenzungsprozesse in der heutigen Gesellschaft

In der vorbereitenden Stunde findet die Einführung der Neulandhalle und des Adolf-Hitler-Koogs statt. Der Aufbau der Außenausstellung und der Ablauf des Besuchs werden erklärt und es wird gemeinsam ein Portfolio angelegt. Die Schüler*innen finden sich in Gruppen zusammen und wählen eine historische Frage aus. Die Aufgaben sind so gestaltet, dass in einer Gruppe mehrere Schüler*innen auf unterschiedlichen Niveau-Stufen an derselben Fragestellung zusammenarbeiten können. Während des Ausstellungsbesuchs gehen die Schüler*innen selbstständig durch die Ausstellung und bearbeiten die Teilaufgaben, die als Basis für die spätere narrative Beantwortung dienen. Die Guides des Lernortes stehen dabei unterstützend zur Seite. Die DaZ-/Förderschüler*innen bilden eine eigene Gruppe und werden auf ihrem Weg durch die Ausstellung von der Lehrkraft begleitet. Eine gemeinsame Diskussion mit der ganzen Lerngruppe schließt die Exkursion ab.
In der nachbereitenden Stunde stellen die DaZ-/Förderschüler*innen ihre Narration mündlich mithilfe von Bildmaterialien vor und die Teilaufgaben der anderen Gruppen werden verglichen. Je nach zeitlicher Kapazität erfolgt die Erstellung der Narration als Hausaufgabe oder in den nachfolgenden Unterrichtsstunden. Das Konzept bietet vielfältige Anknüpfungspunkte für fächerübergreifendes Lehren und Lernen oder die Durchführung einer Projektwoche.

4. Einblicke in die Lernwege

Ein möglicher Lernweg durch die Ausstellung befasst sich mit dem Thema der Volksgemeinschaft im Nationalsozialismus. Er wird am Beispiel des MSA-Niveaus kurz vorgestellt. Im Mittelpunkt steht die Frage: Warum haben sich so viele Menschen auf den Nationalsozialismus eingelassen?

Das MSA-differenzierte Lernziel lautet: Schüler*innen können *durch gezielte Fragestellungen und zum Teil auch selbständig* mögliche Motive für ein Einlassen auf den Nationalsozialismus benennen, *grundlegende* Exklusions- und Inklusionsmechanismen der NS-Volksgemeinschaft *im Zusammenhang mit dem Adolf-Hitler-Koog* erläutern und kritisch zu Ausgrenzungsmechanismen der heutigen Gesellschaft Stellung nehmen.

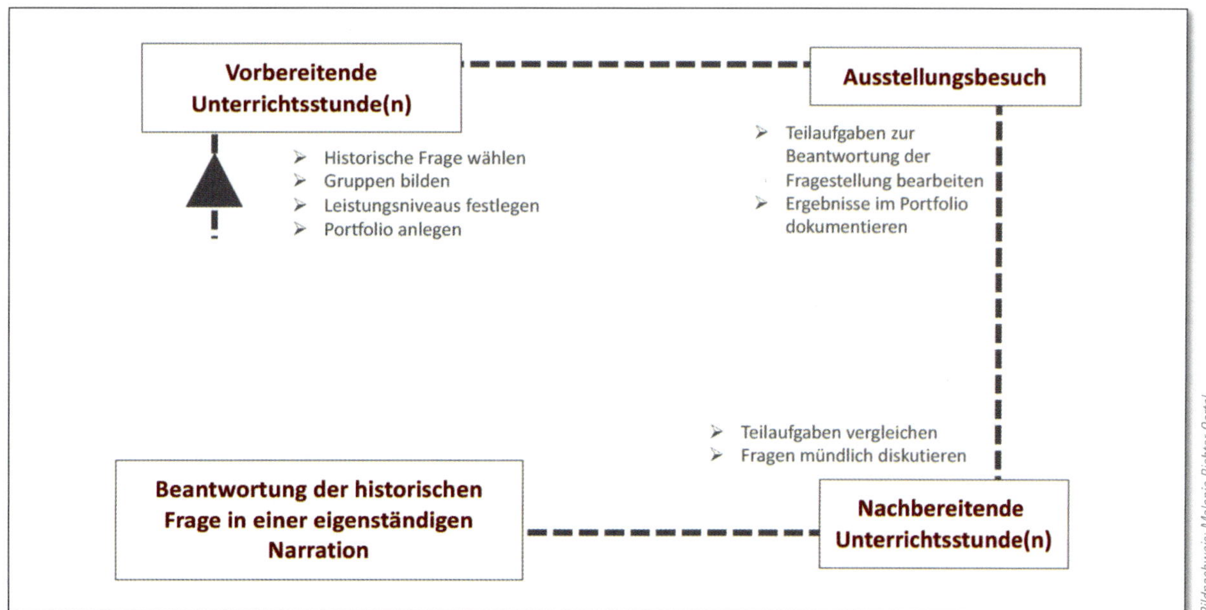

Bildnachweis: Melanie Richter-Oertel

Abb. 2: Ablauf des Ausstellungsbesuchs: Von der historischen Frage zur eigenständigen Narration.

Der Lernweg fördert Erschließungskompetenz, Sachurteilskompetenz, Wahrnehmungs- und Orientierungskompetenz und in der abschließenden Beantwortung der Leitfrage auch die narrative Kompetenz gemäß der Fachanforderungen SH.

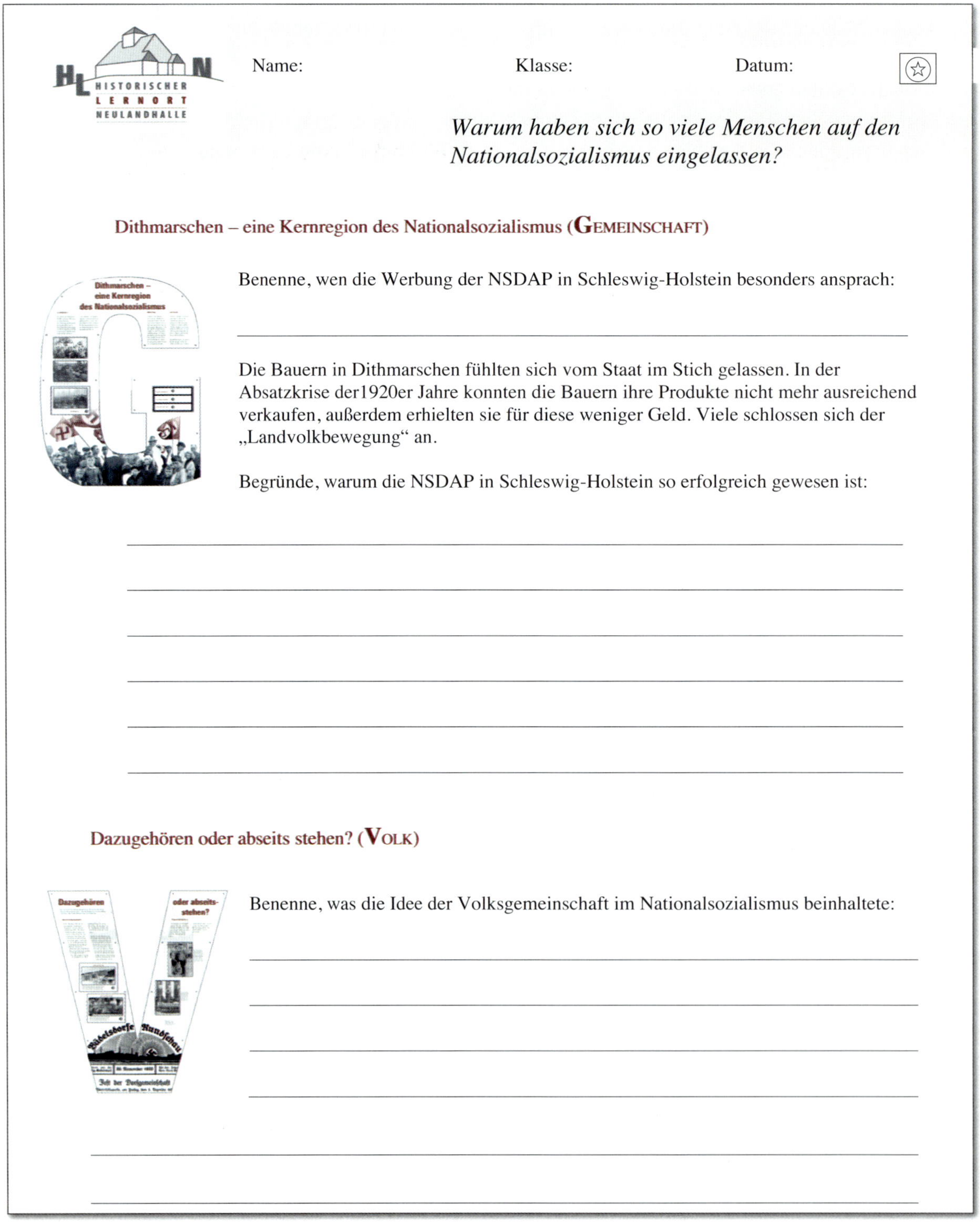

HISTORISCHER LERNORT NEULANDHALLE

Name: Klasse: Datum:

Warum haben sich so viele Menschen auf den Nationalsozialismus eingelassen?

Dithmarschen – eine Kernregion des Nationalsozialismus (Gemeinschaft)

Benenne, wen die Werbung der NSDAP in Schleswig-Holstein besonders ansprach:

Die Bauern in Dithmarschen fühlten sich vom Staat im Stich gelassen. In der Absatzkrise der1920er Jahre konnten die Bauern ihre Produkte nicht mehr ausreichend verkaufen, außerdem erhielten sie für diese weniger Geld. Viele schlossen sich der „Landvolkbewegung“ an.

Begründe, warum die NSDAP in Schleswig-Holstein so erfolgreich gewesen ist:

Dazugehören oder abseits stehen? (Volk)

Benenne, was die Idee der Volksgemeinschaft im Nationalsozialismus beinhaltete:

Abb. 3: Lernweg Volksgemeinschaft, Arbeitsbogen I, MSA.

Bildnachweis: Melanie Richter-Oertel

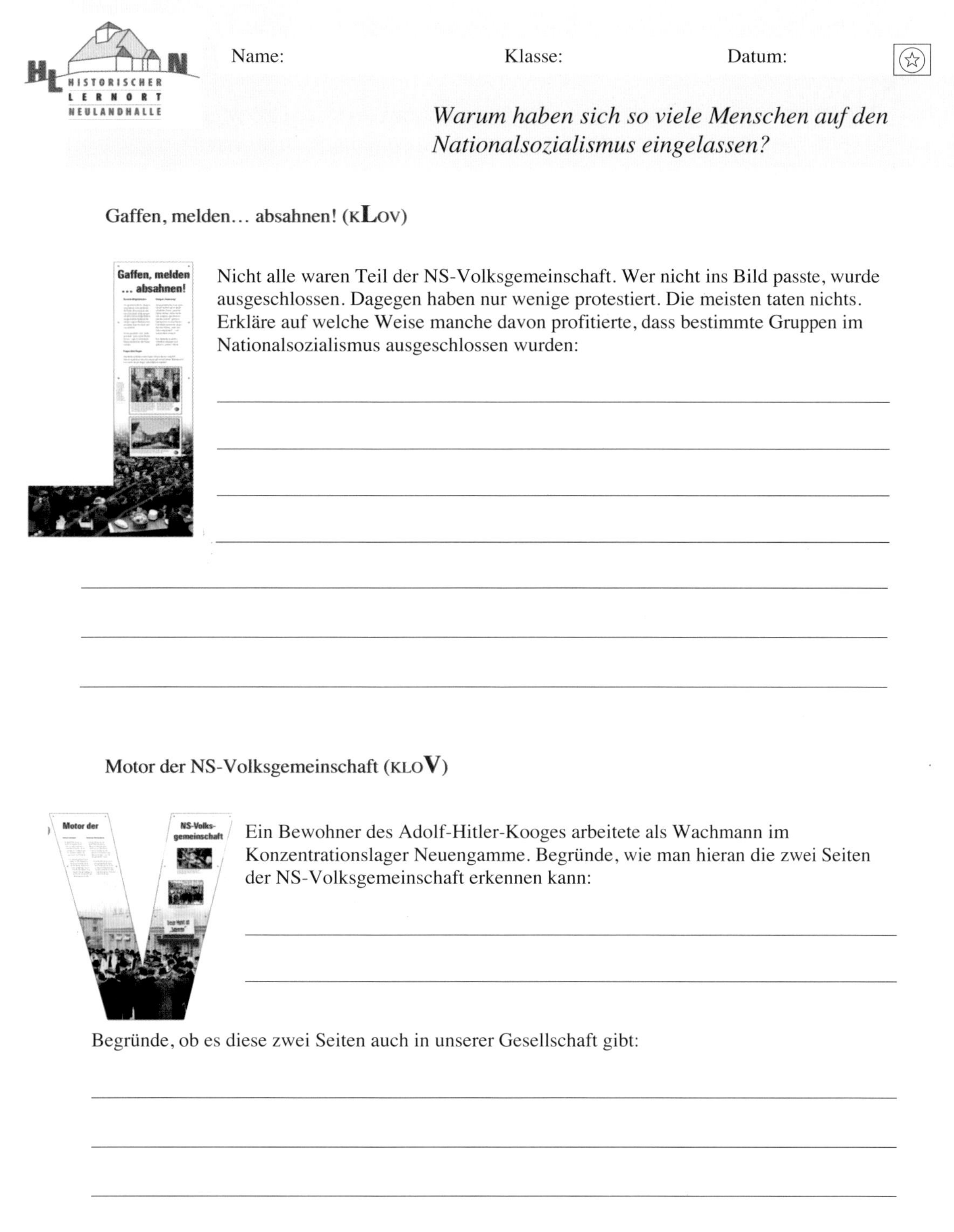

Abb. 4: Lernweg Volksgemeinschaft, Arbeitsbogen II, MSA.

Bildnachweis: Melanie Richter-Oertel

Name: Klasse: Datum:

Warum haben sich so viele Menschen auf den Nationalsozialismus eingelassen?

Wähle dir einen (der folgenden oder einen anderen) Buchstaben aus, um weitere Informationen für die Bearbeitung der Leitfrage zu erhalten.

Gemeinschaft stiften	Volksgemeinschaft im Kleinen	Nationalsozialistischer Festkalender	Alles friedlich?
TFAHC**S**NIEMEG	GEMEINSC**H**AFT	TFAHCSNIEM**E**G	TF**A**HCSNIEMEG

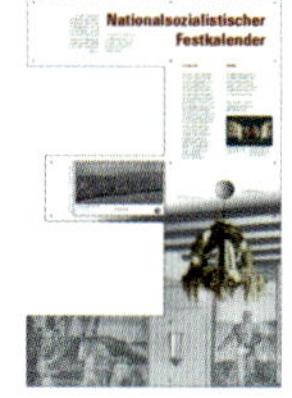

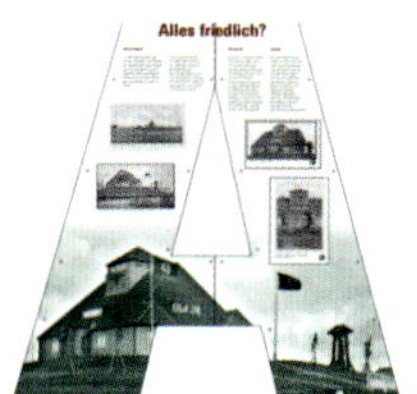

Bildnachweis: Melanie Richter-Oertel

Abb. 5: Lernweg Volksgemeinschaft, Arbeitsbogen III, MSA.

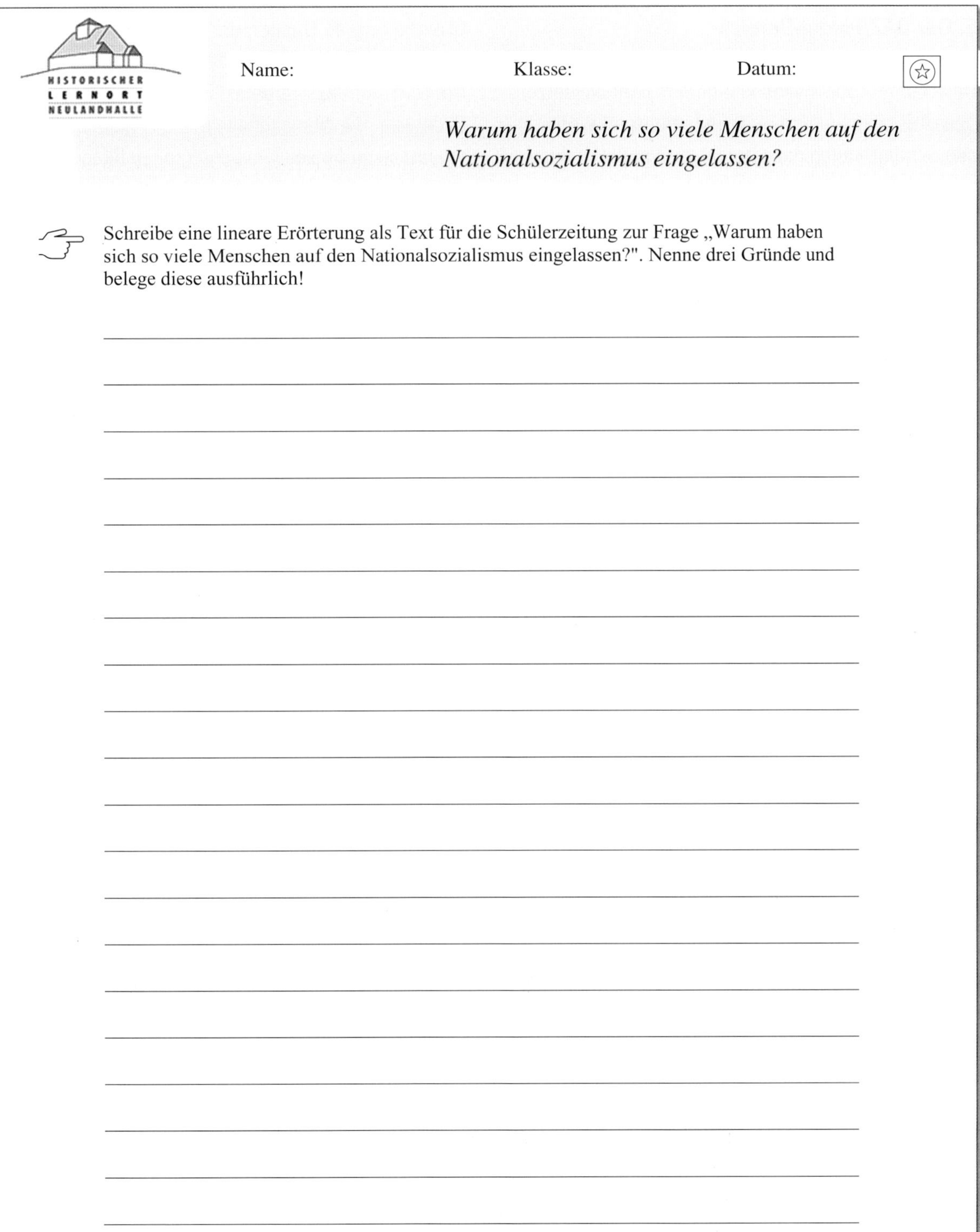

Abb. 6: Lernweg Volksgemeinschaft, Arbeitsbogen IV, MSA.

5. Der DAZ/Förder-Bereich

Das DaZ-/Förder-Niveau kombiniert zwei Zielsetzungen: Auf basalem Niveau (Fundamentum) werden alle Schüler*innen dazu befähigt, Wandel in der Zeit wahrzunehmen und die nationalsozialistische Bedeutung des Ortes zu erkennen. Auf erweitertem Niveau (Additivum) erhalten die Schüler*innen die Möglichkeit, sich begründet zu einer der Leitfragen positionieren und damit am Diskurs in der Klassengemeinschaft teilhaben zu können. Dies erfüllt die Forderungen des sonderpädagogischen Lehrplans SH nach fachspezifischem, gemeinsamem und historischem Lernen als Orientierung in der Zeit.

Der Konzeption dieses Lernwegs liegen vier Prinzipien zu Grunde:

1. Orientierung an bildlichen und gegenständlichen Quellen
2. Visualisierung von Wandel
3. Nutzung von Leitmotiven
4. Heterogene Lernzugänge

Orientierung an Quellen und Visualisierung von Wandel

Der Lernweg DaZ-/Förder ist im Schwerpunkt ein Bilderweg. Die Neulandhalle und das Gelände rundherum lassen im Abgleich mit den großen Bildquellen auf den Buchstaben direkt vor der Halle die verschiedenen Nutzungsschichten sichtbar werden. Der Wandel des Ortes und seiner Bedeutung lässt sich durch viele anschauliche Elemente visuell aufzeigen: Wächterfiguren, Hoheitszeichen, Glockenturm, NS-Flaggen, Gedenktafeln, Findling, Buchstaben der Ausstellung oder die Zeltdachhäuser auf dem Gelände. Durch die Nutzung einer Magnet-Collage können die Schüler*innen Veränderungen an der Halle auch haptisch nachvollziehen – die hierfür genutzten Bilder stehen für den nachbereitenden Unterricht zur Verfügung.

Konkreter Ablauf

Der Förderweg ist ein geführter bzw. begleiteter Weg durch die Ausstellung. Dies kann entweder von einem Guide der Volkshochschule oder der Lehrkraft selbst vorgenommen werden. Wie auch in den anderen Lernwegen, steuern die Schüler*innen ausgewählte Stationen an, erhalten Informationen, werten Quellen aus, diskutieren, positionieren sich und stellen Fragen.

Bildnachweis: Collage und Hintergrund: Melanie Richter-Oertel, Abbildungen auf Magnetelementen: Dithmarscher Landesmuseum

Abb. 7: Die NLH-Collage: Auf einer Metallplatte ist die Neulandhalle abgebildet, mit Magneten kann der Wandel der Halle in der Zeit nachvollzogen werden. Hier: Die NS-Zeit mit Wächtern, Hoheitszeichen und Hakenkreuz-Flagge.

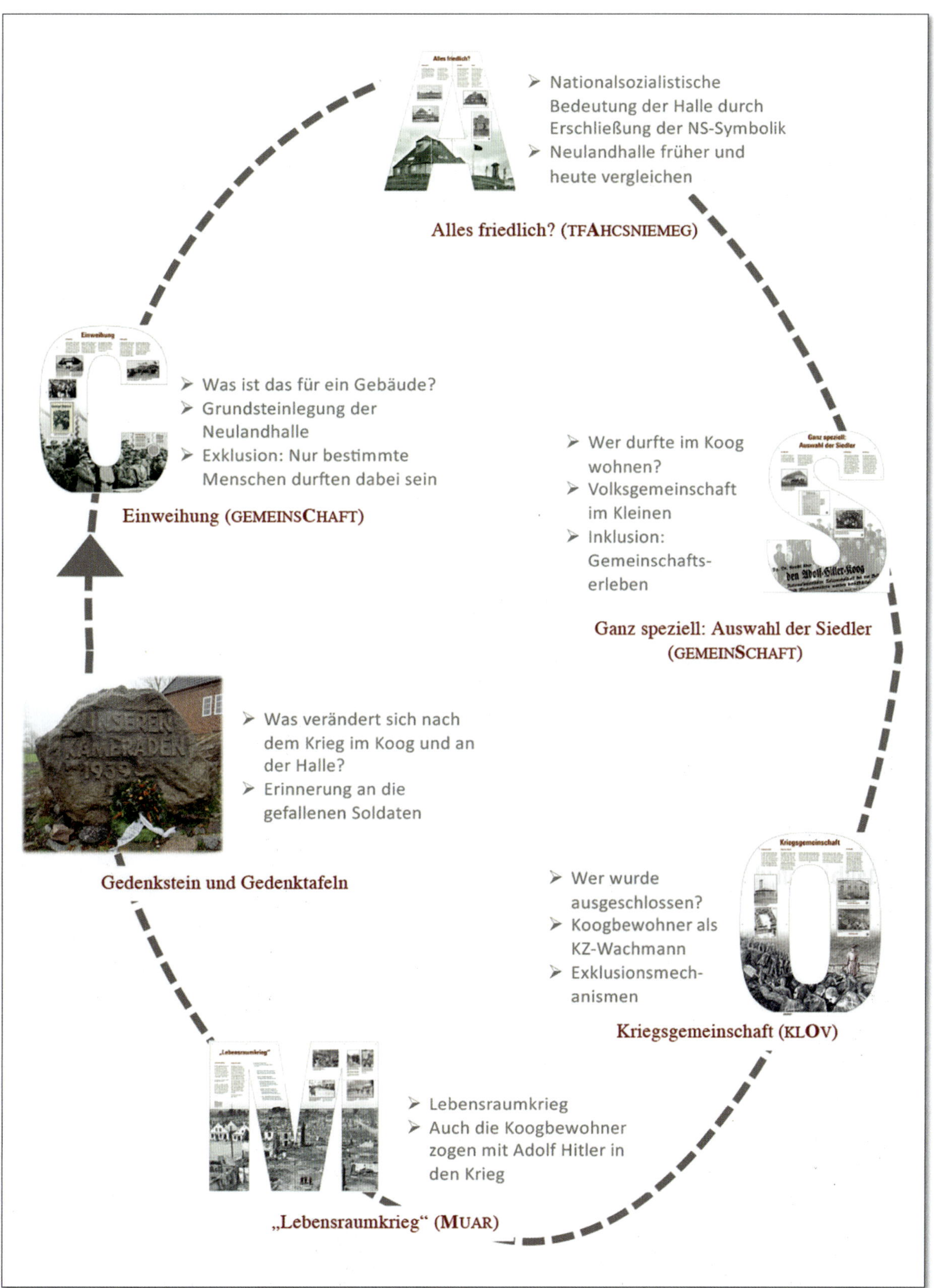

Abb. 8: Rundgang durch die Ausstellung im DaZ-/Förder-Bereich.

BILDUNGSARBEIT

Bildnachweis: Astrid Lahrsen-Loges

Schüler*innen befassen sich mit der Entnazifizierung im ehemaligen Adolf-Hitler-Koog

Bildungs- und Öffentlichkeitsarbeit für den Historischen Lernort Neulandhalle

– Martin Gietzelt, Karla Müller-Helfrich, Astrid Lahrsen-Loges –

1. Profil, Motivation, Ressourcen

Der Verein Volkshochschulen in Dithmarschen (VHS) ist der Zusammenschluss der neun eigenständigen Volkshochschulen in Dithmarschen. Er unterstützt und fördert die VHS-Arbeit und unterhält ein umfangreiches Bildungs- und Kulturprogramm. Dazu gehört auch die Trägerschaft des Hebbel-Museums und des SH-Landwirtschaftsmuseums. Als Dienstleister der öffentlichen Hand für Bildung und Kultur in Dithmarschen und mit der Erfahrung im Bereich Museumsarbeit sind wir qualifiziert für den Historischen Lernort Neulandhalle die Bildungs- und Öffentlichkeitsarbeit durchzuführen. Das Ausschöpfen und die Erweiterung dieser Erfahrungen und das Einbringen unseres Netzwerkes sind Grundmotivation für die Übernahme der Tätigkeit als Dienstleister des Kirchenkreises.

Der Verein VHS ist ein Kulturbetrieb mit derzeit 145 Beschäftigten, die in allen Sparten der Vereinsprojekte tätig sind. Mit dem Betreiben von 20 Offenen Ganztagsschulen und der Organisation von Schulsozialarbeit an 24 Schulen in Dithmarschen verfügen wir über ein quantitativ und qualitativ einmaliges Netzwerk zu den Schulen, welches in die Arbeit der Neulandhalle einbezogen werden kann. Gleiches gilt für die Gruppe der Zuwanderer, da wir einer der großen Träger der Integrationskurse und weiterer Angebote für Migrant*innen sind. Zugang zum Ehrenamt (Anlaufstelle der seniorTrainer Dithmarschen) und Kompetenzen in der digitalen Transformation (lokal.digital) fördern zusätzlich unsere Arbeit für den Historischen Lernort Neulandhalle.

2. Vorgehen

Seit dem 01. Juli 2017 ist der Verein Volkshochschulen in Dithmarschen e. V. als Dienstleister des Kirchenkreises Dithmarschen für die Organisation von Bildungs- und Öffentlichkeitsarbeit des Historischen Lernorts Neulandhalle zuständig. Wichtige erste Arbeitsschritte war die Kontaktanbahnung zu relevanten Partner*innen mit dem Ziel, diese für die Arbeit der Neulandhalle zu interessieren. Dazu gehörten die Schulen, die Tourismus-Organisationen, aber auch Museen und museumsähnliche Einrichtungen.

Um mit einem begrenzten Budget ein Führungs- und Veranstaltungsprogramm zu entwickeln, bedurfte es der Erschließung von ehren- und nebenamtlichem Engagement. Dazu wurde von Oktober 2018 bis April 2019 ein Lehrgang durchgeführt, in dessen Rahmen 15 sehr engagierte „Histo-Guides" ausgebildet werden konnten, dankenswerterweise unterstützt durch die Arbeitsgruppe unter der Leitung von Prof. Dr. Danker von der Forschungsstelle für regionale Zeitgeschichte und Public History (frzph), die parallel die Ausstellung des Historischen Lernorts organisierte. Vom Team Danker gingen auch die wesentlichen Arbeiten für die Erstellung der Internetseite des Historischen Lernorts aus, die für die Bildungs- und Öffentlichkeitsarbeit von großer Bedeutung ist. Neben der Internet-Seite wurden vom Verein VHS Flyer und Plakate gedruckt, die zielgruppenadäquat und breitgefächert verschickt wurden.
Zur Eröffnung am 8. Mai 2019 waren so alle wesentlichen Arbeitsschritte für die Bildungs- und Öffentlichkeitsarbeit abgeschlossen:

- Es lag ein Veranstaltungsprogramm vor,
- es gab ein Angebot von Führungen zum Historischen Lernort,
- Flyer und Plakate waren erstellt und verschickt worden,
- die Internetseite enthielt alle wesentlichen Informationen für den Besuch des Historischen Lernorts und ermöglichte Buchungen für Führungen,
- Kontakte zu Schulen waren bereits so entwickelt, dass sowohl Lehrer-Fortbildungen als auch Schulbesuche angekündigt waren.

3. Ergebnisse

Nach der Eröffnung des Historischen Lernortes am 8. Mai 2019 zeigte sich, dass dieser sowohl von Gruppen als auch von Individualbesuchern breit frequentiert wurde.
Das Jahr 2019 als von der Corona-Entwicklung noch unbelastetes Jahr, zeigt am deutlichsten, dass der Historische Lernort Neulandhalle eine hohe Besucherakzeptanz hat. So konnten 94 bestellte Führungen und 26 Offene Sonntagsführungen verzeichnet werden. Des Weiteren haben wir 27 Einzelveranstaltungen in der Neulandhalle angeboten. Ebenfalls gut angenommen wurden der Politische Club „Miteinander reden" in Zusammenarbeit mit Frau Dr. Elke Schmidt-Wessel und dem Kirchenkreis, sowie die Einzelvorträge von Frank Trende und Jens Binckebanck. Gemeinsam mit dem Tourismus-Service Friedrichskoog wurden vier Radtouren von Friedrichskoog-Spitze zum Historischen Lernort Neulandhalle durchgeführt.

Insgesamt nahmen 2698 Personen von Mai bis Dezember 2019 an den Führungen und Veranstaltungen im Historischen Lernort Neulandhalle teil. Nach Beobachtungen der Histo-Guides ist davon auszugehen, dass außerhalb der geführten Veranstaltungen im vergangenen Jahr täglich mindestens 20 Interessierte auf dem Gelände waren – im Sommer sicherlich deutlich mehr. Das sind, sehr konservativ gerechnet, weitere 5000 Besucher*innen.

Besonders zu erwähnen ist das Interesse der Schulen am Historischen Lernort Neulandhalle als außerschulischem Lernort. Dazu wurden schon im Jahr 2019 erste Kooperationen mit dem Gymnasium Marne und dem Gymnasium Heide-Ost geschlossen. Heute haben wir zehn Kooperationsschulen, die regelmäßig die Neulandhalle besuchen und Projekte vor Ort durchführen. Bis Ende 2021 haben bereits mehr als 600 Schüler*innen die Neulandhalle besucht. Sie kommen aus Schulen Dithmarschens, aber auch aus Orten wie Cuxhaven, Pinneberg oder St. Peter-Ording. Darüber hinaus nutzen wir unsere Kontakte, um auch für den Bereich der Lehrerfortbildung Angebote zu machen. Folgende Veranstaltungen fanden dazu in der Neulandhalle statt:

- Schulrätin mit Schulleitern (13 Personen),
- Fachkonferenzen, SCHILF-Tage, Kollegiumsausflüge (99 Lehrkräfte),
- Referendar*innen mit Dozierenden und Studienleiter (18 Personen),
- Kreiselternbeirat (15 Personen),
- Studierende mit Dozent (CAU Kiel) (11 Personen).

Sehr erfreulich ist das Gelingen der Ausbildung von „Student-Guides" in Verbindung mit den Kooperationsschulen. Bis Ende 2021 hatten die Ausbildung mit Prüfung abgeschlossen:

- 3 Schüler*innen Gymnasium Marne,
- 2 Schüler*innen Gymnasium Brunsbüttel,
- 4 Schüler*innen Meldorfer Gelehrtenschule im Rahmen der Summer School,
- Hinzu kommen noch 6 Schüler*innen des Gymnasium Marne, 7 Schüler*innen des Gymnasium Brunsbüttel, die aktuell noch in der Ausbildung stehen.

Die Kooperation mit der Stadt Brunsbüttel zeigt auf eine weitere Möglichkeit zur Partnerschaft in der Vermittlung der Themen des Historischen Lernorts Neulandhalle. In der Kooperationsvereinbarung mit der Stadt Brunsbüttel (unterzeichnet im Mai 2021) wurde u. a. festgeschrieben:

- der Besuch des Historischen Lernortes durch die Auszubildenden zu Beginn ihrer Ausbildung (Einführungsjahr),
- die Integration von lokalhistorischen Themen zum Nationalsozialismus in der Einführungswoche sowie nach Möglichkeit im Ausbildungsabschnitt „Stadtarchiv",
- auf freiwilliger Basis die Option der Ausbildung zum „Azubi-Guide" durch das pädagogische Team des Historischen Lernortes.

Bildnachweis: Astrid Lahrsen-Loges

In kleinen Gruppen werden Arbeitsaufträge erledigt.

4. Projekte für Schulklassen

Der Besuch des Historischen Lernortes Neulandhalle ermöglicht Schüler*innen ein „Lernen am anderen Ort", an einem authentischen geschichtlichen Ort, aber innerhalb eines modernen didaktischen Konzepts. Den curricularen Vorgaben der schleswig-holsteinischen Fachanforderungen folgend, erscheint der Besuch des Historischen Lernortes für Lerngruppen ab dem achten Schuljahr sinnvoll. Das Bildungsangebot richtet sich gleichermaßen an Lerngruppen der Sekundarstufe I und II. Der Besuch eignet sich dabei sowohl zur Erarbeitung als auch zur Ergänzung und Vertiefung von thematischen Inhalten und Schwerpunkten des Unterrichts in den Fächern Geschichte und Weltkunde. Die fachlichen Schwerpunkte werden in enger Absprache zwischen dem Histo-Guide und der Lehrkraft festgelegt. So ist jeder Besuch auf den Wissensstand der Lerngruppe bezogen und individuell gestaltet.

Diese pädagogischen Angebote für Jugendliche sind abhängig von der Dauer und damit einhergehend von der Intensität des Besuchs des Lernortes.

Basisprojekt

Das ca. dreistündige Basisprojekt entspricht einem Grundangebot.
Es besteht aus einer Einführung in den Lernort sowie einer fachlich strukturierten Führung durch die Außenausstellung durch den Histo-Guide, wobei die Jugendlichen in Kleingruppen einzelne inhaltliche Schwerpunkt anhand von Arbeitsblättern erarbeiten. Die Präsentation der Arbeitsergebnisse

erfolgt bei diesem Projekt aus Zeitgründen im Nachgang im Unterricht in der Schule. Im zweiten Teil des Projekts lernen die Schüler*innen das historische Gebäude der Neulandhalle als Anti-Kirche kennen.

Workshop

Ein vier- bis viereinhalbstündiger Workshop bietet mehr Möglichkeiten der eigenen Erarbeitung von Themenschwerpunkten und der fachlichen Vertiefung durch die Arbeit in Kleingruppen. Die Präsentation der Arbeitsergebnisse der Kleingruppen vor der gesamten Lerngruppe erfolgt im Gebäude der Neulandhalle oder auch an ausgewählten Lettern in der Außenausstellung. Es bieten sich aber auch kreative Methoden an, die eine selbständige, aktive Verarbeitung anregen, wie z.B. das Erstellen von Foto-Collagen, das Verfassen adressatenbezogener Texte oder künstlerische Gestaltungen.

Kooperationen mit Schulen

Der Lernort Neulandhalle unterstützt Schulen, die ihr historisch-gesellschaftliches Profil schärfen möchten. In Kooperationsvereinbarungen bietet der Verein Volkshochschulen in Dithmarschen e.V. individuelle Absprachen bezüglich einer Zusammenarbeit an. So können Führungen und Projekte an das Profil der jeweiligen Schulen sowie an die Bedürfnisse der jeweiligen Lerngruppen angepasst werden. Darüber hinaus können Lehrkräfte bei der Entwicklung von Unterrichtseinheiten unterstützt werden, die den Besuch des Lernorts integrieren.

Ausbildung von Schüler*innen-Guide

Historisch interessierte Schüler*innen der Sekundarstufe II können durch pädagogisch geschulte Histo-Guides an einer Ausbildung zum Schüler*innen-Guide teilnehmen. Diese besondere Qualifizierung dient nicht nur der Aneignung von differenziertem Wissen, sondern leistet darüber hinaus einen nicht zu unterschätzenden Beitrag zur Persönlichkeitsentwicklung.

Gemeinsam wird erforscht und diskutiert.

Bildnachweis: Astrid Lahrsen-Loges

Diese Ausbildung wird auch in einem einwöchigen Workshop im Rahmen der Summer School angeboten.

In Kooperation mit der frzph und auf Basis der gesammelten Erfahrungen befindet sich das schuldidaktische Konzept derzeit in Überarbeitung. Die geplante Handreichung für Lehrkräfte stellt Melanie Richter-Oertel (frzph) in diesem Katalog vor.

5. Führungen und Veranstaltungen

Offene Führungen finden im Zeitraum vom 1. April bis zum 31. Oktober jeweils sonntags ab 11 Uhr statt, sind kostenfrei und können ohne vorherige Anmeldung besucht werden:

- Dauer dieser Führungen: ca. 90 Minuten.
- Gebuchte Führungen: Besucher*innengruppen können zu einem Wunschtermin eine kostenpflichtige Führung buchen.
- Für fremdsprachige Tourist*innen bieten die Histo-Guides auf Nachfrage auch Führungen in englischer Sprache an.

Von Anfang April bis Ende Oktober lädt der Verein Volkshochschulen in Dithmarschen e.V. jeden Montag um 19 Uhr zu Vorträgen mit wechselnden Themen ein, die zum historischen Hintergrund des Lernortes passen, z. B. Zeit des Nationalsozialismus in Dithmarschen, Landgewinnung, Frauen im Nationalsozialismus. In lockeren Abständen finden auch Lesungen statt.

Einmal im Monat bietet ein geschultes Moderator*innenteam ein Erzählcafé zum Thema „Kriegskinder und Kriegsenkel" an. In ruhiger, geschützter Runde wird hier Menschen Raum gegeben, ihre Erfahrungen auszutauschen. Es geht um eigene Biographien und Alltagsgeschichten, auch um Inhalte, die berührend sein können. Direkt oder indirekt zeigt die Kriegsvergangenheit Spuren in Familien – bis in die zweite oder dritte Generation hinein. Jede*r Erzählende und auch Zuhörende ist willkommen.

Adresse und Kontaktdaten:
Historischer Lernort Neulandhalle
Franzosensand 2, 25718 Friedrichskoog
Kontakt: Volkshochschulen in Dithmarschen e.V.
Süderstraße 16/Ditmarsia, 25704 Meldorf
Tel.: 04832-4243, Fax: 04832-5040
E-Mail: mail@vhs-dithmarschen.de
https://lernort-neulandhalle.de

Öffnungszeiten:
Die Außenanlage des Historischen Lernortes Neulandhalle kann täglich bis zum Einbruch der Dunkelheit besichtigt werden.
Das historische Gebäude Neulandhalle kann nur im Rahmen einer Führung besichtigt werden.
Anmeldungen telefonisch, per E-Mail oder unter https://lernort-neulandhalle.de/fuehrungen-anmelden.

Eintritt frei:
Das Außengelände des Historischen Lernortes ist kostenfrei zugänglich.
Gebuchte Gruppenführungen sind kostenpflichtig.
Die Sonntagsführungen von April bis Oktober sind kostenfrei.

Anfahrt mit PKW:
Kostenfreie Parkplätze stehen vor Ort zur Verfügung.

Anfahrt mit ÖPNV:
Buslinie 2510, Dieksanderkoog, Haltestelle Hass.
Von dort sind es ca. 20 Minuten Fußweg bis zum Historischen Lernort.
Oder mit der Buslinie 2590 bis zur Haltestelle Neulandhalle.